国际文化版图研究文库

颜子悦　主编

法 兰 西 道 路

法国如何拥抱和拒绝美国的价值观与实力

〔美〕理查德·F.库索尔　著

言予馨　付春光　译

商务印书馆
SINCE 1897
The Commercial Press

2013 年·北京

Richard F. Kuisel

The French Way

How France Embraced and Rejected American Values and Power

Copyright © 2012 by Princeton University Press

国际文化版图研究文库总序

　　人类创造的不同文明及其相互之间的对话与沟通、冲突与融合、传播与影响乃至演变与整合，体现了人类文明发展的多样性统一。古往今来，各国家各民族皆秉承各自的历史和传统、凭借各自的智慧和力量参与各个历史时期文化版图的建构，同时又在总体上构成了人类文明发展的辉煌而璀璨的历史。

　　中华民族拥有悠久的历史和灿烂的文化，已经在人类文明史上谱写了无数雄伟而壮丽的永恒篇章。在新的历史时期，随着中国经济的发展和综合国力的提升，世人对中国文化的发展也同样充满着更为高远的期待、抱持着更为美好的愿景，如何进一步增强文化软实力便成为摆在我们面前的最为重要的时代课题之一。

　　为此，《国际文化版图研究文库》以"全球视野、国家战略和文化自觉"为基本理念，力图全面而系统地译介以20世纪为主的人类历史进程中各文化大国的兴衰以及诸多相关重大文化论题的著述，旨在以更为宏阔的视野，详尽而深入地考察世界主要国家在国际文化版图中的地位以及这些国家制定与实施的相关文化战略与战术。

　　烛照着我们前行的依然是鲁迅先生所倡导的中国文化发展的基本思想——"明哲之士，必洞达世界之大势，权衡较量，去其偏颇，得其神明，施之国中，翕合无间。外之既不后于世界之思潮，内之仍弗失固有之血脉，取今复古，别立新宗。"

　　在这一思想的引领下，我们秉持科学而辩证的历史观，既通过国际版图来探讨文化，又通过文化来研究国际版图。如此循环往复，沉潜凌

1

空，在跨文化的语境下观照与洞悉、比较与辨析不同历史时期文化版图中不同文明体系的文化特性，归纳与总结世界各国家各民族的优秀文化成果以及建设与发展文化的有益经验，并在此基础上更为确切地把握与体察中国文化的特性，进而激发并强化对中国文化的自醒、自觉与自信。

我们希冀文库能够为当今中国文化的创新与发展提供有益的镜鉴，能够启迪国人自觉地成为中华文化的坚守者和创造者。唯其如此，中国才能走出一条符合自己民族特色的文化复兴之路，才能使中华文化与世界其他民族的文化相融共生、各领风骚，从而更进一步地推进人类文明的发展。

中华文化传承与创新的伟大实践乃是我们每一位中国人神圣而崇高的使命。

是为序。

颜子悦

2011 年 5 月 8 日于北京

中译本序

二战之后，美国逐渐取代欧洲列强和前苏联等国家和地区而占据了国际文化版图的主导地位。尽管如此，作为欧洲文化代表之一的法国，至今依然位居世界文化强国之列。联合国的统计数据显示，截止本世纪初，法国文化产品的进出口贸易总额仍处于世界前四位。因此，无论从任何角度而言，研究法国与美国之间的文化关系都是极其重要而富有意义的。本书用大量翔实的史料呈现了法美两个文化强国之间波谲云诡、错综复杂的文化之战。

直至上世纪二三十年代，美国文化仍然是以欧洲文化为中心的精英文化，美国的精英知识分子对以法国为代表的欧洲文化抱持着虔诚的向往和由衷的崇拜。伴随着美国综合实力的飞速提升，其文化资本主义也发展壮大起来，以好莱坞电影为代表的大众文化愈来愈受到大众的喜爱，美国的精英知识分子不得不逐渐接受并认可这种大众文化（参见《好莱坞与文化精英——电影如何成就美国》，彼得·德谢尔尼著，美国哥伦比亚大学出版社 2005 年版），摒弃其以欧洲文化为中心的精英思想，从而形成了区别于欧洲文化的以大众文化为中心的美国文化，并向世界其他国家和地区迅速扩张，成为影响世界的主流文化（参见《好莱坞征服世界——市场、战略及其影响》，诺文·曼根著，法国国家科学研究中心出版社 2010 年版）。

面对美国大众文化的迅猛发展，法国的知识界有着相当理性的认识，直至上世纪六十年代，他们已经逐步建立起内涵颇为丰富的反美主义理论，旨在提醒民众和政治家抵制这种文化的渗透、入侵乃至泛滥。

与此同时，法国知识分子依然以兼具文化自傲与自信的心态，认为法国文化足以凭借其独具魅力的电影、文学、艺术、美食以及颇富乐感的法语而与美国文化分庭抗礼。然而，事态的发展完全出乎其意料：法国的电影院和电视台上映或播放的好莱坞电影占据了超过50%的市场份额；可口可乐逐渐取代法国葡萄酒成为年轻人最喜爱的饮料；麦当劳连锁店增至1000多家甚至开在了埃菲尔铁塔的下面。美国人对法兰西这样历史悠久、品种繁复的美食大国的市场侵占，令人仿佛看到了向爱斯基摩人成功推销出冰块的绝妙而讽刺的场景。除此之外，巴黎迪斯尼乐园的游览人数超过了巴黎圣母院。似乎法国文化的一切身份标志皆遭受严重威胁。1970年代末的法国知识界惊呼，法国正在遭受美国文化的入侵。"美式英语的广告比纳粹占领时期德语标语的数量多得多"，而迪斯尼乐园就是"文化的切尔诺贝利"。

法国对于异国文化的入侵有着刻骨铭心的历史记忆。普法战争之后，法国成立了法语联盟，旨在以法语作为载体来强化民族的凝聚力，同时又在本土以外传播法国文化，从而建立自己的国家形象（参见《法国的文化政策以及语言的外交——法语联盟（1883—1940年）》，弗朗西斯·肖贝著，法国拉玛棠出版社2006年版）。纳粹占领时期，法国的精英知识分子和艺术家依然在各自的领域忍辱负重，以自己的文化艺术语言进行创作从而建构德国纳粹难以入侵的心灵空间（参见《耻辱的和平——法国艺术家和知识分子在纳粹占领时期如何生存》，弗雷德里克·斯波茨著，美国耶鲁大学出版社2010年版；《表演仍在继续——纳粹占领时期的巴黎文化生活》，艾伦·赖丁著，克诺夫出版社2010年版）。

法国人的这种文化的自醒与自信，集中地体现在对法语的纯粹性的坚守与维护，正是这种文化历程也导致了诸多的法国文化精英对美式英语大行其道乃至泛滥的警觉，因为美式英语作为美国文化帝国主义的重要媒介之一，势必形成一个单一的语言，并在客观上构成一个以这种单一语言为载体的单一的思想，这也必然侵蚀和破坏人类文化的多样性。

（参见《单一的语言——作为文化霸权媒介的英语》，海然热著，法国奥迪勒·雅格布出版社 2012 年版）

"美国发现法国令人难以忍受的自命不凡；而我们又发现美国令人难以忍受的滥施霸权。"这是法国前总统雅克·希拉克对法美文化相遇时的情形的概括。仅有两百多年历史的美国，在雄视全球、推行帝国霸权的过程中，遭遇到了法兰西式的傲慢。正如作者在本书中指出的，法国某个周刊以众所周知的美国人的自卑情结作为对美国文化来袭的回击："他们会嫉妒我们的文化、我们的见多识广、我们的品味和我们的精致吗?"（参见本书第三章）

法国作为欧洲大陆最有影响力的国家之一，同时也是美国在欧洲最大的市场，因此在美国政府和以可口可乐、麦当劳、迪斯尼乐园为代表的美国跨国公司心目中的地位是不言而喻的。面对法国国内猛烈的反美主义浪潮，这些美国公司采用了异曲同工的应对之策——突出其本土化的特征：他们强调所雇佣的法国本土员工人数；强调在法国采购原料的比例；麦当劳还将原先的吉祥物——小丑麦克唐纳置换为法兰西民族的象征人物阿斯特克；巴黎迪斯尼乐园则增设了巴士底监狱等反映法国历史的景观，甚至还在法国的股票交易所挂牌上市；好莱坞与法国电影制片公司联合拍摄电影，等等。因此，美国进军法国乃至欧洲市场的脚步并未因时常袭来的法国反美主义浪潮而有片刻的停顿。

美国企业能够如此迅速而有效地应对法国的反美主义运动并不令人奇怪，反美主义是美国的大学、研究所或者以基金会为后盾的智库经常研究的课题。这就为美国企业在各个目标国家和地区成功化解当地民众对美国文化和产品的抵制，提供了源源不断的理论基础以及决策依据。本书作者在行文与立论的过程中，大量引用了由美国国务院、非政府组织和第三方机构在法国和欧洲所做的民意调查的数据和分析报告。从总体上看，此类经常性的、分门别类的民意调查构成了美国反美主义研究的第一手资料。

美国虽然历史短暂，但它深知文化多样性的价值和意义，同时也认识到文化单一化必然限制其自身的文化在全球的转播和推广。鉴于此，受文化帝国主义野心驱使而无法停止全球文化扩张的美国，尤其关注国际文化战略与战术的研究和运用，具体而言，就是对内将文化多元化确立为国家意识形态以便更顺利地实施国家治理，对外则借用"球域化"（Glocalization，即 globalization 和 localization 的嫁接）的概念在其文化产品中不断注入目标国家或地区本土文化的元素，以此赢得当地民众的认可，从而巩固美利坚帝国在全球的文化统治地位（参见《文化帝国主义——文化统治的政治经济学》，伯恩德·哈姆和罗素·斯曼迪奇主编，加拿大多伦多大学出版社 2006 年出版）。因此，关于如何避免文化单一化，绝不仅仅是像法国这样历史悠久的、遭遇美国文化挑战的国家和民族亟需思考和解决的问题。

法国历来致力于捍卫自己的民族文化并勉力维护世界文化多样性，最引人注目的是其在乌拉圭回合中与美国就文化例外而展开的艰难谈判。美国企图借助关贸总协定的谈判，能够突破欧洲针对娱乐市场建立的贸易壁垒，自由地进入欧洲的视听市场。然而，法国为了捍卫法国和欧洲文化不被美国化，拒绝了美国的要求。法国人认为，好莱坞坚持从它所有产品中产生国际收入的一些做法，必将使得全球市场出现大量依靠特效和极少对话的程式化电影，从而造成"一种全球标准化的影像的泛滥"，其后果是像法国这样的国家将失去"叙述自己故事"的能力。"在全球化的交易时代，影像……出口了一种生活方式，一种社会'模式'。在想象的范畴里，谁能俘获思想谁也就能取得商业上的胜利：'标准的'影像，'标准的'期待。"（参见本书第六章）

法国政府的立场不仅赢得法国民众的坚决拥护，而且获得以德国为代表的欧盟其他成员国的支持，谈判最终以法国的胜利而告终。法国利用文化例外的相关政策保护了本国视听产业，限制了美国的电视节目，从而扶持了自己的影视产业。迄今为止，法国每年仍然生产约 140 部电影，而相对于好莱坞电影占据的一半票房，它保持了国内电影票房三分之一或者以上的份额，并作为高质量电影的生产商而继续享有一定的国际地位。

面对美国文化的强势来袭以及美国自由主义经济模式的空前活力，素以独立思想而闻名于世的法国知识分子，就法国的发展道路所展开的激烈争论从未止息。知识界的辩论为法国政党和人民选择适合自己的发展道路提供了各种理论支持以及探索的空间。

密特朗总统亲自带队访问美国的硅谷，实地考察美国的新兴产业，研究美国的经济政策。尽管密特朗与里根亲密的私人关系为媒体所公认，然而，密特朗领导的社会党却认为，美国的经济政策与社会党的共和主义执政理念背道而驰，因此放弃了引进美国模式而选择走自己的道路。密特朗总统执政时期，法国政府推行了一系列旨在激发经济活力的改革方案，仍然保留国家福利制度，使法国迅速在高科技、核工业等新兴产业领域缩小了与美国的差距。与此同时，在以文化部长雅克·朗为代表的知识精英和政治家的大力倡导下，法国政府出台了诸多文化保护措施：颁布法令规定必须使用法语的范围；在学校开设烹饪课程并由著名厨师讲授法国美食的备制及其精妙之处，旨在捍卫"舌尖上的法国"；通过欧盟颁布指令要求成员国必须设定电视台播放美国影视的数量上限；为法国电影等提供补贴以及其他税收优惠等等。

法国的改革取得了有目共睹的成就，但也必须承认，建立在共和主义价值观基础上的国家福利制度和劳动制度，产生了庞大的社会支出以及高昂的用工成本，导致法国在全球化竞争中处于相对不利的地位，致使失业率居高不下，优秀人才尤其是电影及艺术人才流向美国和英国。

自由主义理念支配下的美国人宣称已经找到了实现永久繁荣的途径，而法国的知识分子认为美国并未超越商业的循环，总有一天它将不得不面对其他国家所面临的各种限制。在法国人看来，美国的"强硬资本主义"表现出的是对环境的漠不关心以及对于缺乏竞争能力人群的更加的冷漠，而美国社会又是一个因种族和贫富差距而分裂的暴力社会。大多数法国人坚持认为永久繁荣的最佳途径是实现共和主义的团结。因此他们拒绝以自由主义为代表的美国的价值观，法国人认为他们比英美人更加严肃地将平等博爱的目标作为国家的基石，他们勉力遏制而非加剧收入和财富的不平等，他们宣扬对于消除贫穷所理应承担的全部责任。

本书的作者库索尔是世界公认的研究法美关系的专家，他一直致力于法美关系尤其是法美文化关系的研究。他以历史学家的视角，用优雅、清晰而幽默的散文式的笔调，为读者描述了20世纪80年代以来法美两个文化强国之间的爱恨情仇和风云变幻的国际局势，展现了一个全新的美国与法国和欧洲的当代文化关系史。

美国主导的全球化在法国乃至欧洲的发展过程，也是法国通过对自身的种族、宗教和民族身份进行确认等各种形式而对全球化予以抵制的过程。作者对此做出了不无透彻的评价——"近几十年的历史所给出的结论是，存在一种切实可行的法兰西道路。如果事实果真如此，这将不仅有益于法国，也将有益于美国和其他的国家。"

诚然，置身于全球化的浪潮，每个国家都在选择走自己的发展道路，那些历史悠久、文化璀璨的国家尤其如此。

颜子悦

2013年1月于北京

献给莎莉·麦卡锡·库索尔 (1947—2008 年)

她总是以优雅、仁慈、勇敢和美丽的微笑来面对生活

目　录

前　言

　　20 世纪末，美国成为法国人迷恋、担忧和嘲讽的对象。如果说从 1530 年代雅克·卡蒂埃（Jacques Cartier）在圣劳伦斯河探险开始，法国人便开始关注这个新世界的话，那么直到 400 多年后美国才成为法国民族身份的陪衬者。直至 1980 年代，美国已经成为这个国家衡量本国兴衰成败的标准。外交事务中的成功意味着既要做美国的伙伴，又要与它保持适当的距离并且与美国政府的霸权主义相抗衡。"良好社会"也被定义为对美国的工作和休闲主流观念的抵制。同样，现代经济更不能模仿美国的"野蛮资本主义"，如果非要借鉴的话，那也要做一些调整或者包装成法国式的。而作为民族骄傲的文化也要被保护起来，以免受到美国的好莱坞电影、美式英语以及快餐文化的冲击。从法国的角度来看，美国所从事的是一个以民族身份、独立和威信为赌注的跨大西洋的竞争。而从美国的角度来看，法国除了偶尔会成为妨碍以外，无足轻重。这是一种非对称的竞争关系。

　　本书揭示了美国如何在 20 世纪末的最后 20 年间成为法国的一个陪衬者以及这种现象所产生的原因和影响。换而言之，这是讲述法国为设计自己的不同于美国所代表的现代化道路而付出的各种努力的故事。

　　美国被当作一个被模仿的或者被避免的模式并非始于上世纪末的最后几年。早在 18 世纪，旅游者、知识分子和记者对于大西洋彼岸的发展的观察和评论创造了名副其实的论著，其中许多是反美的。诸如此类的评论的节奏在两次世界大战期间加快了，但是直到 1945 年之后，随着

1

美国作为一个超级大国、一个经济社会的模式以及一个文化的强大力量而出现的时候，美国才引起了政策制定者和公众的重点关注。尽管如此，但还不能说法国人在战后的最初几十年就已经对美国产生了迷恋。那时他们还无法相信美国能够代表现代化的一种形式被予以重视和对抗。例如，法国的商界人士因"马歇尔计划"受邀去美国做客时，尚未信服地认为他们可以或者应该试图将在美国的工厂、办公室和商店所观察到的转用于国内的相关行业。法国的电影制作人和导演们亦是如此。在他们看来，只要能够得到政府足够的支持，他们就还能像二战之前一样制作本土电影，与美国的好莱坞一争高下。同样，法国的工程师和科学家们也确信自己能够摆脱美国，在高速列车、核能源甚至核武器等高科技领域获得独立发展。1958 年后，法国总统夏尔·戴高乐也完全相信能够不依托美国的投资而推动法国的发展，更不用去学习英语。甚至到了 1960 年代的末期，许多学者仍然认为美国是无足轻重的，甚至是可以被忽略的。

然而，到了上世纪的最后几十年，美国不再被疏远而是成为公众和政府政策所要面对的一个急迫问题。美国模式的诱惑力以及对美国实力的担忧日益加剧并达到了前所未有的程度：美国已经成为一个民族的依恋。

笔者的首要任务将是探讨法国人如何审视美国，他们为何要以美国人来衡量自己，同时在上世纪的最后几十年他们如何设计各项政策以应对美国的模式。这就引出了一个更大的问题，那就是他们是否发现了一条与美国道路截然不同的通往现代化的"法兰西道路"。法国在上世纪末找到了一条具有特色的区别于其跨大西洋的兄弟所标榜的唯一的发展之路的其他道路了吗？

本书将研究美国在以下三个方面对于法国人的影响：国际事务、经济和文化。由于这三个领域经常相互重叠和相互作用，因此，必要的时候将对几个方面同时进行研究和分析。美国在这三个领域里隐含着实力和现代性。简单而言，美国给法国人提出了两个难题：如何避开美国的霸权主义而保持自己的独立性？如何实现现代化的同时仍然保持法国式的？

　　20 世纪的最后 20 年，无论法国的精英阶层还是普通大众，对于美国的观点和态度都发生了一些转变。整体而言，在这 20 年间，法国已经不再漠视美国，而是对其产生了广泛的兴趣和关注，而 1990 年代法国人对于美国的态度整体上从正面向负面倾斜。1980 年代是跨大西洋的两个国家名副其实的和谐相处的黄金时代。法国人钦羡美国社会和经济发展的强劲势头，热情地追捧来自美国的时尚、音乐和餐饮文化，并且大力拥护在此期间就任的两位美国总统罗纳德·里根和乔治·赫伯特·沃克·布什。与此相反，1990 年代则见证了双方态度的恶化。冷战结束以后，法国人愈来愈反感美国政府的耀武扬威，反感美国被称为超超级强国，甚至反感美国本身，包括它的价值观。

　　法国人是唯一关注其跨大西洋的兄弟并且试图系统地寻求与之保持距离的自己的道路的欧洲人吗？无需进行深度的比较，答案当然是肯定的。英国人、德国人、意大利人、比利时人、荷兰人、波兰人以及其他欧洲人（南斯拉夫人除外）在世纪末对待美国的态度并不同于法国人。尽管他们与美国人之间存在着差异，但是他们中的绝大多数人都不愿意用新世界来衡量自己。没有一个其他的欧洲国家试图以官方的方式阻止美式英语的传播；没有一个国家像法国人那样试图遏制美国的电视节目和电影；没有一个国家去砸毁麦当劳的加盟连锁店；没有一个国家的人像法国农民那样烧毁星条旗；没有一个国家坚持不懈地努力利用欧盟来制衡华盛顿；更没有一个国家的人像法国人那样以美国人作为自己身份定义的对立面。如果不是法国人非常独特的话，那就只能说他们实在奇怪。

　　对于新世界的高卢式的迷恋显然是一个矛盾，这个国家在很多方面拥抱美国的同时又拒绝美国。第二次世界大战以后，法国受到了美国的诱惑：它像所有其他欧洲国家一样被美国化了。麦当劳连锁店的扩张、咖啡馆里无处不在的瓶装可口可乐以及巴黎郊区的欧洲迪斯尼乐园的建立，无不彰显出法国人如何分享着欧洲范围内的美国化进程。与此同时，法国人又使尽浑身解数来抵制和批判美国化。与其他欧洲国家相比，高卢人的反美态度相对地更为强劲。针对美国化与持续的反美主义的同步发展这个矛盾需要加以解释。笔者认为用一种历史的角度可以帮助我们理解这种现象。回顾 20 世纪后半叶，我们会发现似乎存在一种反美主义的模式：反美主义是循环往复的；会根据特定的变量上升或者消退。这种模式既存在于情绪相当和善的 1980 年代，也存在于情绪更为尖刻的 1990 年代。希望本书对于这种周而复始的现象的历史性分析能够有助于做出一个合理的解释。

然而，对于这个问题的全面理解是可望而不可即的。将法国人在各个方面与美国的比较全都加以研究也是不可能的：这需要超出我能力范围的更多的技艺和学识，更不用说这将会使本书的篇幅增加好几百页，对于读者的耐力将是一个挑战。我的调查包括三个领域：国际关系、经济政策和流行文化。其他的话题将留给其他学者进行研究。因此，尽管美国在移民政策、多元文化主义、种族、女权主义、科学和技术、教育、高雅文化和学术方面也对法国起到了参照的作用，笔者将避免谈及以上这些话题。

有人或许会问：历史学家为何要研究这样一个当代的话题？不仅像政府档案和私人文件这样的重要记录难以获得，而且历史性的研究资料也十分有限。实际上，历史学家可以获得丰富的二手资料，甚至包括当时的一些主要资料。可以获得的历史资料要比人们想象的丰富。除此之外，有一个在历史及当代的范畴内都引人入胜的问题值得我们的关注。

本书也会针对一些分析家所提出的所谓欧美关系的宏大趋势——它们的逐渐疏远——来进行反思。一位意大利学者曾经大胆断言："大西洋的或者欧美的共同体已经不复存在。"[1]虽然在民主、市场经济以及美国所领导的全球化等方面趋于一致，但是欧洲与美国在长期的发展道路上却渐行渐远，大西洋两岸的距离愈来愈远。根据这种观点，冷战期间主导跨大西洋共同体的美国模式正在被欧洲模式所替代。关于 2003 年伊拉克战争开始的争议，不仅表明了欧洲各国对于国际事务的一种新的自信，同时也暴露了欧美在政治、经济、社会和文化实践方面更加实质性的分歧。近年来，随着反美主义表达的坚持不懈，美国与欧洲似乎在诸如政府在社会经济生活、社会团结、生活方式以及文化多元化的价值观中所起的作用这样的实质问题上也出现了分歧。这种分歧也引起了对于大西洋联盟内部的不平衡的日益不安，以及对于像国际组织如何在维护世界和平、保护环境、诉诸武力和全球化等方面发挥作用这类问题的不同看法。欧洲人对于欧洲大陆的优越性表现得更加自信，甚至有些沾沾自喜，认为欧洲大陆的生活更加人道、更加社群主义，并且更加开明——譬如死刑和宗教道德观的废除。总而言之，认为自己要比他们的美国兄弟更加文明。

可以肯定的是，将这种分歧视为欧洲人的集体性的分歧是有些一厢情愿的，欧洲人并不只有一种声音。一些人所看到的所谓趋势可能不过是一种历史的持久的跨大西洋的距离感，而由最近的一些事件得到了强化。也许并没有什么趋势，只是对于一种隔阂的认识而已。再者，本书还会涉及另一方面，那就是20世纪末法国与美国在许多方面共同成长。也许法国并未证明欧洲与美国的疏离，而是验证了全球化或者美国化的动态过程，这个过程迫使各个国家通过明确差异性以抵制日益增长的相互依赖性和统一性。实际上，这种同步产生的同质化以及对于民族身份的确认构成了本书研究的最难点。

只有时间能够证明法国人对于美国的抵制，究竟是在一个曾经紧密得多的跨大西洋共同体的宏大背景下的暂时偏离，还是代表了两国关系的日渐疏远。如果确定是后者，那么法国就处在了这一趋势的前沿，它是欧洲的领袖。正如本书所述，法国人在20世纪末，利用美国作为自身变革的一个陪衬者，作为描绘自身现代化道路并确定自身独立性的一种方式。《法兰西道路》讲述了法国如何又为何与它的跨大西洋的盟友划清界限，以及由此产生的抑或值得赞叹抑或令人惋惜的后果。本书勾勒出了在美国作为欧洲人的一个衡量标准的背景下，围绕社会经济的现代化、文化地位和政治实力等竞争概念的跨大西洋关系的现代史。

鸣　谢

　　在此，我非常感谢那些阅读过我的全部或者部分手稿并给我提出完善建议的人。这些给我帮助的慷慨的顾问人士包括弗雷德里克·博佐，约翰·金·曼赫兰德，雅尼克·玛丽娜·舒菲比埃尔，大卫·埃尔伍德，索菲·莫尼耶，罗伯特·哈维以及普林斯顿大学出版社的两位未留姓名的读者。为我提供其他形式的学术帮助的人士还包括伊莲娜·沃拉、保罗·加利斯、塞斯·阿莫斯、哈维·费根鲍姆、谢里尔·威尔斯、唐纳德·拉姆、马丁·肖恩、于斯丹·瓦伊斯、菲利普·穆尼、艾琳·卡里尔·克雷奇默尔以及玛丽·德莫里。本书的完成很大程度上还得益于宝马（BMW）德国与欧洲研究中心以及乔治敦大学历史系在政策和历史研究方面所创造的浓厚的知识氛围。宝马研究中心及其主任杰夫·安德森还为我提供了机智踏实的研究助手，诸如艾福塞米娅·道拉帕斯、沙纳尔·克莱门特、克里斯汀·梅尔比、斯泰西·查佩尔以及玛丽·哈丁等。普林斯顿大学出版社的布里吉塔·凡·莱茵伯格、莎拉·沃尔夫与布莱恩·班德林对我的手稿给予了密切的关注，同时还对本书的完成做出了重要的贡献。

　　最后，我要特别地向我的亡妻莎莉·麦卡锡·库索尔表达我个人的歉意，并以此书向她致敬。莎莉曾经是一位艺术家和档案管理员，她勉励我从事学术研究。但更为重要的是，她让我们的生活欢乐而充实。她
非凡的精神值得我追忆，我提议用她最喜爱的一首乐曲——弗朗兹·舒伯特的《鳟鱼五重奏》来表达对她的热情、乐观、活泼和美丽的怀念。诚如我的孙子所说，莎莉，"她闪耀过光辉"。

于华盛顿，2011 年 3 月

关于反美主义的诠释

鉴于读者对于"反美主义"一词十分谨慎，因此，我在此首先对反美主义这个难以解释的术语下一个定义，并阐明这一表述将如何在本书中得以应用。在定义反美主义的时候，学者们或者只侧重于知识分子、政治极端主义者以及话语权，或者仅仅强调普通大众与民意调查。第一种方法导致意识群体变得狭窄而硬化，第二种方法又使得意思不明确且无定性。[1]我将在本书中采用上述两种方法，并对二者加以区分。

狭义的定义认为反美主义是一种倾向，一种本能反应，或是一种认为凡是与美国相关的任何事物都糟糕透顶并且美国没有好处只有坏处的自发的偏见。反美主义被喻为一种疾病——一种传染性的疾病。它是由 19 世纪或者更早以前的关于美国的某种言论激发而成的，它建立在贬低与美国相关的任何事物的原型、形象、比喻和指控的基础之上，认为美国和美国人是邪恶而危险的。另外，这是一种持久的观念，似乎并不伴随着大事件的发生或者其他事物的发展而改变。因而，美国便成为一个意味着蔓延的拜金主义、庸俗的大众文化、社会从众性、暴力以及世界霸权意愿的反面的乌托邦。这种观点经常被贴上 "anti-américanisme primaire"（可译为"初期或者最初的反美主义"）的标签。它传达一种对抗的意图并且将美国视为一种意识形态。在美国的后面加上"主义"使得这种用法类似于诸如"反共产主义"或者"反帝国主义"等其他意识形态的表达。"初期的反美主义"，包括直言不讳的倡导者，吸引的支持者不超过总人口的 10% 或者 15%。最普遍的参与者通常是知识分子以及政治的和各种运动的极端主义者。1970 年代末至 1980 年代初，"初期的反美主义"一词作为对左派（例如共产主义者）和右派

（例如新右派）的意识形态的极端主义者的一种谴责开始流行起来。[2]

反乌托邦的反美主义虽然基本观点趋于一致，但是仍然存在左和右的不同观点。在右派看来，美国是一个以物质主义价值观为基础的标准化的大众社会，它缺少真正的文化和精神超越；而左派则认为美国是一个建立在不平等、贪婪和压榨的基础上，对社会福利、群体或者环境毫不顾忌的资本主义怪物。左右两派都同意美国人已经成为"美元上帝"的永久的奴隶，并被消费主义所吞噬。两派都认为美国社会是女性化的且受暴力所苦的。同时他们觉得美国文化是肤浅的糟粕。他们也都承认美国的外交政策在帝国主义和孤立主义之间摇摆不定、反复无常，并受道德主义、救世主的情结以及经济优势的驱使。他们都倾向于谴责美国本身及其所作所为。他们都认为外交政策的失败，不是源于错误的政治决策，更多地源于美国人的本性及其价值观。

一旦超越作者的文本、政党的方案以及构成核心力量的少数群体之外，在普通大众中来考察这种态度，反美主义则呈现出另一种不同的色彩：在这里，观念和评估并非都是自发的或者总体性的；更多的是摇摆不定并且随情况而变的。随着批判的声音跌宕起伏，或尖锐或柔和，这种历史性的波动需要我们利用变化的语境来解释这种动态。民意调查的数据和媒体所呈现的是对于美国的集体态度的波动。根据民意调查，只有一小部分群众有规律性地对美国以及美国人表示强烈的反感；然而，在某种情况下，持有这种观点的人可能会膨胀到总人口的一半或者更多。与那些反乌托邦的人不同，这种大众态度相当反复无常，经常因政策的不同而发生变化，尤其是受诸如政治或贸易争议等跨大西洋事务的影响。一旦这种情绪被掀起，许多被调查者不但会攻击美国政府的政策，还会对美国社会和美国人的缺点进行抨击。从分析的角度来看，很难将反对"美国做什么"与反对"美国是什么"加以区分，因为二者趋于重叠。在某种层面上，美国的所作所为与美国是怎样一个国家是相互作用的——或者，至少被认为是相互作用的。譬如，在许多法国人看来，罗纳德·里根总统执政初期的强硬的反苏立场及其严苛的社会经济政策就代表了美国人是什么人。由此而涌现出的普遍的反感，形成了除反乌托邦的小群体以外的第二个领域的反美主义。

　　20 世纪末见证了这样的一次普遍反感的涌现：大批的民众在他们的领袖和媒体的推动下，不仅批判美国的政策，而且表达了可以被定义为反美主义的对于美国人的态度。譬如，1990 年代，愈来愈多的法国人都将美国和美国人与"暴力"、"种族主义"或者"主导地位"这些贬义的术语联系在一起。笔者将这种现象称为"增长的反美主义"，因为这种现象与"初期的反美主义"所代表的含义截然不同。

　　简而言之，笔者将从以下两个方面来使用"反美主义"一词：当探讨对美国存有偏见并且贬低美国的一切事物的反乌托邦的时候，这个词会呈现其狭义层面上的意思；但是，它还将被以更广义的定义用于鉴别普通大众对于美国、美国人以及与美国相关的国内外政策的批判态
度。本书中，法国人经常指责美国的强权主义及其现代化的错误路线。因此，反美主义既包括少数的自发的憎恨者，也包括审视美国及其政策的重要方面时大众所持的态度和观点。

第一章　美国的流行：1980 年代

1980 年代，美国以及许多与美国相关的事物在法国流行起来。拉夫劳伦的时装、加利福尼亚的葡萄酒、好莱坞大片以及风险投资家皆成为时尚。一位巴黎的时装设计师曾经在他的时装秀的开幕典礼上用麦当劳的汉堡招待来宾。法国社会党总统弗朗索瓦·密特朗（François Mitterrand）拜访了加利福尼亚的硅谷，还承认自己是美剧《朱门恩怨》（Dallas）的粉丝。美国总统罗纳德·里根虽然最初曾遭受过冷遇，但很快便在法国受到欢迎，很多法国人都希望他能够在 1984 年再次当选。乔治·H. W. 布什总统在法国受欢迎的程度有过之而无不及，尤其是在德国的统一成功之后。反美主义这个曾代表法国对于大西洋左岸态度的代名词现在已经过时了。1980 年代末，美国、美国人、美国社会以及美国的流行文化在法国受到了自 1944 年美国大兵在解放后的巴黎游行以来最热烈的追捧。

本书将从 1980 年代初至 1990 年代初的相对友好时期开始，展开关于法国人在上世纪末对美态度的叙述。本章的主要目的首先是在观察导致争论的潜在竞争关系的同时，描述和解释法国在这一时期对于美国的热情，作为随后关于法国对美态度以及与美关系逐渐冷淡的前奏。其次，更具体地说，将探究法国人如何应对美国的模式——主要是里根的国内政策。

为何上世纪末的两个十年，法国对于美国的态度会明显地不同？答案就在于 1980 年代一系列非同寻常的紧要关头。跨大西洋的关系和睦的理由之一是华盛顿引导冷战结束的方式令人赞叹。1980 年代中期美国经济的极佳表现以及里根总统的个人魅力巩固了美国的声望。法国的国内政治也发挥了作用，当时法国推动社会主义的尝试失败了，至少对于保守派来讲，"里根经济政策"暂时看来似乎很有吸引力。除此之外，在法国尤其是在年轻人中间有一种对美国流行文化的狂热；与此同时，法国政府试图取悦沃尔特·迪斯尼公司并且频频给好莱坞的明星颁奖。但是，不能被这些表象所蒙骗而认为这是两个完全不同的十年。

关于上世纪末法美两国的对立不能单纯地被描述成由 1980 年代的温和转变为 1990 年代的冷淡，或者从美国被视为模范转变为被遗弃。相对于如此简单化的描述来说，故事就太复杂了，因为历史并不是以整齐的十年为时间单位而发生的；因为对于事物的看法是复杂、微妙而变化的，因为不同的社会与政治群体之间的态度是不尽相同的；因为当遇到某些特定的问题——譬如美国的电视节目的时候，会有一系列的反应，其中一些具有相当的敌意。国与国关系层面上的亲切友好具有相当的阶段性，只存在于各个短暂的时期，如同 1982—1985 年抑或 1989—1991 年那样，即使是这些短暂的时期也会被严重的争吵所破坏。再者，里根总统的个人魅力也只是昙花一现，他的国内政策也未能给法国带来任何启发。与此同时，跨大西洋的竞争关系阻碍了法国为防止艾滋病的爆发进行斗争的努力，剥夺了上千人的生命。最后，肯定的看法中经常也夹杂着对美国甚至美国人的基本的矛盾情绪。总之，历史学家在对这个十年进行概括的时候应该非常谨慎，只有一个重要的例外：那就是公众对于美国、美国人以及美国的流行文化的总体的欢迎姿态。这似乎是毋庸置疑的。如果说 1980 年代法国人对于美国的总体氛围比之前或者之后都更加舒服的话，那么，将会如我们所见到的那样，这种氛围也是不牢固的，很容易就会被打破。

在法国变得更加欢迎美国之前，它在政治和社会领域都发生了根本性的变化。法国人不得不从关于他们的命运的两个更加古老的叙述中解放出来，他们不得不去享受一个更加开放的消费社会所带来的好处。政治变化以及深层次的社会经济的改革开启了通往 1980 年代欣赏美国模式的道路。

直至 1970 年代，戴高乐主义和共产主义——战后初期残余的两种可用于定义效忠者所相信的构成法国身份的政治意识形态——共同支配

11

了将近一半的忠诚的法国选民。两种思想，虽然方式有所不同，但都是反美主义的中坚力量。二战后法国反美主义的高潮发生于1950年代早期和1960年代：第一阶段主要受共产主义的影响，第二阶段则是受戴高乐主义的影响。随着这两种势力的衰退，1970年代成为一个过渡阶段：这两种势力的消亡对于里根、布什和密特朗时代跨大西洋的和蔼可亲的关系而言至关重要。

　　夏尔·戴高乐将军于1969年卸任第五共和国总统职务之后，戴高乐主义失去了许多诱惑力。戴高乐所倡导的伟大随着法兰西帝国的逝去而成为历史，他重塑欧洲的计划也失去了可信性。他无力劝说美国或者苏联结束它们的两级霸权，而他巩固巴黎—波恩主轴关系的努力也因为西德偏爱大西洋联盟而进展不畅。即使他成功地否决了英国人加入欧共体的请求，戴高乐改组欧共体的尝试也未能给法国带来他所期盼的影响力。从美国政府的角度来看，这位大将军因其使法国脱离北约的总体指挥并挑战"美式和平"而臭名昭著。在他离任之后，尽管建立在国家独立、自治的核力量、在超级大国之间寻求平衡基础上的戴高乐主义信条继续存在于非洲等传统的法国领地，并在法国的政治阶层形成了一个共识，但是，几乎没有热情再去呼吁伟大，再去威胁退出大西洋联盟，发出意欲羞辱华盛顿的宣言，或者假装做出法国应该参与每一个国际危机的姿态。具有讽刺意味的是，当戴高乐在美国与法国之间恢复了一些距离的时候，似乎没有什么必要去嘲笑山姆大叔。法国人慢慢地接受了这样的现实，他们的国家已经变成了一个中等实力的国家而不是超级大国的竞争对手，也不是伟大国家的候选人。到了1980年代初，不到四分之一的法国人相信法国不再是一个强国。[1]戴高乐的继承人乔治·蓬皮杜（Georges Pompidou）通过承认英国加入欧共体，悄然地脱离了戴高乐主义的教条；继蓬皮杜之后，于1974年入主爱丽舍宫的瓦莱里·吉斯卡尔·德斯坦（Valéry Giscard d'Estaing）甚至不是一个戴高乐主义者。吉斯卡尔避免激怒美国人，在戴高乐主义的铁杆支持者眼里，他为大西洋主义而背弃了法国。

　　戴高乐主义的衰落传达了一个国内信息：国家的经济走向或者政府干预已经无计可施。1970年代，曾经对二战后的国家经济重建功不可没，并推动了宏观经济管理和现代化进程的戴高乐主义的方法，在很多人看来已经变得大手大脚而不合时宜了。戴高乐执政时期的特征是：国家的经济规划；严格规范金融市场；保护"战略领域"，尤其是避免被美国人控制；扶持"全国冠军"企业（譬如能够在国际竞争中凸显法国地位的高科技公司）；抵制美元霸权；庇护农业以及某些非竞争性的行业；以一个统一的欧洲排除英美的影响。来自政治谱系中的中立派和右派以及商界的批评家们逐渐发现了戴高乐主义经济体制的缺陷。在他们看来，法国需要摆脱国家干预的束缚，因为这种束缚遏制了健康的竞争机制，损害了私有利益，助长了落后的产业，扭曲了投资，扼杀了创业精神。政治经济的钟摆应该摆向玛格丽特·撒切尔夫人和罗纳德·里根总统所推崇的去除管制和自由市场。然而，正如我们所见，这并不代表戴高乐主义的另一派批评者，也就是以密特朗为代表的社会党派的观点。

1970 年代，开始对戴高乐主义的国家对经济的统制进行适度调整。蓬皮杜和吉斯卡尔·德斯坦推行去除管制的政策，使经济规划边缘化，促使国家干预更贴近于市场盈利的标准。吉斯卡尔因允许美国的跨国公司介入重要的工业领域而激怒了传统的戴高乐主义者。在蓬皮杜和吉斯卡尔执政期间，法国经济受益于新的欧共体范围内的贸易扩张并且迅速地向欧洲大陆之外的市场开放。1950 年代末，戴高乐总统在政期间，法国的进出口总额仅占国内生产总值的不到10%，而到了1980年代，这个比例飙升到了25%。[2] 全球经济的现实及时地告诉了社会党人士：法国需要针对国家对经济的统制进行改进，而服用市场经济这剂药。

在很大程度上，戴高乐主义依赖的是其热情和身份魅力以及一种英雄的战时领袖的视野，当这位伟人离开政坛之后，戴高乐主义的事业就失去了动力。戴高乐主义政党仍然存在，但是它仅仅代表了一种传统的右翼组织。它像任何其他的保守党派一样，由像雅克·希拉克这样的职业政治家经营，而不再是戴高乐将军所期盼的超越于党派之上的全民运动和全法国人的联盟。就像放置在军事博物馆里的拿破仑的战旗一样，到了1980年代，戴高乐主义已经褪去了往日的色彩。

与戴高乐主义相对的代表极端左派的反美主义核心的共产党，到了

1970 年代也陷入混乱状态。苏维埃联盟所代表的红星不再闪耀于苍穹之巅。作为改革论者的希望所在，它日渐渺茫。暴露出来的斯大林集中营、经济的失败、对不同政见的打压和僵化的政治领导破坏了苏维埃道路的名声。同样具有破坏性的是莫斯科对于东欧共产主义政权高压式的控制，包括 1968 年对捷克斯洛伐克的武装干预。甚至曾经被夸耀的红军 1979 年后在阿富汗也被轻松打败。在法国，共产党在乔治·马歇的领导下也遭遇了同样的僵化局面，一个以无产阶级专政为特征的 19 世纪的政治纲领步履艰难。随着法国削减工业生产能力，诸如关闭煤矿、码头、纺织厂和铸铁厂等，工人阶级，也就是马克思主义的无产阶级的规模锐减。激进的学生运动和 1968 年的大事件使得共产党在年轻一代的眼里成为了斯大林主义历史的残余。对于知识分子而言，与共产主义者结盟已经不再是社交礼节的需要。共产党被困在社会政治的贫民窟里，经受着选民支持日益减少的困境，而到了 1970 年代，又面临一个复兴的左派对手——弗朗索瓦·密特朗重建的社会党。因为担心变为少数党派，1977 年，马歇放弃了有望胜利的与社会党的竞选联盟。共产党的光辉时代成了遥远的历史。

1970 年代，戴高乐主义和共产主义作为反美主义的两极力量，对法国政体的影响能力逐渐衰退。国家因此向其他的道路选择开放。1980年代初，密特朗尝试推行雅各宾派社会主义模式，但是却未能刺激经济的增长，社会党不得不往右转向市场经济。我们所讲的美国模式便是另外一种途径。它愈来愈具有吸引力，不仅是因为戴高乐主义和共产主义已经衰落，还因为长期的经济和社会的变化——特别是消费社会的来临。

早期的反美主义者所鄙夷和担忧的情形，到了 1970 年代，都成为了法国的社会现实。这种迹象随处可见：消费者具备了购买像汽车以及崭新的家用电器这样的耐用消费品的购买力。譬如，1960 年代，在法国只有四分之一的家庭拥有冰箱，然而 15 年之后，十分之九的家庭拥有冰箱；他们在生活必需品上的花费减少了，而将更多的收入用于那些能带来舒适、健康、交流和娱乐的消费上；他们在大型超市、专卖店（包括来自美国的专营店）和折扣店里购物；用信用卡购物；享受在国外度假，包括去美国旅行。广告，其中许多讲的是美式英语，随处可见。1960 年代末，富裕也带来了美国品牌的产品，诸如汰渍洗衣粉、李维斯牛仔裤、好莱坞口香糖、万宝路香烟、特百惠以及赫兹租赁汽车等。至少令一对美国夫妇感到吃惊的是，到了 1970 年代中期，法国人已经失去了他们的古雅：他们开始选用冷冻食品、铺了地毯的地板、洗碗机、购物中心以及舒洁牌的纸巾。[3]社会的流动性和消费社会使"资产阶级"和"乡下人"的阶级划分似乎成了上个世纪的古语。明显的社会分层虽然还不至于消失，但是已经变得模糊了，社会学家开始谈论新的法国社会，一个更加随意、开放和具有流动性的社会。[4]正如"农民"一词取代了"乡下人"一样，"中产阶级"取代了"资产阶级"。类似电视这样的交通和通讯领域的进步，为乡村地区的人口和已经衰退的狭隘观念带来了新的实实在在的变迁动力以及接触国家和世界大事的便捷途径。现代化的倡导者们所批判的 1950 年代的"停滞的社会"正在前进。法国身份的传统标志，诸如村庄、农民和天主教堂等业已衰退，这个新的开放而变化着的法国社会，与美国社会的相似程度比任何时代都更为接近。正如冒着风险喜欢美国化的时尚小姐所说的那样，社会地位是由一种关轿车门的沉闷声响构成的。随着大西洋两岸距离的缩短，美国模式变得更加密切相关。

如同以上所描述的那样，总体上对于美国日益浓厚的兴趣形成了双方和蔼可亲的关系的背景。正如我们即将看到的，重要的是这一时期法国在国际事务、经济政策、知识生活以及流行文化等方面都取得了进步。直接的结果便是十年或者更长的时间里的法国对于美国的自由自在的态度。

　　■ 1980 年代，法国人称他们喜欢美国人、美国的社会和文化，他们也认可美国在国际事务中所担任的角色——即使他们对华盛顿的政策持保留意见并提出异议。法国人对美国的看法被记录在了民意调查和报纸、杂志以及其他形式的媒体上。然而，民意调查才是最能代表公众想法的信息来源，因为它的取样具有代表性，问题具有针对性，它将受访者的态度与年龄和职业等不同类型相联系，并且材料收集的方式更加专 8

业而系统。这些调查主要是由与报纸或者与美国政府机构合作的当地的民调机构完成的。

当被要求描述自己时，自称"亲美的"法国人是自称"反美的"法国人的3倍。[5]在大多数法国人眼中，美国人是慷慨、勤奋、具有活力、善于创造、值得信赖并且懂得欣赏法国的历史和文化的友好民族。[6]美国人因其在科学、技术和信息处理方面所取得的成就而受到赞扬，几乎每个自称与美国人有过直接接触的法国人——比如通过旅游、教育或友谊——都以肯定的态度描述他们的经历。

美国社会也像美国人那样受到了同样的称颂，但是在这方面高卢人的评价有其固定的条件。最普遍引用的描述性的词汇大都是赞美的：诸如"实力"、"活力"、"财富"和"自由"等。不太赞美的表述诸如"暴力"、"种族主义"、"不平等"、"道德放纵"和"帝国主义"等的使用就比较滞后。而像"朝气蓬勃"和"纯真"这样的历来用于描述美国人的词语几乎没有出现过。[7]与其他西欧人一样，法国人给美国社会的经济社会机遇、法律和秩序、政治和宗教自由以及艺术的多样性打了高评分；他们对于给所有美国人提供公正平等以及生活的满意标准打了中评分；但是他们对美国社会给予病人和老人的关心以及对于种族和少数民族权利的尊重打了差评分。[8]法国人在西欧人当中相当独特，要找出他们的价值观与被认为是美国人提倡的价值观之间存在着的更大的差异。[9]虽然存在着这些保留意见，当被问到"如果离开法国，你最想去哪个国家生活"这样的假设的问题时，美国还是遥遥领先于其他国家，尤其是在那些二三十岁的年轻人以及政治右派人士中。[10]

在这十年间，那些自诩的"反美主义者"一直作为一种少数力量而保持在15%到25%的比例，与西德、意大利、荷兰和比利时不相上下，却比英国、西班牙和希腊的比例要低得多。持反美态度的法国人的数量，在1982年到1988年间略有下降（18%），大幅落后于当时英国的记录。在西欧的选民中，左翼政党中的反美人士总体上要比其他政党多出两到三倍，而右翼政党中的极小一部分人也持有这种敌对态度。[11]

1980年代，虽然执政的社会党和一些知识分子都坚称美国的流行文化颠覆了法国的民族身份，但是美国文化仍然受到法国公众的欢迎。

大部分法国人认为美国电影、服装、广告、食物、运动、文学、艺术甚至是美式英语是个小问题或者不是问题，但是对于流行音乐的分歧比较大，而电视节目则被普遍认为是一种入侵。[12]实际上，三分之二的法国人表示自己喜欢美国的音乐、电影和体育运动。[13]作为一种文化现象，在这十年间美国化并未在法国引起像在此前或者之后那么强烈的反对。

不像对美国人和美国社会的看法那样，法国人对于美国在世界事务中的看法非常地不稳定。如果说大部分法国人评价双边关系是好的，并且认为美国对待法国时给予了"尊崇和尊重"的话，那么还有近三分之二的人也认为美国政府盛气凌人，同时还有相当一部分的人反对美国的某些政策，譬如里根政府对于强势美元的固执坚持以及它对于尼加拉瓜的反桑地诺主义阵营的援助。[14]与西德、比利时和加拿大相比，美国几乎排在了首位而成为法国最亲密的朋友之一，与此同时，伊朗、利比亚和苏联则单列出来作为它的主要敌人。当被具体问到与美国的关系是友好的还是不友好的时候，大部分人说是友好的，少部分人持不友好的观点，还有第三种看法则表达两者"都不是"。再一次，表达友好关系的大部分来自右翼政党，而年轻人、商业经理人和农民表示赞同的比例更稍大一些。[15]在大多数的调查中，持否定态度的比例从 14% 到 30%，这个比例与那些自称反美主义者的数字几乎吻合。

■　弗朗索瓦·密特朗经历了相当长时间的等待才于 1981 年成为第五共和国的第一位社会党总统。他在 1965 年第一次参加总统竞选，对手是夏尔·戴高乐。此次铩羽而归之后，他又遭遇了 1969 年和 1974 年的两次落败，1974 年的竞选以些微的差距败给了瓦莱里·吉斯卡尔·德斯坦。从小在天主教的家庭长大，密特朗学生时代隶属于右翼政党，二战期间开始了他的政治生涯，当时他在维希政权和抵抗运动之间摇摆游移。在因动荡不定而臭名昭著的第四共和国期间（1946—1958 年），他在多个中左派的政府里担任内阁大臣，巩固了他作为一名政治幸存者的声誉。第五共和国期间，密特朗成为一名直言不讳的戴高乐总统的批评者，于 1970 年代加入并且重组了社会党，朝向坚定的反资本主义的政党发展并与共产党开展合作。密特朗被公认为是一位技艺高超的政治

10

家，一位聪明果断的战略家；一个机会主义者而不是一个空想家；同时他还是一个有着勇气、信念和耐心的人——一个神秘的人物；或者，像他有时被贴上的标签——"佛罗伦萨人"。

正如密特朗自己所描述的，他是美国人民的朋友。他说，美国独立战争的英雄和理想在他的孩童时代就激励着自己；后来，作为总统，他怀着激动的心情参观了弗吉尼亚州的威廉斯堡，了解开国元勋们的革命历史。[16]二战之后，他也对美国进行过几次私人访问——第一次是在1946年，从空中鸟瞰纽约城的美景很奇妙地令他想起了文艺复兴时期的一幅图画。一方面，他对美国有一种理想化的愿景，这是一片自由而富有创造力的国土；另一方面，他憎恶华尔街、五角大楼、城区中的贫民窟以及越南战争。但是，他从未对美国本身感兴趣——诸如社会和政治等——或者说他从未对文学以外的美国文化感兴趣：他熟悉詹姆斯·奥利弗·柯伍德（James Oliver Curwood）的冒险小说，以及像约翰·斯坦贝克（John Steinbeck）这样的评论家和像威廉·斯泰伦（William Styron）这样的当代作家。[17]

弗朗索瓦·密特朗在第五共和国的整个第一届总统任期期间（1981—1988年）不得不与罗纳德·里根合作，当时的国际政治的命运就是如此。一位曾经承诺要与资本主义决裂的社会党人，一位具有哲学素养的温文尔雅的作家，一个与美国不甚亲近的保守的法国人，一位尚未成为北约支持者的政党领导人，一位以他面对白宫的共和党人时不择手段的方式而闻名于世的政治家，他所面对的白宫的共和党人，是自由企业的提倡者，坚决维护美国的领导地位的爱国者，是一个既无修养品位，又无多大见识，只能用平易近人和坦率直爽来博得人心的曾经的演员。佛罗伦萨人和美国牛仔的搭配并不有利于创造和谐的政治局面。密特朗的爱丽舍宫和里根的白宫尽管相互猜疑、尔虞我诈，并时而公开争斗，但是双方仍然尽力维持着热情友好的关系。

对于法国人来说，罗纳德·里根在1980年与吉米·卡特角逐总统的胜利虽然令人费解，却也在意料之中。法国的报社观察总统竞选，认为卡特是一位比较弱势的谋求竞选连任的候选人。法国享有威望的中左派日报——《世界报》在描述现任的民主党总统时，称他有才智、有见识、心存善意，但是却过于优柔寡断和理想主义。[18]在卡特执政期间，白宫表现得飘忽不定而软弱无力。在德黑兰的美国人质事件中白宫陷入持续的困境。根据《世界报》报道，到了卡特执政的末期，他才渐渐领悟到了苏联的危险性。保守派的《费加罗报》的一位专栏作家在大选前夜不但指责卡特追求与苏联的缓和关系，而且还抱怨 1970 年代文化、礼仪以及美国人强劲的先锋精神的总体衰落。[19]卡特时期的美国似乎见证了美国软硬双重实力的衰退。与媒体相反，公众对于卡特持一种肯定的观点，认为他诚实、正直、有风度并且值得信任。[20]然而，民意调查显示，大部分人对他的外交政策缺乏信心，并且几乎有同样多的人认为美国的威望业已下降。[21]卡特在人质事件中带给公众的巨大痛苦以及处理与苏联的关系时候的天真使他的名誉变得黯然失色。法国人对卡特的落选反应冷淡。然而，里根的胜选却引起了法国人的关注。

法国媒体对于 1980 年里根的胜选做出的回应充满了嘲笑、好奇和担忧。左倾日报《解放报》头版讽刺性地写道："《解放报》联合华纳兄弟公司、加利福尼亚州以及共和党，向您介绍一部票房大卖的美国影片《帝国反击战》中的罗纳德·里根。"[22]白宫的这位新主人是没有经验的、令人费解的也是不谙政事的。在 1978 年访问巴黎时，他曾受到过吉斯卡尔·德斯坦政府的怠慢。报纸栏目中充斥着牛仔总统、电视推销员和年迈的好莱坞影星——"一位老明星诞生了"，一家报纸俏皮地如此写道。法国人对于里根的经济和外交政策充满了担忧：他将会正面解决正在拖累欧洲的全球经济危机吗？他会任由市场经济肆意发展吗？他会将国家福利挡回去而损害工人的权利吗？他会努力增强美国实力从而挑战苏联吗？

为何美国人选择了里根？法国媒体认为此举归因于美国的怀旧情结。《解放报》假装代表美国选民戏称："我们已经受够了吉米·卡特。他不是一个坏孩子，但是他不懂我们想去哪儿。他性格懦弱，不了解如何做一位领导者。他以为我们可以与敌人合作……我们与他共处没有安全感。罗尼，快带我们回家吧"。这里所说的"家"，指的是回到那光辉的 1950 年代。那个时候美国仍然是世界上最强大的国家，石油输出国组织尚且无足轻重，种族紧张的关系还未存在，最低工资不至于导致失业；所有这一切所需要的是"用一直作为美国人民伟大之处的进取精神和勇气让一切恢复秩序"。[23]正如报纸上所说的，美国人在等待一位超级英雄来拯救他们，而这就是里根当选的原因所在。

右翼政党原本被期待能表现出更多的热情，结果也只是谨慎地表示赞同。《费加罗报》以乐观的口吻称里根是"另一个艾森豪威尔"，他将代表一个飘忽游移时代的终结，但也担忧这位当选总统倾向于在复杂的问题上寻求简单的答案。[24]右倾的政治家们则欢迎一位更加果断的、不再忍受苏联的扩张主义的新总统。时任巴黎市长雅克·希拉克则认为这次竞选结果表明"美国人民拒绝衰落"。[25]然而，没有人能肯定这位白宫的新主人将会有哪些举措。

左派政党对于 1980 年的大选结果表示担忧和好奇。毫无疑问，社会党的领导人率先开火。洛朗·法比尤斯（Laurent Fabius），未来社会党的部长和总理，认为这位新总统不太知晓第三世界的问题，也不知道他的通过军事力量巩固美国领导地位的决断具有引发冲突的风险。另一位密特朗政府未来的部长让—皮埃尔·舍韦内芒（Jean-Pierre Chevènement），担心里根秉持的"帝国主义者"的信念可能会引起国际的紧张局势。[26]一些社会党人担忧，共和党的胜利为类似道德多数派这样的反动派开辟了道路。《世界报》的担忧也不亚于社会党。美国大选同时代表了一次"爱国主义的、干预主义的和孤立主义的大地震"。[27]跨大西洋的关系由于一位总统而受到了威胁，这位总统相信只要大声讲话、对莫斯科采取强硬立场、迫使欧洲人与华盛顿的政策保持一致就能消除分歧。还有更大的问题，里根会采取一种好斗的肆无忌惮的美国式的干预主义形式还是会退回到"美国堡垒"？欧洲人会从这个愿意与苏联对峙的强大美国获益呢还是会遭遇美国的主导地位所带来的困境？

里根执政的前两年，法国对美国的看法并不比吉米·卡特时期乐观。大部分人指责里根的政策，譬如高利率损害了法国的经济。[28]对于跨大西洋经济关系的不满充斥着整个政治谱系。[29]至于在国外的影响力，1981 年，当被问及哪种社会经济改革模式更适合法国时，大多数受访者都选择以西德和瑞典为代表的社会民主主义，而只有一小部分（17%）偏向于追随美国的自由资本主义。里根执政的最初两年里美国经济的萧条恰好验证了法国的怀疑。[30]

　　随后不久，法国对美国的看法变得乐观起来。美国于 1982 年以后创造就业机会的成功以及华盛顿的强硬外交立场赢得了法国人的认同。与此相关的书籍和文章开始赞扬里根政权的经济成就。由于冷战的紧张气氛日益加剧，法国人坚信一旦与苏联对峙，美国将会保护他们。最非同寻常的是，法国对于美国统治地位的恐惧已经荡然无存。1984 年，有一半的受访者表示不再担心华盛顿对法国外交政策的干涉，不到一半的人表示了对于美国干预经济事务的担忧。虽然华盛顿政府的姿态强势依旧，但是法国对于美国佬专制的恐惧却渐渐消失。[31]

　　里根政府对于经济的管理引发了相当多的评价，并带来了一些改变，但同时也引起了怀疑和批判。没有人能否认所谓的里根经济已经产生了令人敬佩的效果：1970 年代令人沮丧的"滞胀"已经不复存在。保守派媒体津津乐道地列举了 1982 年后美国取得的成就：创造了上百万的就业机会，通货膨胀的消退，强劲的经济增长，生机勃勃的创业精神，更低的税收以及更少的管制。这些热情洋溢的评价经常或暗示性地或直截了当地用以与社会党执政下法国经济的糟糕表现进行比较：美国佬做得比法国好。

　　里根经济激发了一些著名的法国追随者。其中最为人所熟知的莫过于作为巴黎政治学院的讲师和专栏作家、作者居伊·索尔曼（Guy Sorman）。[32]对他而言，里根的胜选是全球通向经济自由主义的转折点。（在欧洲词汇里，"自由主义"一词与美国的用法相反：它指的是一个以市场为导向的经济体及其与政府干预的背离。）索尔曼大量地借鉴芝加哥经济学派的观点［譬如弗里德里希·哈耶克（Friedrich Hayek）的观点］，支持供给经济学，引用诺曼·波德霍雷茨（Norman Podhoretz）等新保守派的思想，并且热情洋溢地撰写关于杰里·福尔韦尔（Jerry Falwell）的道德多数派以及计算机的出现的文章。"新保守主义是目前唯一能成功地将道德和微处理器联合起来的西方的模式。"[33]他所传达的信息很简单：他反对社会主义、官僚主义、大政府主义以及技术官僚主义，支持自由企业、个体创造性和市场经济。既然经济发展的动力是美国人所主张的创业精神，那么他建议法国实行经济自由化，推行"乐观

15

的自由主义思想"。[34]"里根这个牛仔小子已经成为左派的梦魇",索尔曼写道,因为"他创建了一套行之有效的与社会主义模式相对立的一以贯之的思想体系"。[35]1984 年,里根总统在伊利诺伊州的母校演讲时,回应了索尔曼的赞扬。他称索尔曼是一位"足以摒弃国家权力的陈腔滥调,而去重新发现国家权力对于个人自由的威胁"的法国思想家。[36]

里根经济还吸引了其他的法国追随者。法国知名的经济评论报《拓展报》的一位撰稿人菲利普·勒夫赫尼(Philippe Lefournier)称赞美国是"第一个在资本主义'危机'中崛起的国家",并且认为这个"将高科技与旧的企业精神和觉醒的爱国主义相结合"的国家有着"振奋人心的未来"。[37]《费加罗杂志》主编路易士·鲍维尔(Louis Pauwels)将罗纳德·里根和教皇约翰·保罗二世(Pope Jean Paul II)并称为当代最伟大的两位"有魅力的人类自由的领袖"。[38]作为美国新保守主义的追随者,鲍维尔归附于市场自由主义,因为那是自然的人类秩序,因为它会带来繁荣,也因为它建立在基督教的原则之上。他敦促法国人承认里根经济是有效的,社会主义已经失败了,而向美国学习就意味着削减税收,依靠个人的创造力,并以民族和传统的价值观为骄傲。即使是左派政党,也偶尔勉强地给出赞美之词,或者,如同《解放报》所观察的:"少一些国家干预,少一些税收,多一些乐观主义:里根的秘诀很简单:甚至过分简化,但是却奏效了。"[39]《新观察家》对巴黎的书店做了一次调查,发现像以索尔曼所推崇的市场自由主义为标题的书籍和"无政府里根主义者"米尔顿·弗里德曼(Milton Friedman)的译著比比皆是。艾伦·明克(Alain Minc)作为一名年轻的经济学家和企业经理,在评论文章中提醒"法国的里根主义者"不要期盼市场会创造奇迹,但同时,他还建议他的社会党伙伴"左派要么走向自由,要么灭亡"。[40]

虽然报社无一不指出里根经济的显著弊端,譬如巨额的预算赤字,这些评论也有意淡化这些缺点,而更加突出其取得的成就。[41]唯一的问题是:美国为什么会成功?对于这个问题可谓众说纷纭。可能的原因有很多,包括强势美元、低税率、去除管制、赤字开支、计算机等新技术的出现、工业的重新调配、灵活的劳动力市场、移民工人、扩大的服务业,以及对商业有利的环境。或者正如"供给经济学"一词的提出者

16

裴德·万尼斯基（Jude Wanniski）所说的那样，答案很简单："只要对长期投资、企业和个人充满信心，你就能发现事情自然会进展得很好。即使是密特朗也明白这一点"。[42]

　　然而，并不是所有的保守派人士都是里根主义的热情拥护者。索尔曼就批评"知识分子和政治右派"过于相信政府干预而不能接受里根的自由主义。[43]《费加罗报》的一位驻纽约记者撰写的一本关于美国的畅销书中就斥责了里根的社会和环境政策。[44]有些专家并不相信美国的方法适用于欧洲。他们指出美元拥有特定的地位，美国经济具有开放性，赤字经济存有风险，并且法国一贯是依赖于政府的。[45]有人问道，即使我们能够模仿美国，我们真的应该这么做吗？或者，如一本财经期刊所说的，"我们国家总是会羡慕美国模式所带来的利益，而忽略了这种利益是建立在什么基础之上，以及将要付出的代价和将要带来的活力……年轻的美国人信奉乐观主义、工作、雄心壮志和个人的独立性，热爱挑战、家庭和美利坚"，所导致的后果便是产生了一代自我主义的事业狂。[46]

　　温和派和左翼报社嘲笑美国的"泡沫"经济建立的基础是巨额的预算和贸易赤字、社会不平等的加剧、社会救助的削减、面临衰微的夕阳产业的残酷的裁员、高利率、"麦工作"（快餐店的低水平的兼职工作）以及贸易保护主义等。[47]《世界报》驻纽约记者妮可·伯恩海姆（Nicole Bernheim），控诉里根撕碎了美国本就破烂不堪的社会安全网，加大了社会的不平等，加剧了少数民族的不满情绪。美国北方城市的失业以及人们到处都在寻找工作机会的窘境让她想起了斯坦贝克的《愤怒的葡萄》。如同他将苏联称为邪恶帝国那样，里根将所有的问题都简单化了，从而赢得了美国内陆地区选民的支持：他恢复了左派那富有、粗鲁和自私的山姆大叔的形象。伯恩海姆报道说，那些曾经在1981年后脱离社会党去美国打拼的法国人都意识到了在"野蛮资本主义"下生活的动荡和昂贵，因而纷纷准备回国。[48]一直都褒贬参半的左倾周刊《新观察家》，到了最后也是贬多于褒。它认为里根在工程复兴方面有功劳，承认法国应该借鉴美国的创业精神，并且强调社会党政府正在就如何向美国学习产生兴趣——但是它又对里根主义的方法及其成本大加

17

18　指责。它奚落"无情的里根",为了推动经济增长,毫不留情地鼓动汽车等产业进行残酷的重组,从而迫使底特律市长不得不依靠夜间实行宵禁来维持治安。该报刊认为,美国的"奇迹"建立在财政赤字、弱势群体的贫困、一种虚假的强势通货以及自私的基础之上:"作为一个美国人,首先是为自己而活着的"。[49]里根经济的原型是"雅皮士",即婴儿潮时期出生的人的孩子,左派人士更新了美国人的历史原型,将这一群体描绘成没有时间享受假期、娱乐或者婚姻,甚至更喜爱体育锻炼而非性爱的、过度规划的物质享乐主义的实干家。[50]

　　本书第三章将会详细讨论国际事务,但是在此简单的介绍会有助于我们的理解。起初,法国人并不看好美国的国际立场。1982 年末,大部分法国人对美国在国际事务中的立场持有非常或者相当"差的看法"。[51]这部分人主要来自于社会党和共和党派,也有一些右翼政党人士。然而,1982 年至 1984 年间,态度发生了戏剧性的好转。在不同的性别、年龄、职业和政党中,这种奉承的态度以 70% 的比例一直持续到乔治·H. W. 布什执政的早年。柏林墙倒塌的前夕,法国人像西德人和英国人一样热烈欢迎美国。[52]但是这幅美好画面也有一点瑕疵。法国感激的是里根政府承诺协助法国抵御苏联威胁,然而这份感情并不新鲜,因为在 1977 年时,法国对于吉米·卡特就抱有同样的信任。[53]里根政府的国际立场并没有赢得大多数人的支持。1984 年,他所赢得的法国人对于美国总体政策的支持不及卡特。[54]里根总统对于苏联的强硬立场将法国人分成了三种:支持者、反对者和不表态者。[55]

19　　　1984 年 11 月罗纳德·里根的选举运动以及最终的连任让法国人有机会重新审视他的成就。那一年,里根的名望登峰造极,先前的鄙视都完全消失了。但是,怀疑态度仍然未变。

　　1984 年,里根总统在法国的声望略高于他在白宫的前任,当然他在法国人心目中的地位比在其他西欧人心中的地位要高得多。10 月下旬,当被问到如果被授予投票权,会将选票投给谁时,38% 的法国人选择罗纳德·里根,25% 的人选择里根的对手沃尔特·蒙代尔(Walter Mondale)——但是还有 37% 的人不发表意见。[56]换句话说,对选举持冷漠态度的人与支持里根的人一样多。然而,与理查德·尼克松总统、杰拉尔德·福特总统、吉米·卡特总统——虽然他在法国也有一定的支持率，以及 1988 年乔治·H. W. 布什的不温不火的支持率相比，情况较为乐观。里根 38% 的坚强后盾来自不同的性别、年龄和职业；异乎寻常的是，他在从商店主到高级经理人的商业人士中得到的支持率要比来自农民的支持率高得多。相比之下，西德人与英国人的态度更为冷漠，他们对蒙代尔和里根的支持难分伯仲。[57]1984 年，法国亲美派与反美派的比例（44%：15%）要高于西德（35%：19%）和英国（39%：20%）的比例，这种国家之间的对比很容易便找到缘由：是因为里根的外交政策。与法国人相比，有更多的西德人和英国人认为里根的政策增加了战争的可能性。[58]正如我们所见，里根对于苏联的强硬立场在法国更受欢迎。

《世界报》对里根胜选的原因进行了分析，认为美国人需要一位"不错的男人"，一位看起来善良而脾气又好的领导人，一位虽然已经落伍甚至已经老态龙钟，却能够在这个飞速变化的时代提供秩序和稳定的"他们梦中的祖父"。[59]其实，里根的个人魅力也吸引了不少法国人。他们喜欢他乐观的心态，而他"美国早晨"的要旨也家喻户晓。各大报社赞扬美国人对于他们总统的友善、乐观、良好的意识、自信和勇气的热爱。专栏作家们也纷纷将 1984 年美国的自信情绪与卡特执政期间的摇摆不定和思前想后，以及尼克松和福特执政期间的低落阴郁进行对比。一本新闻杂志曾经这样评价：德黑兰扣押美国人质事件让卡特失去了许多美国人对他的信任，却为代表"正义和复仇的佐罗"的里根打开了一扇大门。[60]

《世界报》曾称："法国人喜欢里根要多于里根主义。"[61]法国人欣赏里根总统，但是他们对于里根的国内政策却不太苟同，即使他在创造就业机会等方面取得了成就。对于大部分人来说，里根经济——鉴于它对市场的偏好和对弱势群体的残酷——并不是解决法国经济和社会问题的一剂良药。在 1984 年的民意调查中，只有四分之一的法国人希望法国效仿里根的社会经济政策。[62]从公司经理和专业人士到工人和农民，法国的各个阶层都反对效仿美国。法国人认为自 1982 年至 1987 年间美国社会最严重的退化就是对病患和老人的待遇。而这种退化的罪魁祸首就是政府社会支出的紧缩。[63]里根政府在经济上取得的成功并不能说服许多法国人去改变他们的社会模式。

里根在1980年代中期人气旺盛的最有说服力的解释是再简单不过的：主要是政治党派的原因。他的"选民"主要但不完全来自于法国保守党。里根的经济社会政策总体上引发了法国人的担忧，但是右翼党派人士除外。在一次关于美国处理国际事务的看法的调查中，党派决定了肯定和否定的答案。两大保守党派的支持者都热切地表示支持。[64]戴高乐主义的"保卫共和联盟"领导人雅克·希拉克赞扬美国选民拒绝怀疑和消极的情绪，选择了一位信念、行为和风格都能代表美国意志和活力的总统。他还说，"美国经济和军事的振兴仍将继续，使法国和欧洲可以依靠这位受人尊敬的有责任心的盟友。"[65]这种党派的反应引起了保守党报社的共鸣。一位支持里根连任的《费加罗报》的社论作者写道："法国和欧洲都将为共和党的胜选而感到非常兴奋，不仅是因为里根总统的个人魅力，还因为从他的成功当中，我们将会看到美国继续致力于诸如勇气、创业精神以及与公民的义务感相关联的个人主义等的'美国价值观'的复兴。"[66]右翼报社慷慨地赞扬了里根对于美国近期的经济复苏的贡献，这无疑是在时局有利于里根时借机嘲讽密特朗干预主义经济政策的失败。到1984年，法国和美国的发展路线似乎背道而驰。作为经济掌舵人，里根的团队遥遥领先于法国的社会党。因此，当调查法国人关于"极端自由主义"或者里根政策，尤其是减少国家干预的看法时，右翼政党的支持者给予了相当大的肯定。[67]法国保守派赞同里根的观点："政府不是解决问题的答案，而是问题本身"。全国雇主联合会主席称赞里根的胜选是懂得"挽起袖子实干"的民族带给法国人的启示。中右派的法国民主联盟（UDF）称这次选举结果代表经济自由主义和私有创业的胜利，而不是国家的胜利。[68]极右翼政党民主阵线的领导人让—马里·勒庞（Jean-Marie Le Pen）称里根是"他的模范"。[69]

与此相反，法国社会党秘书长利昂内尔·若斯潘（Lionel Jospin）则不看好里根的胜选，并提醒大家注意选举中的高弃权率。他批评道："保守严苛的里根政府在接下来的4年中最好要考虑到另外一个群体，国内的和世界上的另外一个群体。"[70]《世界报》没有表示支持，而是给了一个保守的评价。它称里根是通过实行足以淹没自己丰功伟绩的高赤字来实现抑制通货膨胀和扩大就业的"超级皮奈"（喻指 1950 年代法国保守党总理）。[71]

里根总统在法国获得的支持并非仅仅来自于政治经济的保守派。在某种程度上，他掌控着人们对他的赞赏，或者至少争取赢得尊重。在 1980 年代中期，有相当广泛的人群，他们可能并没有投票给他，但却喜欢里根的为人以及他的政策的某些方面——尤其是美国经济如何在他的领导下蓬勃发展，甚至是他处理冷战的方式。1984 年初，几乎一半的法国人认为美国已经克服了经济危机，但是却没有人认为法国做到了这一点——包括绝大多数的左派人士。[72]经济表现至关重要。社会党在 1980 年代初一波三折的经济管理方面的表现无意中提升了里根的形象。然而，政治家的声望是会瞬息即逝的，里根这只股票在他的第二任期结束之前便下跌了。

里根的经济模式与法国总统弗朗索瓦·密特朗所奉行的政策基本上是互不相干的——至少初期是如此。但是两年后社会党开始注意这个方面，而当雅克·希拉克代表的保守党在 1986 年重新上台后，主张自由市场的自由主义流行起来。即使如此，里根经济并未成为密特朗或者希拉克主要的借鉴对象。众所周知，法国的经济和社会政策完全取决于国内问题、内部政治以及经济的发展，而希拉克和戴高乐主义对于英美的市场自由主义仍然心存怀疑。尽管如此，美国仍然备受关注，它成为衡量经济表现的一个标准。根据狄安娜·平托所言，密特朗政府想要证明"真正的社会主义"可以取代"软弱无力的社会民主主义"、苏联的集权主义和美国的经济帝国主义。[73]

在 1981 年胜选之后，密特朗就着手推行"人道的社会主义"——一个很难得到美国的罗纳德·里根欢迎的纲领。冷眼旁观了第五共和国的政治生活几十年之后，新当选的社会党人与他们的共产党伙伴们一道迫不及待地宣扬他们的纲领，纲领中包含了将要为振兴经济付出的大胆努力，这是一个标志着"与资本主义决裂"的宏伟的社会纲领。左翼政党认为，1970 年代由能源危机引起的导致经济停滞和失业现象的滞

23

胀局面可以通过增加公共开支、扩大国有化、援助社会边缘群体以及加强工厂的劳动力而得以扭转。"通货膨胀"或者所谓的刺激需求策略意味着在其他策略之外，提高最低工资标准，将每周工作时间削减为 39 小时，增加一个 5 周的带薪休假，鼓励提前退休，提高社会福利，并将这些增加的支出加入到公众的工资总支出中。富人们通过缴纳一种特别税从而为经济复苏作贡献。经济复苏的驱动因素将会是一个极度扩大的公共领域，其中包括几乎整个银行系统。新近被国有化的企业包括巴黎银行等投资银行以及将近十来个主要的工业集团，诸如航空制造商达索—布雷盖以及法国通用电气公司等高科技企业。这些国有化的公司将获得较大的资本输入，并精简其组织结构，从而将法国在最先进的工业领域的国际竞争中的竞争能力提升至顶级水平。1981 年，密特朗领导下的法国朝着与英美国家相反的方向发展：当里根总统和撒切尔夫人将通货膨胀作为目标时，密特朗则将失业和经济增长作为目标。前者为实现其目标而采取的是紧缩银根、解除管制和税收减免的措施，后者则偏向于扩大开支、国有化和向富人征收特别税。

²⁴ 　　密特朗政府认为世界经济即将反弹而法国可以将希望寄托于扩大出口和降低利率。这是一次失败的冒险。直至 1982 年的年中，全球经济显然还处于低迷状态。国外进口商品——尤其是昂贵的美元控制的石油产品大量涌入法国，而出口产品的买家却寥寥无几。结果，法国的贸易赤字猛增，预算赤字也迅速增加，物价因通货膨胀而攀升，失业状况恶化。皮埃尔·莫鲁瓦（Pierre Mauroy）担任总理期间（1981—1984 年），政府不得不抛弃与资本主义决裂的纲领，开始紧缩开支。1983 年，增加税收、控制物价、削减开支、企业盈利以及强势法郎已经成为法国选择的出路。正如一位权威人士所言："1983 年……标志着社会党经济纲领的终结，同时还包括作为意识形态的纲领和作为政策的纲领的终结。"[74]

　　洛朗·法比尤斯作为新上任的社会党总理（1984—1986 年），建立了一个没有共产党参与的政府并且进一步推动经济自由化——以一种社会主义的形式——甚至更加地自由化。他提倡现代化和创业精神，通过扶持经济扩张来创造就业机会。曾经担任过莫鲁瓦的工业部长的法比尤

斯公开表示对美国所取得的发展很感兴趣。某些左派人士认为法比尤斯的那件领尖系扣子的衬衫标志着他已经成为美国化的人。1985 年，当他开始与沃尔特·迪斯尼公司商谈将该公司提议的休闲公园引进法国时，更表明了他对于美国化的肯定。法比尤斯还授权了一份内容广泛的关于对比技术政策的报告：报告通过硅谷的事例建议更大程度地依赖私有部门发展那些类似信息领域的技术。[75]他大胆地断言："私有部门在法国已经并将继续占据主导地位。"[76]法比尤斯反映了这个国家的一种新态度。民意调查显示，创业精神、利润、首席执行官愈来愈受到偏爱：据某企业管理咨询公司报道，几乎所有人都认为法国经济的发展首先是法国企业竞争力的增强，大部分人认为政府对于企业的管制应该放松。[77] 25

　　为了避免在 1986 年的立法选举中落选，密特朗和法比尤斯领导下的社会党不惜任何代价，即使是向里根领导下的美国吸取经验并吸纳其创业精神。"美国，即使在社会党人士中间，也成为一种时尚"《新观察家》这样写道。[78]政府很高兴地发现，民意调查显示有 200 万的法国公民具有创业的意愿。密特朗的特别顾问雅克·阿塔利（Jacques Attali）访问华盛顿的时候，在与包括美国财政部长唐纳德·里根（Donald Regan）在内的政府要员的对话中，讨论过关于美国的成功。法国财政部长兼密特朗的首席经济学顾问雅克·德洛尔（Jacques Delors）在 1984 年呼吁"美国式的法国现代化"。虽然对于美国的整体效仿不可行，但是就美国的好胜精神，如果加以谨慎运用的话，无疑是一剂良药。因此，法比尤斯放任了雪铁龙和塔尔伯特汽车公司的大规模裁员，但是要求裁员必须循序渐进地进行并且要对员工进行职业培训，因为政府拒绝采用所谓的"美国式逻辑"的大规模解雇。

　　碍于对社会主义政策的坚决捍卫，直到 1984 年 3 月密特朗正式访问美国的时候，法国才公开表达了对美式经济的兴趣。在华盛顿的国会联合会议的演讲中，对美国独立战争和大西洋联盟作了一番赞美之后，希拉克描述法国经济是竞争性的，它"追求的是安全的和现代化的冒险，而非安逸"，同时，他指出法国已经对通货膨胀和国家干预进行抑制。在相继访问了白宫和亚特兰大之后，密特朗飞往加利福尼亚，成就了有名的硅谷之行。在硅谷，他带着他的团队一起考察了那里的风险投资、新兴创业企业、科技研究、学术与产业的关联以及太阳能。据他的团队称，这次访问的目的之一就是提醒法国人科学研究与投资的必要性。[79] 在参观伊利诺伊州的一个农场时，他和小猪崽的亲密合照显示了他应对农业的能力的一面。随后，他在商业领袖云集的纽约经济俱乐部的讲话中指出，法国经济要比在座的听众所想象的更加开放且更具活力。密特朗当时处于十分被动的地位，因为虽然——或者说正因为——法国正在大规模地推行国家干预主义和国有化，法国正面临严重的通货膨胀和财政赤字。为了让在座的听众放心，他自嘲地说道，"我们（社会党派）并没有烧毁教堂，也没有关闭工厂，更没有扯下铁幕。"[80] 他还指出法国并没有实行经济公有化，相反，法国近期已经建立了8万家公司，并且欢迎美国的投资者。对于已经在法国设立公司的美国商业人士，不管因为什么原因感到不满意的话，他说，"来找我，我们会保护你。"即使已经明确表示法国不会再进一步推行国有化，他还是遭遇了持有怀疑态度的听众，他们向他提出关于弱势法郎、国家干预、保护主义以及雇佣与解雇雇员的限制等问题。

在密特朗看来，自由化和适度地借鉴美国人与社会主义是一致的，但美国并不是一个模式。从美国回去之后，密特朗解释说，以供应国内市场并获得国际竞争力为目标的现代化以及产业重组一直都是他的目标。[81] 他称自己并不担心企业家或者"合理的利润"——通过革新、工作和积蓄所得的可以为所有人创造财富的利润——但是他不会在总的原则方面妥协，那就是国有化标志着"与资本主义的决裂"，而"混合经济"是通向社会主义的过渡阶段。混合经济中公共部门与私有部门之间的平衡意味着，法国既不支持"英国的极端自由主义也不支持中国的集体主义"。在访美期间，密特朗强烈地批评了里根政府的经济政策，尤其是伤害了欧洲人的预算赤字和高利率。当被问到美国有哪些方面值得法国借鉴时，他含糊其辞地赞扬了美国人民的活力和创造力，还特意列举了一个学术研究与私人企业合作的例子。但是他认为称美国为一种经济模式是有问题的，因为它的成功得益于市场规模和美元的特殊地位，因为"美国的复苏引起了巨大的混乱，并且是建立在一系列阴谋诡计的基础之上的"。"我欣赏这些人民的品质"，他总结道，但是所得出的启示是法国必须重新建构属于自己的模式，而不是效仿美国。

虽然包括市场刺激在内的扭转经济局面的努力逐渐开始显出成效，但是这还不足以令法国人相信社会党是很好的管理者。密特朗的声望一落千丈，即使是在社会党内，因为他们感觉被密特朗的"严格"背叛了。这使密特朗成为法国第五共和国截止到当时最不受欢迎的总统。到了 1980 年代中期，与左派相关的——诸如"社会主义"和"国有化"这样的词汇引起了更多的反对，而经济自由主义者所推崇的"竞争"和"自由市场"等词汇开始受到欢迎。调查显示，包括社会党人士在内的受访者更希望私有企业而不是公共部门得到发展，并且他们认为企业的健康发展要比提高个人生活质量更为重要。[82]大部分人希望将近期被国有化的产业集团进行私有化，并且赞同减少企业的社会负担——即便是以减少社会保护为代价。大部分人要求政府减少在经济和社会事务中的干预。一本财经杂志欢呼法国似乎终于从社会党的失败中发现了经济学的正统。[83]

对社会党在复兴法国经济中的努力所产生的不满直接导致了该党在 1986 年立法选举中的失败。密特朗不得不任命戴高乐主义的保卫共和联盟领导人雅克·希拉克担任总理。第五共和国开始初次尝试"两党共治"——即总统和总理分别来自两个完全对立的政党。除少数情况外，社会党总统退到一旁而任由希拉克撤销社会党于 1981 年至 1982 年之间所实行的诸多计划，实施反社会主义的政策。首先是在全国范围内对已经被社会党国有化的企业恢复私有化，然后是削减税收，包括取消新财富税、去除管制以及放松对雇佣与解雇的限制，从总体上扶持私有企业，增强市场活力。随着对英美模式的兴趣达至巅峰，经济自由主义成为一种时尚。1983 年至 1985 年期间，社会党对于市场的勉强让步业已成为良好治理的一个准则。

在希拉克的执政联盟中，除了法国民主同盟及其附属机构，还有许多自由市场的热情拥护者。文化交流部由包括弗朗索瓦·利奥塔尔（François Léotard）在内的法国民主联盟的年轻领导人执掌，而阿兰·马德兰（Alain Madelin）则担任工业部长。阿兰大胆地断言："如今，人人都是自由主义者。"[84]保卫共和联盟中也有一些坚贞不渝的自由主义者，例如社会事务部的菲利普·塞根（Philippe Séguin）。然而，这些空想家并不是新政府中占据主导地位的派系，担任主要角色的还属于更加温和的或者更加务实的自由主义者，诸如希拉克本人及其财务部长爱德华·巴拉迪尔（Édouard Balladur）等，他们代表着源自于导师乔治·蓬皮杜的戴高乐主义政党的国家干预体系。他们原则上并不致力于建立自治的市场，而只是认为推动竞争性和私有企业的改革能发挥政治和经济的作用。正如巴拉迪尔的那句名言："理智应该使自由主义缓和。"[85]

自由放任作为经济政策的基础在法国有很长的历史，而它的最热诚的拥护者却总是英美人，即使这令人感到有些讽刺意味。直至 20 世纪末，当里根和撒切尔夫人所倡导的新自由主义的经济遥遥领先，而希拉克步履蹒跚地跟随其后之际，情况亦是如此。1970 年代和 1980 年代，所谓的"新自由主义"的复兴几乎完全是法国的关注和传统的产物，除了一些像索尔曼这样的宣扬者倾向于引进芝加哥学派之外，与英美人几乎毫无关系。1980 年代中期名声大噪的新自由主义者——主要是米歇尔·德昂谷（Michel Drancourt）和奥克塔夫·日里尼（Octave Gélinier）等与雇主运动关系密切的经济学家以及伊冯·加塔（Yvon Gattaz）等商业人士，他们大部分都是土生土长的法国人。据苏珊·伯杰（Suzanne Berger）称，这些高卢信奉者开始反感社会主义和共产主义，怀疑技术官僚主义，并且担心全方位的反资本主义。[86]1981 年以后，国家干预主义改革的失败以及社会党治理下的经济所产生的失望极大地强化了他们的这些信念。国内的政治经济活力创造了 1986—1988 年的自由主义，而里根总统和撒切尔夫人的成功最多只是增强了法国支持者的信心。

如果说复兴的自由主义的原因完全是法国的，那么他们纲领的内容也是如此；它并不是对美国的或者英国的保守主义的盲目复制。譬如，法国的新自由主义者要比里根经济或者撒切尔主义的拥护者更加相信，在捍卫超越私人利益之上的公共利益时，政府发挥着更大的作用。他们认为，市场如果不加以控制便会合乎逻辑地发展成"野蛮自由主义"，因此在解决贫困与收入不平衡等社会问题方面，他们更大程度地依赖政府的作用。[87]

只要坚决支持国家干预，同时保证共和主义团结，法国公众支持向自由主义的转变。1986 年大选后一周进行的一次全国性的调查显示，选民只希望适当地向市场转变，他们仍然强烈支持社会保护：如果说大多数人已经做好了结束价格调控和大公司私有化的准备，那么也有同样多的法国人希望继续对裁员进行国家调控、对富人征税，并增加对人口多的家庭的资助。[88]即使是支持去国有化和去除管制的商业人士，也希望能保留最低工资的政策。[89]

除了一个极小的部长群体之外，希拉克政府中的经济自由主义者对新自由主义并无多大热忱。在希拉克与巴拉迪尔那里，自由主义只是解决问题的一种现实的方法，而不是一种原则或者信条：它可以使停滞的经济向前发展并且是一个可以与社会党的对手展开较量的有力武器。希拉克从来就没有完全地信奉自由主义或者投机地采用市场导向的政策。对于希拉克总理的政治宣言，我们应当持怀疑态度。譬如，他曾经宣布"中央集权和官僚主义已经成为过去，未来属于自由独立的私有企业"，以及他在最初支持里根总统和撒切尔夫人时宣称的"自由主义唯一的问题就是它从来没有在法国被尝试过"。[90]当政府的经济政策犹豫摇摆时，希拉克指责巴拉迪尔"过于自由化了"。[91]多年后，在他任期结束之际，他告诉一位采访者：自由主义像共产主义一样是对人类思想的一种歪曲，会导致同样的过度，并且注定会失败。[92]即使像菲利普·塞根这样的英美人的忠实追随者对于市场也是比较谨慎的。作为社会事务部部长，塞根推动研究美式经济的目的主要是为了寻找解决失业的途径。他通过放松裁员的行政限制等政策打开了劳动力市场。但即便如此，他却不愿意引进里根的经济政策，并指出去除管制等政策存在风险。[93]空想自由主义者的最忠实的支持者阿兰·马德兰，因其拒绝拯救深陷困境的公司并且采取削减预算这样的极端行动，最终被希拉克政府中的那些部长们所孤立，他们喜欢通过诸如资助处境困难的产业以及帮助公司雇用年轻员工等行动来掩饰里根式的冲动。如果说 1980 年代最重要的自由主义的动向就是产业集团、银行以及电视台的私有化，但是与撒切尔夫人相比，希拉克与巴拉迪尔管理私有化进程的方式——譬如通过分配去国有化企业的股份——更加具有干预主义的特征。[94]斯坦利·霍夫曼

30

（Stanley Hoffmann）当时写道："政府在放松螺钉，而不是移除它们。"[95] 国家干预虽然相当无力，但依然存在，即使是在自由主义者执政时期。

31   1988 年大选之前，法国提倡自由市场自由主义的热情已经衰退。因为它只带来了很平常的经济效果——譬如，未能减少失业或者复兴经济——并且因为其明显地偏袒富人而引起了很多人的反对。它也使得许多人漠不关心，因为自由主义的改革太过谨慎，以至于希拉克看起来似乎与他的"自由化的"社会党前任总理洛朗·法比尤斯并无区别。而 1987 年，华尔街崩塌了，随之垮掉的是"美国式道路"的声望及其法国的粉丝们。希拉克的挫败成就了密特朗。他神奇地重新获得了人们的拥戴，于 1988 年再次当选总统，并且任命社会党人士米歇尔·罗卡尔（Michel Rocard）担任总理。希拉克自由主义的反对者们大批地投奔到密特朗和社会党的阵营。[96]

1980 年代的最后几年（1988—1991 年），罗卡尔执掌经济政策。他实行一种紧缩的或者节制的社会主义政策。这种社会主义更接近于 1983—1985 年的政策而不是 1981—1982 年的"决裂主义"。这位新总理吸引了美国的法国事务专家们对他进行的令人敬畏的跟随。实际上，激进左派曾试图通过将他与美国联系在一起来诋毁他。但是，他并不是经济自由主义者，作为密特朗政府的农业部长，他直言不讳地批评里根的经贸政策。[97]罗卡尔是一位谨慎的社会党人，他致力于推进经济扎实而持续地增长。空想和意识形态，不论是社会主义形式还是自由主义形式，皆让位于务实主义、混合经济以及旨在推进信息技术等领域发展的产业政策，这种混合经济是以企业家、国家和"社会伙伴"的共同参与为特征的。

到了 1980 年代末，里根经济本就惨淡的余辉化为灰烬。虽然罗纳德·里根已经离开白宫，但是他以往的所作所为仍然受到法国评论家的批评，而其中许多的批评家都曾经拥护那种向自由主义转变的主张。在社会党人中，已经成为国民议会领导人的洛朗·法比尤斯认为，里根也许说过要缩小国家的影响力，但实际上却扩大并且促进了美国历史上最大规模的凯恩斯主义方式的增长。[98]经济计划委员会的前任领导人，也就是自由主义经济学家米歇尔·阿尔贝尔（Michel Albert）警告称，要防止追随美国人的浮华的"赌场经济"的后果：譬如社会服务的缺失。[32] 曾自诩为里根主义者的让—马里·勒庞，在 1980 年代支持自由市场和私有化，并且认为美国的全球经济统治地位合情合理，如今，他却抛弃了自由主义，转变成一个反美的保护主义者。实际上，国民阵线的领导人原则上从未接受过自由主义：勒庞认为自由主义最多也只是在某种特定情况下的一种有用的经济策略。[99]里根模式失去了往日的光辉，关注的目光转向了用"莱茵兰模式"或者日本人的办法进行的其他尝试上面。[100]

对里根经济不冷不热的兴趣只是法国决策者前是观望而后又抵制美国潮流的一个方面。在密特朗—里根时期法美友好关系的掩盖下，存在着紧张的竞争关系，范围涉及政治、贸易、文化，甚至是医药领域。出乎意料的是，医学研究和实践竟然导致了争论和丑闻，标志了这种竞争关系最为悲剧化的一段经历。为了解决争议，最后总统里根和希拉克不得不亲自干预。

1980 年代早期出现在美国的致命的艾滋病具有席卷整个欧洲的危险，这就促使法国与美国的研究者都在寻找患病的原因。由吕克·蒙塔尼（Luc Montagnier）博士领导的巴黎巴斯德研究所的病毒学小组与由美国的罗伯特·加洛（Robert Gallo）博士领导的马里兰国家癌症研究中心的病毒学小组，在 1983 年至 1984 年间几乎同时宣布发现了引发艾滋病的病毒，也就是人们所说的人体免疫缺陷病毒或者 HIV。起初，跨大西洋的科学合作是有的：巴斯德病毒学小组为美国提供标本和研究数据，以供后者用来隔离与复制病毒。为了鉴别病毒，双方都在研究抑制[33]疾病的技术，尤其是一种筛选血液储备与献血者的测试方法。鉴于这种病毒可能引发全国性的流行病，因此，这样的一种试验方法的专利权就具有在全球范围内产生收益的潜在能力。针对谁发现了 HIV 以及谁拥有专利权的问题，法国人与美国人很快便卷入了一场持续十年之久的争论。1984 年，美国专利局不顾巴斯德研究所对原型诊断测试的专利申请，而将这一测试方法授权给了一家西雅图的公司，并代表美国政府将专利权授予了加洛团队。这不仅涉及到特许权的使用费，还关系到医学发现的科学声望——巴斯德研究院尤其重视这一点，因为它的声望已经衰落。有人推测（后来确实如此），研究者还会因此获得诺贝尔奖。

跨大西洋的竞争关系在三个方面改变了法国处理艾滋病问题的方式：专利权、输血法（比如加热和常温血液制品治疗）、检测献血者和血液储备。在后两个方面，竞争给数百名的法国病人造成了有害的后果。

法国血液供应的行政控制极其复杂。这种官僚的纠葛在这起悲剧事件中也负有重大责任，因为它阻碍了交流，模糊了责任。全国输血中心或者 CNTS（National Blood Transfusion Center）只在有限的层面上具有全国性：它垄断了所有国外进口的血液产品，在国际上代表法国，并担当政府部门的核心技术指导。作为一个主要的分馏或者分离中心，它还为巴黎以及法国西北部的大部分地区提供血浆和浓缩血液制品。但是，全国输血中心对于其他大约 160 多个小型输血中心没有管理权，这些输血中心也负责从捐献者那里收集血液然后输送给医生和医院等使用者，对于坐落在里尔等地的地方性分馏中心也没有管理权，这些分馏中心有时会与全国输血中心合作，有时却与之竞争。全国输血中心本身又分为两个部门：一个负责生产和分配，一个负责研究。它从许多的由血液专家和医药研究者组成的咨询委员会收到咨询意见后，通过各种官僚途径报告给卫生部，而最重要的是报告给社会事务部，该部负责给全国输血中心发放政府补贴，给产品定价，并为全国的血液供应承担最后的责任。管理部门的核心人物就是卫生局长，当时这一职务由雅克·鲁克斯（Jacques Roux）担任。

最初，法国官员认为艾滋病是一种只在美国同性恋者当中通过性行为传播的传染性疾病。然而，不久之后，美法两国接受输血的人的发病案例证明了血液也是病毒的携带者。法国官方确信，与美国相比，他们的血库是"纯净的"。在法国献血是免费的，没有任何补偿，因此，比起美国那种吸引边缘人群的有偿献血，携带病毒的可能性不大。最好的防御措施似乎就是停止进口美国的血液产品。

如果说接受输血的人处于危险之中，那么血友病患者更容易受到病毒的攻击，因为他们需要抗凝剂的常规治疗，而抗凝剂非常容易感染

HIV。抗凝剂来源于成千上万的捐献者，这更使感染病毒的危险成倍地增加。既然血液可以传播 HIV，那么就需要对捐献者进行过滤筛选，并且在使用血液之前对其进行处理。法国一直依赖于常温血液制品，而1983 至 1984 年的大量研究表明加热血液制品可以减少感染的几率。1984 年夏，在慕尼黑举行的一次国际会议上发表的研究报告，确定了加热血液制品和对捐献者进行检测的有效性。当美国的一家名为特拉维诺—海兰德实验室（Travenol-Hyland Laboratories）的公司于 1984 年初提出向法国全国输血中心出售加热血液制品时，输血中心并未接受，因为它觉得这会引起法国使用者的恐慌，会促使他们认为原来使用的常温血液制品已经让自己感染了病毒。[101]对于法国血库安全性的自信阻碍了美国产品的进口。

至此，艾滋病已经在法国——尤其是在巴黎蔓延，并且愈来愈清楚的是它的受害人群之一便是血友病患者。但是，1984 年 10 月以后，由米歇尔·加拉塔（Michel Garretta）领导的全国输血中心对加热血液产品抵抗 HIV 和某种肝炎病毒的效力心存疑虑。同时，该中心还担心这将会造成法国血库的巨大经济损失并引起恐慌，尤其是在常规接受输血的人群中。[102]加拉塔选择了继续使用常温浓缩血液，包括血友病患者使用的极易感染艾滋病毒的 VIII 凝血因子。加拉塔博士迫于法国卫生部血液产品自给政策的压力——同时为了避免进口被感染了的血液而加速了VIII 凝血因子的生产，并没有等待国内血液加热技术成熟或者选择从国外比如美国进口加热产品。但是这位全国输血中心的主任也采取了预防措施：他与奥地利的一家公司签署了协议，承诺在 1985 年即将上线的新工厂使用这家公司的加热技术。

1985 年初，法国的研究者收集的证据表明全国的血液储备可能会被感染，而使用常温血液产品存在严重的感染风险。同时，蒙塔尼博士率领的小组证实加热的浓缩血液会使病毒失去活性。血液供应的负责人必须做出选择：他们可以召回已经分销的血液产品，销毁剩余产品，并且向美国或者其他供应商寻求帮助，或者他们可以选择继续观望，寄希望于正在完善血液加热技术的巴斯德研究所，并等待将依赖于奥地利公司加热技术的新工厂的建立。他们选择了继续等待。召回产品或者向美

36 国以及其他加热血液产品供应商寻求帮助会给全国输血中心造成巨大损失，而法比尤斯政府对中心下达了控制成本的指示。再者，外国实验室，尤其是美国实验室会取代法国供应商。还有第三种选择，但是因为与其他输血中心的竞争关系，全国输血中心拒绝与地方的分馏工厂合作。比如由特拉维诺—海兰德实验室提供血液加热技术支持的位于斯特拉斯堡的输血中心，以及坐落于里尔、已经研发出自己的技术的输血中心。同年 4 月，加拉塔博士参加了在亚特兰大举行的艾滋病医学大会。他后来承认当时就应该购买美国的血液产品："我本应该从国外购买大量的经过加热处理的血液，但是我没有。这是一个错误。"[103]

1985 年春，全国输血中心的顾问们意见出现分歧：部分人提议"在提出替换成加热血液产品之前，先将'被感染'的库存产品售完"。他们承认这可能意味着将存储的产品以折扣价发放到法国市场或者出口到其他国家。[104]其他人则建议立即召回所有产品并将之销毁。5 月 29 日，在全国输血中心召开的决定性会议上，加拉塔博士承认至少根据数据统计，巴黎所有的库存都已被感染。与会的一位科学家估算全国输血中心血液产品的安全率是 1/22000。然而，加拉塔博士指出了行政、司法和实际操作层面上的障碍，尤其是所谓的"严重经济后果"。[105]仅停止 VIII凝血因子分销这一项就可能造成每月 100 万美元以上的损失，销毁常温血液的大量库存以及进口浓缩液的成本将会高达 1000 万美元甚至更多。加拉塔博士选择继续分销常温血液。他将包括财政损失在内的改变局面的责任推卸到了各个行政部门。[106]然而，全国输血中心上报给各部门的关于如何改变现有政策的建议历来都是自相矛盾的：他们还说明了停止供应与实施召回所产生的成本及其不确定性。这些报告上交后，便消失

37 在官僚机构里。没有任何监管部门的干涉，1985 年的整个夏天和初秋，法国一直在清空常温血液的库存。财政的约束、官僚主义的粗心以及抵制美国等诸多因素击败了医学伦理和医学安全。

与此同时，医学杂志上刊登了一些关注性或者经常是批评性的文章，报社也督促政府部门立即采取措施以保证血液供给的安全。然而，加拉塔博士并没有收到来自政府部门的召回或者销毁现有血液库存的指示。6 月 26 日，他告诉管理输血事务的同事，至少一个月之内，国内

供应商都无法提供充足的加热血液制品，并总结道："只要还有库存，常温血液制品就会正常分销。"[107]他后来辩解说他不得不等待法国供应商，因为不能获得足够的进口制品。但这种说法受到质疑：似乎美国等外国供应商愿意并且有能力满足法国的需求。[108]再者，已经掌握技术的位于里尔的地方分馏中心也宣称已经可以自行解决部分需求了。[109]全国输血中心已经深深地意识到了感染病毒的危险，为了以防万一，要求给已经感染 HIV 的病人继续使用常温的法国产品，而将加热的血液产品留给没有感染 HIV 的病人。然而，由于没有现成的过滤筛选测试方法，很难判断哪些病人携带阳性 HIV。

过滤筛选试验使法国第二次错失良机，这次机会取决于与美国的竞争关系。直到 1985 年，还没有可靠的方法检测捐献者或者所提供的血液中是否感染了 HIV。1985 年 2 月，当巴斯德研究所的研究员正致力于研究此项技术时，美国已经完成了这项研究，并且主动提供给法国。负责此项测试方法的市场推广的雅培实验室与法国全国输血中心取得联系，并且派代表去法国的地方输血中心兜售此项技术。至此，美国人迫使全国输血中心以及相关主管部门再次决断：进口雅培的测试方法将会抢占巴斯德研究院所拥有的价值 1100 万美元的法国市场，甚至是全球市场。[110]5 月初，在一次各部门代表出席的会议上，代表总理办公室的科学家为了保护巴斯德研究所的法国市场仍然决定推迟授权使用雅培测试方法，虽然该测试方法的成本更低并且更便于应用。[111]他们将美国视为对手。官方人士收到指示要尽其所能地为巴斯德研究所保住"已被美国的测试方法大量占据的国内市场"。[112]正如卫生管理局的政府要员雅克·鲁克斯后来所说的："政府帮助巴斯德研究所的行为是相当正常的，因为与美国的行业巨头相比，巴斯德的财政缺陷已经阻碍了它在产业和商业领域的发展。"[113]一个月之后，也就是 1985 年 6 月 18 日，蒙塔尼博士确认巴斯德研究所的过滤筛选技术已经全部完成；第二天，法比尤斯总理向国民议会承诺他将监督献血时的 HIV 检测。巴斯德的测试方法马上得到授权，而美国的雅培测试方法直到 7 月末才得到授权。在相差的几周时间里，法国主要的输血中心都引进了巴斯德的测试方法。法比尤斯政府仍然拖延。直到 7 月 23 日，卫生和社会事务部才命令进行强

38

制性检测，但是他们将强制检测开始的日期推迟到了 10 月 1 日，而且并没有要求销毁现有的血液库存。

全国输血中心的官员们犹豫不决而且意见不一，各个政府部门共同推迟了引入过滤筛选的测试方法，并且于 1985 年春夏期间继续向购买者销售很可能已被感染的常温血液产品。这些致命的行为一直延续到 10 月份。全国输血中心以及政府监管部门为了避免财政损失并使法国独立于美国，拒绝从美国进口加热血液产品和引进雅培测试方法。他们不希望削弱人们对于法国医药和医学研究的信心，不希望在包括法国在内的医药市场的竞争中，尤其不希望在可能控制疾病的检测和治疗方法的专利授权和销售领域给美国人创造任何优势条件，更不愿意助长跨大西洋的对手在争夺 HIV 发现权的法律竞赛中的声势。然而，这种不合时宜的竞争关系是有代价的。在 1985 年 4 月至 8 月间，也就是病毒传播风险最高的时期，100 多万单位的常温 VIII 凝血因子被售出，据统计，大概有 1000 多名接受输血者——主要是血友病患者感染了艾滋病毒。[114]在美国、加拿大以及其他国家相继停止销售未经筛选的血液产品后，法国还继续销售了 6 个多月。跨大西洋的竞争关系已经不仅仅是一场文字和政策的较量；这是一场以数百个生命为代价的竞争。

可以肯定的是，与美国的竞争不是 1984 年至 1985 年法国对艾滋病的蔓延控制不善的唯一原因，甚至不能算是主要原因。还有很多其他的原因，诸如复杂的行政管理等级导致责任模糊不清，引发了势力之争以及信息被阻断；对于预算和财政损失的担心；对于血液产品完全自给的幻想；医药专家对于传染和治疗的不确定性；进口的垄断阻碍了各个输血中心与国外供应商的联系；也有政府的不称职以及道德上的愚蠢等。无论如何，美国人作为一种选项是可以提供过滤筛选的测试方法和加热血液产品的，但是却遭到了法国人傲慢的拒绝；这就是竞争关系演变成为悲剧的原因所在。

强制检测等安全措施的问世并没有结束美法两国争夺专利权的纠纷。1985 年，巴斯德研究所向美国政府提起诉讼：法国人要求承认巴斯德研究所发现 HIV 的专利权，要求享有在美国市场出售检测方法并分享美国测试方法的专利使用费。[115]当时，艾滋病筛选测试在全球市场的估值已经达到每年 1.5 亿美元。巴斯德研究所为了挽回面子，于 1985 年公布了一种可能会抑制病毒传播的试用药物。全球的艾滋病患者，包括演员罗克·赫德森（Rock Hudson）等美国人，纷纷来到法国接受治疗。一时间，法国似乎重新找回了艾滋病研究的领导者的角色。尽管如此，争论仍在继续。直到 1987 年，这个跨大西洋的争议才得以解决，但是却迫使政府的最高层面进行了干预。当蒙塔尼和加洛的研究小组对于各自的角色达成了一个协议之后，里根总统和希拉克总理在华盛顿举行会晤以正式解决此项争议，宣布美国和法国共同享有 HIV 的发现权，同时它们将划分专利权利。

希拉克和里根达成一致并没有使争论结束。美国继续对加洛的研究方法进行调查。1991 年，法国人意识到自己将面临一桩重大的医药和政治丑闻。调研员控告法国政府官员和医学顾问在 1985 年故意销售已被感染的血液产品。1992 年和 1998 年至 1999 年的法庭审理判处包括加拉塔博士在内的一些主要参与者监禁罪；判处雅克·鲁克斯等人缓刑；对各政府部门的官员进行了斥责；而对包括被控"同谋下毒"的总理法比尤斯在内的其他人作出了无罪判决。密特朗总理在此次丑闻中充当的角色仍然是个谜。探本溯源，这是美法两国争夺医药名望以及利润丰厚的市场的一次竞争，是本书中法国人最耻辱的篇章之一。

2008 年，蒙塔尼博士和他的病毒学家同事弗朗索瓦丝·巴尔—西诺西（Françoise Barré-Sinoussi）因为发现了 HIV 病毒而同时获得了诺贝尔医学奖，这标志着故事的圆满结局。虽然蒙塔尼博士表示美国人也应受到同样的奖励，然而加洛博士却无缘此奖。很多专家仍然认为美国和法国的研究小组应该一起被授予共同发现者的称号。[116]

■ 随着 1988 年秋总统选举的到来，法国再次有机会评价罗纳德·里根——以及美国。这位"伟大的沟通者"的支持率相比 4 年前的巅峰时期有所下降，原因包括他在中东引起的麻烦——尤其是在伊朗的美国人质问题上的惨败、国内政策的缺陷以及东方新星米哈伊尔·戈尔巴乔夫的崛起。尽管如此，这位演员总统仍然大受欢迎。许多人，尤其是右派人士，一如既往地崇拜里根。法国的一次民意调查问道："谁是二

40

41

战以来美国最伟大的两位总统?" 在法国享有传奇地位的约翰·F. 肯尼迪名列第一。虽然以悬殊的差距落后于肯尼迪,但罗纳德·里根仍然与德怀特·D. 艾森豪威尔并列第二位。而理查德·尼克松、吉米·卡特以及哈里·杜鲁门等人则落在了更后面。[117]

1988 年,里根已经不再像从前那样受欢迎,因为他不得不与戈尔巴乔夫一起分享调停者的中心地位。当被要求列举两名 1980 年代最重要的政治家时,法国人将密特朗与戈尔巴乔夫放在首位,紧接着是撒切尔夫人,排在第四的才是里根。[118]其他一些关于比较美国与苏联作为调停者或者武器控制支持者的调查显示,戈尔巴乔夫已经拉近了他在执掌莫斯科之前与美国人的差距。[119]与此同时,报纸则倾向于认为里根在国际事件上采取了更为有力的立场,尤其是能以强势地位与苏联展开谈判。但是,记者们也列举了他在国际政策上的失败。诸如美国被迫撤离黎巴嫩、在中非的干预失当、"星球大战"的理想式防御计划以及用武器交易来解救伊朗的美国人质等。

在国内事务方面,作为美国经济的管理者,里根只得到了中庸的评价。"罗纳德·里根总统在经济事务方面或多或少算得上成功吗?" 这是一个问题。1988 年,法国只有稍高于三分之一的受访者认为他相当成功,而44%的人认为他既算不上成功也算不上不失败,或者对此没有看法。一种显而易见且尤为重要的趋势是,媒体中出现了控诉美国社会的声音。到了 1988 年,据报界称,里根已经令美国陷入一种糟糕的混乱之中。公众的注意力被引导至共和党在公共卫生、教育以及儿童保健等领域所实行的削减开支的社会计划方面。流浪、贫穷、毒品与犯罪拼凑出了一幅美国城市的荒凉的画面。《世界报》试图展现里根模式的两面性:一面赞扬他结束了 1970 年代的悲观情绪,促进了经济的增长,阻止了通货膨胀以及增加了社会就业;另一面揭露在他的统治下所出现的社会不平等现象,对弱势群体的冷漠,庞大的预算赤字以及城市的衰败。[120]更倾向于支持里根的《费加罗报》,对里根没有帮助美国 300 万流浪汉也表示了遗憾。[121]一家曾经支持里根经济政策的杰出的商业评论杂志将美国的全面扩张及其庞大的赤字负担做了一个生动的对比,结论认为里根的遗产是一个 "充满活力但具毁灭性的" 经济。[122]一本周刊在谈到预算赤字时，声称"一个派对结束了"而里根的继任者将会忙于解决类似缓解贫困等的社会问题。[123]报界指出，尽管受到抨击，但政府的官僚主义依然盛行。尽管里根政府曾经承诺一个道德的复兴，但是却被揭露出各种丑闻。不止一家报刊曾列举过里根政府的丑闻，反复地谈论"伊朗门事件"并认为里根政府"腐败"，或者至少批评了共和党的白宫未能实现其道德公正的承诺。[124]1988 年，媒体先于公众洞察到美国的社会问题。1990 年代，法国主流的社会评论观点已经很明显，至少媒体是如此，因为严苛的社会政策与罗纳德·里根的 8 年任期是相关联的。

1988 年的美国大选并未引起法国人的关注。如果法国人可以参选的话，"投票"给乔治·H. W. 布什的人要稍多于迈克尔·杜卡基斯（Michael Dukakis）（24%：19%），然而，一半以上的人并没有任何看法。支持共和党的报社，将布什与更爱空想的不太可靠的里根做比较，称赞布什在国际事务方面经验丰富，并且有现实可行的方法。[125]实际上，布什总统在高卢的声望即将超越里根。

1988 年纪录了二战以来对美国最有利的调查结果。[126]当被问及对美国的整体印象时，54% 的法国人表示抱有好感，只有 6% 的人持反感的态度（还有三分之一的人表示既不支持也不反对）。与美国联系最频繁的词语包括实力、活力、财富和自由。只有四分之一的被调查者使用了暴力、种族主义或者社会不平等这样的词语。[127]超过一半的人对于美国对法国的经济影响不屑一顾。但是也有一些负面情绪。受访者继续强烈反对里根的经济政策，而美国文化——主要指电视节目、电影以及音乐——对大部分法国人来说似乎太多了。美国在自由创业、媒体、政治机构以及教育等方面树立了一个好榜样，但是它在对待少数民族方面却没有这么好。[128]

■ 作为一种经济模式，里根时期的美国吸引了很多法国人的关注，但是却未能赢得许多的拥护者。社会党人走得最远也就是朝拜了美国的硅谷，研究了美国的经济政策，向美国的官员们进行了咨询，对创业精神和私有企业表示赞同，然而最终，密特朗及其部长们却拒绝引入任何里根的经济政策，认为那是对他们社会党的使命和共和党原则的背叛。同时，左派社论撰稿人嘲讽里根经济政策的成就，并且揭露其中的骗局以及所付出的社会代价。而右派报社则抱持赞扬的态度，甚至在经济学家、商界人士以及政界人士中还存在一些虔诚的信奉者，但是他们却从未有机会参政。在雅克·希拉克担任总理（1986—1988 年）的短暂的自由时期，美国化的自由主义势力仍然是受排挤的，而占据主流地位的以希拉克和爱德华·巴拉迪尔为首的戴高乐主义政党在设计自己的市场变革时，根本就不赞同里根政策，甚至根本就无视它的存在。公众与精英的观点非常相似，认为跨越大西洋引进美国的实践并没有什么价值。里根也许比他的前任们受到了更多的欢迎，但是他的魅力并未能转化成对他的经济政策的热情。最终，共和主义团结的法兰西理想影响了左派和右派政党，同时也使法国公众拒绝采用里根政府的抑或自由市场原则抑或无情的社会政策。里根版本的美国模式不适合法国人。

回顾历史，1980 年代闪耀在大西洋两岸的玫瑰色的光芒正在褪去，但它同时也掩盖了许多真相。将这个十年说成是平安幸福的十年是错误的。在巴黎与华盛顿共同担心来自重新崛起的苏联的威胁，同时美国的经济繁荣看起来又实在令人赞叹的一个短暂时期内，呈现过一个里根式的美景"泡沫"。但是，泡沫很快消失，而更加典型的争吵与竞争的模式出现了。对于 1980 年代中期里根/密特朗关系的良好感觉掩盖了一种持续的且具有破坏性的跨大西洋的竞争——一种法国人比美国人感觉更为激烈的竞争。它影响了两国的经济和社会政策，甚至是两国的医药组织——在与 HIV 斗争的事件中，是作为竞争者而不是合作者——造成了悲剧性的后果。

1980 年代中期，洛朗·法比尤斯政府证明了这种潜在的竞争关系。法比尤斯可能赞同美国式的创业精神并且试图效仿硅谷，但只是为了服务于他的社会党的施政计划。他试图取悦于沃尔特·迪斯尼公司是为了从其他欧洲国家争取到主题公园；在艾滋病流行期间，他同意了那些可耻的行为而不是转向美国的医药公司寻求帮助；而当里根衰落时，他抨击里根的经济政策。尽管他穿着布鲁克斯兄弟牌衬衫，他依旧是一名法国社会党人。

在经济政策和 HIV 传播事件中所出现的竞争关系也显露在了文化事务中。社会党人试图防止所谓的"美国的文化帝国主义"，而这一努力激发了一场关于反美主义的热烈争论——暴露了存在于法国知识分子中的一个重要趋势的一场争论。这些争论便是下一个章节探讨的主题。

第二章 退却中的反美主义：雅克·朗、 文化帝国主义与反反美主义者

最初是怠慢；然后是猛烈抨击；然后是行动。这就是法国新上任的文化部部长社会党人雅克·朗（Jack Lang）对美国流行文化展开攻击的方式。他先是拒绝出席 1981 年 9 月在多维尔举行的美国电影节；几个月后，在墨西哥城召开的一次联合国教科文组织的会议上，他作了一次臭名昭著的发言，谴责美国的文化帝国主义；然后，他试图组织一次全球"运动"以与来自美国的进口文化进行战斗。故事的主人公朗是一位喜欢炫耀的年轻政客，他那电影明星般的帅气面孔、标志性的粉红色夹克衫、戏剧性的行动以及夸张的行事风格既为他赢得赞赏，也为他招致嘲讽。他于 1981 年至 1986 年担任文化部长并于 1988 年至 1993 年再次担任文化部长一职。

1970 年代末，朗制定了反对美国的文化帝国主义的策略，以此作为将社会党的政策与右翼政党的政策区别开来的一种方式——尤其是与瓦莱里·吉斯卡尔·德斯坦执政时期执行的政策区别开来，同时也作为辅佐弗朗索瓦·密特朗的一种手段：这将会讨好极左派（gauchiste）成员与知识分子，同时将密特朗与他的党内竞争对手米歇尔·罗卡尔区别开来。朗为密特朗主办一些与科学界、艺术界以及包括罗兰·巴特在内的文学界的有影响力的专家们的午餐会，从而提升这位候选人的声望。他的计划是想发挥第三世界主义的作用，这时正是第三世界主义（tiers-mondisme）的意识形态仍然令许多社会党人痴迷的时候。在他看来，美国大众文化并非只针对法国，而是对各个国家的独立性以及文化多样性的准则构成了威胁。但是文化具有一定的经济性的方面。美国的跨国公司——譬如，好莱坞的大型电影制片公司——威胁到了全世界的电影、

电视、出版以及音乐等的艺术产业的生存。1981 年的总统选举之前，朗举办各种艺术节，接受采访并且发布新闻稿来攻击美国化与右派：他声称真正的左派反对"一种世界性的和泛大西洋的文化渗透"。[1] 在耶尔的一次研讨会上，这次会议由他组织并吸引了像贝纳尔多·贝托鲁奇和布勒·奥吉尔这样的电影界名流的参加，与会者向欧共体请愿，要求保护欧洲的民族电影不被美国的跨国公司"殖民化"。朗做了一个关于社会党胜利的大胆承诺：整个法国变成一个创意的节日。

社会党胜选的几个月之后，作为新一任的文化部长，朗拒绝了在多维尔举行的一年一次的美国电影节的邀请，并宣称，"一个部长必须要在剥削者与被剥削者中做出选择。部长的作用并不是参与由美国公司资助的时髦的招待会，而是到有生活的地方去。"[2] 他告诉一位采访者，他不是反对美国文化，而是反对它的过分渗透——他指出，1980 年，在法国上映的 235 部外国电影中，195 部是美国的，30 部是欧洲的，而只有 10 部是世界其他地区的。他反问道："当我们正致力于一种新的南北对话的时候，你认为政府和议会能接受这样的局面吗？"[3] 这位新部长为自己拒绝出席电影节辩解说："别指望我会推动美国电影。我们不是顽固的反美主义者，但是我们必须要认识到美国电影是由一个强大的世界范围的发行网络支持的"，因此，他敦促展开一种欧洲式的反击。"我们要捍卫我们生活的艺术而不允许一种贫乏的并且标准化的外来模式强加于我们。"[4]

如果说对于多维尔电影节的冷淡只是在法国境内的一种感觉，那么，朗于 1982 年 7 月在墨西哥城的发言则引起了全球的关注。那是由联合国教科文组织召开的一次关于文化政策的会议，朗在会议上详尽阐明了两个主题。打着"经济与文化：同样的战斗"的口号，他首先试图将文化与经济发展联系起来。关于文化作为一种经济动力的源泉，他给出了一个相当模糊的表述。他认为鼓励文化创新可以激发革新、创造和创业。而第二个主题——对于美国制造的一种标准化的、全球化的文化的猛烈抨击，即使他没有指明美国的名字——令他的听众感到兴奋。朗的演讲围绕着"某些伟大的国家"，这些国家曾经教全世界何为自由，却正通过强加给这个星球一种经过均质化处理的文化来牟取利润。

"如今，文化和艺术的创造力已经成为一种金融的、跨国公司的控制体系的受害者，我们必须组织予以反击……我们这些国家被动地接受，而且是过于被动地接受一种确确实实的侵略，一种确确实实的被别处制造的影像和标准化的音乐造成的浸没。"审视全球的电视节目，朗发现其中绝大多数都包含了"自然刨平了民族文化"并且传播一种统一的生活方式的标准化的产品。他问道："成为这个巨大的利益帝国的附庸难道是我们的命运吗？"[5]

这位法国部长联合与会代表要发动"一次真正的战斗来反击——让我们用它们的名字来称呼这些事情——这个已经不再或者几乎不再侵吞领土的金融和知识的帝国主义。它侵吞意识，侵吞思维方式，侵吞生活方式……如果我们不想在明天成为跨国公司的三明治人，就需要行动。"[6]隐含在这场"战斗"之下的是朗的坚定信念，那就是美国的跨国公司强加给其他国家的标准化的美国电影和电视节目遏制了真正的创造力的发展，而他相信这种创造力扎根于国家、地区、地方和城市的层面，甚至可能在于每一个人。他认为人们的自然创造力需要得到鼓励、释放并且可以作为一种激发文化发展和多样性的表达方式。他表示，最好的方式就是志同道合的国家团结在一起共同抵挡统一化。譬如，法国应该与其他欧洲国家、法语世界以及其他的拉丁国家联合起来。

据报道，大多数第三世界国家的代表对朗言辞激烈的演讲表示赞同，而在欧洲国家却引起了不同的反应，同时，它也激怒了美国人。[7]一位美国代表团的成员非常生气，甚至要求与这个法国人进行一场公开的辩论，但是被拒绝了。美国代表团感到愤怒，不仅是因为朗控诉美国的文化帝国主义并煽动反对美国的视听产品，还因为他对于古巴的赞美之词。在去墨西哥的途中，朗访问了古巴，并与菲德尔·卡斯特罗（Fidel Castro）一起去钓龙虾，他谈到自己对于古巴实践的"自然的同情"，以及对卡斯特罗在教育和卫生方面所取得的成功的欣赏。古巴与法国都拒绝"一个强权国家以及标准化和产业化的单一文化的国际独裁"。[8]据朗称，"古巴是一个正在建设新社会的勇敢国家。它的社会主义与我们的不同，（但是）我们对它表示尊重。"[9]为了嘲讽美国人，他断言古巴人有权生活在他们自己选择的政治体制中。在墨西哥，朗极力代表社会党的第三世界主义，向第三世界国家尤其是拉丁国家的人民示好，并痛斥美国在加勒比海和中美洲实行的政策。就在几个月前，密特朗总统在墨西哥坎昆举行的南北峰会上，围绕为第三世界国家提供国际经济援助的特点发表了讲话，美国总统罗纳德·里根也参加了此次峰会。

多维尔的抵制以及在墨西哥的讲话引发了法国知识分子关于文化帝国主义、民族认同与反美主义的激烈辩论。朗有自己的追随者。代表第三世界主义的最直言不讳的追随者主张从殖民主义中解放出来依靠的是明确文化身份。旅居法国的摩洛哥作家塔哈尔·本·杰伦（Tahar Ben Jelloun）抨击美国的文化帝国主义不仅有潜在的种族意识，而且轻视其他文化。他写道，美国人以自由的名义出售武器和影像，"甚至可以说《朱门恩怨》里面的那个家庭客观来看是以色列在黎巴嫩进行大屠杀的同谋。"［美国电视剧《朱门恩怨》和他的第一主角约翰·罗斯·尤因（J. R. Ewing）被普遍认为是 1980 年代美国电视剧的主要代表］。在本土作家中，小说家艾尔维·巴赞（Hervé Bazin）鼓励朗在美国人肆虐法国文化前对其进行阻止。[10]曾在好莱坞工作过的电影导演杰勒德·布兰（Gérard Blain）对多维尔事件双手称赞，他痛批美国电影的"毒药""粉碎并扼杀了"创造力，降低了道德标准，侵占了孩子的潜意识，并且使法国变成了效仿美国生活方式的"悲哀小丑"。布兰对美国也毫不留情，称之为"无脊椎的僵尸"。[11]新成立的民族认同委员会——包括诸如文化大亨、演员兼导演让—路易斯·巴劳特（Jean-Louis Barrault），剧作家尤金·尤涅斯库（Eugène Ionesco），作者阿尔伯特·梅米（Albert Memmi），编辑兼哲学家让—马里·多姆纳克（Jean-Marie Domenach），以及历史学家菲利普·阿里叶（Philippe Ariès）等的名流——用不太粗暴的语言表达了对朗的支持。委员会成员批判好莱坞的出口电影不仅控制了欧洲也控制了发展中国家的影院和电视屏幕。委员会的宣言明确提出："电影是一个民族身份的一种忠实体现，将之让位于外国的利益人不可避免地会导致某种程度的非文化化，尤其是在年轻人中间。"[12]例如，正因为如此，法国儿童对美国内战的了解多于对法国大革命的了解。委员会呼吁对好莱坞电影进行数量限制，从而在电视上和影

49

50

院里为法国、法语国家以及其他的拉丁国家和欧洲国家的电影腾出空间。朗采纳了委员会对于大小屏幕的配额建议，使之成为 1980 年代关于美国化的辩论的中心话题。但是，他非常谨慎地鉴别好莱坞的天才；因此，1981 年，他授予美国电影导演金·维多（King Vidor）荣誉称号，将他的电影视为一个艺术家的作品区别于其他的他所鄙视的要诡计骗钱的人的电影。[13]

如果说第三世界主义的热衷者、视听产业的代表们与一些大作家都支持朗发起的运动，那么，他在众多杰出的知识分子那里却遭遇了闭门羹。许多人对他的呼吁简直显得很冷淡。有些人指出了包括拿破仑时期在内的法国历史上谴责美国的文化帝国主义的虚伪。其他人则反对使用这种笨拙的战术与错误的敌人展开过时的战役。

51　　最具有代表性的回应来自于作者兼影视剧作家居伊·科诺普尼基（Guy Konopnicki），他对民族身份的铁杆捍卫者们大加讽刺。他提出，因为全球化，当代法国年轻人的神话故事不是关于高卢人或者法国大革命的，而是来自于沃尔特·迪斯尼和美国西部。对于当代城市世界里的居民而言，美国出口的东西要比让·纪沃诺（Jean Giono）笔下的农民更有意义。美国的资本主义只是更熟练地创造和推销大众文化，他警告称，社会主义将不会通过拒绝资本主义做得更好的东西而得以建立。[14]对于科诺普尼基和其他一些人而言，用法国的缺点来指责美国人似乎是错误的，而试图筑起围墙抵制大西洋彼岸的进口产品也是徒劳的。阿兰·芬基尔克罗（Alain Finkielkraut）批评朗将法国人自己的错误怪罪于美国人的煽动性行为："不要将我们的碌碌无为推卸到跨大西洋的伟大的撒旦身上。"[15]是的，芬基尔克罗承认"山姆大叔将 B 级产品倾销到了世界各地"，但是，这位伟大的哲学家称，法国人只是更喜欢《教父》而不是本土电影，并且在《朱门恩怨》出现之前早就喜欢观看废话连篇的电视剧。几乎朗的所有批评者都认为文化保护主义并不能解决问题。安德烈·格鲁克斯曼（André Glucksmann），高度可见的"新哲学家"之一，认为朗总体上在朝着一个错误的方向前进。格鲁克斯曼批评朗的"文化保护主义"和社会党"陈旧的"纲领。[16]演员/艺人伊夫·蒙当（Yves Montand）认为这位部长的政策有点战时维希政府的发动民族主义的味道。他同意作家米歇尔·图尼耶（Michel Tournier）提出的法国所需要的是一种进攻性战略。也就是说"如果真的想对抗美国的'霸权'，最好的回应"，根据图尼耶的说法，"是用法国文化淹没它"。[17]

许多人不赞成朗，有意无意地，复兴反美主义。《观点》的主编兼作家乔治·苏法赫（Georges Suffert）认为朗以及其他持相同观点的人鼓吹"原始的反美主义"，并称这位部长是一个"第三世界外行"（tiers-mondiste de salon）。而《新观察家》主编让·达尼埃尔（Jean Daniel）针对"一种民族主义左派的再现"发表了有分量的见解并反对社会党实行反美主义。[18]

大部分知识分子并不理会所谓的来自美国的威胁，并且与朗的富有攻击性的政策保持距离。克劳德—让·贝特朗（Claude-Jean Bertrand），在《精神》中系统地剖析了文化帝国主义学派的错误，诸如他们认为引进国外文化是被动地接受美国产品，或者认为他们如此脆弱以至于很容易被击败。贝特朗还特别强调所谓的美国化很多都是肤浅的："一个俄罗斯年轻人穿着的牛仔裤不会让他被美国化"。[19]另外一个新闻周刊在专家中进行了一次调查，问谁认为米老鼠是对法国文化的"一种威胁"。[20]受访者中没有人喜欢迪斯尼的文化商品，但是也没有人认为这是一个严重的威胁。

还有些人指责社会党是骗子。他们特别提到塞尔热·莫阿蒂（Serge Moati），他是朗与密特朗的一位朋友，曾宣称："我们不想成为美国视听产品的垃圾桶"；但是作为法国电视三台的导演，莫阿蒂因为播放作为"法国"最好的儿童电视节目的迪斯尼频道而赢得了一次嘉奖。[21]记者雅克·朱利亚（Jacques Julliard）批评社会党人的虚伪，称他们抱怨来自大西洋彼岸的新的没有文化的粗人却又表彰入侵者并取悦迪斯尼。朱利亚认为，选择在法国建造欧洲迪斯尼是一种屈服的象征——或者更糟糕，是一种没有能力的象征，暴露出法国文化的制造者们创造力的缺乏。当代法国的唐老鸭或米老鼠是什么？他问道，是拉封丹寓言里的动物？还是布法路·比尔里的动物？是达塔尼昂吗？但它们都要追溯到久远的过去。"今天"，他问道，"我们的兰博（Rambo）在哪里？"他总结道，错误并不完全在于社会党政府，因为法国人的创造力似乎正在衰落。引用翁贝托·埃可（Umberto Eco）的说法，迪斯尼是幻想的王国，是虚假的胜利，"在法国我们很快就会有一个虚假的复制品了"。[22]

53　　其他的知识分子仍然认为朗正中了共产党人的下怀因为他忽略了苏联的帝国主义——朗对此坚决否认。对于朗没有提到捷克斯洛伐克和波兰等东欧国家正在面临的"文化灭绝"，以及丝毫没有提及苏联帝国的艺术家们物质和道德的破坏，皮埃尔·戴克斯（Pierre Daix）不以为然。[23]贝尔纳—亨利·莱维（Bernard-Henri Lévy）斥责朗对于古巴这个"热带集中营"的"自然的同情"，并且质问他为何忽视美国为成百上千的知识分子逃离集权主义提供了一个安全的避风港。莱维认为墨西哥会议上的发言非常滑稽，充满了陈腐的马克思主义以及唤起文化保护主义的"反动性"。他反问道，一个自我标榜"年轻"的政府怎么会认为自己可以将美国文化阻隔于"与沃霍尔、坎宁安甚至是滚石乐队一起学习阅读、思考和感悟"的这代人之外。[24]

　　朗在多维尔和墨西哥的努力不但没能赢得知识分子群体的支持，还引发了大量的异议和嘲讽。这种反应与社会党胜选后左翼知识分子如何未能与其保持团结是相互连贯的。[25]朗受到如此冷淡的回应正是知识分子们与社会党的政治实践保持距离的一种表达。

　　在围攻之下，朗声明自己既不是反美主义者也不是保护主义者。他表示自己很欣赏美国文化，尤其是它的活力及其与现代生活的紧密关联，并且坚称他个人"发现了"很多美国的艺术家。[26]作为部长，他表示欢迎有才能的美国人来到法国，也愿意对一些人予以奖励，并且拒绝保护主义，虽然法国不惜一切代价捍卫自己的文化独立于美国的跨国公司是正当合理的。他抱怨道，他在墨西哥的发言被媒体扭曲成了反美主义，但事实上他的目的仅仅是号召所有联合国教科文组织的国家一起推动创造力，同时抵制会扼杀多样性的跨国公司。朗斥责对于社会党致力于"布热德—沙文主义政策（的指控），当下我们的雄心是吸引世界各地的艺术家。"他自恃是一位反对不负责任的诋毁者的负责任的部长，并解释说社会党政府——正面临经济危机——不得不动员包括文化在内的全国的生产力"夺回国内市场"。譬如，他问道，为什么法国这个曾经最大的乐器出口国现在却要进口？如今的经济战争是用革新和创造力来战斗的，因此"法国与欧洲只有保持自身的活力和独立性，如果要想在诸如视听领域的战斗中取得胜利的话"。

可以肯定的是，这位部长显然是自相矛盾的，他既让美国的流行文化成为他的对手，又声称很欣赏它，还参加摇滚音乐会并给席尔维斯特·史泰龙和莎朗·斯通等人颁奖。朗认为是存在一种区别的。正如他在纽约的一次访谈中所说："我们不应混淆生活文化与……入侵媒体的标准化的产品……我们不应该选择一种简单的解决办法或是传播普通的产品，我们应该传播的是生活产品。"[27] "生活化的"或者有创造力的美国出口产品与"标准化"或者商业化的无价值的美国出口产品的区别对于美国人而言并不明显，甚至对于法国人来说也并不明显——譬如，电视主播贝尔纳·毕佛（Bernard Pivot）认为史泰龙代表着美国最糟糕的电影。

1983 年 2 月，朗全然不顾各种批评，在巴黎大学举办了一场豪华的国际研讨会，邀请了世界各地的名人。出席者包括经济学家、艺术家、知识分子、学者以及电影导演，其中有意大利哲学家和小说家翁贝托·埃可以及电影演员索菲亚·罗兰。作为回报，朗用协和号飞机将很多美国人接到巴黎，包括威廉·斯泰伦、约翰·肯尼思·加尔布雷思（John Kenneth Galbraith）、弗朗西斯·福特·科波拉（Francis Ford Coppola）、苏珊·桑塔格（Susan Sontag）以及诺曼·梅勒（Norman Mailer）。他们的共同任务便是研究创造力与当代经济和社会问题的关系。既然皮埃尔·莫鲁瓦总理领导下的政府（1981—1984 年）将经济复苏置于首位，朗便呼应这种政策。他提出，广义的文化概念包括一系列的产业设计以及广告等创造性任务，并将文化与经济危机联系起来。他特别强调了出版、电影、电视、设计和高级时装等产业如何在国际贸易中创造效益。其他的发言者提出了不太切实际的方案：诺曼·梅勒异想天开地建议对所有的塑料产品征税，理由是它们代表了消费社会。很多与会者引用了《朱门恩怨》，认为它是美国电视造成威胁的证据。弗朗索瓦·密特朗在巴黎大学的这场盛会上做了总结性的发言，一时间，法国似乎又成了全球的文化中心。然而，当总统邀请各位出席者一起帮助解

55

53

决问题的时候，并不是所有人都积极响应。结构主义哲学家雅克·德里达（Jacques Derrida）就担心会被指派任务，而翁贝托·埃可则表示像自己这样的艺术家的任务"不是治愈危机"，而是，他说，"我煽动危机"。[28]

这种将经济问题视为创造力问题的论调并没有打动法国的报界。鼓励创造力就能激活经济或者促进革新和创业的说法相当没有说服力。评论家们嘲讽朗对于文化应为一切文化的宽泛定义。当他在巴黎大学研讨会上宣称"文化是诗人加电力"的时候，朗所要表达的似乎是胡言乱语。[29]有些记者认为这次研讨会无非是一场白日梦，不愿予以理睬。还有一些人讽刺它是一次利用文化来改善密特朗声望的社会党的努力。[30]

于这次巴黎文化盛会期间，在文艺编辑雷蒙德·索科洛夫（Raymond Sokolov）的参与下，《华尔街日报》也隔空开火。他写道："雅克·朗应该做的不是担忧《朱门恩怨》，而是思考法国为何在文化活跃的当下表现平庸。他应该做的不是假装成全球文化的救世主，而是应该扪心自问，为什么20世纪的法国除了米歇尔·图尼耶之外再也没有真正有影响力的小说家？为什么法国消失在视觉艺术之外……"。[31]索科洛夫称，攻击《朱门恩怨》是"经典的反美情绪的完美例证，是嫉妒与寻找替罪羊的一种混合，是左派的反犹太主义"。

左派人士批评《华尔街日报》上的这篇文章是对社会党进行的里根式的攻击。作为回击，法国《晨报》特意做了一个资料汇编，朗在上面写道：他对这种"孩子气"的"挑衅"感到吃惊，还讽刺这种挑衅来自于一个并非因其"颇为文化"而知名的美国报纸。历史学家埃马纽埃尔·勒华拉杜里（Emmanuel Le Roy Ladurie）称索科洛夫"无知"，并指出在美国学术界有很多包括米歇尔·福柯和克洛德·列维—斯特劳斯在内的很有声望的法国泰斗。还有人列举了娜塔丽·萨洛特和玛格丽特·杜拉斯等法国当代名流，讽刺《朱门恩怨》文化及其男主角约翰·罗斯·尤因，并嘲讽美国自负的姿态——"除了弗拉基米尔·纳博科夫"这个拿着美国护照的俄裔移民作家，"在文学的万神殿里，你们还有谁？"[32]

激发索科洛夫论战的原因是法国对于自身文化地位的自豪感与担

忧。它也暴露了人们对于朗以美国为代价欲重新发挥法国与欧洲文化作用的宏大战略的怀疑。正如狄安娜·平托所解释的那样，索科洛夫所表达的正是很多法国人私下里的真正想法，那就是"法国文化存在的意义就是作为绝望的第三世界的灯塔以及美国的文化帝国主义的对立面。政治化的文化唯意志论（cultural voluntarism）正取代真正的文化创造力。"[33]并不是所有人都对社会党为政治目的而大张旗鼓地推进民族文化和反美主义而感到满意。

抵制美国的商业垃圾与扶持文化产业是朗的文化部门的主要目的，但却不是唯一目的。这位狂热的部长还希望推动文化民主化；帮助密特朗总统完成他的宏伟计划，诸如建立新剧院和国家图书馆、保护民族遗产和培养各个方面各种各样的创造力等。尽管他夸张的作秀技巧、对名人的阿谀奉承以及各种花哨的节日引起了震动，但是如此宏伟的计划迫使他不断地进行政治、预算和官僚方面的斗争。媒体戏称他是"迪斯尼朗"或者"左派鱼子酱"。[34]虽然右派曾于1986—1988年期间短暂执政，但是朗的计划方案适用于整个1980年代，保守党人未能成功推翻他的行动计划，1988至1993年朗重新执掌文化事务继续他的第二任期。

朗遏制美国化的最激进的努力主要集中于视听产业。1970年代，虽然观众越来越少，但是法国电影的票房仍然能体面地维持在总票房收入的45%，之后，法国电影便成为更年轻一代的观众以及《星球大战》等好莱坞大片浪潮的牺牲品。观众不再去剧院了，而美国电影在国内市场的份额却剧增。到了1980年代中期，好莱坞电影的票房收入已经与法国电影不相上下。面对同样的趋势，意大利的电影制作人贝纳尔多·贝托鲁奇和费德里科·费里尼（Federico Fellini）等警告称，欧洲电影正面临一场"文化大屠杀"，并要求法国通过欧共体带领成员国寻求损害赔偿。1984年，朗将这一问题带到布鲁塞尔，他劝说欧洲委员会对日益强大的美国电影进行调查；最终，正如我们将要看到的那样，委员会采取行动了。

1982—1983年间，社会党政府也扶持了本土电影产业。朗利用向电视台征收的部分新税收作为提高对电影产业的补贴，并且对给视听产业提供资金的私人投资者实行税收鼓励政策。[35]这个产业的各个领

58

域——制片人、发行商以及剧院所有人——都从他的慷慨中获益。这位文化部长与其他的几位部长还试图通过限制使用盒式录像带来保护电影产业。1982 年，令电影制作人和剧院所有人感到满意的是，朗要求在电影首映一年之后才可以销售它的录像制品。同时，外贸部部长米歇尔·若贝尔（Michel Jobert）通过实行贸易逆差政策来阻断主要是从日本进口的录像机。他将海关设在了波瓦提埃的一个小办公室里，从而将进口量减小成犹如涓涓细流。若贝尔，这位美国批评家的众矢之的对于这项政策的解释非常滑稽，他说："法国真的不需要录像机。"[36] 财政部长也参与进来，他对录像机拥有者加收一种特定金额的年费，并且提高了已经录制好的录像带的附加税。朗又通过加大对电视台的管制，使之支持本国产品，而不是国外产品（譬如美国产品），以进一步推动这项政策。

电视与电影一样，在与美国的进口产品进行市场争夺。但是不像电影，电视在 1980 年代有了跨越式的发展。社会党试图鼓励权力下放，为了协助这一运动，它们将一直由政府实际垄断的电视市场向一些新的诸如加频道（Canal Plus）和法国五台（La Cinq）等的私有频道开放。然而，这些私有频道在节目安排方面非常依赖美国节目，这对一部分本土制作的产品产生了一定的影响。1983 年，法国主要的电视频道所播放的三分之一的电影，甚至更大比例的电视剧和游戏节目都来自美国。譬如，美国《命运之轮》的翻版游戏节目仅用 6 个月的时间所吸引的观众人数就超过了更加传统并且对智商要求更高的游戏节目《数字与字母》。[37] 这样的发展状况与朗所提出的使法国电视成为"世界最好"的宏伟计划是相抵触的。为了鼓励更有创意的节目并且避免被廉价的美国进口产品淹没，朗于 1984 年创立了一个基金，其资金来源于向电视频道征收的一种新收入税。他还针对新的私有频道强制推行 50% 的法国电影的硬性配额。然而，这些政策却难以得到实施。

事情在保守党控制政权的 1986 至 1988 年期间变得更糟，弗朗索瓦·利奥塔尔管理文化部，此时朗只能从旁观看。雅克·希拉克总理和利奥塔尔所推崇的去除管制政策似乎只是增加了便宜的美国游戏节目、各种综艺节目以及好莱坞电影的播放。法国五台和法国 M6 台等私有频道全天候播放美国的进口产品，激起一些评论家批评法国的电视正在被美国化。而更糟糕的是，法国五台违背了朗的意愿，被授权给了由西尔维奥·贝卢斯科尼领导的私有集团，而这位意大利的企业巨头被认为是用美国节目摧毁意大利电视的罪魁祸首。《世界报》刊登了一幅漫画，上面画着一对美国游客在巴黎观看电视：男人穿着牛仔靴和牛仔帽，宣称"我喜欢法国电视"，他肥胖的妻子回应道："它是如此美国式的"。[38]社会党控诉右派出售给了美国人，因此，当1987年的法国总统选举运动开始的时候，朗将限制美国电视节目作为一个重要议题。现在，问题将要在更高的欧洲的层面上来解决。

在布鲁塞尔，他努力劝说欧共体采取限额制度。除了法国人，许多的欧洲人都担心美国的电视出口产品将很快占据他们的电视节目。密特朗的前任财政部长也就是现任的欧洲委员会主席雅克·德洛尔（Jacques Delors）称："我只想问我们的美国朋友一个问题：我们是否有权利存在？我们是否有权利保护我们的传统、我们的文化、我们的语言？面对这种通过卫星传播的铺天盖地的美国节目，一个有着上千万人口的国家如何维护它的语言——文化的核心？"[39]1988年4月，欧洲委员会颁布了颇具争议的"电视无国界"指示，要求在"指示适用的"范围内大部分电视节目应该播放欧洲的电视。该指示的目的是促进欧洲各国之间电视广播的交流，同时保护欧共体免受美国进口产品的威胁。这一指示成为法规之前，又进行了为期一年的谈判——主要是欧洲与美国的辩论。朗为这一行动辩解说，"我们这样做不是为了与美国作对。我们欢迎竞争，但是竞争首先必须公平。"至此，他原则上赢得了欧洲限额制度，但是以玛格丽特·撒切尔为首的反对者插入的"适用范围内"却通过放任各国自行实施限额政策，而使这场胜利大打折扣。朗对于这一注水后的方针抱怨道："这只是第一步，也是胆小的一步。"[40]法国电影产业界遣责社会党在限额问题上的倒退。密特朗的好友、作家马克思·加洛要求进行"真正的保护行动"以对抗"蝙蝠侠的影子"。[41]为了表示反对，以贝特朗·塔维涅（Bertrand Tavernier）为首的法国电影导演们在斯特拉斯堡的欧洲议会总部门前游行示威，反对视听产业的殖民化。

美国外贸官员非常愤怒，称这条新指示是"骇人听闻的"，并且警告称配额的规定会在"堡垒欧洲"与美国之间引发一场商业战争。[42]美国联邦众议院方法及手段委员会主席称这一指示为"审查制度"；其他的国会议员威胁要实施反击；美国众议院发表宣言谴责欧洲委员会的行为。[43]一场小型的贸易战爆发了，美国与法国皆威胁称要阻止对方在本国播放电影。乔治·W. H. 布什也加入了这场斗争，他要求关税和贸易总协定谴责欧共体的指示。事实上，在欧共体内的任何电视网络上，美国电视节目的份额都没有超过49.9%，因此这一指示属于多此一举。朗毫不退让，试图说服欧共体将限额降低，然而却未能得到几个成员国的支持。似乎结果令谁都不满意——欧洲人不满意，法国电影业不满意，美国人更不满意。法国在电视无国界的指示的基础上添加了自己的规则，要求电视台播放的法国制作的节目不低于50%，欧洲制作的节目不低于60%。欧洲委员会的各成员国遵守这一指示，美国电视节目的播放数量急转直下。大部分国家都出现了50%天花板式的上限。[44]

这种努力未能阻止美国产品流入法国，也未能刺激法国或者欧洲生产足够的产品来满足电视产业贪婪的胃口。实际上，1980年代中期，当外国节目增加的时候，法国生产的电视节目却呈下降趋势。[45]提高国内产量所面临的一个巨大问题就是购买美国节目的成本要比法国自己制作的成本低得多。对于配额限制的监控也有难度，因为法国电视台寻找了各种躲避的办法。同样，好莱坞电影在法国大银幕市场上所占有份额继续扩大。1980年至1993年间，美国电影票房收入的占比从35%飙升到54%，与法国电影跌落的比例几乎相同。[46]视听制品的问题可以说是1980年代法国文化政策的重头戏。对朗而言，与美国的竞争并不成功，对影视产业或者政治左派来说也不尽人意。许多政治左派成员继续开展抵制电视产业美国化的运动。

限制美国视听产品的进口也就意味着发展法国与欧洲的替代音乐。法国年轻人对摇滚乐的热爱促进了外国唱片和外国制造的乐器的进口，使贸易赤字增加了几百万法郎。[47]为了应对这种情况，朗的文化部大力资助本土的流行音乐家，包括爵士乐、布鲁斯、雷鬼乐以及摇滚艺术家。他帮助建立排练厅，翻修巴黎的一座建筑用作摇滚音乐厅，并且高调地出席摇滚音乐会。1985 年，作为社会党的青年就业计划的一个部分，朗给布鲁诺·利翁（Bruno Lion）领导的摇滚网络协会分配了 500个工作岗位，使之成为全国最大的摇滚音乐家的雇用单位。1989 年，这位不按套路出牌并且总是充满想象力的部长先生指派 27 岁的利翁到文化部工作以推动法国摇滚音乐的发展。[48]

为了激发视听产业的活力而研究制定的一套连贯的策略并不能为朗的文化部赢得高分，而这套策略与政府的外交政策也不太匹配。不能不引起关注的是，当朗在攻击美国流行文化的时候，他和密特朗却同时授予好莱坞明星各种荣誉〔密特朗总统向奥森·威尔斯（Orson Welles）颁发荣誉军团勋章，朗授予杰瑞·刘易斯（Jerry Lewis）和沃伦·比蒂（Warren Beatty）同样的奖励〕，并且社会党正在向沃尔特·迪斯尼公司示好。更有甚者，在密特朗执政前期，文化行动与外交政策并不一致，就在朗出席墨西哥会议，并在以罗纳德·里根所信任的外交政策顾问珍·科克帕特里克为首的美国代表团面前挑衅美国的文化帝国主义的时候，密特朗正竭尽全力以"冷战分子"的姿态来赢取里根的信任。实际上，朗在联合国教科文组织会议上的发言并没有征求密特朗的意见，爱丽舍宫相信这位部长只是向会议报告了关于美国人的事实，虽然他是用"笨拙"的方式报告的。[49]对于诸如此类的不协调，最有说服力的解释就是，密特朗的团队掌权以后急切地想将推行第三世界主义与对抗跨国公司作为社会党的一种外交政策的核心，同时他们认为这些目标不会和发展与美国的关系产生冲突。他们从来没有打算完全与美国保持一致，而是谋求与第三世界展开对话、遏制跨国公司的力量，同时挑战华盛顿在拉美的政策。密特朗团队认为，他们能够在与美国就中美洲的桑地诺民族解放阵线问题进行争论并鼓动文化反美主义的同时，赢得美国政府在诸如冷战等其他问题上的信任。

尚未放弃与美国的标准化文化进行斗争的理由，朗就悄然地改变了反美的姿态。他没有收回他的观点，仍然相信美国的进口产品扼杀了创造性和身份特征，但是他变得更具有和解的态度。1984 年，在纽约举行的法国电影节的开幕式上，朗承认他在墨西哥的发言中犯了一个错误：他不应该使用"帝国主义"这个词，因为这对于美国人来说有着不同的意思——也就是，法国人会联想到罗马帝国，而美国人则会将此与共产主义的反美主义联系在一起。为了安抚美国人，他还透露弗朗索瓦·密特朗看过《朱门恩怨》："他了解故事情节，也知道里面的每一位角色"。至于古巴，他承认现在他对古巴的感情很矛盾，但是"我不能说古巴就完全是一个失败"。[50]一年以后，他不再抵制多维尔的美国电影节，而是为此举办了一个派对。

　　鉴于他早期提出的美国的文化帝国主义这个恶魔的意图在国内只收到了不温不火的反应、社会党执政要务的转变以及文化部庞大而复杂的日程安排，诸如推动密特朗的"宏伟计划"以及激发创新等，与美国进行斗争不再是当务之急。然而，朗却从未放弃过对文化美国化的抵制。1988—1989 年的针对"电视无国界"指示的严重分歧以及连续地激怒美国人都表明了他的决心。后来，在他的第二任期期间，朗接受一本美国杂志的采访时，明确了自己对于美国的反感，他认为美国这个"大众文化超级大国"具有用"一种没有根、没有灵魂、没有颜色和品位的国际大众文化"取代世界文化多样性的危险。[51]他被问道，技术会通过更多的艺术表达途径而创造出多样性吗？他的回答是决不可能：
64　"卫星越高，文化越低。"他拒绝收回差不多十年前他所捍卫的，即"破坏或者削弱一种文化就是犯罪"。

　　回顾过去，雅克·朗试图通过利用法国人对于文化流失的恐惧而挑起反美情绪以唤起人们对社会党执政方案的一些热情。这个策略在很大程度上是失败的。他赢得热情的同时，也引起了相当数量的反对，而支持的力量往往是危险的。更重要的是，他采取的包括增加资助和强制实施配额等的视听产业政策并没有能够迫使美国人撤退。美国浪潮不可阻挡，朗在国内和欧洲都缺少预算来源以及政治支持来建立一个有效的防御体系。鉴于美国流行文化的吸引力，朗输给了这个难以对付的对手。

■ 反美主义成为过去了吗？ 知识界的辩论

　　朗对于美国的文化帝国主义的攻击激发了一场关于反美主义的大辩论。这场讨论的中心话题就是寻找一个适当的针对美国"入侵"——尤其是媒体入侵——的应对之策。具有重要历史意义的是，这次讨论的天平明显地转向了反对反美主义者的一边。反美主义被称为"初期的反美主义"——也就是"最初的""原始的"反美主义——已经成为历史的声音而被淹没。当然，反美主义仍然存在，而且还吸引了一些新的党派，譬如那些新右派人士，它以类似于后现代主义等的不同形式存在，而这种形式不再带有强烈的憎恨。在巴黎的餐桌上，仍然流行以取笑美国人为乐。电视新闻主持人克里斯汀·奥克伦特（Christine Ockrent）在对比法国与美国的官员如何在贝鲁特庆祝圣诞节前的平安夜时——前者出席了礼拜仪式，后者参加了一位戏剧演员主持的聚会——谨慎地评论道："符合各自的文化水平。"[52] 在学校里，孩子们仍然能读到一些文章，讲述生活在消费王国里的美国人如何成为享乐主义和循规蹈矩的奴隶，以及如何缺少欧洲式的文化涵养。然而，这个持续了几个世纪的言论在 1980 年代翻开了一页新的篇章。记者与其他知识分子率先谴责这种旧形式。那些希望利用这种批评手段来对抗和消除旧风气的学者们也参与进来。直至 1980 年代末，那些曾经的反美者开始重新思考他们的立场。的确，十年前支撑以攻击美国为生的人的脚手架垮掉了，取而代之的是一股调整后的赞美美国的潮流。回顾 1970 年代，我们就能发现初期反美主义为何以及如何走向衰退。

　　鉴于各种纷繁复杂的观点、大量的派系和评论、亲密关系和竞争关系、观察角度的变化以及讨论的精妙与激烈，试图分析这几十年中法国知识界的复杂世界将是一件愚蠢的差事。[53] 因此，对于难以琢磨的美国有一种潜在的或者说是意味深长的沉默。在此所必须做的是提取一些观察到的事实，到底如何开启了批判初期的反美主义的道路，或者在一个低一些的层面上，如何开启了向美国表示支持的道路。从广义上讲，初期的反美主义在冷战初期是基于三种支柱力量之上的：对美国反感的左派知识分子以及共产主义者（一些社会主义者）与戴高乐主义者的邪恶联盟。

　　反美结构中主要的支持者之一是巴黎左翼知识分子阶层，他们早在战后初期就将憎恨美国作为会员资格的凭据，并且与法国共产党（PCF）结盟。在这个圈子里，人们对法国共产党和苏联的态度各式各样，但是即便是非共产党派或者是像围绕着《精神》报那样的独立分

65

66

子，也希望苏联能够成为承诺中的社会主义伊甸园，而将美国视为资本主义、消费主义和军国主义的堡垒予以回避。然而，到了 1950 年代，左派人士的信心开始削减，由于苏联在东欧进行的不可宽恕的镇压行为以及斯大林主义真相的暴露，他们开始刻意地与法国共产党保持距离，努力保证即将到来的社会主义会带来自由和民主，而不是无产阶级的独裁。很多人开始转向古巴和中国等第三世界的社会主义模式。有些年轻的被称为"左派"的坚定的左翼支持者，引发了 1968 年的所谓学生叛乱，他们强调直接的民主，原则上拒绝国家权力和党派政治。1968 年暴露了法国共产党的机会主义和对学生运动的仇恨，而当华沙公约国家武力干预镇压捷克斯洛伐克的改革的时候，也暴露了莫斯科反民主的习惯。1970 年代初期，法国共产党显然不再是自由、人权和民主的捍卫者——而是敌人。随着亚历山大·索尔仁尼琴（Alexsandr Solzhenitsyn）的《古拉格群岛》的翻译以及书中对苏联劳动营内幕的揭露，这种日益增长的失望感突然爆发成为 1974 年的一场公开的媒体战争。当共产党人及其同路人试图让一批主要的知识分子不要相信索尔仁尼琴的时候，许多左派人士都一致支持他以抨击这个政党斯大林主义的行为。他们不惧威胁。索尔仁尼琴的反共同盟包括来自左派《新观察家》的让·达尼埃尔和雅克·朱利亚、《精神》的让—马里·多姆纳克和米歇尔·维诺克（Michel Winock）、评论《原样》的菲利普·索莱尔斯（Philippe Sollers），以及两位年轻而积极的知识分子、后来被称为"新哲学家"的安德烈·格鲁克斯曼和贝尔纳—亨利·莱维。《解放报》和《世界报》的一些左派和中左派记者也加入到这个行列——虽然后者相当谨慎。索尔仁尼琴还得到了《快报》的让—弗朗索瓦·勒维尔、更中立派的《观点》的乔治·苏法赫和《费加罗报》的雷蒙·阿隆（Raymond Aron）的支持。[54] 所有这些名字、评论以及杂志在几年后的关于美国的争论中都将是突出的重点。与此同时，独立左派人士开始担心共产党和社会党的选举联盟，这两个政党希望在 1978 年的立法选举中获胜：丹尼尔、多姆纳克、朱利亚和莱维等记者或知识分子都担心共产党当政后会巩固它们的社会党同盟，限制公民权利，并且强制实行它们的斯大林主义形式的社会主义。[55] 到了 1970 年代中期，反共产主义的左

67

派人士已经挑起了在各个领域的反对极权主义的战斗：在法国共产党内部、在东欧的共产主义政体、在苏联，甚至被牢牢地嵌入了革命传统自身之中。历史学家弗朗索瓦·孚雷（François Furet）也参与进来。他重新审视了法国大革命，揭露了马克思主义哲学的本质，并且揭示了革命事业中极权主义的根源。至此，作为左翼政治根基的法国大革命也被牵连进来。历史学家和政治理论家们也开始重新审视美国革命；目标是将法国重新嵌入 18 世纪的民主革命年代之中。革命性方案让位于一个复兴的共和主义。 68

虽然 1970 年代的反极权主义运动标志着独立的左派知识分子转向自由民主、公民社会和人权，并得到他们更加中立派的同事的喝彩，但这并不代表他们必然变成"亲美主义者"。然而，他们却愈来愈接受美国，愈来愈不能容忍那些左派——不仅有共产党派，还包括社会党派，他们仍然坚持马克思主义所激励的革命信条，这些信条谴责美国的帝国主义，迷恋于第三世界主义，并宣扬法国的文化例外主义。对于这一系列罪行的攻击成为"新哲学家"的标志，他们也成为了媒体的新宠。菲利普·索莱尔斯和茱莉亚·克里斯蒂娃（Julia Kristeva）与像让—弗朗索瓦·利奥塔（Jean-François Lyotard）这样的许多其他的法国知识界的知名人士一起共同认识 1970 年代的美国。[56]1977 年，索莱尔斯、克里斯蒂娃和《原样》杂志社专门发行了一期关于美国的内容，提出这个"新大陆"可以为欧洲政治和经济的不公正局面提供解决之道。[57]《解放报》也开始接受美国。由让—保罗·萨特等人于 1973 年资助的《解放报》开始曾是颠覆性的左派激进报纸，但很快便成为更加传统的左派日报。到 1970 年代末，《解放》——《解放报》的昵称——因其使用美式法语的表达方式以吸引年轻但不激进的读者而受到嘲讽。同样，讽刺性的报刊《鸭鸣报》也于 1977 创立了一个关于"美国联系"的友好系列。[58]《评论》和《辩论》等大量的反共产主义的温和派评论杂志也被发现转向了自由民主。

美国自身也迎来了左派人士的重新审视。[59]其中一个发现是美国孕 69
育出了激进分子，他们不单单是欧洲马克思主义者的效仿者或者是不能融入社会的人。埃德加·莫兰（Edgar Morin）发现了"另一个"美国，这个美国看起来不再是墨守成规、种族主义、军国主义、物质主义和清教主义的既定形象，并且出现了自己土生土长的激进分子，尤其是在加利福尼亚州。[60]勒维尔在抨击反美主义是法国左派能力丧失的一个征兆的同时，认为美国是真正的革命之地，将欧洲的未来等同于美国的左派。[61]据《新观察家》称，美国变成了一个比苏联更亲近的"自由社会主义"的朋友。[62]当这些寻求民主的人们看到了水门丑闻如何表明美国体制能够进行自我修正的时候，这个新大陆在他们眼中变得更加美好。这些新的评价得益于法国学者和知识分子们频繁的跨大西洋的访问，尤其是对美国大学的访问。这些经历使法国人看到了美国民主的活力及其多样性，看到了这个国家学术上的卓越以及在高雅文化方面所取得的成就。[63]譬如，米歇尔·克罗泽（Michel Crozier）结束了他在美国斯坦福大学为期一年的访问之后，对法国的官僚政府提出了尖锐的批评并指出法国应该向美国学习。[64]这些访问者中的许多人，他们有许多——是像克罗泽、朱利亚、达尼埃尔、多姆纳克、孚雷、克里斯蒂娃以及米歇尔·赛瑞斯这样的法国人——都将参与 1980 年代关于美国的辩论。

甚至法国共产党中的那些好战者，他们曾经是冷战期间呼声最高的初期的反美主义的摇旗呐喊者，也降低了音量。1970 年代，这个政党持续失去它的选民，对于非共产党的左派的恐吓能力愈来愈小——其中许多人认为法国共产党已经暴露了其革命宣言的空洞以及政治上的无能。两国关系的缓和以及欧洲共产主义的出现使法国共产党减弱了思想教条主义的声音，也不再攻击美国。法国共产党也许仍然会批评吉斯卡尔屈服于美国的跨国公司，但是它也认识到了美国的成就，譬如美国拥有全世界最高的生活水平。政党历史学家、欧洲共产主义的拥护者让·艾伦斯坦（Jean Elleinstein）在第一次访美之后，惊讶地发现了美国的自由以及一些非洲裔美国人的成功。[65]他的党报承认了美国人享有个人发展的机会和相当大的自由，虽然同时也指出这种自由往往是一种假象。[66]至少，法国共产党愿意对美国的社会和经济做出让步。然而，如果说他们试图大打反美主义这张牌的话，其政治上的失败、空洞的教条以及对于苏联坚定不移的捍卫使他们极易受到攻击。

戴高乐主义者作为一个曾经的难以对付的反美主义联盟的第三支柱

力量，继续装作反对山姆大叔，但是 1970 年代他们交出了执政地位，同时抑制了对美国的攻击。1974 年，随着保守派的非戴高乐主义者吉斯卡尔的当选，他们对于总统职位的控制结束了，并且直到 20 年后才重新回到爱丽舍宫。派性分裂了这个政党以至于他们不得不派出三名候选人参加 1981 年的大选，但全都失败了。雅克·希拉克短暂地担任了两年总理之后（1974—1976），对戴高乐政党进行重组，意欲和吉斯卡尔展开竞争。像让—马塞尔·让纳内（Jean-Marcel Jeanneney）、米歇尔·德勃雷（Michel Debré）和米歇尔·若贝尔这样的一些戴高乐主义的强硬派，抨击吉斯卡尔的“大西洋主义”和全球化倾向。希拉克批评吉斯卡尔倾向于市场，而偏离了“唯意志论”和戴高乐主义的国家经济规划道路。夏尔·戴高乐的追随者们还猛烈抨击超级大国分割欧洲大国：1978 年，希拉克对于法国沦落为一个美国的受保护国表示遗憾。[67] 在这种华而不实的言辞背后，1970 年代的戴高乐主义者开始变得更加温和：他们与法兰西民主联盟以及吉斯卡尔的保守派支持者一起成为最亲美的政党。几年后，希拉克相当突然地将政党猛然转向大西洋主义的立场，与此同时，其他著名的戴高乐主义者开始竭力主张在经济和社会领域展开更加美国风格的竞争。[68]

▉ 反美主义者

　　虽然反美主义的热情有了这些减弱的迹象，1980 年代一些知识分子和政治家们继续斥责山姆大叔。攻击美国文化的领军力量是朗这一派的社会党人，但很快在这些强硬派中就加入了新成员，他们将辩论的形式变得新奇。理论家们一如既往地提供了最猛烈的炮火。左派与右派的极端分子都加入到这支反美运动的大军之中，或者至少彼此赞美。譬如，新右派支持朗反对文化帝国主义的斗争——至少开始时如此。著名的戴高乐主义者米歇尔·若贝尔，他在社会党政府中担任部长并且为朗提供全力支持。同样地，法国共产党也援引保守派关于美国化的危险的相关文章。反美主义使法国的各个政治派别走到一起，为朗的政策提供支持，虽然这种支持是少量的。

　　朗是密特朗执政时期在皮埃尔·莫鲁瓦政府（1981—1984）任职

71

的社会党的一个强大派系的代言人。朗代表了第三世界主义热情以及对各种形式的美国帝国主义的顽固抵制情绪的高涨，所有这些形式都表达了 1970 年代社会党的立场，同时也描绘了密特朗政府早年的色彩。朗至少是受到了总统先生的被动支持，以及来自雷吉斯·德布雷（Régis Debray）与雅克·阿塔利等爱丽舍团队成员的明确鼓励。他得到由让—皮埃尔·舍韦内芒（Jean-Pierre Chevènement）领导的所谓的雅各宾派社会主义者的协助。这些人将社会主义染上了民族主义和保护主义的色彩，并且比法国文化部更加希望采取更为强硬的行动来保护法国文化并抵制美国的进口产品。舍韦内芒作为德勃雷政府研究和产业部的部长一直坚持不懈地反对美国的政策，无论是电视节目的问题还是波斯湾战争的问题。1983 年，他在《世界报》的一篇文章中为法语的命运感到悲痛不已，强调称："自百年战争以来，我们从未让我们的人民知道这样一种身份危机。我们的语言有史以来第一次面临灭绝的危险。美国已经成为我们年轻人的最新视野，因为我们尚未给他们提供一个伟大的民主计划。"[69]

社会党内的那些温和主义者，他们并不同意这种狂热分子的态度，开始向米歇尔·罗卡尔靠拢。在雅各宾派社会主义者看来，罗卡尔的圈子应被谴责为臭名昭著的"美国式左翼"。在莫鲁瓦政府中拥有 4 个部长席位的共产党也支持朗—舍韦内芒强硬派对于美国的文化帝国主义的抵制。虽然法国共产党在 1970 年代对美国的立场更加温和，他们仍然抨击吉斯卡尔的"美国党"为了进入美国人操纵的国际市场而以扼杀法国身份为代价是错误的行为。莫鲁瓦政府的一位共产党部长阿尼塞·勒波尔（Anicet Le Pors）警告说美国化会导致"种族灭绝"。[70]

简而言之，必胜主义的左派在令人惊讶地取得选举胜利之后，开始执政并鼓舞了反美主义的各个派系。当然，还有上一代顽固不化的激进知识分子，诸如让—保罗·萨特和西蒙娜·波伏娃等名流，他们以反美主义者的身份取笑反对者。譬如，他们给"新哲学家"冠以可能是最严重的罪名：美国人已经拉拢了他们。[71]

初期的反美主义言论不仅来自于社会党和共产党，还存在于一些戴高乐主义者中。戴高乐时期法国公共无线电台二台（现在的法国二台）

的导演、媒体权威人士雅克·蒂博（Jacques Thibau），将他的国家的尴尬处境描述成"殖民地的法国"，并详细分析了美国如何占领了法国人的思想和经济并使法国成为其政治附属国。他援引了一句对帝国主义的普遍批评——当被殖民者对自己的看法与殖民者相同时，最先进形式的文化统治就产生了——辩称法国人已经接受了自己守旧落后的刻板形象而美国被认为是全球现代化的典范。他在抨击文章中，通过展示美国电影、电视节目和广告对法国人的想象力进行殖民的方式，或者美国的跨国公司如何剥削类似计算机这样的活跃的经济领域，或者"现代化"如何成为一个加剧法国在全球劳动分工中的劣势的陷阱等，从而揭开美国化的真实面目。他总结道，通过屈服于美国的操纵和同质化，法国正在施行"种族灭绝"。[72]然而，蒂博愤怒的言论并没有为法国人逃离这种命运提供任何药方，除了告诫法国人不应该试图效仿那难以达到的美国模式——而这一建议连他自己都没能做到。虽然蒂博厌恶同辈人被美国化，但他承认已经将儿子送到哈佛商学院读书并且他在加利福尼亚拥有不动产。另外一种更传统的戴高乐式的抨击来自于乔治·蓬皮杜的前任外交部长兼密特朗的外贸部长（1981—1983）——脾气暴躁的米歇尔·若贝尔。他建议美国人接受其在国际事务中卓越地位的所谓丧失。[73]令若贝尔感到愤怒的地方也正是曾使戴高乐感到不安的地方：美国政府假装成利他主义的样子来掩盖自己的私利以及对于权力的愿望，而将每个反对者都诽谤成不仅仅是简单的错误而是邪恶和背叛。当谈到美国和苏联这对相像的大帝国主义时，若贝尔认为美国人更加危险，因为它更加隐蔽。[74]

如果说1980年代左派和右派的反美主义修辞中存在某些连续性的话，那么关于美国的旧词语的新变化也出现了：一个来自于所谓的"新右派"，另一个则以后现代主义的外衣出现。

新右派

此处所讲的新右派指的是紧随阿尔及利亚战争和1968年事件之后成立的欧洲文明研究学习联盟（GRECE）及其属下的评论杂志《新学校》，它们的成员是反对阿尔及利亚独立或者制造1968年动乱的左派学生。[75]新右派是由一小批关注政治的年轻知识分子组成的，他们大多在20到30岁之间。新右派致力于设计一个综合的关于政治、经济和文化的规划——他们称之为"哲学政治学"——目的是振兴法国、全球文化多样性和"欧洲帝国"。新右派的活跃分子包括许多教师、学生、记者、知识分子以及职业人士，还至少包括一名吉斯卡尔政府的成员。欧洲文明研究学习联盟召开研讨会，设立了一家出版社，发表或者资助发表一些评论。曾一度有许多联盟成员在发行量巨大的周刊《费加罗杂志》担任编辑工作。[76]这场运动的明星人物是阿兰·德·伯努瓦（Alain de Benoist），他发表的其中一篇文章获得了法兰西学院的奖励。虽然新右派初期的成员只有几千人，但是很快便通过《费加罗杂志》等杂志吸引了至少几十万的成员，从而使其在1970年代末至1980年代初引起了相当多的关注，而其中许多都是充满敌意的。

这些反革命知识分子遵从一个令人敬畏的负面的议程。他们反对启蒙教育、犹太基督教大同主义、社会主义、共产主义、平等主义、自由主义、雅各宾单一民族国家、宗教原教旨主义、消费主义以及全球化，而最值得注意的是，他们成为强硬的反美派；的确如此，欧洲文明研究学习联盟是当时唯一将美国视为主要敌人的重要的政治或知识分子组织。它试图在不回归至传统右派的民族主义、排外主义、反德主义和天主教教义的前提下复兴法国。他们的目标是增强文化多元性，尤其是重新继续欧洲文明，使之取代单一的被美国化的大西洋伪共同体。对于欧洲文明研究学习联盟而言，一个理想的共同体是有组织的、扎根于一个被继承的文化之上的、种族同质化的并且按登记划分的——一个由"英勇"表现的"天然的"精英领导的共同体。当它说到"欧洲种族"的时候，它指的是北欧，是——凯尔特人、斯堪的纳维亚人和德国人。伯努瓦斥责种族主义和法西斯主义的指控——但却未能令所有人感到满意。他明确表示支持移民和"保持不一样的权利"。他将第三世界的人民视为新欧洲的盟友，这种立场被称为"右翼的第三世界主义"。他坚持认为，毕竟不是移民破坏了法国的文化或者兜售消费社会的商业价值。欧洲文明研究学习联盟拒绝与任何政党结盟，它不仅与执政的右翼政党保持距离，还批评让—马里·勒庞的国民阵线是建立在一个反动的、反移民的基础上的政治机会主义者。

在新右派看来，1970年代的美国化要比马克思主义对欧洲和全球文化多元性的威胁更大。任何想要设置一种统一文化的意图，就像美国人打算要做的那样，都将会导致趋同性以及生活的、民族的、地区的和地方的文化的无序状态或者死亡。或者，正如新右翼人士所说的，"美国——西方文明"传播平等主义和一种与欧洲文化毫不相干的单一的享乐主义以及消费主义文化。他们认为文化有国家和大陆的界限，而其中的一个界限——肯定是一个异乎寻常的观点——是大西洋。美国与欧洲的道路被认为在本质上是对立的。欧洲最好从美国的文化中脱离出来，同时加强与第三世界社会的交流。毕竟，从他们的角度来看，欧洲与第三世界都是美国市场意识形态的受害者。推动全球多样性是所有人民的事业，它会阻止美国单一经济的传播。伯努瓦称，对于欧洲而言，"要么抵制美国，要么不复存在"。[77]

新右派欣然借用了标准的高卢式全部陈词滥调：美国人是崇拜美元的携带圣经的传道者；他们是沉浸在一种"小文化"中的消费者——而且他们是肥胖的。他们消灭了土著美国人并向日本投射了原子弹之后而向全世界宣扬道德。他们假装很善于处世，却是极其狭隘：据称，在佛罗里达大学本科二年级的地理课上，有一半的人不能在空白的欧洲地图上标出西班牙的位置。[78]伯努瓦声称90%的美国人从未读过文学作品。[79]美国所兜售的"全球大众文化"消灭了自然分别的——即世袭的——文化群体。新右派认为法国人民正在忍受"我们的思维和生活方式的美国化的蹒跚前行"。[80]《费加罗》杂志的一篇危言耸听的文章指出，如果美式英语继续向法语渗透，法国人就会失去自己的民族遗产和民族灵魂，并将"很快接受美国的生活方式"而成为被殖民的"高卢美国人"。[81]当美国电影很容易被大家理解而无须翻译电影名称的时候，当电视报道更多的是关于美国而不是法国的新闻的时候，美国化的毒害作用就显而易见了。[82]有线电视、卫星电视和录像带的出现使得电视监控器成为文化独立战斗的中央前沿阵地。伯努瓦写道，在历史进程中，法国与欧洲还从来没有像1980年代的今天这样如此广地被"占领"：由于美国化，"法国从来没有比今天不像法国，而欧洲也从来没有比今天

76

不像欧洲".[83]欧洲文明研究学习联盟断言，如果法国面临两个"极权主义"的话——苏联的共产主义和美国的自由主义，两者都推行平等主义和同质化——那么，更大的危险来自于美国，因为它更接近于目标的实现。伯努瓦将这一选择推导出它的逻辑性结论的同时又不情愿地发展了布尔什维克主义哲学："东方的这个国家会禁锢、迫害和损伤我们的身体并且控制个人自由。而西方的这个国家拆散有机的结构、使国民去个性化。它创造幸福的机器人；它传播罪恶；它扼杀灵魂。"[84]或者，正如他曾经发表过的臭名昭著的言论，如果他必须在两种邪恶力量中做出选择，他宁愿戴上"红军帽"，也不愿意"在布鲁克林吃汉堡"。[85]在欧洲文明研究学习联盟里，并不是每个人都支持伯努瓦怪异的选择，有些人背叛了他。连贯性、一致性、平衡性甚至常识都不是某人的优势，他有如此多的愤恨而他的主张又在迅速地演变。

联盟的这些年轻的铁杆拥护者表示，不能指望知识精英或者政治精英能带来任何宽慰，他们已经将自己出卖给了美国人："在20年的时间里，大部分（法国）知识分子都抵挡不住它（美国）的危险的诱惑。"[86]在保护法国文化不受美国侵害的道路上，第五共和国的政治家们没有任何建树。右派政党，一方面由于他们的市场意识形态，另一方面由于他们害怕表现得反现代化，因此在保护法国文化方面受到了限制。的确，他们中的有些人错误地喜欢美国化和里根主义。而左派，他们认为，执政的社会党取悦迪斯尼的同时，密特朗也向美国硅谷的主人表达敬意。作为回应，欧洲文明研究学习联盟于1986年召开了一次题为"迪斯尼乐园的挑战"的会议，在会上，伯努瓦呼吁消灭米老鼠并且展开一场针对美国的文化战争。[87]

在起初对密特朗的文化监察人雅克·朗表示欢迎之后，新右派感到了失望：他以及社会党在激发法国文化的活力和保护法国文化方面被证明是无能的。[88]朗错误地将文化，诸如书籍等，当作可以赚取利润和促进经济增长的商品。联盟认为朗所取得的成就无非是让广播电台播放了法国香颂、在巴黎大学举办华而不实的研讨会以及在格雷万博物馆中新添了一些花盆而已。他并没有制定出连贯而果断的方案来振兴民族文化。而新右派没有提到他们关于文化政策的建议——增加与第三世界的交流和保护——正是朗所捍卫的。新右派敦促左右两派克服它们历史的敌对态度，将抵制美国化作为一个统一的问题从而建立"欧洲门罗主义"以对抗美国的帝国。[89]这种请求低估了左右两派在美国化的问题上变得如何地串通一气，也低估了初期的反美主义对于产生一个新的政治理念是如何得不充分。

　　除了新右派，还有一些来自右翼的相似的说教，譬如文学教授亨利·哥巴尔德（Henri Gobard）警告说法国人正在屈从的不是另一种文化，而是屈从于一种文化否定。这种否定将各个不同国家的艺术、风格和宗教混合成为一种"非美国式的而仅仅是可以食用的尚未被定义的汉堡"。[90]另一位保守派学者，也就是后来转为里根主义的前外交官和新哲学家成员让—马里·伯努瓦（Jean-Marie Benoist），他将苏联劳动营与美国的媒体作类比：两个帝国都在推行它们常态的或者一致的暴政。[91]

　　而重温所有这些重复而尖刻的右翼文学是单调乏味的。更加值得关注的是让·鲍德里亚所撰写的很受欢迎却又十分古怪的辩论著作，尽管其中存在极其糟糕的瑕疵。

■《美国》

　　鲍德里亚的《美国》于1986年出版，两年后被译成配有插图的英文并成为畅销书。此书可能是1980年代得到最广泛宣传并吸引了最多的评论的反美主义著作。虽然这本书不属于特别的政治派别，但却似乎更倾向于左派。[92]当时，鲍德里亚不仅受到美国艺术界和学界的关注，在国内也赫赫有名。

　　《美国》可能代表了高卢文学/哲学体裁的一个最糟糕的时刻，这种文学体裁是波德莱尔创立的，它将美国作为（后）现代性的隐喻。在这篇长文中，社会学家兼哲学家鲍德里亚采用后现代主义的词汇和表达方式并运用马克思主义的情感和范畴，重新书写了关于美国的陈词滥调。结果，这本书变成了一个自命不凡的、任性的、高深莫测的、充满行业术语的、令人非常气恼的、随意收集的时常毫无意义却总是悲观阴暗的评论集——更不用说一些事实性的错误：明尼阿波利斯被设想成位于"落基山脉的边缘"（13）。《美国》激怒了大多数的美国评论家，却

78

79

没有打动许多法国的批评家。[93]

鲍德里亚表示，将美国与欧洲分开的是现代性本身，"我们之间"不是"仅有一小点分歧，而是现代性的一个完全的巨大分歧"（73）。美国是"现代性的原版，我们是译制的或者配上字幕的版本"（76）。在美国，一切皆有可能：美国可以冒充富裕、自由、性满足和正义，因此，美国已经成为"每个人的绝对模范"（77）。全世界都在做着美国梦，不仅因为美国的强大，更多的是因为它的文化，尤其是美国电影。鲍德里亚断言，美国人没有历史，没有身份，而且只存在于现在：未来属于"没有起源，也没有真实性"的人（76）。他还写道，"永远不会赶上美国"的欧洲人可以效仿并且夸张地演义美国人，但是却"既没有所谓的文化零度的大无畏精神，也没有不文化的实力"（78）。他还补充道，"自从那怪异的现代性以它所有的荣耀在大西洋彼岸诞生的那一天起，欧洲就开始消失了。"（81）

毋庸置疑，美国也是一种超现实的文化或者一种虚拟的表现形式，是诡计、谎言、虚假承诺与破碎的梦的一种混合体；其空无如同沙漠——鲍德里亚特别喜爱的后现代的风景。他认为，美国人"没必要模仿。他们本身已经是模仿的最发达阶段了……"（28—29）。将美国作为后现代的典范进行了一番褒贬之后，鲍德里亚开始重复那些标准的比喻词，一个遵循规则的、不平等的、犯罪和暴力的社会；没有中心或行人的立体城市；对土著美国人的大屠杀；达尔文主义的职业伦理。美国人看起来像是一些不公开姓名的大众：只有罗纳德·里根和沃尔特·迪斯尼两个个人在他的文章中被说出了名字——一个吹毛求疵的挑选。关于随处可见的美国人的微笑也进行了令人不悦的评论——掩盖了空虚和冷漠的面部肌肉的收缩。谈到纽约，他抱怨道："这是一个被财富、权力、老态龙钟、冷漠、清教主义和精神洁净、贫穷和浪费、技术的徒劳无益和毫无目标的暴力所腐蚀掉的世界"，然而，他继续说道，它却代表着世界的未来，"因为整个世界都继续梦想着纽约"（23）。鲍德里亚对于美国城市也存有偏执的看法：他认为加利福尼亚州的圣克鲁斯作为"狂欢后的"世界，似乎像天堂，但是"改变几度温度就足以使之变成地狱"（46）。加利福尼亚城市里的小松鼠看起来像是可爱的毛茸茸的迪斯尼朋友，但是，他写道："在这些微笑的眼神后面潜伏着一个正忧心忡忡地偷偷地接近我们的冷酷而凶残的野兽"（48）。详细列举《美国》里面那些标榜为具有深刻性的愚蠢的言语毫无意义，但要抵挡住这种诱惑是困难的，还是忍不住列出一些：在洛杉矶，"唯一的现实社会或者仅存的温暖"是在高速公路上（53）；"纽约没有警察"（22）；而且"曼哈顿是按照康尼岛的设计构想而建造的"。[94]

对于这位后现代的理论家来说，美国既是"实现了的乌托邦"，又是"正在被实现的反乌托邦"（97）。但是，他问道，这个实现了的乌托邦是天堂吗？是的，他回答说，从某种意义上讲，圣巴巴拉、迪斯尼乐园以及美国本身都是天堂，即使这个天堂是"悲哀、单调和肤浅的"（98）。美国也是一个反乌托邦，因为美国代表着欧洲价值观与文化的终结：它是一个没有反思或反省、没有对文化遗产的尊重、没有深度或者一种悲剧感，也没有任何对于意义或者认同的愿望的社会。对于这位法国理论家而言，美国文化没有美学的虚饰；它仅仅是无真正艺术价值的作品、广告、娱乐、超现实与模仿。由于他认为"电影和电视是美国的现实"（104），鲍德里亚对于美国的高雅文化不屑一顾。有人会问是否还有任何法国的作家关于美国做出过比这些更愚蠢的评论。

鲍德里亚一次又一次地倾诉自己对于加利福尼亚的异常依恋，将这个位于西部的州，这面"我们（欧洲）堕落的镜子"，等同于美国（104）。但是，加利福尼亚"根本不是堕落的。它是朝气蓬勃的超现实，它具备一种幻影的所有能量"（104）。它是"虚假的世界中心"，但这仅仅针对一个欧洲人而言：欧洲已经消失在了美国，而保留下来的是迪斯尼乐园的真实。"当你离开迪斯尼乐园来到所谓真正的美国时，你会发现整个美国就是迪斯尼乐园，它所有的角色都在一个虚拟的矩阵里……"。[95]美国不可能是欧洲的未来，因为它代表"欧洲的消失"，这一想法似乎以一种任性的方式带给鲍德里亚愉悦："去感受一个人自己的文化源泉的消失有种类似迷人的令人眩晕的感觉。"[96]

鲍德里亚不可能不对美国的政治生活进行讽刺就结束他的视察。加利福尼亚这次化身为罗纳德·里根，他被视作是在"胜利的幻想主义"里避难的一个国家的象征（108），这个国家已经失去往日的霸权，取而代之的是"作为一种特殊效果的实力"（107）。里根使美国变成了加利福尼亚，天堂在这里已经被实现，穷人被遗弃或驱逐，他已经将总统职位变成了一种电影表演。如果里根是当代美国的象征，那么，他问道，这个超级大国现在"到了翻新的阶段了吗"？（115）筋疲力尽地对这个大陆进行解构之后，鲍德里亚总结道："这个国家没有希望。即使它的垃圾都是干净的……生活是如此的清澈……身材和汽车的线条如此的流畅，头发如此的金黄，而且软技术如此的丰富，以至于一个欧洲人梦想着以死亡与谋杀，以自杀汽车旅馆，或者以奢靡的狂欢会和自相残杀来抵制海洋的、光线的以及令人精神错乱的舒适生活的完美，来抵制所有一切的超现实……"（121—122）

■ 反反美主义

左翼政党于 1981 年当政以后，社会党和共产党试图迎合这种反美情绪而敲响了文化帝国主义的战鼓，但是他们发现大部分知识分子对于他们的号召充耳不闻，对于革命信条、文化例外主义以及第三世界主义表现出不耐烦。雅克·朗在墨西哥的讲话引起了相当多的不同意见而不是喝彩。他的批评者们认为敌人在东方，而不是在西方。索尔仁尼琴事件、在柬埔寨的残暴行为、越南船民的困境、苏联对阿富汗的入侵以及对波兰团结运动的镇压，所有这一切使得对美国的抨击似乎成了误导。对于独立的左派人士、新哲学家以及温和的政治记者而言，初期的反美主义似乎已经落后而无关紧要了。

从政治角度来看，反美主义就是"傻瓜的社会主义"，雅克·朱利亚宣扬。[97]1986 年，作为《新观察家》的写手，朱利亚是最直言不讳地批评反美主义者包括左派反美主义者的记者/知识分子之一。当出现了社会党放弃对美国的全力攻击的迹象时，他对此表示赞同。对朱利亚来说，初期的反美主义在文化方面代表着"失意的作家与说法语的国家中的平庸之辈们的复仇。自从共产主义的理想瓦解后，政治反美主义在法国不再是一个获胜的主义。它仅仅变成了一个共产主义者、法西斯极端右翼人士、反犹太人士以及新权术家们经常秘密集会之所在。"或者说，朱利亚解释道，这种反美主义代表着"将美国视为现代化时代理想的替罪羊的一批目光短浅的共产主义者、图谋报复的极端主义者、失意的作家或者虚伪的左翼戴高乐主义者"。[98] 必须承认，正如我们将会发现的，朱利亚犀利的阐释是击中要害的。

反美主义结束了吗，或者说，至少应该结束了吗？这是独立的左翼分子与温和的政治分析家们探讨的最重要的问题。

知识界最重要的并且拥有很长的对美利坚强硬的历史的《世界报》，改变了它的颜色：它也加入到那些支持反美主义的撤退并且希望它消失的媒体行列中。早于 1980 年，该报的文学批评家居伊·斯卡尔佩塔（Guy Scarpetta）就认为初期的反美主义是"一种以反对美国来证实我们的身份的不折不扣的法国病"。[99] 斯卡尔佩塔继续描述了这种痼疾在强硬的社会党人士中的持续存在，譬如，让—皮埃尔·舍韦内芒，他将 1968 年 5 月的事件归咎于"加利福尼亚人"，抑或如蓬皮杜中心的主任，他拒绝为两位美国艺术家举办回顾展。斯卡尔佩塔坚持认为是抵制这些"旧的仇外的恶魔"的时候了。在密特朗上任之初，报纸就设置特色专栏嘲讽那些像雅克·朗一样的拥护保护主义而抵制美国大众文化的人。[100] 几年之后，尼古拉·博（Nicolas Beau）在"山姆大叔的法语"一文中写道："反美主义是病态的"，并指出《世界报》已经"背离其反美主义者的立场"。[101] 当你看到美国无处不在的时候——这已经变成普遍现象，一个人如何能够成为反美主义者呢？他反问道。博指出，如果说与 1960 年代相关的是美国的反文化，那么 1984 年，他们则拥抱一种更加走向富裕的、挣钱和为成功而奋斗的"朱门恩怨式的美学"。这位专栏作家总结道，让·科克托（Jean Cocteau）也许曾经断言美国扼杀了梦想，但是时间已经遗忘了科克托而是到了说"美国你好"的时候了。当鲍德里亚出版了他关于反美的论著的时候，《世界报》对其进行了一番嘲笑。[102]

在为更加温和的诸如《观点》、《费加罗》、《快报》等刊物以及国际事件评论写作的记者和专家中，有着对这种旧的恐惧症更为激烈的斥责。外交政策分析家多米尼克·莫伊西（Dominique Moïsi）认为反美主义的衰退是永久性的；它不可能存在下去因为它的隐藏着的政治结构已经瓦解，法国年轻人拥抱美国式的生活，而老人和年轻人都为美国的高科技和创业精神着迷。[103]阿兰—杰拉德·斯拉马（Alain-Gérard Slama），一位研究思想史的历史学家，同时也是一位专栏作家，他写道，法国人对于美国的态度更加现实了：他们现在明白它与欧洲面临着相似的问题。"如果这种观察是准确的"，他推测，"那么美国主义与反美主义的半公开的争论将只会吸引一些极右派和共产党中的守旧落伍分子"。一旦从依赖于或独立于美国的角度对自己的命运进行定义的模式中脱离出来，欧洲将被迫"做出一个新的开始从而形成自己的模式、自己的美国"。[104]1980年代初，雷蒙·阿隆在知识界中的声誉也达至顶峰并非偶然。作为一个坚毅的大西洋主义的捍卫者，阿隆当时是《快报》的写作家，但一直遭到左派的回避。然而，反美者遭受的意识形态的政治斗争和批判之苦，如这位新右派一样——他在1983年临终前终于赢得了全国的尊重。另外两家报社也加入讨论，一家是《评论》，它云集了受雷蒙·阿隆影响的马克·弗马洛利（Marc Fumaroli）、阿兰·贝桑松（Alain Besançon）和让—克洛德·卡萨诺瓦（Jean-Claude Casanova）等有影响力的权威专家；另一家是《辩论》，是由皮埃尔·诺拉（Pierre Nora）和马塞尔·古谢（Marcel Gauchet）创办并管理的。这两家刊物，前者来自于温和右派，后者来自于温和左派，两者都是1980年代法国知识分子生活的中心，都对反美主义保持克制。这些对美国的评论以各种形式展开，但都是以感兴趣的观察者的身份进行的。它们经常依赖于美国的专家来谈论关于美国发展带来的启发。语气中更多的是学习和比较，而不是傲慢或嘲笑。它们刻意地反对"老左派"，支持诺拉所说的"知识民主"。《评论》因此刊登了弗朗西斯·福山（Francis Fukuyama）撰写的文章"历史的终结？"。与此同时，《辩论》也推出一个名为"美国的费解之处"的系列，其特点在于它的评论家是由罗伯特·贝拉（Robert Bellah）以及迈克尔·卡门（Michael Kammen）等美国文化的权威人士组成的。

■ 学术界

学者们通过对反美主义的研究也参与进来，并对其产生了进一步的怀疑。1980年代以前，这种现象一直都不是一个严肃的学术调查的话题，至少在法国学者中不是。一些美国人曾做过与此相关的研究，但通常是作为历史学的博士论文或者作为会议的研究报告，而难以成为一个主要的学术调查的话题。[105]华盛顿的外交政策专家们一直都关心这个话题，但那则是属于另外一个领域的。1980年代初，这一话题演变了，因为问题变成了反美主义在过去所代表的意义是什么，它是否正在衰退或者消失。历史学家米歇尔·维诺克发起了讨论，描写了1980—1981年间这种恐惧症的复苏，并对其进行嘲讽。[106]巴黎政治学院于1984年举办了首次法美两国关于反美主义的学术会议，与会者包括维诺克、丹尼斯·拉高赫（Denis Lacorne）、玛丽—弗兰西·多瓦耐（Marie-France Toinet）、雅克·鲁尼克（Jacques Rupnik）、安德烈·卡瑟毕（André Kaspi）以及帕斯加尔·欧利（Pascal Ory）等许多社会科学家和历史学家。随着学术辩论的进一步发展，巴黎和纽约分别举行了学术研讨会，吸引了菲利普·罗杰（Philippe Roger）等权威人士，以及雷吉斯·德布雷、让·鲍德里亚，米歇尔·克罗泽和皮埃尔·布尔迪厄（Pierre Bourdieu）等名人出席。随后，法国和美国的研究者们纷纷进行学术研究，对这种历史现象进行更深层次的剖析。[107]

通过揭露它作为一个分析范畴时的模糊和不准确，以及它的信息来源的非理性、嫉妒、无知、自恋、反现代主义和政治极端主义，这种学术关注轻视甚至贬低反美主义。同时，这次学术会议还肯定了反美主义衰退的现象，但是关于这种现象到底属于暂时性的还是永久性的，大家在这个问题上的意见并不统一。

很难就这种现象给出一个大家都能接受的定义。如果严格限定这一范畴，似乎会将很多人排除在外，譬如让—保罗·萨特等，而如果广泛分类的话，又可能会将亚历克西·托克维尔（Alexis de Tocqueville）等人囊括在内，而他似乎并不属于这一范畴。除此而外，要清晰区分一些著作、组织或者个人属于反美主义还是亲美主义是相当困难的。[108]他们的观点往往复杂多变，甚至自相矛盾，以至于美国既令人感到迷恋又同时遭致排斥。同样令人困惑的是支持者与反对者经常利用同样的影像但却给出相反的价值判断。

虽然存在这样的分类问题，专家们仍然一致认为这种现象可以用法

86 国人的恐惧和热情加以解释。一些学者声称根据理想或者利益所面临的风险的不同，对于威胁的感知会各不相同。法国人对于冷战事件的关心——譬如，（苏联与美国）哪个更危险，或者，关于美国的跨国公司的控制地位——引起了对于法国的独立性或是身份认同的担忧，而那些反对美国大众文化的人担心的是对于民族身份或知识分子传统角色的保护。还有一些学者分析，反美主义与理想和利益的关系并不大，更多的是来自于人们的非理性和想象力，为此，他们提供了一系列心理学的解释，诸如嫉妒、臆想或者思维定式等。[109]学者们通常将反美主义定位在法国人关于现代性的辩论，将反美主义者置于经济技术和科学进步的敌对阵营。然而，有一点是普遍接受的，那就是都认为这种恐惧症是由两个普遍主义者或者一对自我陶醉者的相互碰撞而产生的，它们分别是捍卫民主的美国人与捍卫文明的法国人。

　　研究者又展开了进一步的区分。他们发现在精英与公众之间存在着一种差别，应由知识分子或者左右两派的极端主义政治家承担反美主义的主要责任，认为普通民众是支持绝大多数的美国进口的文化产品的。[110]据这些学者们称，系统的反美主义或者说初期的反美主义在像商业经理人或精英公务员这样的一些群体中很少甚至根本就不存在。

　　正如历史学家安德烈·卡瑟毕所提出的，学术界提出的主要问题是，"法国的反美主义已经停止存在了吗？"[111]可能卡瑟毕的回答是否定的，但是他与其他学者能提出这样的问题，这一事实也说明了一种衰退的形式。社会科学家对公众观点的民意调查随之出现了：他们推测法国可能已经成为"西欧最亲美的国家"，而一位专家则指出这种恐惧症正在逐渐成为一种室内游戏。[112]米歇尔·克罗泽总结道，反美者的声音不再能引起一种"重要的共鸣"。[113]1980 年代的这次学术讨论的影响力进一步破坏了反美主义的权威性。

■ 亲美派

87 　　正如我们所见，1980 年代中期，美国——或者与美国相关的大多数事物——是一种时髦，无论是慢跑还是私立学校学生的打扮。美国作为有身份意识的人的一种时尚，甚至影响到了《解放报》和《新观察家》等左翼报刊，在这些报纸上读者可以看到赞美雅皮士兼美国人风格的文章。[114]更多同样的内容也出现在《拓展》和《费加罗》等保守派杂志上。然而所讨论的内容并不只是关于身份和时尚的，还有那些赞扬美国社会和文化的讨论："亲美主义的"或是最强烈的反反美主义的。这些爱慕者中的部分人是自由意识形态的追随者和务实的现代化推动者，他们有选择地向他们的美国兄弟学习借鉴。[115]

即使是在20世纪末，知识界对于美国直率的赞美都属于例外。整个1970年代，只有让—弗朗索瓦·勒维尔等少数的几位狂热分子；但是到了1980年代，支持者的声音变得更加自信，他们的地位也有所上升。譬如，利奥·苏瓦吉（Leo Sauvage）与乔治·苏法赫这两位政治中间派就加入到这个队伍中。苏瓦吉在1970年代中期一直担任《费加罗报》纽约分部的总编辑，他收集了上百个受人喜爱的故事、采访和趣闻逸事并编写成一部妙趣横生的书——《美国人》，借此揭开关于法国的这位跨大西洋的兄弟的神秘面纱。他通过回忆发生在布鲁克林的一次暴力事件来调侃法国人对于美国城市犯罪的恐惧，事件中警察以打破停泊车辆的车窗的罪名逮捕了一名罪犯。后来发现这位遭逮捕的嫌犯不是小偷或者破坏分子，而是当地一个专门从事更换机动车窗业务的店铺的合伙人。[116]

乔治·苏法赫发表了更具威力的攻击文章。他来自于左翼天主教家庭，在1970年代和1980年代初负责《观点》周刊在美国的经营之前，他一直管理技术专家俱乐部"让·穆兰"（Jean Moulin），并且担任塞尔—施雷伯的《快报》主编。他公开承认自己热爱美国。他的《新牛仔》一书是对初期的反美主义的公开抨击。很明智的是，苏法赫将美国比喻成一个巨大的宝库，在这里外来者可以找到他或她想要的一切。然而，他认为，不管如何评价美国，都必须承认美国的活力及其欲求创造、改变和适应的意愿。"新牛仔们"既是年轻有为的技术人才，也是硅谷的风险投资家，他们创造了"在我亲爱的小巧的欧洲所没有的一种智力的和不拘礼节的贵族"。[117]在劝告一个典型的法国人的时候，苏法赫建议道："我告诉你为什么你不喜欢美国人：他们摆弄、捣鼓着改装一个世界，而不久你就再也不知道如何在这个世界里玩耍。"[118]当苏法赫试

88

图去解释初期的反美主义的时候，他引用了一贯的假设，诸如羞辱和嫉妒；法国人既不能原谅美国人在 1944 年解放了他们，也不能原谅美国人令自己看起来如此渺小、狭隘和落后——尤其是在技术方面。此外，还有法国人的无知以及共产主义的后遗症和戴高乐主义也起到了较小程度的作用。更深入的研究之后，他发现了关于他的人民历史性的非理性的一个令人不安的基础："我们隐约察觉到在各种进步思想色彩下伪装着的是一种可悲的对于变化的排斥，对于像小孩子吹气泡一样创造一次又一次复兴的一个（美国）帝国的可悲的嫉妒，（以及）对于被废黜的国王的怀旧的心痛……"[119]苏法赫揭露了初期的反美主义的根源。

在亲美主义者中，还有一部分人认为美国有许多法国应该效仿或借鉴的地方，但却没有必然地表现出狂热分子的姿态。我们已经介绍过法国的像居伊·索尔曼和路易士·鲍维尔这样的分析家，他们是里根主义的支持者和经济自由主义者，他们主张全面采纳美国的经济政策和实践，并且视里根为反对密特朗的。[120]与这些自由市场理论家相比，更多的是实用主义者——他们是至少可以追溯到 1920 年代的具有悠久传统的法国工业家、工人领袖、知识分子和其他的改革家的后代，他们认为引进一些美国的实践和价值观可以作为法国消除诸如国家官僚主义等对现代化道路的阻碍的手段。让·莫内（Jean Monnet）作为战后重建时期的建筑师，便属于以上传统的一部分，是马歇尔计划时期的生产力热衷分子。在 1980 年代，那些支持有选择地借鉴美国的人——也因此或明确或含蓄地反对初期的反美主义——不仅包括一些早期的熟悉面孔，如米歇尔·克罗泽和让—雅克·塞尔旺—施赖贝尔（Jean-Jacques Servan-Schreiber）等，后者是 1960 年代风靡一时的畅销书《美国挑战》的作者，还聚集了《快报》的一些志同道合的评论家，包括勒维尔和苏法赫。务实派的现代化推动者的后来者包括了米歇尔·艾伯特和阿兰·明克，他们欣然接受美国的创新和冒险精神，及其将研究与产业相结合的做法。[121]艾伯特在国家计划委员会任职，而明克是一位著名的公司经理和政府顾问，他撰写了大量关于信息技术和经济政策的论著。他将硅谷看作是个人创业的兴起和市场的大受欢迎。受到美国影响的法国现代化的推动者包括了众多的商界经理和政府官员。

■ 重新评估

对于许多知识分子而言，"初期"形态的反美主义已经变成倒退：可以将它视为一种幻想、情感和无知的产物而不予理睬。尽管如此，某些高傲自大的人依然沉浸于他们对美国文化的评估之中。皮埃尔·诺拉、让—马里·多姆纳克以及雷吉斯·德布雷这三位著名人士的旅程就是我们的例证。

1980年代，皮埃尔·诺拉编辑出版了意义深远的《记忆地带》（Realms of Memory），这成为他那个时代法国最重要的历史事件，这本书重新构建了民族的记忆和身份意识。他还管理着评论杂志《辩论》，并在高等社会科学学院任教，同时他还在令人尊敬的伽俐玛出版社担任历史编辑，坚持对主要的关于美国社会科学和历史著作的翻译。诺拉形容自己是雷蒙·阿隆的门徒，是美国左翼的支持者。他处于纵横交错的法国知识界庞大网络的中心。2001年标志着他在法国学术界的事业巅峰。

在众多的历史和学术兴趣之中，诺拉怀有对美国的一种迷恋。1963年，他周游了这个国家并写下关于其人民和历史的文字。他发现了一个充满活力的社会，但这个社会同时又遭到了种族主义、消费主义、不平等以及对知识分子的不信任等的破坏。他关于美国的思考中主要是它与法国和欧洲的距离或区别；他接受美国例外主义的观点——或者，至少认同美国对于自身独特性的构建。双方持续的误解来自于这种跨大西洋的间隔。1966年，他描写了美国历史学家如何以美国的断裂、意识形态和价值冲突试图摆脱"历史的负重"或者一种欧洲的历史观，代之以一种共识和进步的叙述。[122] 而这种叙述的核心便是对普遍存在的反意识形态的"美国主义"的一种信念。

十年之后，在《代达罗斯》中，他坚定地认为美国与法国的知识分子不能相互理解是因为二者对于社会科学的不同认识及其在各自社会中所担任角色的不同。美国研究者认为他们的法国同行们偏离而进入了政治领域，尤其是马克思主义中，因此丧失了客观性；而法国人则认为他们的美国同行们犹如"温驯的马"，以至于都沉溺于对现状的认可当

90

中。或者，正如诺拉所说的，美国知识分子赋予自己某种"功能"，而法国知识分子则是在实践一个"部门"。造成相互误解的另一个更为重要的原因是他们对于革命的不同见解。美国革命造就了一种关于建国的全民共识——国家理想吸收了革命理想——并且边缘化了左派人士；而法国革命则摧毁了共识，将捍卫革命的火焰变成了左翼知识分子的"母校和大师"，革命被赋予了作为已经建立的力量的对立面的威望："革命是一个拥有久远记忆的国家的永恒未来，在美国，革命是一个没有记忆的民族的永恒过去。正是这种对称造成了两种文化的不可交流性，同时也设立了不可能对话的条件。"[123] 因此，美国知识分子难以理解法国的年轻人为何更喜欢与萨特一起错误，而不是与雷蒙·阿隆一起正确——意思是，更喜欢反美而不是亲美。

1970 年代，在诺拉关于美国的著作中含有一种鄙视的、抑或居高临下的语气，似乎美国的知识分子是一个保守的整体，他们在经验主义、狭隘主义的现实中寻求避难所，或者寻求一种拥有美好的过去以及更加美好的未来的幻想。当他们试图向法国学习的时候，他们却不能理解法国文化生活的假定设想或者错综复杂的细节。至于法国人，除了少数才华横溢的例外之人，而这些人在他看来从未有过很大的影响力，"美国从未占据过法国知识分子的精神世界的中心位置，而英国在 18 世纪做到了，德国在 19 世纪做到了，苏联和第三世界在 20 世纪做到了。欧洲的一个映象和分枝：这是美国一直以来被看成的形象；'旧大陆'的知识阶层还没有发现'新大陆'。"[124]

1980 年代，诺拉直接阐述了法国大众对于美国的看法，但是他的语气却从居高临下变成了独立的分析和关注。在颇受欢迎的《历史》杂志的一期题为"美国冒险：从拉法耶特到里根"的特刊的介绍中，他继续将美国描述为"无法理解的"国家，寻常词语如国家、自由、甚至是上帝在那里的含义都不同，以至于"在如此亲近的情况下，美国对于我们却更加地陌生"。他问道，这两个社会如何能够相互理解？其中一个建立在天主教基础之上，从一个农民的、君主制的和中央集权的社会经过艰难的革命而进入到现代化的社会，而另一个却是在一个住满了少数民族的大陆上，由一个清教徒的和殖民的背景、一个联邦主义的结构和一个对于自身起源的政治共识而建构出来的社会。诺拉认为，这种历史和文化的差异便是反美与亲美情感的根源："因为没有很好地（相互）理解，人们便在情感中寻求安慰。一种根深蒂固的反美主义便蛰伏于一种浮夸的亲美主义之中。"[125]

92

诺拉认为这两种主义都是肤浅的，因为它们表达的是幻想和境遇，如同人们对于苏联和美国的国际角色的理解在发生变化一样，而不是真正的相互理解。他怀疑美国化的外表或者旅游与通信的便捷能否给法国人一些关于美国体验方面的启发："我们不愿意宣布放弃我们神话中的美国。我们与美国天然的亲善不是认知而是迷恋。我们只接受强大的形象、大屏幕上的壮丽景观以及旧欧洲永久的他者。无论更好抑或更坏，我们保留这种非真实的美国。"[126]虽然诺拉这位怀疑论者赞同关于美国的严肃而历史的研究，却认为反美主义以及亲美主义都抵制理性的调查，因为它们所表达的都是幻想和情感。

第二位巴黎知识界的核心人物便是让—马里·多姆纳克，他从记者转变为公共哲学家。同时，这位《精神》的前编辑还是1980年代巴黎综合理工学院的人文与社会研究学院的一名教授。20年前，他从天主教左派的角度，对美国的消费社会提出尖刻的批评，谴责消费社会贬低了人以及人的关系，强调对于物质舒适的追求如何导致了以贪婪、浪费、犯罪和毒品为代表的精神和道德的危机。但是他赞赏曾经作为他的接待者的美国大学。对于多姆纳克而言，1986年的动乱代表了欧洲针对消费主义以及由美国传递的文化扫荡的第一次反击，虽然后来他表示动乱并没有减缓美国化的进程。在1979年面向美国学术界的一次演讲中，多姆纳克提醒大家注意，无论左派还是右派，法国所有的知识分子都一致认为法国是一种平衡的、理性的和快乐的文明的一个典范，这种文明可能会被一种美国人鼓励的"技术疯狂"所摧毁。他们也都对美国感到恐惧，这是一个被"令人厌恶的机械化"破坏了的没有历史记忆的国家，是粉碎了任何社会等级暗示的一个大众社会。[127]然而，多姆纳克现在拉开了与他之前的反美主义词汇的距离，不再表达对美国社会的怀疑，而是关注法国人民应对新媒体时代的失败。在他自1970年代末以来的著作与言论中，美国成为即将到来的大众文化的实验室或者参

93

照者，而不再是一个外部的敌人。

根据多姆纳克的观点，美国化使得一些愚蠢的评论得以产生，尤其是初期的反美主义的评论。尽管他仍然对大众文化持保留意见，但是他不再认为美国对于大众文化的全球化负有责任，美国只是对大众文化的始创及其归附负有责任。如果说美国人发明了牛仔裤、可口可乐和真人秀，那么是全世界急切地去接受了这一切（虽然事实上，欧洲人发明了真人秀）。多姆纳克的批评意见是欧洲人应该归咎于自己。他们忽视了自己的民族文化，失去了创造性，接受了肤浅的全球文化，从而使集体的想象力衰退了。"并不是美国人阻止法国人写出优秀的小说"，他写道。[128]正如有些人所持的观点一样，威胁不是来自于充斥着美国影像的媒体，而是来自于在文化方面的一种集体的被动性，都更喜欢枯燥乏味的电视节目或者迪斯尼的产业化休闲这样的较低级的文化创意产品。"被动性是我们文化生活的一个决定因素"，这才是"法国病"的根源，而不是跨大西洋的一种平淡无趣的大众文化带来的麻烦。[129]

的确，多姆纳克认为美国人在生产与传播大众文化方面有一定的优势。譬如，好莱坞电影得益于庞大的预算以及美国在欧洲人想象中的特殊地位——一个既熟悉又奇异的梦幻般的景观。更为深远的是，美国人比法国人更容易表现出现代化的想象力。多姆纳克认为，美国诞生于一个民主与大规模产业化的年代，她的艺术家和作家在创作当中能够轻而易举地刻画现代化——譬如，连绵的都市或者技术。与此相对比，法国人的想象力可以追溯到圣女贞德或者凡尔赛的法庭，因此对于法国读者来说，"图雷纳的一个推土机就是一头危险的猛兽"。[130]再者，多姆纳克称，美国人对于人类进步保持着一种启蒙运动式的自信并与宗教信仰连接在一起。这些信念为他们提供了创造力的源泉，而欧洲人——尤其是法国人——已经抛弃了这种创造力源泉。[131]"法国知识分子无法原谅美国人仍然保持着一种他们已经丢失的信仰"，他强调说。[132]根据多姆纳克的观点，法国人可以向里根时代的美国学习，在那里，"上帝是现代化的"。

多姆纳克问道，面对美国大众文化的洪流，应该做什么？在总体上赞同雅克·朗的努力之后，他拉开了自己与一个民族主义者或者保护主义者的本能反应的距离。虽然他已经在民族认同委员会的请愿书上签了名，但是多姆纳克阐明了自己的观点和观察："我们能够提供给我们的文化的最糟糕的服务就是将它定义为'民族文化'……法国文化因其普遍性而伟大；如果将它作为民族特性的一种表达，它将会枯竭，而如果将它作为反美的民族主义的工具则会加速它的衰退……让我们停止'捍卫'，试着去推广和辅助。让我们停止诋毁其他文化，让我们努力去热爱并增强自己的文化……"[133] 在他对于法国和欧洲文化衰落的研究著作中，多姆纳克严厉批评了他自己国家的人民而不是美国人。高卢语言和文化的惰性才是美国媒体成功的原因。法国人不仅需要重新认识自己的历史和文化，同时也需要向他们的欧洲伙伴学习艺术、文学、音乐和电影。作为一名巴黎的教师，他指出，几乎他的所有的学生都去过美国，但其中大部分人尚未参观过巴黎附近的沙特尔大教堂的城堡。多姆纳克建议法国的小学教授英语，因为在科技和商业等领域英语极为重要，但是中学应该要求学习另外一种欧洲语言，让法国的孩子能够接触另一种欧洲文化。总之，法国人和欧洲人必须恢复自己的创造力，并且用这种创造力进入大众文化的世界："当我们的电影和电视产业能够生产出像《朱门恩怨》那样的电视剧以及像美国人制作的关于越南战争的那种类型的电影时，法国将对欧洲的视听产业做出宝贵的贡献。如果法国能够大胆地坚定自己的主张，如果法国同意毫不犹豫地进入大众文化的时代，法国身份将会与欧洲保持步伐一致。"[134]

　　驱逐初期的反美主义的三人组合中的第三位人物是雷吉斯·德布雷。作为密特朗的密友和切·格瓦拉曾经的伙伴，德布雷在他所谓的"告白"中提供了一份生动而坦诚的关于他的心路历程的记录。[135] 是的，在纽约大学面对听众时他承认自己曾经是反美主义者，并且在某种意义上——那就是反对美国的文化帝国主义——他仍然是；但是接着他开始否认他自己的这个标签，并将自己的观点与初期的反美主义的坚定支持者的观点区别开来，并试图说服听众相信他目前的立场是合情合理的。

　　德布雷声称自己的反美主义情绪是代际的。他出生的那个年代（生于1940年），美国对拉丁美洲独裁者的支持让这位年轻的激进分子感到愤怒。游击队岁月存留下来的唯一痕迹便是他上唇的胡子，他开玩笑地

95

说，这一脸的胡须将令他无法在欧洲迪斯尼得到一份工作。事实上，他坚称，他反对一切形式的帝国主义，无论是法国在非洲还是苏联在东欧的帝国主义。美国帝国的出现不是像某些马克思主义者所认为的那样，缘于资本主义或者缘于一个邪恶的阴谋，而仅仅因为美国没有受到其他可以与之抗衡的力量的反对。德布雷表示，当今的问题仍然是反抗美国的帝国主义——不是像 1960 年代的打倒考迪罗主义，而是阻止美国文化的大量涌入："我反抗当今美国实力对于意识和民族所实施的霸权……"（206）战争不在美国与法国之间，而在"文化与亚文化"之间，它是每一个人的战争（212）。美国实力的源泉就是设置在每个人的起居室的、将想象力殖民化了的电视。作为雅克·朗的一位同事，他捍卫这位文化部长的保护主义政策，与此同时，又公开谴责初期的反美主义。这场斗争针对的是美国的无真正艺术价值的作品，是将生活简单化、将经验情感化并将政治学变成摩尼教的大众传媒的美学。同质化的美国这个大众传媒的特殊产物在欧洲随处可见。针对这种症状，德布雷开出了一个充满模糊性、复杂性和不确定性的药方。

在他看来，初期的反美主义是置于鄙视之下的；它属于一种病态或者歇斯底里、一种本质主义，也是一种非历史的原型，它拒绝尝试理解美国的复杂性——列举了拉斯维加斯，而不是哈佛大学——或是法国所面临的现状。它简单地将现代性的所有罪恶皆归咎于美国。这种偏见在过时的知识分子当中非常普遍，但是却不存在于商业群体或者媒体。考虑到这种病症，德布雷拒绝使自己的观点被视为"反美主义"（202）。他问道，当美国让我们所有人都梦想并创造幻想的时候，你如何能够成为反美主义者？这是美国最伟大的胜利。一个人如今想要成为反美者的话，要么是一个大煞风景的人，要么是一位特拉普派修道士。德布雷和蔼可亲地提醒他的观众自己如何喜欢美国人，他如何嫉妒他们的自由和开发、他们的大学、博物馆和图书馆。他表示，如果自己要流亡的话，他一定会选择意大利或美国。除了那些憎恨美国的人，德布雷嘲讽的另一个对象便是那些将美国偶像化的人。他认为，这些亲美主义者对于美国的了解并不比那些公开谴责它的人多。他们忽视了在美国梦与现实之间存在的巨大差距，现实中看到的是破败的城市、高婴儿死亡率、灾难性的污染、较低的政治参与度以及无处不在的宗教活动。

德布雷在他的告白中就国际事务补充了一个说明，他赞扬夏尔·戴 97
高乐使法国人重新获得了自尊而不再需要美国这只替罪羊，治愈了他之
前心胸狭窄的、易发怒的和易反应的反美主义病症。他提醒纽约大学的
听众，不要期盼法国总会让自己与美国保持一致，因为（再次引用戴高
乐的话）法国需要的是同盟，而不是主人。在一个全球相互依赖性日益
增强的年代，法国外交政策的根本目标仍然是将依赖性降到尽可能低的
水平。

作为告白的结语，德布雷表达了自己不赞同大众传媒剥夺知识界地
位的做法——电视主持人如何取代了诗人。他担心法国已经通过媒体而
变成是与美国"连线"，以至于普通的巴黎民众觉得与纽约和休斯敦的
距离比汉堡和马德里更近。这位中年激进分子表露了自己文化传统主义
与共和主义的价值观，他含糊其词地表示不愿被称为反美主义者，因为
他仍然相信一种阅读图书的文明；慎重对待礼拜日和音调口音；尊重公
民身份以及选择性的而不是民族性的一种共和；将世俗主义和学校视为
一种跨国的社区而非多元化的社区，并且相信人民不仅仅代表民意调查
的总和（218）。

1980 年代，初期的反美主义撤退到了关于美国的辩论的边缘。
也许仍然有一些旧信仰的坚定支持者，雅克·朱利亚揶揄地称他们为政
治极端分子、持不同政见的戴高乐主义者、图谋复仇的传统主义者和各
种各样的知识分子平庸之辈，但是，不同于战后的几十年，他们不再占
据争论的主导地位。含蓄而非直接地批评初期的反美主义的评论家包括
阿兰·芬基尔克罗、居伊·科诺普尼基、米歇尔·图尼耶、安德烈·格
鲁克斯曼、皮埃尔·戴克斯以及贝尔纳—亨利·莱维等，他们是雅克· 98
朗的反对美国的文化帝国主义"运动"的反对者。获得了信任与地位
的是反反美主义者。从左派雅克·朱利亚到中间派乔治·苏法赫，对试
图给予美国这只替罪羊以知识和政治的合理性的那些人进行嘲讽已经变
得很严谨。在政治新闻界，原先美国的诋毁者或者失去了他们的战斗欲
望，或者争取给美国一个公平的评价。这在一些左派或者中左派的知名

刊物上便有体现，诸如《快报》、《新观察家》、《观点》、《精神》、《解放报》及《世界报》，一些重要的后起之秀诸如《辩论》和《评论》也加入进来。这些都是发行量最大的刊物。《新观察家》、《快报》和《观点》等周刊的发行量是 30 万到 50 万册，而发行量很小的新右派评论杂志的订户还不到 5000 个。诸如皮埃尔·诺拉、让—马里·多姆纳克与雷吉斯·德布雷等名人，他们皆为法国知识界的核心人物而且都曾经表达过反美情绪，纷纷在学术界剖析反美主义现象的时候，重新审视了自己的立场并且要求对美国进行平衡而详细的评价。

　　文化上的自命不凡依然盛行，人们仍然会取笑美国人和美国文化，但是这已经大不同于往昔，那个时候像让—保罗·萨特和西蒙娜·波伏娃这样的知识分子的反美姿态，对于圣日耳曼德佩酒店*的艺术家和知识分子极具威慑力。1980 年代，阿兰·德·伯努瓦试图将这种恐惧症提升为一种宏大的政治思想，而让·鲍德里亚则试图将之变成一种后现代的话语，但他们的努力完全失败了。当然，到了 1990 年代，情况将发生变化，比喻美国的老词语将重新出现，尤其是在政治阶层和大众态度当中，但是初期的反美主义在知识界已经失去了原有的地位。它只会出现在不太重要的辩论文章中。

---

　　* 这家酒店位于巴黎左岸的核心地段。——译者注

第三章　幻影与敌对：密特朗与里根—布什

据美国驻巴黎的大使埃文·加尔布雷思（Evan Galbraith）称，1980年代初法美事务"可能是自 1918 年以来最好的"。[1]许多当代的观察家认为两国关系是一种幻想。弗朗索瓦·密特朗和罗纳德·里根，虽然两位总统的理念相左，但通常情况下却很投缘，而密特朗与乔治·W. H. 布什更是相互尊重并且享受彼此的友谊，当然，这么说可能略显夸张。跨大西洋的关系在这个十年按理说比自第二次世界大战结束以来的任何时候都好。它们的关系的确比麻烦重重的第四共和国时期更宽松，那时候两个盟国几乎针对所有事件都发生争执，从德国到印度支那半岛，或是第五共和国初期，夏尔·戴高乐将法国脱离北约的统一指挥。与 1970年代初期相比，混乱少了很多，当时芝加哥的一伙人充满敌意地攻击乔治·蓬皮杜总统，并且双方针对越南战争也相互指责。1970 年代后期，瓦莱里·吉斯卡尔·德斯坦成为法国总统之后，彼此之间的纷争有所缓解，吉米·卡特总统因寻求两国关系的缓和并且提倡人权而赢得了法国人谨慎的赞同，但他摇摆不定的政策以及营救德黑兰的美国人质的失败使他名声受到损坏。1982 年以后，两国关系才有了显著改善，1984—1985 年间，从一个较低的程度上看，美国和罗纳德·里根受到了真正广泛的欢迎。

如果说 1980 年代无论与之前还是之后相比都是一种跨大西洋关系 100的幻想的话，那么就像所有掩盖了现实的白日梦一样——它们总会结束。尽管电视新闻播放的都是两国领导人愉快地出席各种峰会的画面，而且对于里根和布什的民意调查也十分乐观，但是两国之间却存在着明显的分歧、相互的不信任，甚至一些令人不悦的争吵——这些绝大部分都是在摄像机镜头之外发生的。譬如，1981 年，埃文·加尔布雷思公开冒犯密特朗总统，密特朗私下里怒吼称如果加尔布雷思不是大使的话，他应该已经就将其驱逐出法国了。[2]里根政府的一些官员从未减少对密特朗厌恶之情的表述。两个盟国之间的争吵持续存在于看似礼貌得体的 1980 年代，这暴露了法美之间一种根本性的竞争关系，这种竞争关系取决于美国的单边主义、反对大西洋联盟的概念以及法国人寻求在该联盟中的自治权。

正如通常所指出的，法国和欧洲的独立是法国外交政策的根本目标。追求自治的理由有好几个，比如作为一家之主的安全感便是其中之一。但是，正如本章所强调的，这个美洲的格列佛*同时也是法国人民族身份的陪衬者。与美国的区分程度比伙伴关系的强度更能决定法国的自尊心及其在全球事务中作为主要参与者的作用。独立性有助于定义在国际舞台上作为"法国人"是什么，而正是美国这个超级大国剥夺了法国获得这种地位的机会。

从扮演美国政府的密友到采取阻挠措施，密特朗执政时期的法国采取了各种策略以分散或者抑制这个超级大国的能量，然而却无一奏效——除非当欧洲其他国家加入法国的阵营并视美国为强有力的对手时。在国际峰会上，法国经常感到被孤立和被控制，有一次密特朗威胁将索性不出席会议。当他不得不向布什总统做出让步并看着美国人与西德人一起处理德国统一问题的时候，这种挫败感变得非常明显。

本章将关于巴黎与华盛顿关系的叙述与法国媒体、精英以及公众的反应融合在一起。在故事开始之前，很有必要描述一下在里根与密特朗当选总统之前，法国人对于美国实力、政策及其领导人的态度。

洞察这些态度的证据的主要来源是民意调查与平面媒体。二者密切相关。正如一位专家所指出的，此时的民意是"回声的回声"——意思是说民意调查很大程度上反映了媒体是如何告知大众的。[3]报纸与电视是关于国际事务信息的主要渠道。精英更多地依赖于报纸，而普通民众则更多地依赖于电视屏幕。[4]历史学家必须谨慎对待调查数据，因为态度

---

* 在乔纳森·斯威夫特的讽刺作品《格列佛游记》（1726 年）中，一个曾漫游过想象中的小人国、大人国、浮岛和马国的英国人。——译者注

往往是短暂而不一致的，受访者经常获知的信息很少，而且答案取决于措辞和语境。如果民意调查人员问的是对于美利坚的看法，而不是对于罗纳德·里根的看法，这对调查结果就是有影响的。民意调查的时间——比如在某些重大事件发生期间或者发生以后——以及所给出的选项是什么，也会影响调查结果。尽管如此，但如果有足够多的民调数据，其中一些还具有连续性，再加上平面媒体资料的话，那就可以得出一个关于民众如何看待法美事务的合理结论。

精英与公众的观点必须加以区分。在精英阶层，有主导与华盛顿关系的政策制定者；有主要居住在巴黎并就美国对法国的关系进行辩论的知识分子；还有其他诸如报社记者和电视记者等的观点制造者。此外还有所有其他的人。有时候，精英和大众的观点是一致的，如同 1980 年代中期那样，但是其它时候他们之间则是有差异的。总体而言，当精英抑或普通的法国公民表达自己对于美国的态度时，也会出现前后不一致、自相矛盾以及相互对立。

由于越南战争的草草收尾以及"水门事件"丑闻引起的骚乱，美国在 1970 年代失去了一个世界强国的光辉。而苏联强大起来了。1970 年代初，越来越少的法国人认为美国是世界上最强大的国家，而到了 1977 年，相信苏联人的整体军事力量领先于美国人的人数是相信美国人领先苏联人的人数的两倍。与此同时，认为美国具有经济优势的人数也逐渐减少，以至于到了 1980 年，持这一观点的人数竟然与认为日本和西德的经济实力与美国一样强大的人数相同。[5]

然而，这并没有给另一个超级大国带来任何优势。同一时期，苏联遭受到了名声恶化的影响：即使是在法国左派中，苏联也逐渐丧失了它作为一个致力于和平的进步国家的地位。所谓的古拉格效应（Gulag，劳动营）在法国得到应验。伴随着这种更加黑暗的形象，法国人愈加担心扩张主义，尤其是在苏联对于非洲与阿富汗进行干预之后。与此同时，关于莫斯科对西欧政治及军事造成威胁的担忧也日益加剧。1981 年的法国总统大选前夕，大部分法国人认为东欧国家集团的军事力量大于西欧，而同年下半年，当苏联宣布在波兰实行军事管制之后，更多的法国人相信苏联是世界和平的最大威胁。[6]然而，对于莫斯科的愤怒并不意味着法国人希望回到冷战。这可能导致了一些人开始支持独断的美国，但是大部分法国人仍然主张与苏联缓和关系，或者至少表达了对于谈判的强烈支持，而不是采取与苏联对抗的姿态。因此，这肯定不是要求法国更加依赖大西洋联盟。的确，苏联更具有威胁性，但是这种危险看起来是抽象而遥远的，而非现实的或者即刻会发生的。1970 年代末的法国人既担心美国表现出的对于国际和平的威胁，也同样担心来自苏联的威胁，不仅如此，他们还担心其他诸如中东地区的不稳定格局等的问题。事实上，许多人仍然赞同与美国保持"一种不具约束力的关系"，以及介于两个超级大国之间的一种道路；一些人甚至希望在冷战中保持严格的中立立场。1979 年的关于大西洋联盟的民意调查表明，大部分法国人希望在冷战中保持一种独立的立场，而出乎意料的是，只有五分之一的人选择支持西欧与美国结成一种军事联盟。[7]

美国的实力衰退只是美国声望降低的一个部分。当被问到对美国持有好感还是反感态度时，选择后者的法国人在 1970 年代初期上升了，并且在里根执政的早期仍然是增长的。到 1981 年末，持反感态度的法国人的比例超出了第五共和国的任何一个时期。[8]可以肯定的是，在英国与西德也出现了同样的情况。如果调查所设定的问题更加狭窄地限制在，受访者对于美国领导地位是否有信心，趋势也是一样的。越南战争结束与"水门事件"的丑闻发生之后的 1975 年，法国人对于美国的信心跌至最低点；在卡特总统期间，虽然信心水平有所增加，但仍然较低；而 1981—1982 年间，又再次下降。里根总统入住白宫之后，至少在最初的一段时间内，法国人对于华盛顿处理国际事务的信心的下降趋势未能得到阻止。

■ 国与国之间的关系对于 1980 年代更为亲密的氛围至关重要。政府营造出气氛，而公众在某种程度上跟随政府的引导。因此，这种跨大西洋关系的美好时代必须要归功于决策者们——尤其是弗朗索瓦·密特朗，是他在成为总统之后，决定了 5 年间法国对于美国的态度。即使在 1986 年后，当立法选举中保守党获胜，而密特朗不得不与雅克·希拉克共同执政时，他留给这位戴高乐主义总理的用于定义跨大西洋政策的空间也很小。简而言之，历史学家必须首先深入研究密特朗及其外交团队才能找到问题的答案。

当谈到"法国的"或者"美国的"政策时，必须注意到这样的词语均质化了决策者之间经常相互冲突的观点。譬如，密特朗总统作为最重要的参与者，他与他的团队在爱丽舍宫不得不与总理以及总理领导的政府一起工作；军事或国防部门，他们总体上渴望与美国人建立更加紧密的联系；而外交部或称"奥赛桥"——被认为是最不愿意顺从任何倾向于与美国人合作的政策制定机构的一个机构。在这些权力机构中没有形成统一的意见，甚至在爱丽舍宫的管理者之间也没有。譬如，总统的所有顾问中，并不是所有人都赞成雷吉斯·德布雷的激进方案，他所持的原则观点是"在摇滚乐、录像带、蓝牛仔、快餐、新闻网络和卫星电视中有比整个红军更多的威力"，并且他提倡中美洲的革命。[9]密特朗既要考虑到社会党的领导们，他们密切地注视着他以免他与美国以及国际资本主义太过一致而背叛了政党的理想，同时还要兼顾他的共和党执政伙伴。至于公众的意见，密特朗予以密切关注，但他不是屈从。[10]同样地，美国白宫在制定政策时会听从国家安全委员会、国务院、情报界、财政部、五角大楼以及其他部门的意见；不应该以为在处理与法国的关系时，这些参与者都持有相同的观点，因为里根政府关于外交政策的控制权的内斗是臭名昭著的。

正如我们所见，密特朗将自己视为美国人民的朋友。但无论他在就任总统之前对于美国人怀有怎样的感情，都未能转化为他对于由美国人主导的大西洋联盟的赞赏。"我喜欢美国人"，他写道，"但不是他们的政策。在第四共和国时期，我被那种屈服于他们极小欲望的气氛激怒了。我不承认他们作为世界警察的权利。"[11]1967年的立法选举期间，他提出通过协商一步步地废除大西洋联盟与华沙公约。1972年，社会党的施政纲领呼吁法国放弃核威慑力量，并指责北约（NATO）将"所有的缔约国都捆绑在了美国的帝国主义上从而……将它们暴露在了防御性的攻击之下"。再者，作为政党领导人的密特朗抱怨大西洋联盟加速了法国的"被美国经济殖民化"。[12]1980年他写道，自己对于"大西洋联盟的兴趣不比罗马尼亚人或者波兰人对于华沙公约的兴趣高"。[13]

然而，随着 1981 年总统大选的来临，社会党减少了对美国的指责，支持武力威慑，并且接受了北约，但仍然警惕避免在国际事务中与"帝国主义的"——也就是美国的——立场保持一致。政治现实逼迫社会党人做出调整。如果左派通过吸引温和派选民获取第五共和国的执政权，那么它就必须承认法国的独立和威望要依靠其核威慑力量，而北约也需要改革并且对于法国的国家安全起着越来越重要的作用。法国态度转变的首要幕后推动力是 1970 年代苏联日益增大的威胁。苏联已经在中欧建立了常规力量，并且所部署的中程多弹头导弹（SS－20s）已经对准了法国等国家。冷战在欧洲的平衡已经使西方发生倾斜。俄罗斯在安哥拉等第三世界的热点地区的干预增加了法国人的紧张感，觉得俄罗斯这头北极熊正在悄悄潜行。然而，却是 1979 年苏联对阿富汗的入侵证实了关于共产主义又再次行动起来的猜测。从巴黎报纸上可以看出冷战又回来了，两国关系的缓和局面暂时搁浅。与此同时，受到水门事件的影响，加之理查德·尼克松、杰拉尔德·福特以及吉米·卡特等总统纷纷遵守两国关系缓和的原则，美国似乎并不温顺地承诺欧洲的防御。更糟糕的是，由于西德在 1970 年代追求"东方政策"，它似乎找到了缓和与东欧政体以及苏联之间关系的自己的独特方式。SS－20s 导弹或者通常所谓的"欧洲导弹"在德国边界的出现使德国民众更加呼吁中立立场，而卡特总统关于在西欧（虽然不是法国）安装美国中程潘兴导弹 Ⅱ 和巡航导弹作为反击的决定引起了社会民主党和绿党的公开反对，这两个党派都呼吁核裁军。令人担忧的是，西德正在逐渐减少对大西洋联盟的投入，而是通过与莫斯科协商来寻求安全。"导弹在东方，而和平主义者却在西方"。[14]他认为法国需要支持大西洋联盟以阻止德国向苏联靠拢并缓解来自苏联的威胁。

在竞选活动中，密特朗批评他的竞争对手——在任的吉斯卡尔过于迁就苏联，尤其是在苏联入侵阿富汗以后仍然与列昂尼德·勃列日涅夫会晤。早于 1977 年，他就警告称 SS－20s 会将美国与欧洲分隔开来。根据他的判断，北约总是抱着令人怀疑的设想，以为一旦苏联扩张，美国会自动地以战略核武器而加以干预。然而苏联的中程导弹使得这种原有的设想变得不太可能，因为如果莫斯科进行战术导弹的打击和地面攻击的话，华盛顿可能会犹豫是否部署战略防御。1979—1980年，密特朗开始认识到有必要巩固大西洋联盟，第二次冷战已经出现了。但是，这并不意味着他会提议重新加入北约的统一军事指挥架构，支持北约的扩张，接受美国政府不争求盟国意见的"坏习惯"，牺牲法国独立的核威慑力量，或者冻结与莫斯科的关系。正如我们所见，这种"新的大西洋主义"看起来像是戴高乐主义那样的寻求超级大国之间的平衡，而不是与过去的决裂。正如他的国际事务顾问所说，密特朗希望法国向美国和北约进一步靠近，实行一种能让法国成为一个"朋友和盟友，而非敌人"的政策。[15]

正当弗朗索瓦·密特朗准备跨越大西洋屏障的时候，罗纳德·里根也急切地想抛弃缓和政策，因为他相信这种缓和政策使冷战持续而不是结束。白宫政府决定采取更积极的策略以对抗苏联，包括极大地增加军事投入，争取在第三世界的优势以及采取一切可能削弱苏联的手段。由于里根和密特朗都朝着相同的方向前进，因此他们就有了一个愉快的共识。

令左派既吃惊又高兴的是，密特朗于1981年5月当选为总统；在随后的立法选举中，社会党及其共产党同盟获得了多数，皮埃尔·莫鲁瓦的新政府中包括了4位共产党部长。现在，巴黎的社会党政府将要打交道的是华盛顿的保守派政权。

密特朗成为总统之后，马上向美国人示好——新上任的法国首脑的典型做法。[16]他不仅渴望通过推行他的"新大西洋主义"来回应苏联的壮大，还急于阻止美国与英国（当时玛格丽特·撒切尔担任首相）这两个主要的推行自由市场主义的国家将"社会主义的法国边缘化"。[17]密特朗的急切是有充分理由的。里根政府盼望着巴黎的这个所谓的"社会主义—共产主义政府"出现麻烦。他们想知道这个政府是否会对共产主义持温和态度而对北约实施强硬措施。美国大使加尔布雷思称他不能忍受"社会主义的字眼"，并且认为密特朗是"一个机会主义者"。[18]

这位新上任的总统将首次媒体采访的机会给了《纽约时报》，他告诉詹姆斯·莱斯顿（James Reston）关于自己"对于美国人民的亲切感"，对于访问美国的兴趣，对于SS-20s导弹的担忧以及他的并非令法国经济集体化而是恢复"国家财产国有化"的意图。[19]由于担心几位共产党的部长，里根立刻派副总统乔治·H. W. 布什出访法国。密特朗使布什确信他让几位共产党人参与政权是为了削弱他们，他们并不会影响自己的外交政策或者大西洋联盟。这位新总统还告诉他的到访者，共产党人"所用的是一种集权主义的毒药"，这与法国社会主义的人道主义传统是不一致的。[20]这次访问对于密特朗和布什而言是一个好的开端。

密特朗又进一步向美国人示好。他通过了所谓的"双轨"策略，即在进行武器谈判的同时，部署由卡特总统发起、里根总统推动的潘兴Ⅱ以及巡航导弹，以抗衡苏维埃的中程导弹。对于法国人来说，只有当正在日内瓦举行的超级大国之间针对武器控制的谈判失败时，才会采用这一部署作为最后的措施。巴黎不愿让莫斯科取得实力从而在安全问题上对其构成威胁，或者将美国从欧洲分离出去。[21]

1981年7月在渥太华工业化国家峰会上，两位总统首次会面。双方都试图吸引对方，密特朗称赞里根面对暗杀的勇气，里根则邀请法国总统出席同年10月举行的约克敦战役200周年纪念庆祝活动。密特朗试图通过向里根透露由一个法国在莫斯科的情报"间谍"收集的几个苏联计划来赢得里根的信任，其中包括揭露苏联在美国的间谍活动的范围的真相。里根对于这个情报感到很吃惊，据说他称"这是自1945年以来最大的一条鱼"。[22]随后，里根与这位法国总统进行单独会谈，并告诉他自从克里姆林宫在好莱坞安插了一位训练有素的传教士来控制电影演员协会以后，他就如何对共产党失去了信任。当密特朗总统对此表示怀疑时，里根告诉他在美国潜伏着许多共产党间谍。密特朗向自己的一位助手透露说里根看电视剧《入侵者》看得太多了。[23]

密特朗在政的第一年对北美洲进行了三次访问，包括出席约克敦战役的庆祝活动。无论是美国的高利率，还是尼加拉瓜的桑地诺民族解放阵线，关于这些问题存在的所有分歧都被当作过去的一页翻过去了。密特朗与里根都一心想要向对方示好。如同密特朗向德国总理赫尔穆特·施密特所说，他发现里根是"一个没有想法和文化的人……但是在这一外表之下，你会发现这个人并不愚蠢，他判断力很强，基本上是个好人。而他的智识所达不到的，他天生就理解。"[24]里根很高兴法国人似乎站在自己一边；他现在已经相信他们的领导人是一位坚定的反共产主义者。[25]实际上，里根承认第一次见到密特朗的时候，他并没有意识到社会党与民主党之间存在区别。[26]

皮埃尔·莫鲁瓦政府将目标对准苏联。查尔斯·埃尔尼（Charles Hernu）领导下的国防部打破传统，挑选苏联作为"法国安全的首要威胁"。[27]只要法国还面临 SS－20s 导弹的威胁，密特朗就搁置与克里姆林宫的一切常规峰会会议。1983 年春天，法国内政部长将 47 名苏联官员驱逐出境，大部分被怀疑是克格勃（KGB，全称苏联国家安全委员会），或者是安插在科学和军事部门的间谍。同年，苏联击落了一架韩国的客运航班，这无意中给两国的紧张关系添了一把火。但是，爱丽舍宫相信苏联政府并不想发动战争，它只是希望通过战争的威胁得到它想要的——或者，如密特朗所说的，"他们玩的是跳棋，而不是扑克。"[28]

为了劝说莫斯科回到谈判桌上以使这种紧张关系降温，社会党不得不表现得很强硬。密特朗—莫鲁瓦—埃尔尼团队增加了国防开支，全面改编常规武装力量，并通过在潜艇舰队里安装多弹头导弹并发展远程战术核武器（如哈德斯导弹）等计划来加强战略核威慑力量。[29]最新奇的是法国成立了由 5 万人的装备部队组建的快速反应部队（FAR），一旦苏联对其发动进攻，这支部队可以在德国前线作战。[30]法国不再依赖核威慑力量，转而致力于与北约在一起的常规战斗。正如一位国防专家所称，法国不再担心美国如同戴高乐时期一样，将法国拉入不必要的争端，它现在所担心的是一旦苏联进攻，美国会不履行其欧洲联盟的义务。而且，法国人公开承认欧洲的防御依靠美国人。密特朗反复强调法国希望美国在欧洲："我仍然认为对于法国以及我们的西欧邻国而言，目前最危险的情况是美国从我们的大陆海岸撤军。"[31]（当然，"目前"一词让这个声明含糊不清。）外交部长克洛德·谢松（Claude Cheysson）承认："没有核武器的欧洲领土的安全保障因此只能来自于北约整体统一的指挥，事实上也就是来自美国的指挥。"[32]尽管如此，密特朗政府仍然坚持法国必须单独控制自己的军事力量，包括核震慑力量。另外，他还辩解道，既然防御武器是严格防御性的，就不能与两个超级大国巨大的核武器相比，也不应该被纳入在日内瓦举行的旨在限制新欧洲导弹的

110

军备限制的讨论范围内。

一位国防官员称，法国"对于（大西洋）联盟没有太多的忧虑……我们认为在我们独立的决心和对于团结的向往之间根本就没有分歧"。[33]1980年代中期，法国军队和北约的联系比第五共和国任何一个时期都要更加紧密。[34]除了共同筹划快速反应部队以外，二者还有许多形式的合作，诸如联合海军演习，安排在法国医院接待美国伤员，在法国领空给美国轰炸机补给燃料等。在公众看来，美国与法国专家正共同合作开发核武器。这个计划叫作"阿波罗"计划，是在卡特总统与吉斯卡尔总统时期开始并秘密进行的，因为美国不想被认为违反了自己国家的反对核技术共享的法律规定，而法国也力图捍卫自己国家核独立性的形象。[35]里根政府将利用这个秘密计划迫使密特朗停止援助桑地诺解放阵线。

从正式的和外交的意义上来看，同时也是防御的立场，虽然法国第五共和国仍然置于大西洋联盟的军事指挥结构之外并且有限制地参与其决策机关——北大西洋理事会的决策，但是它开始对大西洋联盟表现出热忱。吉斯卡尔曾经并不重视联盟程序，而1982年，密特朗开始参加联盟的各种会议。第二年，法国主持了自1960年代以来的第一次北大西洋理事会的年度会议。[36]密特朗宣布大西洋联盟与核威慑是"我国安全的两极"。[37]在大西洋联盟之外，法国还与美国在黎巴嫩、乍得共和国以及伊拉克等事件上展开合作。

法国与美国的和解在国内所获得的右派的支持远比左派的要多。在政治阶层，雅克·希拉克在成为1986年的总理之前是保卫共和联盟（RPR）的领导人，他支持社会党实施的双轨策略并且希望与北约进行更紧密的商讨，而法国民主联盟（UDF）的领导人吉斯卡尔则竭力证明自己是比密特朗更好的美国盟友。[38]但是在社会党内也有各种不满：秘书长利昂内尔·若斯潘坚持认为法国对新大西洋主义应持保留意见，并且社会党的目标仍然是解散北约和华沙条约组织。而其他的发言人则认为美国除了遏制政策，从来就没有构想过全球的综合策略。[39]可以肯定的是，共产党人对自己政府的非常友好的大西洋主义感到不满。他们控诉社会党伙伴抛弃了戴高乐主义的独立和安全的原则，这些原则主张的是法国军队只负责国家防御。[40]与此同时，法国媒体对于里根以及间接地对于大西洋主义的评价都有着明显的分歧。虽然保守派甚至是温和派的记者们赞扬里根放弃了关于国际关系缓和的幻象，但是左派的专栏作家就没有那么宽容了，他们强调他的诸多失败，譬如1983年美国与法国军人遭受袭击后，美国选择从贝鲁特撤军。[41]不仅如此，华盛顿针对中美洲和中东的政策也遭到了法国报界的大肆嘲讽。

法国公众既不热衷于新大西洋主义，也不热衷于欧洲导弹的部署。其他的西欧社会都渴望联盟中有"更强大的美国领导"，而法国却有一半的精英与公众表示不渴望。民意调查显示，只有三分之一的受访者支持美国的导弹部署，大部分人都更希望武器谈判先于导弹部署。[42]即使苏联继续保留SS－20s导弹库存，仍然有一半的法国人反对部署潘兴Ⅱ导弹。[43]

1983年1月，在波恩，法国人与美国恢复友好关系成为世界头版新闻。在德国联邦议院的一次史无前例的发言中，法国总统告诫立法委员们有必要支持赫尔穆特·科尔总理和基督教民主党关于赞同部署潘兴和巡航导弹的决策。这位社会党总统表示反对德国社会民主党的和平主义倾向，同时呼吁西德人民支持大西洋联盟，并认为是苏联破坏了欧洲的平衡。罗纳德·里根曾写信感谢密特朗的发言："当欧洲国家在社会舆论面前承认自己的无能，或者至少承认自己的担忧的关键时刻，你在波恩的发言巩固了联盟。我完全赞同你对于存在使欧洲与美国隔离的风险的判断。你的发言对于我们共同努力加强西欧安全具有重大意义……这具有不可估量的价值。"[44]分析家菲利普·戈登（Philip Gordon）指出："在近20年内，密特朗政府与北约的合作比其他任何一届法国政府都要深入，其中包括所谓大西洋主义者的吉斯卡尔·德斯坦。"[45]法国总统再一次想要与联盟如此亲近，是十多年后的事儿了。

1984年3月法国总统对美国正式的国事访问迎来了里根政府与法国和解的高潮。新大西洋主义的局限性以及密特朗对于戴高乐的大国关系平衡的效忠仍然显而易见。因为本书第一章已经讨论了经济与文化领域，在此将着重关注外交政策。

密特朗的访问以一次白宫会面以及在美国国会的一次演讲开始，演讲中他赞扬了美国独立战争中的英雄们，认为他们代表了自由、法制、尊重他人和自己的原则。[46]虽然也提及在对待中美洲等问题上两国存在的分歧，但是密特朗以他的彬彬有礼给每个人留下了深刻印象。当谈到大西洋联盟时，法国总统照常主张法国的独立并且坚持全面的伙伴关系。他强调指出联盟的成功依赖于坦率、协商以及对不同意见的接纳："在保留各自独立的基础上法国与美国相互理解、相互尊重。两国能够互相依赖是至关重要的。"[47]他还提醒国会成员，大西洋联盟的每一个成员国自行决定与苏联的关系；让步是为了重新缓和关系，因而盟国不应该对重启与莫斯科关于削减核武器的对话感到担忧。在随后的招待国宴上，罗纳德·里根说他赞同他的这位宾客的发言。

在亚特兰大的短暂停留期间，密特朗会见了市长安德鲁·杨（Andrew Young），并到马丁·路德·金墓前献了鲜花，随后便飞往加利福尼亚，进行了他著名的硅谷之访。密特朗在旧金山的一次讲话中出现了修辞上的一个不顺畅，他在发言时原本说的是："我们爱美国人民"，而翻译人员却翻译成了："我们爱美国"，这位总统马上纠正："美国人民"。[48]为期一周的观光以他在他的纽约好友埃利·维瑟尔（Elie Wiesel）的家中与威廉·斯泰伦等知识分子的聚会作为结束，随后从纽约返回法国；有人说这次聚会的目的是为了弥补雅克·朗在墨西哥城关于美国的文化帝国主义的演讲所造成的影响。

114　　与1970年乔治·蓬皮杜总统访问时的糟糕情况不同，密特朗此次正式访美一切都进展顺利。《世界报》赞扬密特朗"将白宫与爱丽舍宫的关系状态维持得非常好"。[49]一位美国官员称美国国务院现在"认为美国与法国之间存在的问题甚至比与英国之间的问题还要少"。[50]美国国务卿乔治·舒尔茨（George Schultz）向法国报界宣称法国是"一个非常可靠的朋友"，并且"我们不会有比它更好的朋友了"。[51]一位陪伴法国总统密特朗访美的亲密顾问认为这次访问是一次完全的成功，并称1984年是法美关系"诗情画意的一年"。[52]

■ 虽然迎来了许多掌声，但是1980年代初期两国关系也并非一帆风顺；知情人士了解情况，公众亦能看到麻烦。法国的确是一个朋友和盟友，但它不是都与美国一致的。事实是法国的企图之一想要重新利用超级大国或者，有时候阻挠它——通常都未获成功。

根据历史学家弗雷德里克·博佐（Frédéric Bozo）所说，密特朗总是缺少一点里根政府所期盼的那种"新冷战战士"的气魄[53]，爱丽舍宫仍然认为缓和关系是令苏联放松对东欧控制的最好方法。克里姆林宫在波兰强制实行军事管制更加凸显了这个问题。巴黎政府从未放弃过要结束以雅尔塔为标志的两个超级大国瓜分欧洲的地缘政治目标。1981年除夕之夜，密特朗在电视上发表声明"任何有助于离开雅尔塔的都是好的"。此外，密特朗的外交团队很快意识到，拥抱大西洋联盟不仅使法国在国家独立方面做出让步，还助长了华盛顿控制联盟国的坏习惯，将它对于联盟协议中关于其他事务的解释强加于盟国，并试图扩大北约的范围和功能。大西洋两岸国家的团结有其不利之处。1982年，密特朗礼貌地批评里根在同盟内部"不尊重国家的人格"。[54]1984年，这位法国总统准备访问莫斯科，重新恢复缓和关系。

法国与美国最早的麻烦出现于针对尼加拉瓜的桑地诺政府的问题上。法国社会党致力于第三世界主义，力图援助这个四面受敌的左翼政权，而里根政府则竭力想扼杀它。[55]在法国外交官看来，美国政府的反共产主义的狂热促使其错误地认为苏联有意在尼加拉瓜建立一个新古巴，并认为美国对反动势力——反桑地诺起义军的右翼运动以及中美洲独裁政体的支持，只会激化整个地区的混乱局面而落入莫斯科的掌控之中。1981年的墨西哥讲话中，密特朗斥责美国将冷战政治强加给正在摆脱落后的国家，并坚称自己努力缓解南北分歧与恢复和美国的友好关系是不矛盾的。[56]同年12月，法国同意为桑地诺政府提供经济援助、武器和直升机。法国公众在此问题上总体来说是支持政府的，并强烈反对美国在中美洲的政策。[57]

在华盛顿，急于通过援助反动派推翻尼加拉瓜政府的共和党人对于法国插手这一地区感到不满。国务院的官员抱怨："对法国人来说，中美洲是一种精神上的赠品。他们希望那里越倾向左派越好，无论那里发生什么都不会损害法国的利益……"[58]白宫政府觉得共产主义在中美洲正在发展，因此强烈反对法国的军火交易，并搁置旨在协助法国开发核

115

武器的秘密计划——"阿波罗计划"。1982 年 3 月,密特朗不得不飞往华盛顿亲自修补与白宫的关系。里根称自己不能容忍"里奥·格兰德河以南的"共产主义,并且严正警告法国的军火交易威胁到法美两国的战略合作。[59]密特朗回应称美国在中美洲的政策"适得其反",但还是做出了让步,因为他不想因为这点小事惹怒白宫而影响核武器方面的合作。爱丽舍宫停止继续向桑地诺政府出售武器;一个月后,"阿波罗计划"重新启动。最终,巴黎屈服于华盛顿的压力。它也缺少扶持桑地诺的手段和决心:法国只有不太多的对外援助资源,而优先要援助的是非洲的法语国家。法国官员对于美国政府在中美洲问题上的持续批评以及一些其他的问题促使白宫于 1982 年 10 月派遣特使访问爱丽舍宫,这位特使要求法国缓和它的"反美运动"。密特朗再次退让而不是僵化与里根的关系,但是他敦促双方都降低音量。1980 年代初,社会党不得不撤出对第三世界国家的援助,尽管理论上它从未放弃过这项事业。

美国的货币和经济政策激怒了欧洲人——尤其是法国人。两国在关税和农业补贴方面存在摩擦,但最大的问题是美国的高利率和估价过高的美元兑换率,这造成了法国的通货膨胀、失业和贸易赤字,阻碍了社会党激活法国经济。密特朗发现美国政府并不合作:他间接地指责美元似乎"没有明白自己的职责",而它增长的价值代表了世界其他国家所陷入的"一种实际上无法忍受的"局面。[60]迫于法国人的压力,里根政府称美元升值是为了对抗通胀,并将财政赤字的责任归咎于民主党领导的美国国会;否则它也会忽视关于召开国际货币会议来解决美元问题的请求。

大西洋两岸最大的矛盾来源于美国的财政政策。[61]绝大部分法国人认为美国不愿意合作,不愿意帮助欧洲改善经济状况。反对意见来自于政治谱系中的各个层面——尤其是法国保卫共和联盟(UDF)和法国民主联盟(RPR)的支持者们,他们对此问题发起的批评比社会党或共产党更为强烈。[62]媒体通过指责美国拒绝收紧美元而激起民愤。公众认为吉米·卡特执政时期比现在的罗纳德·里根更加关心西欧的发展。[63]随后,苏联的麻烦接踵而至。

波兰政府于 1981 年 12 月实行的军事管制促使里根政府对波兰和苏

联实施贸易制裁。这是一个综合的考虑，诸如抵制苏联军事扩张的需要；阻止苏联致力于——包括间谍领域在内——技术追赶；最终将苏联带到谈判桌上，令美国政府相信西方国家需要控制可能会增强它的冷战对手实力的技术出口和信贷。里根团队中的一些强硬分子，虽然不是总统本人，希望全方位地与苏联展开经济战，从而制造可能颠覆其政权的压力。[64]具体而言，针对的是欧苏天然气管道计划，该计划的目的是将天然气从西伯利亚引入西欧；美国担心这一计划会给苏联带来硬通货和西欧的技术，并利用它来控制西欧的消费者。[65]然而，依赖于石油输出国组织的西欧国家——包括法国，希望增加自身的能源供给来源：他们愿意提供信用贷款和出售先进科技以便建造一条从西伯利亚延伸到捷克斯洛伐克边境的管道，然后将天然气转送到西欧各国的消费者。里根政府寻求一种协调性的西欧政策，这一政策将实施经济制裁、抑制贷款并有效阻断天然气管道的建造。西欧国家在某些制裁问题上屈服于华盛顿的压力，但却阻止美国取得西欧与东欧贸易的控制权以及搁浅天然气管道的可能性。在这个问题上，大部分法国人民都支持他们的政府，相信从苏联购买能源不会使法国面临莫斯科的政治压力时不堪一击。[66]与苏联的贸易往来、天然管道计划和美国的利率问题成为 1982 年在凡尔赛举行的七国集团会议最重要的议题。

　　密特朗在路易十四的宫殿举行了这次富丽堂皇的精心筹划的会议，这令里根与其他国家的首脑叹为观止，但是与苏联贸易往来引发的分歧却打乱了这个华丽的场面。密特朗和西德总理赫尔穆特·施密特反对里根将七国集团会议政治化，他们尤其反对美国试图建立一个根据政治标准控制与东欧的出口和信贷往来的"政治部"。[67]美国方面的谈判者则在凡尔赛如此强硬地推行自己的计划，以至于与他们对应的法国谈判代表一再抱怨"单边主义的残酷"。他们还控诉美国以停止旨在捍卫法郎地位的经济援助作为外交要挟的一种方式，而法郎正面临又一轮的大幅贬值。[68]法国官员背地里嘲笑里根对于所讨论议题的无知并讥讽他自吹自擂——基于他 1950 年代曾是好莱坞电影演员协会成员的经历——懂得如何对待共产党。

　　峰会结束之际，各国首脑尴尬地通过含糊其辞的最终联合声明掩盖

118

了他们之间的争吵。失望的法国总统借助媒体抨击美国的"令人难以忍受的统治政治经济的态度"。[69]左派的报刊揭露了两国在对苏事件上存在的基本分歧，认为里根自我陶醉在"简单的反共产主义"中，错误地将第三世界的混乱归咎于苏联的破坏，并在不尊重欧洲国家利益的基础上要求这些国家对其"盲目的忠诚"。[70]当里根政府指责欧洲国家援助共产主义阵营之后，又终止了前总统卡特的粮食禁运政策并且恢复与苏联的水运贸易时，美国的虚伪也似乎显而易见。

欧洲人相信，为了弱化美国阻止管道的计划，自己在贸易和信贷方面做出了足够的让步，这种想法后来证实是错误的。凡尔赛峰会后不久，欧美争端进一步升级，里根政府不但没有缓解对同盟国的压力，还单方面地将制裁的范围扩大到外国子公司和美国公司的授权公司。似乎欧洲公司要为向苏联提供基于美国技术的设备而付出代价。美国单独指出已经获得通用电气的专利权而生产转轮的法国制造商阿尔斯通—大西洋公司（Alsthom-Atlantique）如果不履行禁运政策，将会被施以经济制裁。美国人坚称欧洲人违反了合同约定，这一做法甚至困扰了美国国务卿乔治·舒尔茨。[71]法国以及包括英国、西德、意大利在内的欧洲国家都正式反对美国侵害各国独立主权的行为。[72]莫鲁瓦总理办公室针对这一经济制裁，发表声明称政府"不能接受美国所采取的这种单边决定"，并指出这也代表欧共体其他成员国的观点。爱丽舍宫的顾问于贝尔·韦德里纳称围绕苏联管道问题的纷争为"1973年以来最严重的危机"。[73]私下里，密特朗抨击这种制裁："不可能接受美国的这种方式，它将经济问题战略化，战略问题军事化，也就意味着所有这些问题都将属于大西洋联盟的管辖范畴。接受这种方式，就意味着承认法国不再具有独立性。里根完全无视盟国的需求，将我们逼入困境。"[74]心直口快的外交部长克洛德·谢松则激动地在国家电视台发表声明，提醒美国对于"旧大陆"的问题的无动于衷将导致"美国人与欧洲人的快速分离"。[75]

当里根政府意识到自己做得太过分的时候，态度缓和了下来。美国的经济制裁瓦解了大西洋联盟：欧洲国家曾经为了履行协议而团结一致地反对禁运。但里根于1982年11月解除制裁的方式及其随后关于转让战略物资和信贷的重新协商而发表的一项声明惹怒了爱丽舍宫。盛怒之下，密特朗拒绝回复里根为讨论此问题的致电，法国正式地否认与此声明有任何关系。谢松也抑制不住不满之情："我们签署的是（北约）华盛顿条约"，他愤慨地说，"不是华沙条约。"[76]管道事件颇具讽刺意味，正如安东尼·布林肯（Anthony Blinken）所说，里根的这一政策使他的欧洲盟友成为他的对手，转而支持苏联。[77]

这些纷争的核心力量是里根政府里强硬的反共产主义者，他们无视西欧的利益和意见。鉴于自身与东欧日益扩大的贸易往来，预测到这种制裁将会伤及波兰人民，以及对于国际关系缓和态势的期许，法国和其他西欧国家并不急于与苏联对峙或者与共产主义展开全方位的贸易战。

在法国人眼中，起初，里根及其政策是不受欢迎的。里根执政一年后，法国人认为里根对于世界和平的威胁不亚于列昂尼德·勃列日涅夫。[78]在里根执政大概两年后，超过一半的法国人对美国在国际事务中的政策表示反感。可以肯定的是，这些反对者大部分来自左派，其中包括三分之二密特朗的社会党的支持者。[79]虽然美国出台了新大西洋主义政策，但还是引发了公众的愤怒，因为里根政府拒绝平息法国对于美国高利率和高美元兑换率的不满，而关于苏联天然气管道的纠纷只能令法国人更加强烈地感觉到美国忽视法国与欧洲国家的经济利益，并试图通过法令来控制这些国家。1982 年，评价美国政府时用到最多的形容词是"干涉"、"傲慢"、"不充分"、"反复无常"。左右两派意见几乎一致，保卫共和联盟中有与社会党同样多的人认为美国人"傲慢"。[80]

1983 年春，七国集团在弗吉尼亚的威廉斯堡聚会时谈论的首要问题就是通货膨胀、全球经济复苏和美国利率。法国建议美国政府此次峰会将只讨论这些经济问题，但是罗纳德·里根坚持加入一条关于安全的决议，决议要求建立坚固的西方阵线以防止苏联阻挠在日内瓦举行的关于军备限制的讨论。他还建议将日本纳入联盟的"全球安全"的框架下，因为理论上讲日本也可成为 SS－20s 的目标。密特朗表示强烈反对，令里根感到恼火的是，密特朗逐字逐句地批评他的提议。密特朗提醒这位东道主，"全球"是不准确的，因为"大西洋联盟并不适用于全世界"。[81]法国总统辩论道，如果将日本囊括进来，所团结的力量就被限制在欧洲导弹威胁的范围内。事实上，法国担心里根的"全球安全"

120

121

的提议将会拉近法国与联盟的关系，从而使苏联合法地将法国的核威慑力量纳入武器谈判中；法国的核武装将可能被超级大国通过谈判而叫停。密特朗私下里说："如果我不阻止这一条款，法国在未来的十年内都不会有自己的核武器"。[82]密特朗坚持己见，否决一切可能让法国失去威慑力量的声明，这使威廉斯堡会议的气氛十分紧张：里根恼怒之下将铅笔掷在桌上；他后来承认："我很生气"。[83]玛格丽特·撒切尔和赫尔穆特·科尔都劝急性子的密特朗做出妥协，而密特朗并不认识的一位里根的安全顾问威胁密特朗的副手，如果法国拒绝签字，美国将会断绝与法国的一切军事关系，包括协助发展核武器。[84]密特朗被孤立起来，不得不做出让步，但是在此之前，他将决议的用词变得柔和一些，以便将法国与"全球安全"拉开距离。[85]据密特朗的副手称，这位法国总统"怒不可遏"：他称威廉斯堡峰会是"一个陷阱"，并且后来公开指责里根的行为比他预想中的"更加危险更加出乎意料"。[86]谢松在面对媒体时，将这次会谈描述为"活跃的"，而不是大动干戈，但是他在回答记者问题的时候暴露了会议中强烈的分歧。[87]

密特朗团队认为这样的峰会是十分险恶的，因为法国经常被逼到少数派的地位，最后要么不得不向美国做出让步，要么被视为一个桀骜不驯的盟友。于贝尔·韦德里纳（Hubert Vedrine）称："对于法国来说，在里根时期，每年的七国集团峰会就是阿帕奇峡谷。"[88]他将里根的白宫比喻成"推土机"，认为里根不谙世事，更像是在讲述一些趣闻逸事，而不是在进行严肃的谈判。但是韦德里纳承认不可低估"这位前演员的强大魅力"，他的坚定信念，他的实干主义作风以及他对于美国人民的直观感觉。[89]爱丽舍宫团队中的另外一位成员雅克·阿塔利则更加苛刻。他并没有被里根的乐观和趣谈所蒙骗，认为那不过是对穿插着他在电影界的经历和愚蠢的笑话的"无比空洞的谈话"的掩饰。在峰会期间，阿塔利发现，这位美国总统只会"从左口袋中掏出小注释卡片来读"，而且通常都是以一个问题的形式结束。[90]在法国的外交人员看来，里根似乎无法连贯地进行辩论，并且更喜欢从别人的发言中摘取信息。

威廉斯堡会议证实了密特朗已经将法国置于危险的境地：通过跨越大西洋，他将法国的独立性，尤其是安全问题置于危险之中。他没能通过缩小与北约的距离解决参与指挥的问题。他也未能令他的支持者们满意。许多社会党人士对其表示怀疑，而他的执政伙伴法国共产党抨击威廉斯堡决议，并斥责密特朗使法国与美国保持一致。[91]

当两国的政治首脑在峰会上争吵得不可开交之际——大部分都是秘密进行的，法国公众对于里根和美国的态度却是友好的。在里根第一任期结束之际，民意的杠杆极具戏剧性地由负面倾向正面。1982年12月至1985年6月期间，对美国总体上持有好感的民意比例从48%跳跃式地上升到70%，并且一直持续到1987年。[92]这种增长与同期英国以及西德人对于美国的信心的下降形成了鲜明的对比。[93]同样，自1981年至1984年初，对于美国全球政策的"好"印象相比"坏"印象，有增无减，而到了1985年又进一步增加。实际上，这种增长体现于不同的年龄段、职业、政治党派和性别中。[94]1980年代中期标志着里根政府在法国的幸福安宁的日子。1987年，在8个西欧国家中，法国、西德和意大利对里根持好感的比例最高而持反感的比例最低。[95]在表达正面态度的受访者中，里根被描绘成一位友好而值得信赖的、鼓舞人心的总统。

美国政策以及里根总统在1980年代中期受到高度欢迎的原因是几方面的，其中一些原因在本书的第一章已经讨论过了，譬如1982年以后美国显著的经济成就。而围绕诸如中美洲和苏联管道等问题的争议则逐渐减少。与此同时，里根的自信以及他和蔼可亲的方式似乎令那些尤其是愈来愈担心苏联的、右派的法国人感到高兴。随着里根证实了自己并无敌意的坚定立场之后，1981年至1982年出现的对于里根的担忧逐渐消失。密特朗试图与里根结成友好并修复与华盛顿的关系也促成了这一结果，尤其是他于1984年的国事访问更是起到了关键的作用。在较小的范围内，他也抚慰了来自左派的不同意见者。最后，是戈尔巴乔夫的因素：1985年，这位苏联领导人开始让冷战的紧张气氛得以缓解，这不仅改善了苏联的形象，同时也改善了美国的形象，因为里根似乎以真诚的方式寻求对核武器的控制；这使得继续支持缓和关系的大部分法国民众感到满意。

1985—1986年冷战气氛的缓和为法美关系创造了一个全新的局面。1985年米哈伊尔·戈尔巴乔夫执掌克里姆林宫，他对西方采取了非常

124

温和的立场，表示有意解决欧洲的导弹以及减少超级大国核武器的争议。与此同时，罗纳德·里根着手致力于解除核武器并建立反导弹防御系统以避免原子弹的世界大决战的出现。他还提出"双零选项"，建议清除所有的中程导弹而不是部署导弹发射器来与 SS – 20s 对峙。"法国将如何应对这些建议呢？"成为一个待解的问题。

随着冷战进入一个新阶段，社会党独立执政的时代结束了；1986年，右翼赢得了立法选举的胜利，密特朗不得不与新任总理雅克·希拉克共同执政。这种权力共享被戏称为"同居"，削弱了外交政策的一致性。社会党总统与戴高乐主义总理之间的矛盾成为新闻的头版——但最终还是爱丽舍宫的总统占了上风。

美国轰炸利比亚既暴露了里根政府对于赢得法国支持的无所谓态度，也揭露了在巴黎统一意见的缺失。同时也显示了比起密特朗的团队，法国人民更愿意支持美国与地中海的恐怖分子作战。

1986 年 4 月 15—16 日夜间，美国部署在英国的 F – IIIs 战斗轰炸机与舰载飞机合作，对利比亚海岸沿线的多个地点进行了轰炸，利比亚国家元首穆阿迈尔·卡扎菲的养女亦死于轰炸之中，且差点就伤到卡扎菲本人。里根希望通过此次行动打击国际恐怖组织的臭名昭著的支持者，同时也是对利比亚声称参与的在西德柏林的一家夜总会制造的一起爆炸袭击的报复，这次爆炸案曾造成两名美军士兵死亡，几百人受伤。法国支持除掉卡扎菲的目标：他们曾与利比亚在乍得有过军事冲突，应该会希望看到卡扎菲的恐怖主义活动的终结，因为这种恐怖活动对于法国的威胁比美国还要大。但是，美国此次行动并没有征求巴黎的意见，而当得知华盛顿的意图时，法国担心仅仅是一次武力展示不但不会让卡扎菲下台，还将危及法国与阿拉伯世界的关系。[96]里根告诉希拉克他想除掉卡扎菲，但是这位法国总理却表达了对这一使命的怀疑。[97]爱丽舍宫的顾问们还担心此次行动会让卡扎菲成为阿拉伯世界的烈士。[98]法国外交部也表达了对此次行动的怀疑以及对贝鲁特的法国人质的担心。希拉克和密特朗一致拒绝与美国政府合作。

关于此次行动，欧洲的盟友们只是被告知而不是被征求意见，并且法国政府仅在此次袭击前不到两天的时候才被正式要求允许使用其领空。密特朗犹豫了，最终否决了美国飞机在其领空飞行的权利，迫使F－IIIs战斗轰炸机绕行两倍的距离打击利比亚。总体上讲，西欧国家对于此次袭击印象平平，认为它就像是里根做出的一种低效率的兰博式的姿态。大多数西欧国家都避免参与此次行动，西班牙也拒绝美国使用其领空。最终，只有撒切尔夫人在违背英国人民意愿的情况下，公开地支持此次袭击行动。

巴黎的抵制触发了美国另一波的反法情绪。不但共和党政府指责法国让美国的飞行员绕行了一条更危险的航线，美国国会的民主党领导人也公开地表达了对这位盟友的失望之情。在报刊和电视上，法国人遭到了诋毁：有旅欧计划的美国游客被建议绕开法国；《今夜秀》节目主持人约翰尼·卡森（Johnny Carson）将馅饼掷向一位扮演法国人的演员；而在法语电视节目里，根据华盛顿的计划而曾经访问过欧洲各国首都的特使弗农·沃尔特斯（Vernon Walters）指责法国的忘恩负义，并提醒法国观众二战后美国给予法国的援助。法国的一些报社对于这种诋毁予以还击。某个周刊以众所周知的美国人的自卑情结作为回击："他们会嫉妒我们的文化、我们的见多识广、我们的品味和我们的精致吗？"[99]

虽然法国政府拒绝美国人使用其领空，而法国的民众却比其他的西欧人更加支持此次袭击行动。大约三分之二的法国人支持此次行动，相当于西德与英国的反对人数的总和。不同于德国人和英国人，有一半的法国人表示如果利比亚继续援助恐怖主义，将会支持美国的再次袭击。[100]在伦敦、波恩和罗马的街头都能看到反美宣传，而在巴黎却看不到。在对卡扎菲采取军事行动的问题上，法国的民众更多地站在华盛顿一边，而不是巴黎一边。包括法国前总统瓦莱里·吉斯卡尔·德斯坦在内的法国民主联盟的领导们都支持美国，而希拉克也遇到了来自他的议会多数的不同意见。《费加罗报》对美国的轰炸行动表示强烈支持，并宣称像卡扎菲这样的疯子只能理解武力，还提醒读者绥靖政策导致的后果。[101]左派的《自由报》认为这是一次正义的袭击，但是西方世界需要根除恐怖主义——《世界报》同意《自由报》的说法，认为恐怖主义不会因为从天上掉下几颗炸弹就会消除。[102]法国公众和媒体都不支持政府拒绝与美国合作的行为，在这次事件中希拉克和密特朗都与自己的选民出现了分歧。

1985—1987 年间，外交领域的主要斗争不是如何对抗恐怖主义，而是关于武器控制——尤其是要与里根的关于防止核战争恶化的提议进行博弈，也就是 1983 年里根所提出的战略防御计划（SDI）。这个计划的核心是在空中设置一个防护"盾"来摧毁来袭的弹道导弹。最初法国没有认真地看待这个所谓的"星球大战"计划。但是到了 1985 年，所有迹象表明美国人是极其认真的，巴黎方面必须作出决定法国是否参与这个项目的开发。

这一战略防御计划挑战了相互威慑的基础，使法国和英国的核力量存在被淘汰的危险。[103]核震慑的关键是报复威吓，而不是防御。"星球大战"给法国带来许多问题。西欧会像美国一样也在这个保护"盾"的保护范围之内吗？一旦美国可以防御苏联的导弹，它会不会甚至变成更不可信的欧洲防卫者呢？这就是令人害怕的分离。[104]技术方面的问题也使这个计划的可行性令人感到怀疑。即使这个计划是有效的，难道它不会使西欧国家受到苏联的短程导弹和常规军事力量的威胁吗？更重要的是，法国官员认为正值超级大国进行严肃的裁军谈判之际，这种惊动苏联的行为是不合时宜的：苏联可能会用新型攻击性武器进行报复，从而重新引发军备竞赛。坚持核震慑原则的标志是，法国于 1985 年建立了第六支核潜艇。

在 1985 年 5 月举行的七国集团的年度会议上，里根继续忽视法国坚持的将峰会限制在经济领域而不是将之变成"全球政治部"的主张。他直接要求密特朗签署战略防御计划，用"分包"这个词来描述欧洲国家在技术开发上的参与。在表达了反对态度后，密特朗直接回答："不"。"分包者"这个词尤其激怒了他。随着峰会的进行，两国继续在尼加拉瓜问题和美国拒绝召开国际货币会议等问题上出现分歧。但是里根又给密特朗出了一个新的难题，他提议展开新一轮的关税与贸易总协定谈判。法国担心美国给法国施加压力要求其废除农业补贴，因此提醒美国政府在初步协商完成之前，不要设定新的贸易谈判的日期。密特朗向他的政府班底坦承，与美国的商业谈判逼迫法国不得不做出让步，因为法国不能反对美国的所有提议："这就是为何在谈判中先要说

'不'"。[105]当英国、德国、意大利，甚至是欧共体主席雅克·德洛尔都
与里根站在一边的时候，争论变得愈加激烈。用密特朗的副手的话说，
密特朗"大发雷霆"。正如密特朗所呼吁的："盟国支配我们政策的行
为是不健康的。某些（国家）接受了，我不接受……我听说没有人想
孤立法国。非常好。但是在这个会议室里所发生的恰恰相反。这种现象
是不健康的。正如欧洲的事务要交由欧洲以外的国家来决定是不健康的
一样。如果这种情况继续下去，我准备进行一场公开辩论……如果峰会
不回到它的初始形式，法国将不再出席……"[106]美国还是开启了贸易谈
判，并且在当晚的宴会上美国的领导者们纷纷讲述各自的故事，而且如
里根后来所说："所有人都很开心——（除了密特朗）"。[107]

　　"星球大战"让密特朗手足无措。他告诉戈尔巴乔夫："里根的战
略防御计划的概念要么是人道主义幻想的产物，要么是一种宣传的产
物。"[108]法国分析家将这个计划归因于美国的国内政策，譬如里根需要通
过其国防预算。[109]对于战略防御计划的可行性，法国专家给出的意见也
不统一。但是最终所有盟国中只有法国拒绝与美国合作开发此项目——
虽然法国公司被允许竞标战略防御计划的项目。希拉克不同意爱丽舍宫
的做法，他认为法国应该参与进来以免被排挤在外——而密特朗对此回
应道："如果你坚持的话，我可以号召一次全民公投，我会赢的。"[110]最
初，虽然很多法国人误解了这项计划的目的，但是大部分的法国人还是
希望法国参与研究；可是，随着媒体的反对意见的增多，人们的态度也
随之改变，到了1986年，他们接受了政府的决策。有三分之二的法国
人希望法国引领发展独立的空中防御体系；而只有五分之一的法国人赞
成美国的计划。[111]密特朗转向欧洲，提议创建一个被称为"尤里卡计
划"的高科技合作项目作为一种协调研究与开发的方式。尤里卡计划旨
在为欧洲国家，尤其是西德，提供一个至少在表面上看起来更加文明的
方案，以取代战略防御计划（SDI）的军事研究。

　　虽然莫斯科的新任领导人看起来更加温和，但是法国对于苏联仍然
深表怀疑，而且并不像其他西欧国家那样被戈尔巴乔夫的魅力所感染。
1985年，当被要求将戈尔巴乔夫与里根做比较时，法国人民因其公信
度高、谈判的灵活性大、理解欧洲的问题以及追求和平等原因，给予美

129

国总统的分数要比其他西欧国家的民众所给的分数都要高——但所有的支持都是不热情的，只有四分之一或者三分之一的人给予里根高分。大部分人表示不支持任何一位领导人或者不发表意见。[112]

1986 年 10 月，法国政府收到了一个关于其在冷战中的边缘地位的提醒。在雷克雅维克峰会上，美国总统向戈尔巴乔夫表示热切期盼减少超级大国的核工厂，或者消除所有的核武器。他提出协商消除法国核威慑力的可能性，或者至少将其废弃。里根和戈尔巴乔夫暂时同意大量减少各自的战略性导弹，并且就欧洲导弹的双零选择也达成暂时的一致。鉴于苏联反对战略防御计划，为了减轻苏联对于该计划的担忧，里根提出向苏联提供技术。虽然因为里根拒绝放弃"星球大战"计划而戈尔巴乔夫又对美国分享技术的承诺持有怀疑使得谈判失败，美国和苏联似乎又开始玩起了旧把戏——在没有欧洲国家参与的情况下擅自决定欧洲的命运。一种对于超级大国共同统治的恐惧感又出现了。在欧洲国家看来，雷克雅维克会议暴露了超级大国在防御体系的背后打击欧洲大陆常规军事力量与核武器的阴谋。希拉克担心"对欧洲安全至关重要的决定可以在最有发言权的欧洲国家缺席的情况下被决定"。[113]然而，与他的总理不同，密特朗默不作声地拥护雷克雅维克会议，认为它推动了裁减军备和双零选择——这正是他先前所提倡的。在法国报界看来，此次峰会是一次重大挫折——尤其对里根而言，有人认为他可能已经被戈尔巴乔夫智胜了。[114]

冰岛峰会结束以后，希拉克政府与爱丽舍宫因欧洲导弹的双零选择问题陷入了一场长久的论战。希拉克总理认为戈尔巴乔夫有意将欧洲"芬兰化"从而成为其"人质"，并警告不要采取任何可能使美国将核力量撤出欧洲的行动。[115]外交部提出苏联在常规军事力量和短程导弹方面拥有优势，因此坚决反对"西欧的无核化"。[116]密特朗承认消除中程导弹会引发让人头疼的欧美分裂问题，但仍然反驳道，他与社会党成员一直都相信超级大国核武器工厂的减少以及双零选择不会直接影响法国的核威慑力量。[117]再者，作为超级实力的战略性的军事力量的形式，核威慑仍然是有效的。

在此问题上，这位法国总统得到了公众的支持，因为公众认为苏联不会马上造成威胁，而他们更倾向于裁军以及缓和关系。虽然他们对里根的动机感到气愤并且对苏联的配合表示怀疑，但是他们比政府更加强烈地支持双零选择。[118]大部分人甚至希望法国继超级大国的表率之后削减法国的核武器工厂。[119]

直到1987年，这个持续了十年之久的欧洲导弹争论才结束。同年12月，美国与苏联签署的《华盛顿条约》采取了双零政策，并消除所有的中程导弹；这赢得了法国公众和媒体的广泛支持以及密特朗的赞同。[120]但是希拉克和一些法国军队的首脑们并不支持这项条约，认为它削弱了法国的威慑力量。密特朗并没有理会他们；他承诺法国将会保持自身的战略性核能力，并辩称威慑力量的目标是"阻止战争，而不是赢得战争"。[121]对于"去核化"的构想，他认为如果发生的话，也会是遥远的未来。

据密特朗的一位传记作者说，密特朗此时已经对里根失去信心，他仓促地与苏联寻求谈判以及他对法国问题采取的单边主义令密特朗确信这位美国总统显然正在"松手"。[122]比起戈尔巴乔夫提出的最终完全去除超级大国核武器的提议，密特朗更担心白宫："最大的危险是里根先生的空想和疯狂，他在雷克雅维克接受了完全去除核力量的提议。我们差点就遭受一场大灾难。"[123]实际上，里根就武装控制问题与戈尔巴乔夫谈判时，基本上同时忽略了密特朗和撒切尔夫人。[124]

紧接着是重创性的丑闻。1986年11月13日，"伟大的沟通者"在椭圆形办公室里通过电视发表声明，告诉美国人民他的政府一直在秘密地向国际恐怖组织的援助者伊朗出售武器。里根否认美国向伊朗出售武器是为了赎回在黎巴嫩的美国人质，但是他承认出售武器的原因之一是希望得到德黑兰的帮助以获取"所有美国人质的安全返回"。他对于此次武器出售轻描淡写，称这些武器都是严格的"防御性质的"，并且数量少到用一架货运飞机就完全可以承载。里根看起来手足无措，局促不安。法国记者与美国公众一样，对里根的行为并不感到意外。将1979年里根斥责吉米·卡特总统与伊朗革命卫队谈判的形象与其承认在和德黑兰秘密合作的可耻行为作对比，他们认识到了白宫厚颜无耻的虚伪和无能。《快报》提醒读者里根政府曾经何等强烈地反对支持恐怖主义的

132

国家，并且规劝欧洲盟国加入它的行列——而一旦有需要，它不但与德黑兰谈判，还为伊朗提供尖端武器，屈服于敲诈勒索，为救回人质讨价还价。据《快报》称，这次人质交换只是最近发生的一次外交失误，除此之外，雷克雅维克峰会上的混乱以及为尼加拉瓜反对军秘密输送武器等都"引发了人们对于里根能力的质疑"。[125]《新观察家》认为"总统的牛仔们走得太远了"，暗指秘密出售武器的计划是由"一个由白宫内部的非专业人士组成的团队操纵的"。[126]在巴黎，希拉克政党的一位发言人嘲讽道："那些宣经布道之人，在批评别人之前要把自家门庭打扫干净。"[127]在谈及里根的外交政策时，《世界报》只能举出几个成功的例子，譬如对格林纳达的入侵，但却列出了许多"退步和挫败"，包括在黎巴嫩的仓促返航，草率地支持反桑地诺力量，在雷克雅维克谈判的失败以及当前的"伊朗门事件"。[128]

1987 年，又有一些新的关于与伊朗的复杂交易的信息被披露，包括武器交易的收益用来支持尼加拉瓜反动军等，这使得丑闻愈演愈烈。1987 年 3 月的一次尴尬的电视讲话中，里根表明了他的责任并承认自己的政策已经"腐化"到了用武器交换人质的地步。至此，大部分法国人认为这次丑闻使里根在联盟中的领导能力大打折扣。[129]

随着罗纳德·里根任期的结束，他的形象而不是美国的形象失去了往日的光辉。1986 年末以后，随着雷克雅维克的挫败和伊朗军售丑闻的暴露，法国人对于里根的爱慕开始降温；里根总统的声誉下降的同时，戈尔巴乔夫的人气上升了。在里根总统任期结束之际，其在法国的受欢迎程度已大不如从前。[130]笨拙的国际事务能力以及对于他治理美国经济时所造成的社会成本的怀疑使他的地位下降。里根消除核威慑和推行战略防御计划的努力暴露了他的鲁莽和变化无常。亲美的分析家多米尼克·莫伊西表示，对于许多法国人来说，"不但美国人是变化无常和冒险主义的，美国的外交也不可靠，甚至可以说不称职"。[131]

尽管如此，关于美国形象的调查结果仍然令人欣慰。1988 年 4 月，与对于英国以及西德一样，法国对于美国极为认可。[132]虽然绝大多数法国人认为美国政府没有去了解法国面临的问题，却有三分之二的法国人表示希望法国做出让步——法国不断地表示对单边主义的担忧——几乎所有人都认为双边关系是有益的并且美国给予了法国"尊严和尊重"。在受访者中，亲美人数是反美人数的 3 倍。[133]

里根任期的最后几年，欧共体在沉睡了超过十年之后终于迈出了一步。在欧共体主席雅克·德洛尔的推动下，欧共体开始推行 1987 年批准的《单一欧洲法案》（SEA），正式着手消除欧共体成员国之间贸易存在的非关税壁垒等障碍，在 1992 年之前建立单一市场。里根政府并不关心美国的宏观经济政策对于欧洲的影响，这成为《单一欧洲法案》形成的推动力量之一，它使欧洲实现了货币和政治的统一，加强了欧洲保护自身共同利益的能力。在同意这个市场自由化方案以后，里根团队并未重视也并不相信《单一欧洲法案》。欧共体看起来像是一个清谈俱乐部——没有发动齐心协力行动的能力——它是完全被边缘化的。美国政府在处理经济关系时更喜欢双边合作。里根的一位高级官员承认，里根政府并不理解欧共体正在发生的事情，也不在乎。[134] 再者，美国在欧洲的作用是通过北约而不是欧共体来发挥的，对于里根政府而言，安全问题和伊朗军售丑闻要比大西洋两岸的商业往来更为重要。英国首相撒切尔夫人对她的白宫知己坦白了自己对于《单一欧洲法案》的未来的怀疑。然而法案通过之后，一些美国官员、国会和媒体对"堡垒欧洲"产生了愈来愈多的担忧，担心它会排斥美国企业的利益，使美国企业丧失很多机会。[135]贸易专家们提醒有必要"警惕"一个"只为欧洲人的欧洲"的趋势，而法国被特别指出是操纵欧共体保护主义党派的领导人。[136]当欧洲开始实行包括电视无国界（见本书第二章）在内的《单一欧洲法案》的具体指示时，大西洋两岸的纷争加剧了。里根的继任者不得不去面对一个更加坚定自信的欧共体，大的麻烦还在后头。

1988 年是法美两国的大选之年。法国人选举密特朗继续第二轮的 7 年执政，而在美国，乔治·W. H. 布什继任了罗纳德·里根的职位。在 9 月份的白宫晚宴上，密特朗赞美里根这位直爽的总统，而里根回应："我们是朋友。我们就像是一对老夫妻。很难把我们分开……"[137] 后来的选举表明密特朗和里根并不"亲密"，里根只是试图改善与法国人的关系。1989 年 5 月，布什邀请密特朗到缅因州肯纳邦克波特的家里相聚，两国首脑相处甚好。布什后来回想起来，认为是那时所建立起来的

"深厚信任"促成了他们在未来的几年里在针对德国统一等问题上的合作。密特朗"是一个值得信任的盟友和伙伴"。[138]

密特朗再次当选总统以后，社会党从右派那里重新夺回了政府的执政权，法国在国家安全问题上不再依附大西洋联盟，而是更加倾向于欧洲。新上任的坚定的雅各宾派国防部长让—皮埃尔·舍韦内芒称："欧洲是时候考虑以自己的防卫确保自身的安全了……当今，我们必须用自主的欧洲防御取代美国人的防卫。"[139]即使是在接受大西洋主义的时期，密特朗也从未放弃过欧洲自治。1980 年代后期，他重新致力于建立一个强大的欧共体。他通过支持《单一欧洲法案》的宏伟计划，积极地推行经济一体化。由于雅克·德洛尔的推动，1989 年，欧洲委员会已经开始准备政府间会议，通过经济与货币联盟（EMU）从而创建金融统一体。密特朗还批准了一项由希拉克发起的提议，那就是与德国人共同努力恢复 1940 年代的西欧联盟（WEU），从而迈出建立欧洲防卫的第一步——这是令美国政府感到气愤的。[140]美国外交家们并不拿西欧联盟当回事，他们开玩笑说它只不过是一个安置意大利退役海军将领的地方罢了。

1989 年当密特朗在巴黎召开七国集团会议时，虽然已经表现出欧洲倾向，他还是特意在这次豪华的宴会上赞扬了新上任的美国总统乔治·H. W. 布什。与此同时，对于法国大革命 200 周年的贺词也引人注目地与美国革命联系在了一起。据法国媒体称，这次峰会进行得相当和谐，而密特朗似乎因为新上任的总统是布什不是里根而感到高兴。[141]布什担任总统的前几年，随着冷战的结束以及德国统一给法国人带来的莫大欢喜，美国在法国的受欢迎程度达到了极高的水平。1989 年 11 月，法国人与英国人和西德人一样对美国抱有好感。多项调查显示 1987—1989 年的法国人对于美国的评价要比 1981—1982 年调查时的评价高得多。[142]

白宫的主人由里根变成布什并没有表现出任何减少美国所妄称的控制欧洲的愿望。在布什的国情咨文演说中，他宣布了美国有着领导和组织"世界新秩序"的使命。布什的国务卿詹姆斯·贝克（James Baker）坚持主张由北约主导欧洲的安全。

在巴黎举行七国集团盛会的几个月中，中欧和东欧发生的事件使法国和美国共同面临一个重要的国际危机：它们将如何应对东德政体的瓦解和其他共产主义国家的政治剧变、莫斯科表现出的改革信号以及西德抓住机会实现德国统一的伟大抱负？

本章接下来将会解释密特朗政府与里根政府如何处理德国的问题。他们所面临的其他重大问题，诸如海湾战争以及 1990—1991 年一个新的欧洲安全防御体系等将在本书第五章中展开讨论。

早于 1989—1991 标志冷战结束的一系列事件发生之前，弗朗索 137瓦·密特朗就说过他不担心德国的统一，因为这是历史的必然。但是，1989 年秋天，他还是与大多数人一样对于事态发展的速度和苏联的默许感到吃惊。一些当代官员和学者，尤其是美国人，都指责密特朗将德国的统一推迟到了 1990 年春天，然而大多数最新的权威研究都认为他起到了更积极的作用。特别是弗雷德里克·博佐，他证实虽然密特朗最初有些担心统一和强大的德国可能会带来令人担忧的后果，但他还是与每一位主要参与者——尤其是西德总理赫尔穆特·科尔合作，共同推动德国统一的进程。"法国外交从来就没有放慢过速度，更不用说阻碍德国的统一"，科尔写道。[143]法国人促进了德国的统一，即使有时候他们惹怒德国总理，因为试图塑造一个新德国——尤其是它与波兰的边界问题。

布什政府对于共产主义阵营的突然瓦解也同样感到惊讶，但是它很快便消除了对于中欧动乱的担忧，认识到东欧的瓦解已成定局，便与西德竭力合作以帮助它掌控这个转变。针对德国统一的问题，法国人与美国人不谋而合。二者虽然开始时都十分谨慎，但很快便接受了德国选择统一的权利，并且一起推动统一事业，而没有去扰乱德国稳定的秩序或者惊动戈尔巴乔夫。另外，二者都希望新德国能够加入北约。然而，正如我们所见，意见的统一，并不意味着完全一致。

密特朗对 1989 年 11 月导致柏林墙倒塌的一系列事件的最初反应相当被动而镇定——美国官员认为他的讲话"隐晦含蓄"。11 月份的一次记者招待会上，他表示并不担心德国统一的前景："历史就这样发生了。

我接受现实……如果这就是（德国）人们所希望看到的，他们就应该去实现，法国会为了实现欧洲和本国的最大利益相应地调整政策……答案十分简单：对于东欧所面临的演变，西欧必须变得更加强大，加强自身的结构并且制定相应政策……德国的统一会引发很多问题，我需要下定决心加以应对。"[144]事实上，密特朗担心德国事态的巨大变化会动摇戈尔巴乔夫的地位，从而使欧洲回到 1913 年四分五裂的状态。法国外交家们并没有很快接受德国统一的事实，因为他们直到 1989 年末还认为苏联并不想放弃在中欧和东欧的控制权，脱离欧洲两级分裂的方法是加强欧洲一体化，尤其是法德的友好关系，重新建立大西洋联盟，并组建一个需要苏联参与的欧洲安全结构。[145]同年 11 月，有近四分之三的法国民众接受德国的统一，认为反对德国统一是危险的行为，但是却担心德国的经济力量。[146]

虽然担心德国统一可能会引起动乱，法国总统还是于 1989—1990 年冬与主要的参与者——布什、撒切尔夫人、戈尔巴乔夫以及科尔协商如何推进统一进程。密特朗提醒德国总理，法国不会阻止德国的统一，但是他坚持统一必须也有服务于欧洲一体化的目的——尤其是推动经济与货币联盟的目标。1989 年 12 月，科尔同意了密特朗的请求。德国总理的让步并不是作为赢得法国支持的交换条件，而是对法德并驾齐驱的关系在欧洲结构中的重要性的一种正式认可。[147]

中欧和东欧发生的一系列事件增加了冷战结束的可能性以及寻求发展的需求。法国的解决方案是"组建计划"。法国外交家们提出组建计划的动机源于各种担忧和期盼。他们担心欧洲会重新出现 1914 年以前的分裂的民族主义和种族对立，还担心一个强大的德国会松开它系在欧共体泊位上的绳索。同时，法国还有意支持苏联和共产主义阵营的改革，希望欧洲结束两极控制的局面，建立一个由欧洲国家共同决定的欧洲新秩序。法国的计划旨在将统一的德国牢牢地束缚在欧洲共同体之内，利用欧洲安全与合作会议（CSCE）来管理裁军问题（欧洲安全与合作会议是 1975 年的赫尔辛基协定的产物，是一个包括苏联和美国在内的由 35 个国家组成的组织），革新大西洋联盟，并建立一个将美国排除在外的新的泛欧洲联盟来管理欧洲的新版图。从宏观上讲，"组建计划"意味着建立一个脱离于大西洋联盟之外的独立的欧洲。爱丽舍宫和法国其他决策者认为冷战的结束会使美国从欧洲联盟退出。随着苏联威胁的平息，美国似乎注定会从德国撤军并且逐渐减少对欧洲的干预。美国的撤退将为北约的全面改革和欧洲新安全秩序的建立提供一个良机。一位了解法国这种想法的美国外交家写道："从各种对话中，我很惊讶地发现法国决策者在制定中期和长期计划时并没有考虑美国。法国想当然地认为美国会立即从欧洲撤军。他们认为，或者很多时候表现得好像美国已经撤军了。"[148]法国人迫切要求美国对大西洋联盟进行一次根本性的重新评估，认为这将会使联盟结构欧洲化。北约会继续存在，但只是作为欧洲大陆安全的一种保障；它肯定不会扩大自己的作用。而美国却另有计划。

　　美国担心没有了苏联的威胁，北约会不可避免地逐渐消失——正如法国人所期望的那样。但是布什政府决定留在欧洲：布什总统在讲话中坚定地表示美国将仍然是"一种欧洲力量"。[149]据美国的一位外交家称，依据这种英国人也认可的大西洋主义的准则，在华沙条约瓦解和苏联撤军之际，美国人的力量有必要"继续平衡虽然衰退但仍然存在着的苏联军事优势，并作为强大的新德国的一种对抗力量，从而形成一种整体的稳定"。[150]一位知情人士透露："布什政府的高级别决策层所持有的强烈而深刻的观点是，他们坚定地认为美国在欧洲的存在对于欧洲的稳定、因此也是对于至关重要的美国利益具有不可替代的作用。"[151]正如国家安全顾问布伦特·斯考克罗夫特（Brent Scowcroft）对法国官员雅克·阿塔利所说的，美国的目的是为了防止欧洲退回到那个导致了两次战争的旧时代，同时也是为了与希望美国撤兵的国内孤立主义势力作斗争。[152]而斯考克罗夫特没有承认的是美国还想继续在欧洲政治中掌握主要的话语权：可以确定的是美国和北约仍将作为欧洲事务的核心，而不是局限于提供安全保障。

　　关于北约在冷战后的欧洲的角色问题，美国与法国的意见完全相反。美国企图扩大影响力，向东扩张，加强其国际地位；而法国则认为联盟应该开始缩小职责范围，美国迟早都将撤军。美国方面认为统一的德国应该坚决加入大西洋联盟，法国方面则认为德国应该加入欧共体。

难怪在制度改革谈判开始以后，美国人发现法国人"总是最难缠"。[153]

1989 年 12 月，美国国务卿詹姆斯·贝克大胆断言新的大西洋联盟将会更加政治化，将会与东欧出现的民主政体进行谈判，并且会掌管欧洲—大西洋区域之外的事务。法国认为这项提议是美国人在扩大势力范围的同时，保持其在联盟和欧洲的领导地位的策略。密特朗政府表示对贝克的计划持保留意见，同时推行其加强法德在欧共体中的并行关系的计划，并通过欧洲安全与合作会议以及新的泛欧洲联盟来推动计划进程。美国人对此大为恼火。

起初，这种恼怒并未显露出来。12 月份，布什和密特朗总统在安的列斯群岛的圣马丁举行会晤时，布什坚持德国加入北约，而密特朗则建议不要过于草率以免惊扰了戈尔巴乔夫。密特朗没有提出他的计划，譬如召开欧洲安全与合作会议。当在电视里看到两位总统穿着衬衫漫步在沙滩上的时候，法国民众以为一切进展顺利。

1990 年初，苏联以及东德与西德的政治领袖和外交官们围绕统一后的德国的诸多问题寻求进一步的解决方案。玛格丽特·撒切尔夫人不禁表达了担忧，继续提醒不要操之过急。密特朗则全身心地投入到整个进程中。然而，在美国官员眼中，他似乎跑题了，他抽象地讨论一个统一的欧洲应该重新获得它在世界上的地位。他们不公平地指责密特朗所考虑的是"遥远的事情，而不是当下要紧的问题"。[154]

私下里，布什与密特朗关系很好，虽然后者曾向戈尔巴乔夫表示布什"有一个很大的缺点——缺少原创思维"。[155]相比之下，美国国务卿詹姆斯·贝克与他的法国同行罗朗·迪马倒是经常激怒对方。1990 年 4 月基拉戈岛峰会召开之前，美国总统致信密特朗，谈到法美关系对于欧洲的稳定至关重要并表达了对这位同行的尊重："在当今的欧洲领导人当中，你是我最尊敬的人。"[156]但是布什也提醒道："我相信美国有必要继续在欧洲和大西洋联盟中发挥重要作用……如果有人将北约的作用限制在军事方面，那么北约的重要性及其从西方公共舆论中所得到的支持将注定会随着苏联军事威胁的缓解而降低"，将因此削减美国对欧洲的投入。他认为这位法国总统应该接受美国"被强化了的政治作用"。密特朗的一位过于愤世嫉俗的顾问解释说，布什的来信"威胁是明显的：

要么通过北约对整个欧洲进行重组，要么美国终止对欧洲的支持。布什当然是被（欧洲）共同体依恋的。但他不支持欧共体，正如他的前任们一样，他希望（美国）出现在一个软弱的欧洲。"[157]

当两位总统在佛罗里达的基拉戈岛见面时，他们避免了争端并依然保持友好关系。密特朗试图打消法国有意将美国赶出欧洲的猜疑，而布什也否认了媒体对于美国欲逼迫法国重新加入美国的统一指挥的指控。但是布什却表示："如果美国不做好参与欧洲事务的表面功夫，美国人民对于美国在欧洲所发挥作用的支持将会大大减少。因此，最好能够扩大北约的作用，赋予其更大的政治作用。"[158]密特朗只是简单地回答说最明智的选择是使联盟保持在传统的地域范围和防御作用之内。虽然佛罗里达峰会的气氛看似和谐，然而，这些矛盾注定会浮出水面。 143

布什政府不但没有减少美国在欧洲大陆的作用，反而自1990年春天开始便忙于重塑大西洋联盟以适应新的欧洲秩序。特别是，它必须寻找一些方法以克服戈尔巴乔夫对统一后的德国加入联盟的抵制。为了证明北约对于苏联不再是一个威胁而且冷战已经结束以达到安抚苏联的目的，国务卿贝克提议放弃看似过于强硬的"灵活反应"和"前沿防御"理念，而将核武器作为"终极手段"——也就是说只有假定西方在常规战争中失败的情况下，才能使用核武器。他还提倡将北约重新打造成一个政治组织，并在联盟和华沙条约的前成员国之间展开外交对话。另外，他还提议增加一种如同新的快速反应部队那样的跨国部队来增强统一指挥。作为回应，密特朗礼貌地表示同意巩固联盟的防御特性，但是重申法国仍然在统一指挥之外，也不受新的"终极手段"这一理念的约束。从法国人的角度来说，他解释道，劝阻要产生效果的话，它必须在"先"，意思是核威慑力量的目的是预防战争，而不是打赢战争。1990年7月于伦敦举行的北约特别峰会上，布什政府真的强加给其盟友伙伴以新的大西洋联盟概念。

在伦敦会议上，关于德国统一对北约造成影响的讨论，盟国之间的紧张气氛显而易见。玛格丽特·撒切尔夫人和密特朗一样，对"终极手段"概念表示反对。而密特朗还反对将联盟"政治化"。他的首席军事顾问在此之前曾报告称可能有必要调整联盟的形象以安抚苏联，但是美

国的这一提议却加强了统一指挥结构，这是以欧洲国家为代价巩固它自
144 身的特权。尽管如此，但是这位顾问建议不要公开反对伦敦峰会上的决
议，因为欧洲人将会取代美国人，美国人肯定会撤军。[159]让—皮埃尔·
舍韦内芒则更加直截了当，谴责决议是加强"统一指挥和美国领导地
位"的一种卑鄙手段。[160]一位法国外交家发现，美国人在伦敦表明了他
们对于法国意见的"几乎毫不掩饰的冷淡"。[161]在闭幕后的新闻发布会
上，密特朗通过宣布法国在德国统一后将会从德国撤军间接地表达了他
对于美国人及其高压手段的不悦。

对此，美国国务院因为法国阻挠美国维护其领导地位而表达了美国
的愤怒；这些官员转而贬损法国的政治才能"不可靠"，而且源自于一
种"挫败感"。[162]尽管如此，但是他们相信法国人会回心转意的。通过
讨好以及缓解分歧来改变这个超级大国的尝试又一次失败了。

实际上，法国全身心地投入到了德国重新统一的进程中。譬如，在
调节德国和波兰的边界分歧和规劝戈尔巴乔夫同意统一后的德国加入北
约时，他们起到了关键的作用。但是，法国的外交家们未能成功地使拥
有 35 个成员国的欧洲安全与合作会议（CSCE）变为讨论关于德国
的——和欧洲的——未来的论坛。戈尔巴乔夫热情地称赞这个组织是
"一个欧洲共同的家园"，许多新解放的东欧国家都视之为华沙条约的
替代机构。法国的外交家们设想 1990 年在巴黎举行一个盛大的会议，
该会议将主持德国的统一和冷战后欧洲的重生；这次会议还将使欧洲安
全与合作会议取代北约成为一个安全论坛。然而，白宫和科尔政府却因
为担心在这个庞大的机构展开广泛讨论将会使它们失去优势，因此坚持
德国的问题不属于欧洲安全与合作会议的议程。当会议真的于 11 月份
145 举行的时候，这些问题已经先于会议讨论过了。德国统一的条件已经进
行了磋商，剥夺了巴黎的辉煌时刻；这次会议只就欧洲常规部队削减条
约进行了讨论。

1990 年夏，东德与西德就重新统一的基本条件进行了谈判，并由 4
个战时同盟国予以批准。如果说法国人未能主持构建欧洲新秩序的话，
他们至少可以肯定德国仍然留在欧共体。最初密特朗配合德国统一进程
的条件就是统一后的德国必须加入欧共体，尤其是加入欧洲货币联盟。

货币联盟在随后的谈判中得到详细的讨论，并作为马斯特里赫特条约的一部分在 1991 年末完成起草工作。密特朗最重要的成就是保持了与西德人融洽的关系并赢得科尔对于推进欧洲建设原则的支持。[163]

对于法国而言，重新设计新欧洲的最后一种选择便是建立一个欧洲大陆范围内的联盟——这个计划曾经于 1989 年末提出过。在法国所有的决策者中，密特朗及其外交部长罗朗·迪马都是欧洲大陆联盟方案的强烈拥护者，他们认为这是一种既能统一欧洲，又能支持苏联改革的方案。他们还认为新近解放的东欧国家尚未做好加入欧共体的准备，这个泛欧洲组织可以安抚它们并推迟加入欧共体。在这个包括了苏联却排除了美国的联盟里，无论东欧还是西欧都可以讨论政治问题，并且寻求在经济发展和环境等领域的合作。最终，只有密特朗和戈尔巴乔夫给予这项提议认真的支持。这个计划所谓的最大受益者——位于东欧的前苏联的附属国纷纷拒绝来自巴黎的这个良好提案。联盟的成立大会于 1991 年 6 月在捷克的布拉格举行，但以捷克为首的许多东欧国家都认为，这个计划是阻止他们加入欧共体的诡计。他们想要投奔西方，不是东方，因此苏联的出席令他们感到不悦。相比法国的计划，他们更希望尽快地加入欧共体和北约。当密特朗提出鉴于经济紧缩，东欧国家还要等上"几十年"才能加入欧共体时，他相当于搬起石头砸了自己的脚。德国也并不热衷于法国的提议。总体上，除了法国，欧洲国家都想亲近北约，尤其是当夏天在莫斯科发生了反对戈尔巴乔夫的动乱而暴露出东方的混乱和暴力之后。美国扬言它拒绝"被欧洲人用作安全的保障而被排除在其他领域之外"。[164]英美设法游说以破坏法国的计划，致使密特朗不能不抱怨华盛顿给捷克施加压力。在布拉格会议召开之前，泛欧洲联盟就死了。

1991 年，密特朗只能希望通过马斯特里赫特举行的欧共体峰会，并寄希望于建立一个欧洲防御力量来竭力挽救他的关于冷战后欧洲的重建计划。美国成功地扩大了大西洋联盟的范围和作用，将德国纳入其中，维护了美国在欧洲安全事务上的首要地位，并同时颠覆了欧洲安全与合作会议以及泛欧洲联盟。但是，法国、德国以及欧共体的其他成员国决定采用经济与货币联盟，通过该联盟来明确建立一个统一货币和一个欧洲中央银行的进程。统一后的德国将坚定地固守在欧共体之内，而

146

重新统一的实现将不会破坏法德的关系。如果确定统一成果的话，法国还是取得了些微成就的。虽然密特朗在统一进程中有一些值得自豪的成就，但是他却未能引导德国离开大西洋联盟。最终，美国推行它的大西洋主义，暗中破坏了密特朗的另一种欧洲框架，并且挫败了他欲将美国推至新欧洲版图边缘的努力。但是马斯特里赫特会议上公开发表的关于加快欧洲建设的提议算是一种弥补方式。

　　■ 随着冷战的结束，1980 年代的法国公众对于美国的支持以及罗纳德·里根、乔治·H. W. 布什与密特朗的亲密关系的幻影也随之消退。法国与美国之间的紧张气氛，在 1980 年代中期，随着里根政府异想天开且前后不一的外交政策以及苏联领导人米哈伊尔·戈尔巴乔夫的出现而变得日益明显。欧洲共产主义的灭亡和苏联的解体使法美两国在欧洲新秩序的塑造问题上出现了竞争，这种竞争关系从未得以控制并迅速化解。

　　大西洋两岸的和谐或者和谐的表象，反映了两国对于联盟、共同的利益和价值观以及广泛合作的渴望。但是这种和睦的表象之下，却是不断的纠纷、不信任以及两国总统和官员之间偶尔爆发的愤怒。这种紧张的气氛并不总是为公众所知，因为政客们希望表现得看似友好的盟友，用微笑和安抚性的新闻发布来掩盖两国的争论。而媒体经常会串通一气地报道峰会令人欣喜的成果。是什么导致了这种表面的幻影背后两国之间难以相处的关系呢？

　　从某种角度讲，法国与美国在全球政治秩序中占据着各自的地位。他们在国家利益、权利特征、历史经历和国际问题的处理方法上都有所不同。这种差异由于密特朗与里根（甚至是布什）之间完全不同的政治理念、行事风格以及性格特征而加大。类似的差异可以帮助解释这种竞争关系中的某些插曲。譬如，鉴于法国对外援助的有限资源，中美洲作为次重要的援助目标且与法国没有历史联系，因此法国放弃了桑地诺解放阵线和第三世界的事业，使它们任由美国宰割。而正好相反，由于西欧开发新能源的重要性、法国与东欧紧密的历史和经济关联、对于利用贸易实现政治目标的不情愿以及与苏联缓和关系的意愿，法国在欧洲其他国家的帮助下，迫使美国放弃了对西伯利亚管道计划的干预。

　　然而，实力差异以及不同的经历和观点皆不能完全解释冷战结束之际两个国家处理重要问题的不同方式。还有另外一种解释，也是本书所要强调的：随着冷战的结束，美国政策以及单边主义的趋势成为法国和欧洲独立的最主要的障碍。虽然未能取得很大成功，法国试图赢得在大西洋联盟中的自主权——权威人士中几乎没有人抱持将美国排挤出去这种更为极端的目标——的原因有许多。首先，他们相信法国自主制定决策和政策会使国家更加安全。或者按照斯坦利·霍夫曼的说法，独立自主必然是"对抗未知危险的全方位的保障政策"。[165] 其次，法国担忧美国对于欧洲安全的投入以及华盛顿的领导地位，随着超级大国对立关系的消减，美国似乎在单边主义和撤军之间转变了。再者，历史的教训驱使法国寻求自治。直至 1980 年代，超级大国控制下的欧洲以及分裂的欧洲，这些历史即将被淡忘，因此成为雅尔塔会议的阴影。最后，法国人将从美国获取更大程度的自由视为自己的目标。与美国的分离既能表现法国在国际事务中作为重要参与者的地位，又能赢得国家尊严。一种文化与外交的优越感，同时夹杂着一种看法，认为里根在国际事务中是无能的，从而助长了法国人的这种骄傲。

　　在很大程度上，密特朗的对美政策得到了国内的广泛支持——当抛弃了最初的大西洋主义时甚至得到了更多的支持。总体而言，1980 年代法国的公众舆论并不倾向于大西洋主义：它不支持与美国走得更近，不希望华盛顿的领导，也不接受大西洋联盟扩大其影响力。法国公众担心美国的主导地位。他们最大限度地容忍密特朗与大西洋联盟之间的逢场作戏，因为他们欣赏 1980 年代初当苏联打破东西平衡的时候，里根政府对苏联所采取的一种强硬姿态。另外，相比本国政府的立场，他们也更欣赏美国政府对待恐怖主义的强硬态度。法国公众对于友善的里根的迷恋已成过去。相反，他们更赞成缓和关系，赞成避免与苏联的正面冲突，赞成军备控制、超级大国之间的一种调节作用以及法国的独立。密特朗和他的选民的意见基本上是一致的。

　　"当他们要实现他们的国家利益的时候，美国人就会变得令人难以忍受"，一位法国外交家写道，"（他们）毫不犹豫地把我们当作吸尘器的推销员"。[166] 从根本上说，密特朗领导下的法国所面临的问题是如何重

149

新利用这个飞扬跋扈的同盟国的能量。法国为了遏制美国的控制能力，提出了三个相似的方案，却无一奏效。密特朗政府试图通过讨好里根和布什来掩盖分歧，并装作虔诚的大西洋主义者，从而抓住机会规劝或者哄骗这位大哥。然而，这个办法未能奏效，因为美国根本不拿法国当回事，要么控制法国，要么就无视它的存在。譬如，在雷克雅维克峰会上，里根和舒尔茨根本就没有将同盟国放在眼里。同样，布什—贝克团队也想当然地认为，虽然法国存在疑虑，但是最终也会接受美国在德国统一谈判中的决策。法国方面发现装作大西洋主义者并没有为法国赢得优势，反而失败了。另外一个方法就是，当美国紧紧相逼的时候，法国仅以"不"作回应。这是戴高乐主义的阻挠者的处理方式。但这个方法只有当法国能控制局面的时候才有效，譬如在美国攻击利比亚的时候拒绝美军飞机使用其领空，或者在苏联天然气管道一事上，赢得了西德和英国等大部分国家的支持。在很多会议上，当法国发现自己被孤立的时候，便尽显尴尬，不得不做出让步。而第三种"官方"的方法便是既宣称法国是大西洋联盟的忠实成员，又主张法国的独立性。但是法国人发现如此回避问题仍然使他们经常处于下风，最后还落得个顽固的捣乱分子和牢骚大王的称号——或者正如舒尔茨所描述的那样，威廉斯堡会议上的密特朗看起来"脾气暴躁并且蛮横无理"。[167]密特朗既不想成为真正的大西洋主义者，也不想成为戴高乐主义者，因此他经常不得不面对勉强应付、徒劳无功和令人恼火的结果。

在衡量本国的安全与地位的时候，法国不但参照与美国的友好程度，同样还会参照与美国的分离程度。因此，当密特朗被罗纳德·里根传唤出席纽约的某次会议时，他的反应与第二次世界大战期间被美国总统富兰克林·德拉诺·罗斯福传唤在卡萨布兰卡开会的夏尔·戴高乐是一样的。1985年，与40年前的戴高乐将军一样，密特朗抗议美国"不应该传唤法国"，因此他没有出席。[168]

第四章　米老鼠、麦当劳巨无霸和
可口可乐的高卢历险记

　　1996 年，当比尔·克林顿总统到里昂参加七国集团会议时，当地的学生张贴出各种刻画他们对于美国印象的海报。这些海报里有米老鼠、麦当劳的金色拱门、可口可乐饮料瓶和世界贸易中心。美国的商业——尤其是迪斯尼、麦当劳和可口可乐——成了美国的私人大使。欲了解 20 世纪末美国对于法国的影响，分析这三个公司的历程便是一种途径。他们鲜明地代表了美国式的娱乐、食品和饮品在法国的销售状况。

　　此处的背景是 20 世纪的最后 20 年间，这一时期这几家公司已经在法国有一段时间了，它们改变了经营策略以寻求更为快速的发展。同样也是在这段时间，法国人的反应最具戏剧性。譬如，欧洲迪斯尼的反对者向迪斯尼的高管泼番茄酱、砸鸡蛋；农民用可口可乐喷射一座政府大楼；反全球化的激进分子打砸麦当劳的一家分店。我之所以用"历险"一词来描述米老鼠、巨无霸和可口可乐在法国的故事，是因为这个词语意味着故事的主人公为了追求财富在别国他乡遭遇的危险窘境以及充满怀疑有时甚至是敌意的当地民众。

　　基本的故事情节是这样的：虽然这些美国公司在扩张业务时经受了严峻的挑战；虽然它们不得不面对嘲讽、谩骂以及破坏它们财产的公众的游行；虽然它们遭到了政府监管人员的干涉，但是，法国人最终还是接受了米老鼠、可口可乐和麦当劳。尽管遇到了诸多困难，但美国人却成功了：法国人被这些形象化的美国产品所诱惑。

　　我在此讨论这几家美国公司主要针对三个问题：第一，可口可乐以及另外两家公司是直接将其产品、技术和策略出口到法国，还是为了适应当地的情况而对它们的方式做了修改呢？也就是说，它们是强加给了法国人还是做了适应性的调整？第二个问题是关于这几家美国的跨国公司的影响力的评估：他们从法国消费者那里得到的反馈如何？对法国的竞争对手产生了怎样的影响？这些问题又引申出了第三个更具普遍性的问题——在影响法国人的反应的因素中文化与民族身份的重要性。这些外来者的危险是由于美国的经理人们误解或者无视法国人的价值观、传统和身份认同感所造成的吗？文化阻碍了美国企业还是因为文化如此地富有弹性而几乎没有对美国企业造成影响呢？

如果这些是普遍意义上需要解释的问题，那么有人便可能会问——鉴于 20 世纪末，在法国有大量各种不同的美国公司，为什么要选择迪斯尼、麦当劳和可口可乐？存在多方面的原因。

首先，这几家跨国公司比其他的美国公司更具有代表性——全世界都将它们的生意和产品与美国联系在一起。譬如，位于亚特兰大的可口可乐公司的一位官员说："可口可乐是美国人生活方式的一部分，世界各地的人都在某种程度上想要模仿。"[1]这些公司作为全球企业，利用美国已经向国外传播的一切积极含义来推销自己的产品。位于巴黎郊区的迪斯尼乐园里的美国大街向欧洲人呈现了一个幻想中的美国。当可口可乐公司推销它那著名的模仿自由女神像形状的瓶子时，自由便被唤醒了。美国人为这些企业感到自豪的同时，这些企业也相应地彰显出它们的爱国热情：譬如麦当劳的创始人雷·克罗克（Ray Kroc）要求他的每一个营业点都要竖立旗杆，挂上美国的星条旗。

对于法国人来讲，没有比这三家公司更具美国特色的了。这几家全球化企业的公司标识无论对于法国人还是世界上其他国家的人来说都是美国的象征——也因此经常成为反美主义的目标。1992 年，当法国农民反对美国的贸易政策时，他们封锁了欧洲迪斯尼乐园的入口，在麦当劳门前举行示威，并且占领了巴黎郊区的一个可口可乐工厂。并不是只有法国人才将这几家公司作为表达对美国公司和美国政策厌恶之情的象征；瑞典和韩国的民众就曾经因其破坏民族文化而袭击麦当劳，可口可乐和迪斯尼在国外遭遇类似麻烦的历史也很悠久。

利用与美国的文化关联是这些公司所采用的几种共同策略之一。它们也试图表现得如同本地企业。它们努力在本土企业与保持美式魅力之间寻求平衡。可口可乐和麦当劳的特许经营制度便体现了这一策略。麦当劳称其并不是一家美国公司，而是由当地运营同一种商品的独立零售商所组成的松散的联合会。这些跨国公司所采用的第三种共同策略便是它们皆呈现为全球的，同时也是美国的和本土的企业形象。譬如，可口可乐在1970年代创作了第一个全球电视广告。多年来，《经济学家》杂志一直沿用麦当劳的"巨无霸指数"这样一种轻松简单的方式来衡量世界货币估值是否合理。而迪斯尼乐园则挪用类似神话故事等民族文化的手工艺，并以迪斯尼创意产品的形式呈现出来。当迪斯尼主题公园遭遇法国批评家的攻击时，公司的一位高管回应道："它不是美国的，它是迪斯尼的。"[2]如果说这些美国巨头的产品实现了全球化，那么它们的利润亦是如此。1950年代中期，可口可乐来自国际销售的利润只占利润总额的25%，而到了1990年代，国际销售的利润比例已经超过了 75%。[3]这三家公司的运作都采用了这三种语域风格：美国化、本土化和全球化。

　　选择这三家公司的第二个原因是它们都于20世纪末同时在法国扩展其业务。1980年代，国际市场（尤其是欧洲市场）而不是已经饱和的美国本土市场成为这些公司的新战场。《单一欧洲法案》正式通过以后，欧洲有望在1992年之前消除贸易壁垒，这大大地刺激了这三家公司在欧洲的业务发展和扩张。1988—1989年，可口可乐直接控制了其在法国的灌瓶和经销网络，投资了新的设备，并展开了声势浩大的营销活动。1980年代，因为与法国的特许经营商之间的纠纷而导致经营瘫痪多年的麦当劳，重新控制了经营权，发起大规模的业务扩张，并很快成为法国快餐产业的领导企业。1987年，迪斯尼公司的首席执行官迈克尔·艾斯纳（Michael Eisner）与法国政府谈判达成协议，在巴黎郊区建设一个主题公园。欧洲迪斯尼主题公园于1992年在马恩河谷正式开业。它后来被更名为巴黎迪斯尼乐园（为了前后一致，我有时候会称之为欧洲迪斯尼）。

　　选择这三家公司的第三个原因是沃尔特·迪斯尼、雷·克罗克以及可口可乐公司的创始人皆为各自的产品建立了相似的声望。他们都是通

154

过强调产品的良好道德影响力来建立公司的：可口可乐是以一种可以治疗许多疾病的汤力水开始的；迪斯尼是以一个专为儿童和家庭制作电影的制片商起步的；麦当劳则以为郊区家庭提供快餐而闻名。雷·克罗克为了避免让麦当劳成为类似免下车服务店那样的"常去玩儿的地方"，禁止在其店内安装香烟贩卖机和自动点唱机。"我们的主题"，克罗克喜欢反复强调，"类似于主日学校、女童子军和基督教青年会。麦当劳既干净又健康。"[4]这三家公司皆以能为消费者提供可靠的可预见的"安全"食品或者电影而感到自豪。雷·克罗克和沃尔特·迪斯尼都具有强迫性人格。对他们而言，卫生是健康的一部分。众所周知，两位高管都喜欢亲自巡视经营网点。迪斯尼乐园因其干净整洁的环境而区别于那些历史更为悠久的污秽破旧的娱乐场所。麦当劳洗手间的清洁卫生在全世界都享有美誉。良好的道德影响力拒绝色情和来自异国的奇异事物。可口可乐公司的广告甚至在 1900 年以前就以迷人的年轻女子为特征，但是却没有任何淫秽的暗示，仅是"迷人的妖女将我们引向可口可乐"。[5]如果迪斯尼主题公园展现一些异域情趣的话，也都经过了小心翼翼的处理。对主题公园员工严格的着装要求——诸如，女员工不许佩戴色彩鲜艳的首饰，头发不许染成不自然的颜色，不许穿黑色或者有图案的丝袜——引发了一些挖苦的议论："妈妈的要求都没有这么多。"[6]孩子们，或者至少年轻人都是这三家公司最热衷的顾客。迪斯尼在马恩河谷建设主题公园之前，早就通过连环画和电视节目启发了许多法国孩子的想象力。当麦当劳设计吉祥物的时候，管理层选择了一个叫罗纳德·麦克唐纳的孩子气的小丑。即便麦当劳连锁店的主要慈善活动也是针对孩子的：罗纳德·麦克唐纳宿舍为在附近的儿童医院就诊的重病儿童的家人提供低价的或者免费的住房。可口可乐公司的广告，则是将全世界的年轻人作为目标消费者。譬如，在它 1970 年代著名的山顶广告中，一群穿着民族服装的理想主义的青年手里紧紧攥着可口可乐，唱着："我要教会世界在完美和谐中歌唱。"

选择这三家公司的第四个原因是，它们最终发展成非正式的企业联盟以推动各自特别是在全球市场中的更快增长。[7]这种紧密相连的关系通常存在于营销领域。可口可乐公司自从 1955 年开始就一直是迪斯尼主题公园包括欧洲迪斯尼唯一的饮品供应商，并且于 1985 年两家公司形成了一个总体的市场联盟。可口可乐公司与麦当劳也有几十年的合作历史。雷·克罗克于 1950 年代中期刚刚开始做汉堡生意的时候，他就说服可口可乐公司为自己的餐厅提供饮料。因为可口可乐公司在比麦当劳多得多的国家进行销售，这位亚特兰大的巨人帮助它的合作伙伴在全世界开设餐厅。与可口可乐一样，麦当劳也是迪斯尼乐园的主要供应商。麦当劳还享有在促销活动中使用迪斯尼电影中的角色形象的特权。作为回报，它帮助迪斯尼宣传产品。由此，一位法国的消费者很可能同一时间遇到这三个品牌。欧洲迪斯尼的游客可能会乘着麦当劳资助的火车在公园内游览，并且在可口可乐公司开设的"凯西的角落"餐厅里用餐。驻足于巴黎的麦当劳店，就会看到法国的消费者吃着巨无霸喝着可乐的同时，还在观看最新的迪斯尼电影。

〔156〕

选择这三家公司的最后一个不太严肃的原因是它们都声称与法国有着特殊的联系。沃尔特·迪斯尼和雷·克罗克在一战期间或者一战后都在法国的红十字会当过司机，甚至他们很可能就是在那个时候认识的。另外，根据公司的创业故事记载，沃尔特·迪斯尼的白雪公主的灵感源于 1935 年，当时他在巴黎的一个电影院第一次看到自己独立制作的电影短片；这使他产生了制作一个长片动画电影的想法。后来，《白雪公主和七个小矮人》等作品为他赢得了法国荣誉军团勋章。迪斯尼家族甚至可能有高卢血统。1990 年代初，当马恩河谷迪斯尼主题公园遇到麻烦的时候，迪斯尼的侄子就声称自己的祖辈出生在诺曼底的滨海伊西尼镇。[8]可口可乐也有高卢渊源，或者至少有些高卢背景：现代软饮料的前身是法国古柯葡萄酒，它是彭伯顿效仿马里奥酒制作而成的，是波尔多葡萄酒与古柯叶子提取物的一种混合物。彭伯顿医生后来更改了古柯葡萄酒的配方，去除了葡萄酒，加入了其他成分，因此变成了今天的可口可乐。

作为这些历险记的前言，有必要回顾一下这些公司的历史以及它们是如何进入法国市场的。麦当劳的创始人雷·克罗克，是美国中西部的一位推销员。他从加利福尼亚的麦克唐纳兄弟那里买到了一种合理化经营汉堡的权利。1955 年，他在伊利诺伊开设了第一家餐厅，并将总部

〔157〕

设在芝加哥郊区的奥克布鲁克。他继而将麦当劳的特许经营权售卖给其他的小创业者，这些人买到的是食品生产的装配方法和麦当劳公司的标识。奥克布鲁克总部负责提供一定的服务，诸如指定供应商、管理培训、餐厅选址以及详尽的经营指导等，特许经营商则负责投入资金、增加地方特色并缴纳特许经营费。[9]依靠这种特许经营体制和大量的广告，麦当劳迅速成为1950年代和1960年代美国第一大汉堡连锁店。

与雷·克罗克的连锁店相比，可口可乐的历史要悠久得多，它可以追溯到1880年代，当时约翰·彭伯顿（John Pemberton）医生在亚特兰大发明了一种新的可乐汤力水。可口可乐公司对于它的灌瓶公司也采用了一种特许经营的体制并且侧重依靠广告来推销自己的饮料。1900年，这家地方企业已经成为一个全国性的公司，公司的股东们和灌瓶商们因此也发了财。[10]

沃尔特·迪斯尼与雷·克罗克一样，也是有一定想法的一个中西部的小企业。他于1920年代成立了一家制作动画短片的电影公司。几年内，位于伯班克的迪斯尼公司便成为一家大的电影制片厂，而到了1930年代，它已经成为一个非常成功的动画电影长片制作商和发行商。

在国外开设企业之前，这几家公司已经是在国内设立的盈利的并具有知名度的企业。可口可乐公司1920年代便开始进入国际市场，但是直到第二次世界大战结束以后（西德除外），它才开始在西欧扩张。早在1919年，可口可乐在法国的一些小餐馆就有售，而直到1950年代，它才成为软饮料市场的一个主要竞争者。沃尔特·迪斯尼于1930年代试探性地进入海外市场。在经济大萧条时期，法国电影院播放过一些他的电影，而直到1945年以后，法国人才开始逐渐熟悉迪斯尼的电影、动画和电视节目。麦当劳是这三家公司中最后一个进入海外市场的。1967年，它在美国以外开设了第一家餐厅，而"金色拱门"在法国第一次出现是1972年。直到第二次世界大战以后，这三家公司才成为法国市场的主要参与者。

米老鼠、巨无霸和可口可乐踏上法国国土之后，历险马上开始了。回顾历史，它们都犯过损失惨重的错误。此外，它们高傲的姿态也引发了法国人对于美国公司实力的担忧和反感。其中，迪斯尼面临过最大的危险。

▨ 迪斯尼

建立在巴黎郊外马恩河谷的欧洲迪斯尼乐园经历了一个相当困难的起步阶段：在建设和运营过程中惹恼了几乎每个人；引发了美学的、政治的和哲学的争论；不到两年，几乎濒临破产。然而，它最终不仅存活了下来，还使法国成为主题公园在欧洲最重要的市场。

沃尔特·迪斯尼公司的首席执行官迈克尔·艾斯内希望扬长避短的同时，复制迪斯尼在佛罗里达的奥兰多和东京运营成功的主题公园。[11] 譬如，在东京迪斯尼乐园，迪斯尼公司并无股权和控制权，因此收入十分微薄。1980年代，在与法国政府谈判时，沃尔特·迪斯尼公司便采取了不同的策略。艾斯内的团队很清楚迪斯尼在这一谈判中占据上风，因为法国政府急于通过主题公园增加就业、激活旅游业、吸引外资，同时也因为法国官员担心迪斯尼公司会选择巴塞罗那。政府官员们为了将米老鼠引入巴黎可谓煞费苦心。法国的社会党总理洛朗·法比尤斯于1985年与沃尔特·迪斯尼公司签订了意向书，而他的保守派的继任者雅克·希拉克则于1987年完成了与迪斯尼公司的谈判，签署了长篇合同文本。据估算，仅仅迪斯尼乐园的建设工程就会增加1万到2万的就业岗位，还会有成千上万的与建筑相关的或者场外服务的工作。政府官员预测每年游客将会给法国带来数十亿美元的收入。公众也非常热情：在一次民意调查中，五分之四的被调查者支持这一项目，[12] 而当协议成功签署之日，《解放报》在自己的标识上增加了两只米老鼠的耳朵。迪斯尼公司利用自己的优势地位赢得了很大的让步，包括税收减免、低息贷款、市郊铁路的延伸、低廉的地价、总收入的提成以及仅针对极小部分股权的完全控制权。

艾斯内团队筹划的并不只是一个新的主题公园。第一阶段，还计划建造拥有5200个房间的六个宾馆、一个露营地、一个高尔夫球场和一个商场。第二阶段，将模仿美国迪斯尼米高梅影城建造另外一个主题公园，以及宾馆、公寓、办公楼和一个主要的会议中心，等等。总之，欧洲迪斯尼只是一个庞大计划的开始，这个耗资巨大的地产开发项目占地超过5000英亩、投入资金超过40亿美元。它的目标是改变欧洲的休闲概念。迪斯尼项目将要提供的是一个全面的度假胜地，而不仅仅是供一日游的游客参观的公园。

法国的企业家们也察觉到了机会。如果迪斯尼公司测算认为法国已经具备开设一个奢侈的主题公园的条件的话，那么他们也应该有发展的空间。但是他们需要抓紧时间赶在 1992 年"梦幻王国"开业之前给它以重磅一击。另外，1992 年巴塞罗那奥运会也会吸引数百万游客到欧洲旅游。因此，在欧洲迪斯尼建设期间，6 家大型主题公园和一些小型公园相继开业了，一时间法国成为欧洲休闲产业的佼佼者。然而，这些迪斯尼的挑战者中，只有两家是成功的；其他的或是倒闭，或是一年一年地勉强维持。以拉伯雷为主题的"米哈波利"主题公园于 1987 年在巴黎附近开业，但是因为游客不及预计的一半而陷入困境。以比利时卡通人物为主题于两年后在梅斯附近地区建造的"蓝精灵乐园"也遭遇了同样的命运。这两个主题公园在营业了一两个暑期之后便相继濒临倒闭。其他公园，诸如室内家庭娱乐中心"魔法星球"，以及许多水族公园也只维持了一季。出了什么问题？原因是综合的，包括不切实际的目标、资金使用不当或者不足、设计或者地点比较差、景观稀少、管理者经验不足、营销错误以及宣传环节薄弱等。[13]另外，法国消费者对于昂贵的一日游也感到很勉强。

另外两个主题公园显得更有潜力一些。一个是阿斯特克主题公园，它源自一个著名的法国动画故事，故事讲述了足智多谋的阿斯特克和他的小跟班奥比里克斯以智取胜打败了笨手笨脚的罗马人。该公园自 1989 年 4 月开业以来每天接待游客超过 2 万人。它坐落于巴黎北部，拥有优越的地理位置，拥有来自巴克莱银行和雅高连锁酒店的稳定投资（虽然最初的投资金额只有 2 亿美元，而迪斯尼的投资是 45 亿美元），获得了加利福尼亚的一些专家的合理建议并善于利用媒体巧妙地开拓市场。公园里有罗马城等著名的历史景点以及攻占巴士底监狱等场景的再现。在开业的最初两年，门票的年收入为 14 亿美元。但是随着"梦幻王国"的建成，阿斯特克公园的管理层普遍感到十分担忧。另一个新建成的主题公园是一个自称为"影像公园"的未来世界影视公园。该公园于 1987 年建成，到 1991 年游客人数达到 120 万。阿斯特克主题公园是私有企业，而未来世界影视公园则是由地方政府建造并拥有的集技术、研究和教育为一体的综合建筑群，目的是激活普瓦捷地区的经济。[14]一条新建高铁的连接使这一地区出行方便。这个综合建筑群依靠公共基金建造和发展起来（最初几年的投资高达1.8亿美元），并通过特许经营的方式转由私人经营。未来世界影视公园里有3D影院、巨幕影院和未来主义建筑，在"魔法湖"上还有各种展览和表演。

1992年春天，欧洲的休闲业在局促不安中迎接米老鼠的到来。在德国的一次会议上，一些主题公园的官员表示担心迪斯尼乐园将会设定他们所无法承担的标准因而抢走他们的顾客。[15]阿斯特克主题公园的董事奥利维耶·德·波斯艾登（Olivier de Bosredon）则相信，欧洲人具备竞争能力，但必须"予以还击"。他指出了这个美国佬对手的弱点：票价高并且等待时间长。"欧洲人不喜欢排两个半小时的队，他们不适应。"迪斯尼的前任咨询顾问则很乐观，他提醒这些忧虑的与会者，从长远来看，迪斯尼将有助于提升这个行业的公众认知度：他指出，在美国和日本，迪斯尼都是一个金字招牌，因为它刺激了更高水平的投资，提升了运营标准，并且促进了产品革新。他给波斯艾登及其同行们的建议是增加投资并使他们的企业更有活力。

与此同时，艾斯内的团队遭遇到了麻烦。[16]如果说共和党的政治家们为建造迪斯尼斥资巨大，公众似乎也很乐意接受的话，自开始起仍然有一些不同声音的反对者。某工会就声称迪斯尼公司敲诈法国政府，获得了如此多的特权以至于"梦幻王国"像是成了美国的"第51个州"。整个政治阶层也不都是支持者。研究环境问题的专家们批评迪斯尼项目毁坏良田；共产党人反对挥霍纳税人的税款；激进右派分子痛惜它对法国文化的颠覆，甚至包括让—皮埃尔·舍韦内芒在内一些社会党人也站出来反对自己的政府。[17]

艾斯内的经理们要求法国政府签订一个综合性的合同，然后按照合同的每一个细节加以履行，这引起了极大的反对——反对声来自于愤怒的政府机构、承包商、工会、当地居民和迪斯尼的雇员。政府官员和承包商抱怨迪斯尼团队飞扬跋扈的态度；农民抱怨土地的价格低廉；许多用迪斯尼的话称为"角色成员"的新进员工也怨声载道：他们反对禁止任何有损迪斯尼整洁形象的严苛的着装规则——男士不得蓄胡须、留胡子、戴耳环。[18]他们对员工培训、工资、工作条件和住房表示不满，抱怨戴着耳机拿着写字夹的公司监管人员的监察过于严格。清洁女工最早提起抗议，因为她们经常被要求在夜间工作，有时是每天夜间工作。还有关于种族主义的控诉，因为黑人和北非裔员工被限定只能打扫公园卫生。法国的工会，包括共产党的法国总工会，一致要求迪斯尼遵循法国劳动法，支付员工的加班费和病假工资。一千多名实习生在公园刚开业就辞职了，而旅馆工人、清洁工和乐师们断断续续的罢工也打扰了这个旅游胜地的正常运行。事实证明，与其他欧洲国家的员工相比，占雇员总人数约三分之二的法国人培训的难度更大。[19]迪斯尼以对员工更加严格的监管以及开除滋事者作为回击。一位叫玛丽安娜·德布斯（Marianne Debouzy）的学者称迪斯尼的"粗暴方法"使之"完全脱离法国的工作文化"。[20]一本讽刺杂志颠倒了迪斯尼的魔法："米奇发明了老鼠对人的剥削"。[21]

对于很多人来说，这些加利福尼亚人不仅志在必得而且傲慢自大。一位迪斯尼的高管在接受法国报纸的采访时说："迪斯尼是与其他公司完全不同的世界……我们已经是最好的了。"而另一位高管则将迪斯尼的建设与埃及法老修建金字塔相提并论："我们在创造流芳百世的作品"。[22]项目交流部的经理半开玩笑地说："巴黎将会成为欧洲迪斯尼乐园的景观之一"。[23]

有些记者在迪斯尼建成之前就控诉美国人将休闲工业化，扼杀了想象力，损毁了法国语言，降低了法国文化的标准。[24]《新观察家》发表了一篇名为"米老鼠的长牙"的文章，而它的一位编辑雅克·朱利亚则指出法国最近受欢迎的动作英雄是达赫达尼昂［出自亚历山大·大仲马的《三个火枪手》］，因此质问道，"我们的兰博在哪里？"[25]当艾斯内与公司其他官员于1989年在巴黎证交所为公司股票挂牌销售时，出现了要求"守财奴叔叔"滚回去的标语，还有一些左派的抗议者向这些美国人投掷番茄酱和鸡蛋。

1992年4月12日开业当天，迪斯尼与工会之间的争执引发了运输工人的怠工而使得进入公园的路被阻断。声称受到不公正待遇的承包商威胁要罢工。当地居民抱怨交通堵塞和夜间的焰火。到了6月份，几百辆拖拉机堵住了"运营中的米老鼠"的路口，农民们为反对将农田"殖民化"而示威。这个新开张的公园的名声是极其令人讨厌的。尽管有媒体铺天盖地的宣传，但是初期的游客数量还是低于预期，管理层原本担心初期的游客人数太多而无法接待。更糟糕的是，欧洲迪斯尼的首任总裁不愿改变其臭名昭著的预言："我最大的恐惧就是我们将会过于成功。"[26]

　　迪斯尼经理们大量的商业错误也使问题更加严重。[27]他们高估了夜宿的需求量，对门票、旅馆房间、食品和商品的定价过高，并且低估了恶劣天气的影响。最重要的是，他们对法国——和欧洲——经济的错误判断。由于欧盟向前迈出了一大步，美国人便期待1992年的经济繁荣，而事实上，他们面对的却是战后西欧最严重的经济衰退。同时他们还存在一些更小的失误，诸如忽视了旅行社的作用和限制酒精饮品的出售等。[28]很多人抱怨价格高、排队时间长和服务效率低。第一季度的经营状况令人大失所望：门票、食品和商品的消费都低于预期，旅馆也只有一半的入住率。经济萎缩阻碍了公司地产的销售，与此同时，它还要为债务支付巨大的财务费用。这个旅游胜地正在消耗大量的资金。第一个财政年度，它亏损了3500万美元，而第二年度的亏损数字继续增加。英国小报有文章写道："嗨吼，嗨吼，被逼到悬崖边上喽。"直至1993年4月，入园人数还没有达到预期的最低数量1100万人。而在这些游客中，法国人占了36%。股票价格暴跌。公司管理人员宣称1993年第一季度公司亏损8700万美元，相当于每天亏损近100万美元。到了夏季，公司急切地需要进行金融重组，削减价格，并且降低工资。入园人数锐减至900万。艾斯内威胁称，如果他的合作伙伴——一个由银行和投资人组成的银团——拒绝做出让步的话，他将关闭乐园。

　　1993—1994年的冬季，欧洲迪斯尼处于破产的边缘。1994年3月，一个拯救方案经过谈判确定下来，其中包括迪斯尼乐园与银行都做出的让步以及沙特王子的巨额投资，局面因此开始得到扭转。但是亏损仍在继续，达到15亿美元。直至1995年夏季，也就是公司的第三个营业年度，乐园才开始盈利。[29]虽然年入园人数稳定在1200万左右，但公司的

164

巨额债务仍将继续影响这个旅游胜地的财政状况。

几年后，首席执行官菲茨帕特里克的继任者终于承认，欧洲迪斯尼公园修建得过于庞大，背负的债务过多。[30]一位英国分析家用犀利的言辞影射 1994 年的重组，称"骄傲、自负、贪婪和狂妄是欧洲迪斯尼衰落的核心所在"。[31]譬如，它雇佣 6 位知名的建筑师设计 6 个不同的主题宾馆，这样开销就太大了。成本急剧上升直至失控使得乐园最终在几十亿美元贷款的沉重负担下苦苦挣扎。他认为，艾斯内为了避免曾在东京发生过的错误，在建造这个主要由沃尔特·迪斯尼公司获取利润的庞大的、耗费巨资的以及高负债率的建筑群时，做得太过火了。

关于"梦幻王国"所遇到的麻烦，另一个不具说服力的解释是迪斯尼错误地拒绝适应法国和欧洲。迪斯尼乐园的规划者认为欧洲需要的是一个美国的主题公园，而不是混合的欧洲化的迪斯尼乐园。因此，他们在马恩河畔复制了一个佛罗里达的迪斯尼世界。迈克尔·艾斯内表示他要让巴黎的迪斯尼"与美国和东京的迪斯尼乐园以及美国国内的公园丝毫不差——也就是说要用快餐取代呛人的小餐馆，用可口可乐和柠檬汁取代葡萄酒，用动画片取代黑色电影"。[32]据艾斯内称，"美国大街"将是纯粹美国式的，就如同"拓荒地带"代表美国西部，而"大雷山"令人想起"淘金热"一样。或者，如同莎妮·比赫所说："迪斯尼过分侧重于将美国的事物在法国进行商业化，而不是将迪斯尼体验法国化……"[33]欧洲迪斯尼的一位法国发言人解释说："我们带来一种纯真而朴素的反映欧洲人对于美国印象的美国风景"。[34]

迪斯尼的管理层在"梦幻王国"中对欧洲做出了哪些妥协呢？事实上有很多，但是都是一些小的让步，完全无助于将景点"欧洲化"。规划者在园中加入一个法国饭店，将法语作为两种官方语言之一，并且在设计睡美人的城堡时参考了《贝里公爵的华丽时辰书》中的插图和卢瓦尔河城堡。他们甚至还做了一些呈现欧洲景观的景点。譬如，在以环形电影银幕为特征的"梦幻馆"中，并没有像佛罗里达和加利福尼亚一样放映《美国之旅》，而是展示了一副欧洲各地的全景图，诸如维也纳的霍夫堡皇宫等，并邀请欧洲演员杰拉尔·德帕迪约（Gérard Depardieu）和杰瑞米·艾恩斯（Jeremy Irons）等担任片中的解说。公园一开业，或者开业不久，大部分美国人都回国了，包括它的第一任总裁罗伯特·菲茨帕特里克也由法国人菲利普·布吉尼翁（Philippe Bourguignon）所接替。[35]终于，欧洲迪斯尼也放弃了禁止酒精饮品的规定。为了赢得当地人的支持，迪斯尼做出了更大的让步。1994年金融重组以后，艾斯内将获得重生的公园更名为"巴黎迪斯尼乐园"，他解释说，此举是为了凸显它是"沃尔特的原创，它位于世界上最浪漫而充满激情的城市之一"。[36]

然而，公园仍然是一个幻想中的美国。[37]通往"梦幻王国"的入口要经过令人想起美国小镇的"大街"，而公园的格局也仿照奥兰多的迪斯尼世界，被分成冒险乐园和梦幻乐园。"角色成员"——也就是与"客人"接触的所有员工——都必须讲英语，而且公园的许多告示牌和迪斯尼铁路的广播也都使用英语（另一种"官方语言"）。红杉洛奇酒店和夏延酒店满足了欧洲人对于美国西部的想象。"吉卜森少女冰淇淋店"等园中的大部分餐馆所提供的食物都是美式的，而播放的音乐和"角色成员"的服装都呈现出一种想象中的美国1890年代的景象。"灰姑娘的客栈"提供地道的法国美食，像在炸奶油蛋卷上浇肥鸭干酱，但是客人在这里也可以点汉堡和炸鱼条。另外，很少有欧洲人会将睡美人的城堡与卢瓦尔河城堡混淆；这里是纯粹的迪斯尼乐园。然而，我们很难对这一策略提出异议。欧洲人想吃像烤肋排和热狗这样的美国食物。正如艾斯内所说，"法国人不希望我们过来做法式煎饼"。[38]先前调查的3万个欧洲家庭都表明了这一想法。"几乎所有人"，菲茨帕特里克称，"都希望欧洲迪斯尼保持美国迪斯尼的原样。米老鼠不应该是蓝精灵和阿斯特克的结合体"。[39]艾斯内和他的规划师们是正确的：法国人想看到的是一个美国式的主题公园。[40]让法国人接受美国而没有去适应法国并不是主题公园最初挫折的主要原因——即使这也是原因之一。问题源于一个错误的商业决策。

然而，当地居民没有像预期的那样成群结队地去看"米老鼠"。曾预期法国游客会占到50%，结果却平均只有40%。1998年，当接待量上升的时候，38%的参观者是法国人。而至少在美国游客的眼里，当地游客是出了名的不遵守规则，尤其是不排队。实际上，法国游客与美国

167

游客的游览方式并不相同。譬如，法国人倾向于只住一晚而不是好几晚。法国人还喜欢通过旅行社来规划他们的旅游路线，但是迪斯尼拒绝与这样的中介机构合作。而且，法国游客也对最初高昂的入园费用感到震惊（包括园内交通费）：成人 41 美元，儿童 27 美元。结果是，那些在"梦幻王国"里游玩的大部分游客并不是法国人。

当观察家们能够实际看到新建成的迪斯尼乐园的时候，来自政治阶层的抨击使这场知识分子的辩论更加激烈。阿兰·芬基尔克罗称这是"向世界同质化迈出了可怕的一步"。右派时事评论员让·科（Jean Cau）讽刺这个地方是"由硬纸板、塑料和糟糕的颜色制成的一个恐怖场景，是变硬的口香糖以及从为美国肥佬写的漫画书里照搬过来的愚蠢的民间故事组合在一起的一个建筑物"。[41]还有些人认为，美国人将他们想象和创造的形式强加给法国孩子，法国的民族身份正在面临威胁。一位学者在游览过后，认为它是"梦想的屠宰场"，并称之为"欧洲和法国心脏的一个溃疡"。[42]新右派人士阿兰·德·伯努瓦将"梦幻王国"描绘成美国人的梦想世界——安静的、呆板的、幼稚的、商业化的和同质化的。[43]《世界报》称欧洲迪斯尼为"部分的美国梦"：它激发了对于"远远偏离美国现实"的无瑕幸福的丰富想象。[44]还有人嘲笑欧洲迪斯尼的审美感、它的文化盗窃行为、它被清洁过的虚假、它甜蜜的感伤情调、它被动的乐趣形式、它的视觉而非文化的特征、它的"超现实主义"、它的商业主义以及它将娱乐说成是"文化"的自我标榜。[45]雅克·朱利亚的评论更加邪恶，他希望能有一场大火将迪斯尼付之一炬。[46]但是最臭名昭著的诋毁来自于戏剧导演阿里安娜·穆世瑾（Ariane Mnouchkine），她称迪斯尼乐园是"一个文化切尔诺贝利"。菲茨帕特里克说，当他听到穆世瑾的挖苦之后惊讶得差点从椅子上摔下来，因为穆世瑾曾经接受自己的邀请游览了加利福尼亚的迪斯尼乐园，在那儿她还与米老鼠合过影。对于降低法国文化标准的言论，菲茨帕特里克则讽刺地回应道："娱乐也是一种文化形式。法国人很清楚。难道他们忘记了吗？"[47]

本书第二章所提到的蔑视美国文化的现任文化部长雅克·朗，他称自己太忙而不能出席公园的开业仪式，并对公园未给欧洲景观留有更多空间而表示遗憾。然而，部长又软化了他的怠慢之辞，表达了他对迪斯尼技术能力的赞赏，并承认自己参观佛罗里达的迪斯尼世界的经历"相当有趣"。[48]

美国报界讽刺法国人的焦虑和抱怨。《纽约时报》发表了诸如"挑战迪斯尼，十足的高卢人"以及"只有精英蔑视米奇的首次亮相"等的文章，而一家评论杂志借用白雪公主的故事，称在法国"所有的小矮人都脾气暴躁"。[49]

然而，抱怨并没有垄断所有的辩论："梦幻王国"有它的捍卫者，包括一些熟悉的反反美主义者。哲学家米歇尔·赛瑞斯（Michel Serres）指责这些评论家，他认为："不是美国在侵犯我们。是我们自己崇拜美国，采用它的时尚甚至它的语言。"让—弗朗索瓦·勒维尔补充道："如果法国文化可以因为米老鼠甚至更确切地说因为米老鼠地理位置的移动就被挫伤的话，那么它是令人不安地脆弱的。"[50]勒维尔指出，如果加利福尼亚方面只是为欧洲人重新包装灰姑娘和匹诺曹等的欧洲童话故事的话，那就成了文化循环。安德烈·格鲁克斯曼因为"流行的乐趣"而斥责有着"贵族式轻蔑"的批评家："米奇和米妮与进步党和保守党组成的正义神圣联盟打成平局，应该给它们颁发奥斯卡幽默奖。"[51]一位游览了公园的作家认为，欧洲迪斯尼——像地狱一样——也是用"软绵绵的焦糖铺成的"，但他承认戴着米老鼠耳朵，吃着爆米花，坐着缆车，他玩得很开心。[52]周刊杂志也纷纷表示赞同。《快报》用"谁害怕米老鼠？"来问候公园的开张。[53]《观点》也表示赞同："文化：让我们不惧怕美国。"[54]

批评家们很快变得沉默，媒体也温和起来，到了1993—1994年，报社的声音听起来更加正面了。《世界报》报道称："迪斯尼在我们中很流行"。[55]而公园的捍卫者们也提醒圣日耳曼德佩傲慢自大的精英们，公园只是为家庭提供乐趣的地方。"美国文化摇摆着"，《快报》的一位投稿人写道，"梅洛—庞蒂有一定的文化价值，这个我承认，但是，明天我要去迪斯尼乐园。"[56]迪斯尼的发言人也对批评进行反击，称自己是这群思想狭隘的假内行的受害者。[57]欧洲迪斯尼引发了一场辩论而不是独角戏，这个事实表明知识界反美主义主张的衰落。

169

虽然法国游客的数量并没有迪斯尼乐园预期或者期望的那么多，但是他们却保持源源不断。当客流量稳定以后，每年的法国游客的入园率达到 450 万到 500 万。熟知《米奇成长日记》和迪斯尼动画电影、在美国大众文化中长大的更年轻的一代被强烈地吸引着要去参观"梦幻王国"。[58] 随着商品和食物收入的增加，宾馆的入住率也攀升到 90%。大部分游客对于游园经历都十分满意——显然他们没有理会知识界的警告。迪斯尼的产品也备受欢迎。1993 年开业的位于香榭丽舍大街的迪斯尼商店的销量比世界上其他地方的迪斯尼商店的销量都要高。政府表达它的赞许：开业 6 个月以后，社会党总理皮埃尔·贝格伯（Pierre Bérégovoy）授予迈克尔·艾斯纳法国荣誉军团勋章。即使是密特朗总统也产生了怜悯之心。他原本拒绝参观公园，但是艾斯内利用其政治关系劝说美国前总统乔治·H. W. 布什于 1994 年邀请密特朗来园内就餐。面对媒体，布什注意到了他的宴会同伴阴沉的表情而说道："笑，快，弗朗索瓦，笑!"两位愉悦的总统的照片成了第二天报纸的头版，艾斯内获得了总统象征性的赞许。[59]

1990 年代末，"梦幻王国"至少在某些方面已经呈现出即将蓬勃发展的态势。据巴黎旅游局称，它的参观人数（1260 万）已经多于巴黎圣母院（1200 万），而成为巴黎最受欢迎的旅游景点。但是这个数字相比盈利需要的客流量还是少的，而且欧洲迪斯尼的股价仍然低得可怜。尽管如此，1999 年，欧洲迪斯尼的首席执行官吉尔·贝利森（Gilles Pellisson）仍然决定斥资 45 亿法郎建立致力于电影和广播产业的第二个公园：沃尔特·迪斯尼制片厂计划于 2002 年 4 月欧洲迪斯尼十周年纪念日开张。以经济财政部长多米尼克·斯特劳斯—卡恩为首的社会党政府再次对新景点的建造表示欢迎，渴望它能带来更多的投资和就业机会。[60] 然而，迪斯尼再次贪功致败，再次遭遇了不幸的时机——恐怖主义空袭美国。沃尔特·迪斯尼制片厂开业两年间只吸引了 200 万游客，还不到预期的一半，这对于改善公园的财政状况毫无帮助。[61] 受债务的拖累，实现盈利仍然需要艰苦奋斗，欧洲迪斯尼不得不进行第二次金融重组。但是，它仍然自居是欧洲首屈一指的旅游目的地。当 1997 年的环法自行车赛以欧洲迪斯尼为终点结束的时候，米老鼠就已经到了。

　　"梦幻王国"的到来打乱了法国的休闲产业。阿斯特克主题公园遭受的打击最重：1992—1993年，入园人数降至100万。和欧洲迪斯尼一样，阿斯特克主题公园需要金融重组。但是参观人数的下跌是暂时的，以奥利维耶·德·波斯艾登为首的管理层拒绝投降：他们投入了1000万美元，引入了新的景点，如"国道7号"——通向南方古道上的迷你车游，并将公园进行了彻底翻新。波斯艾登将与迪斯尼的竞争比作高卢人抵抗罗马人："阿斯特克是抵抗罗马大规模入侵的勇士，阿斯特克公园也是如此。罗马人禁止士兵留胡须，迪斯尼公园也是如此。有很多有意思的相似之处。"[62]1995年，阿斯特克公园的经理们宣布胜利：入园人数恢复至150万，盈利也同样得到恢复。两年后，入园人数达到200万，阿斯特克的股票在证券交易所挂牌上市。市场部经理尼古拉·拜拉德（Nicolas Perrard）宣称胜利的原因在于阿斯特克是"法国式而非美国式的主题公园"。"迪斯尼基于幻想，而我们基于现实"，他补充道，"他们不是基于民族文化，而是基于童话故事。"[63]然而，阿斯特克的现实性和民族性不禁令人怀疑。事实上，阿斯特克主题公园的"胜利"不仅是由于其利用了法国历史，也同样因为它借鉴了欧洲迪斯尼。它借鉴了美国人的设计和宣传手段，并受马恩河谷的欧洲迪斯尼景观的启发，学会了如何翻修水上驾驶项目"大水花"等新景点。像迪斯尼一样，它在商店里出售主题商品，建造了自己的宾馆。拜拉德承认阿斯特克的创始人起初对主题公园了解甚少，但是"通过观察迪斯尼，公司将公园从一个如同公共公园似的被动娱乐形式转变成一种参与式的公园运营方式。感谢迪斯尼，我们的人现在知道这个产品是什么了"。[64]阿斯特克公园也走向欧洲大陆——与欧洲其他公园联合起来协调市场营销和投资。回想一下，1992年波斯艾登认为法国公园从长远来讲将受益于迪斯尼的到来的预测是正确的。[65]

　　截止1990年代末，巴黎迪斯尼公园是欧洲唯一一个年游客量超过1000万的公园。虽然未来世界影视公园（年客流量280万）和阿斯特克主题公园（年客流量200万）呈现一派繁荣景象，但是巴黎迪斯尼全年1200—1300万的"客流量"将它们远远地甩在后面。其他一些公园，譬如坐落于旺代省的"疯子山"主题公园正在扩张，它通过重演百年战争而重现法国历史，利用克莱蒙—费朗附近的火山地带进行开发的"火山园"也在筹备之中。滨海地区有众多的水族公园，而内陆地区也有许多小型水族公园。主题公园成为一个重要行业，而恰恰是迪斯尼引领了这一潮流。它演示了这样的公园如何能够繁荣，培养了公众日常旅行和到旅游胜地度假的习惯，也迫使法国的竞争者不得不与时俱进。马恩河谷为法国创业者提供了大量的适合他们的商机。迪斯尼公司入驻之前，法国休闲公园的年客流量只有 150 万人。而到了 1990 年代中期，法国六十多家主题公园每年吸引了超过 2000 万的游客。法国成为欧洲主题公园的最大市场。[66]

■ 麦当劳

麦当劳公司经历了一个痛苦的建立阶段。[67]1972 年，麦当劳将巴黎的专营许可证授予了一位名叫雷蒙德·达扬（Raymond Dayan）的当地企业家。几年以后，达扬就发展了十几家餐厅，其中有几家属于麦当劳在国外最赢利的餐厅之列。但是 1977 年，当调查员去巴黎各分店检查其是否符合公司标准时，他们惊呆了。他们发现了变质的食用油，沾满油渍的墙壁和地板，打开的杀虫剂罐子就放在装有汉堡酱的容器上面。若想进入圣拉扎尔火车站的分店，顾客们不得不穿过一家色情电影院的拱廊通道。第二年，麦当劳派来另一组调查人员，这次由法国官员陪同，他们在麦当劳餐厅里拍到了狗的排泄物，并发现达扬的番茄酱要收费。麦当劳开始采取法律行动以终止达扬的特许经营权，但是这一法律行动耗时 4 年，最终是伊利诺伊的诉讼才使公司重新获得控制权。达扬称芝加哥总部是想霸占法国这个效益高的特许经营店。1982 年，法庭判定麦当劳有权终止达扬的经营权。但是，麦当劳整整花费了十多年的时间才恢复了在法国的经营。由于第一家法国特许经营店的惨败，雷·克罗克不得不使尽浑身解数恢复在法国的经营。值得注意的是，麦当劳在法国遇到的麻烦并不稀奇。它在刚进入荷兰、英国和德国市场的时候，都遇到了非常棘手的问题。

当麦当劳准备好在法国重新营业的时候，它面临着自 1970 年代初开始迅速发展壮大的快餐行业的激烈竞争。[68]1984 年，它在法国仅有 16

家分店。在麦当劳为法律纠纷奋争的时候，得到雅高连锁酒店支持的汉堡连锁店"休闲时光"进入了市场；与其他快餐店一样，"休闲时光"直接模仿了雷·克罗克公司的经营和营销方式。1980年代中期，"休闲时光"和比利时连锁店"法国速度"的营业网点都多于麦当劳。"汉堡王"也开设了店面并且在巴黎的营业网点很快超过了麦当劳。而达扬仍然在经营：他将餐厅改名为"欧克齐"（O'Kitch），并根据法国人的口味调整了菜谱——譬如在汉堡中加入蛋黄酱；他继续在盈利。同时，还有大量来自本国的小型的竞争对手，诸如"曼哈顿汉堡"、"爱的汉堡"以及"阿斯特克汉堡"等。尽管汉堡经营商在快速增长，但是1980年代中期占据快餐市场主要份额的却是甜酥面包。甜酥面包也于1970年代兴起，具有代表性的是像"蛋黄面包"这样的出售牛角面包和糕点等传统食物的连锁店。麦当劳随之采取行动。

1984年，为了抹除人们对于达扬的窄小简陋的店铺的印象，公司在巴黎的一个高档街区重新开设了一家直属分店。公司的扩张是高调而昂贵的，针对的目标是巴黎及省会城市人流密度高的中心地段和时尚街区。麦当劳花费600万美元的租金在美丽的香榭丽舍大街开了一家旗舰店。这些新开的分店采用标准的室内外装潢设计，采用美国式的高度合理化的运营方法，并由美国总部进行严格的质量监控。这个策略奏效了。3年后，雅高出售了"休闲时光"连锁店，称与美国人竞争成本太高。截止1990年，法国已有110家麦当劳餐厅，3年后，继续上升到240家。当时，麦当劳和"法国速度"占据了三分之二的法国市场。[69]在法国快餐行业，汉堡销售量的增加直接影响了法国传统食物的销售。1988年，汉堡占据法国快餐销量的48%，而1992年，汉堡比例上升到81%。同时，甜酥面包的销量从29%下降到8%。即便如此，以"羊角面包"连锁店、"蛋黄面包"连锁店和"甜酥面包"连锁店为首的甜酥面包行业还在继续扩张。三明治的销售量也在扩大，但是仍落在汉堡的后面，而且其"外带"食物的发展才刚刚起步。1980年代末，尽管快餐行业发展迅速，但是也只占了餐饮行业总营业额的10%。[70]

1986年的一份关于巴黎和里昂的快餐店的调查报告显示：与甜酥面包相比，汉堡的消费者中男性和年轻人居多（68%的消费者的年龄在

25 岁以下）。[71]包括许多青少年在内的中低层管理人员、白领以及失业人员的数量大大超过工厂工人。消费者选择快餐店而非传统的饭店或咖啡馆的原因首先是服务速度（81%）和价格（41%），然后是氛围（32%）和口味（25%）。而选择咖啡馆的首要原因则是格调。

　　麦当劳美国总部的经理们担心欧洲人会将麦当劳视为入侵式的美国跨国公司，因此从一开始便试图给经营商一些自治的权利。特许经营店主都是当地的企业家，他们在营销和产品创新上有一定的发言权，但是由伊利诺伊的奥克布鲁克总部严格监管运营、菜谱和供应商等关键环节。在德国，尤其是初期，地方化做得就有些过火。1970 年代初，雷·克罗克允许德国的特许经营店自行准备炸鸡脯，提供啤酒，并采用重木镶板和幽暗的灯光做装饰，使餐厅看起来"德国化"。[72]然而这些店铺纷纷亏损：鸡肉的质量控制难于操作，啤酒招来了年轻的无业游民，昏暗的灯光使家庭聚餐敬而远之。克罗克不得不进行干预：他取消了鸡肉（但是保留了啤酒），翻修了店铺使之看起来更有美国特色，并采用了美国所使用的吸引孩子的技巧，诸如生日俱乐部等。几年之后，这些店铺便纷纷开始盈利了。麦当劳国际部的领导从中吸取了教训，他们强调："麦当劳是一种美国式的食品体系。在进入一个新的国家时，如果在菜谱中加入当地的食物，我们就丧失了我们的身份特性。"[73]麦当劳更胜一筹的策略就是坚持美国方式并且等待——即使许多年——国外消费者接受它。打个比方，这些美国人只想讲"一点点法语"。

　　尽管如此，法国的新的特许经营店还是对菜谱做了些许调整，比如在巨无霸上面加上芥末酱而不是番茄酱，减少色拉调料里的糖分，提供伊云矿泉水和啤酒，并出售各种各样的甜点。但是菜谱、食品和餐厅运营方式等实质要素丝毫未变；麦当劳"体系"被普遍接受。为了迎合法国的社交习惯，座位是可以移动的，以便于客人可以举行特别聚餐。因为法国客人喜欢在传统的进餐时间吃饭并且在餐馆花的时间比美国人长，店主为此也做了相应的调整。[74]麦当劳愿意做出这些调整来吸引法国人，但是麦当劳认为法国人以及欧洲人乃至世界上其他国家的人都和美国人想要的一样。他们需要一个基本的麦当劳菜谱；一种明亮而随意的氛围；相对较低的价格以及为孩子们准备的玩具和游乐区。

麦当劳与迪斯尼和可口可乐公司一样，利用美国特色作为卖点。这些公司的产品都反映出美国人模式化的形象：年轻、洒脱、随意、健康和时髦。麦当劳旨在为法国人提供美国式的就餐体验。在高卢国土上，"金色拱门"的吸引力——正如里克·范塔西娅（Rick Fantasia）所称，至少最初——并不仅仅来自于它提供的食物，而更多的是它所代表的文化关联。[75]这种吸引力来自于美国的格调——虽然快速服务和价格也非常重要。1980年代末，麦当劳消费群体中80%的法国年轻人光顾麦当劳是因为这里有一种在美国就餐的感觉。[76]这里吸引他们的是：明亮的灯光和吵闹的声音，鲜艳的员工制服，没有服务员等成人的干涉，自助服务以及开放的就座方式。一位初次光顾的客人说感觉像是在"游览美国"，青少年们都认为这里"放松"或者"酷"而且"不像法国"。麦当劳在广告中利用了这些关联：在"金色拱门"就餐有趣并且稍微有点叛逆。一则电视广告是这样设计的：一个小孩庄重而缓慢地说着正确的餐桌礼仪（"不要用手抓着吃"，"不要弄出声响"），而画面上的顾客却是用手抓着法式薯条吃，还不停地嬉笑。在麦当劳就餐，喝可口可乐，参观欧洲迪斯尼是美国人在做的——而这很有趣也很时髦。这几家公司颂扬并且从中获利的是一种内在的市场优势——为他人提供美国人所享受的产品。1994年，当一家调查机构询问那些产品与美国的关系最密切的时候，在包含各种群体的受访者的回答中，"汉堡"排名第一（83%）。[77]

然而，法国的食品纯粹主义者拒绝允许"巨无霸"大行其道，尤其是在孩子当中。他们进行了反击。自1980年代末，学校开始举办"品尝周"的各项活动，将大厨请到课堂上，或者带孩子们去农贸市场参观，等等。[78]利兹酒店也参与进来，为附近学校的学生展示如何制作意大利菜肴酱。不久之后，"品尝周"扩展到吸引成年人，并且在医院和博物馆等地点举行推广活动。文化部长雅克·朗发起了更有针对性的教学运动。1991年开始，为几千名10岁至11岁左右的孩子开设品尝课，并且迅速在400多所公立学校发展了2.5万名学生。[79]这些课程的目的是通过让孩子们成为有鉴别能力的消费者从而使他们逐渐戒除快餐。包括厨师和营养师在内的志愿者用十周的课程帮助孩子们"发现"五

176

177

种感官和四种基本味道，并让他们学习关于食物的制备、地方特色美食和烹饪的方法。在朗关于保护烹饪遗产计划的激励下，教育部、法国美食协会和国家烹饪艺术委员会通力合作，赞助商包括乳品产业和达能公司。这些活动是否真正抑制了孩子们对于"巨无霸"的垂涎便见仁见智了。

178　　　　当批评家们试图将"金色拱门"之家说成是一个无情无义的美国跨国公司的时候，麦当劳开始强调自己的美德及其法国特征。它在巴黎郊区建立了一个罗纳德·麦克唐纳宿舍，专门为在附近的一个癌症中心接受治疗的儿童的家属提供住宿，马赛和波尔多也分别有一个。如同迪斯尼一样，麦当劳提醒它的东道主，麦当劳通过雇佣上千名法国年轻人而改善了法国的失业状况。在大城市中，它的三分之一的雇员都来自新近移民群体。[80]1992 年，在关税和贸易总协定（GATT）所引发的尴尬处境的最艰难之际，法国农民来到麦当劳门前表示抗议，芝加哥总部对此进行了回击。麦当劳通过广告告诉人们法国一半的地区是如何为汉堡链供货的。一位女发言人称："在法国，麦当劳只有名字是美国的。在我们 1.8 万名雇员中，只有 3 位美国人。"[81]

　　　　1990 年代中后期，这家美国连锁店已经在汉堡市场和快餐市场中占据了主导地位。达扬时期的落魄已经成为过去：1997 年，麦当劳在法国拥有 550 家营销网点，是与其差距最小的竞争对手"法国快客"的两倍多，并且占据了整个快餐市场 60% 的份额。[82]麦当劳也拓宽了它的吸引力。"金色拱门"出现在了城市中心以外的地区，在各大购物商场，在主要的街道上，在小城镇，在更加贫穷的郊区。麦当劳公司与老佛爷百货和迪斯尼建立合作关系，并且设立了关于运动等主题的网点。它的顾客群体也成熟了：几乎一半的顾客不再是青少年。[83]麦当劳的整体营业额是连锁餐厅中最高的，遥遥领先于"牛肉烧烤"和"坎特管家酒馆"等法国竞争对手。因无力与麦当劳竞争，"汉堡王"最终不得不停业。到了 1998 年，麦当劳平均每周就会新开一家以上的网点，雇佣员工 2.5 万名，盈利 14.7 亿欧元，每天售出 100 万份餐饮。[84]此时，法国紧随日本和德国之后，成为麦当劳的第三大海外市场。[85]然而，即便如此，快餐仍然仅占餐饮行业的一小部分份额，远远落后于传统的饭店和咖啡店。

麦当劳的到来改变了整个行业。快餐并不是新鲜产业：早在第一个 179
麦当劳特许经营店开设之前，人们就可以在街边的小摊点买到薄饼和华
夫饼。但是受美国式的汉堡店的影响——尤其是占据最大市场份额并且
将甜酥面包店等竞争对手挤出市场的麦当劳的影响，被定义为以相对低
廉的价格在柜台出售并可以预定或者外带的预制食品的快餐食品行业在
1970 年代和 1980 年代开始盛行。[86]一些竞争对手倒闭了，还有一些适应
了来自国外的竞争。法国快餐行业普遍效仿麦当劳的经营模式。[87]法国
的连锁店——包括"法国快客"等汉堡连锁店和甜酥面包连锁店——
直接借用了美国模式。他们效仿了餐厅的布局、标准化的食品制备和计
算机化的会计方法（但没有借鉴特许经营体制）。这些调整多数都是在
1970 年代麦当劳因为法律纠纷而处于瘫痪状态时发生的。大型的法国
宾馆和连锁餐厅纷纷投资当地的快餐企业，并且帮助它们进行合并。有
些快餐店还仿效麦当劳购置了市区昂贵的店铺作为它们主要的营业网
点。麦当劳还引发了食品加工和餐厅设备生产的革新。法国和欧洲的食
品供应商在总体上尚不习惯大批量、标准化的产品供应，不能生产麦当
劳菜单上所需要的所有产品。[88]譬如，麦当劳在 1970 年代进入欧洲市场
时，欧洲农民尚未种植褐色土豆；供应商不能提供速冻炸薯条；而面包
店也不能制作出形状一致的软面包。麦当劳介入后，通过利润丰厚的合
同、技术和资金支持，并威胁要建造自己的生产设备，从而改变了欧洲
的食品加工产业。但是，农民只有将他们的作物"麦当劳化"以后，
才能成为供应商。欧洲的供应商及时地为麦当劳提供了它所需的所有产
品，与此同时，他们也完善了自己的生产技术。通过雇佣年轻的兼职小
时工——尤其是学生，麦当劳还改变了欧洲快餐行业的用工实践。"法
国快客"等公司也相继效仿。兼职雇员在几小时之内便可以完成培训， 180
并将他们的工作视为临时性的，这对于传统餐厅的工作模式构成了挑
战：传统餐厅的厨师和服务员是将各自的工作当成一种职业的。

除了这种技术退化，麦当劳还从美国引进了与工会的对立。与沃尔
特·迪斯尼一样，它反对工会的强硬立场导致了不断的法律纠纷、打砸
抢和严重的员工抗议。员工控告麦当劳只支付最低工资，要求员工在顾

客量高峰时必须在岗，并且没有给予他们劳动法规定的权利，诸如法定休息日和夜班奖金等。麦当劳所鼓吹的工作灵活性，也就是不规则的工作时间和季节性的工作，这将成为"不稳定性"的同义词，亦即工作保障的反义词。工会和左派政治人士担心这种不稳定的美国式的无管制的"麦当劳式工作方式"将会扩展到其他服务领域的工作中。[89]

除了商业和用工实践，麦当劳以及快餐业在整体上对法国的饮食习惯产生了怎样的影响？虽然我们有麦当劳对其他国家文化影响的研究资料，但其对法国的影响的研究资料并不多。[90]有些数据显示在家吃午饭的法国人稍有减少，还有一些数据显示有很多咖啡馆倒闭。在这几十年间，午饭吃快餐或者购买外卖食品变得更加普遍。[91]但是，导致这些变化的原因是复杂的，不能简单归咎于汉堡连锁店。还有其他的原因，诸如职场中女性作用的提高、加剧的城市化进程、交通拥堵、更多的休闲时间、年轻人收入增多以及午餐时间的缩短。然而，以麦当劳为首的快餐店的涌现也起了一定的作用。同样地，随着快餐行业的迅速发展，咖啡店的数量减少了：与 1960 年代相比，1980 年代中期，只有不到一半的街区咖啡馆还时常有客人光顾其中吃饭、喝饮料或者聊天。取代咖啡馆的是"金色拱门"，尤其是对于年轻人和家庭聚会而言。

即便如此，我们也不可夸大其词——汉堡并没有改变法国的饮食习惯。1990 年代末，麦当劳的就餐量只占法国人在外就餐量的 3.2%。[92]1988—1997 年的统计研究表明，法国人仍然遵循传统的饮食方式，定点在家就餐。研究者发现五分之四的法国人仍然在家用午餐，而十分之九的法国人在家用晚餐。[93]法国人在外就餐的频率要比美国人低得多。法国人保持这种传统的原因包括与家人一起用餐时的欢乐和轻松所带来的愉悦；对于传统而富有创意的美食的尊敬；对于自然健康食品的日益浓厚的兴趣以及花样繁多的菜谱。

1990 年代初，最经常光顾汉堡店的法国人来自 15—24 岁的群体，并且随着年龄的增长人数呈下降趋势：35—49 岁的人群中只有一小部分人吃汉堡，而几乎没有 50 岁以上的人吃汉堡。即使是年轻人吃汉堡也只占了整个膳食的一小部分。[94]选择在外吃午饭的人，大多还是会光顾三明治或者甜酥面包店。麦当劳这个快餐中的佼佼者，不得不与烧烤店、主题餐厅、高速公路驿站、时尚咖啡店、三明治店、路边的乳蛋饼店以及比萨店等一系列提供其他食品的快餐店展开竞争，更不用说学校和公司的食堂以及送货上门的服务机构。[95]事实上，"高昔"等高档的法式三明治店的数量在1990年代末已经超过了麦当劳和其他汉堡店的数量。[96]不管是遵循传统的就餐习惯还是选择汉堡以外的快餐服务，这些都是对美国人的饮食方式的一种隐性抵抗；但是有一个插曲则说的是一种更加强烈而直接的抵制。

1999年，麦当劳无意中成为针对美国人引领的全球化普遍予以抵制的目标。这一年，激进的党派人士若泽·博韦（José Bové）率领牧羊农场主袭击麦当劳。他的抗议是在1990年代法国与美国的贸易竞争，尤其是农业竞争的背景下进行的。另外，还有对食品安全日益加剧的担忧，譬如从美国进口的经过激素处理的牛肉，英国爆发的疯牛病，针对大豆等美国转基因作物的酝酿已久的争论，以及1999年春从法国和比利时召回的被污染的可口可乐等。除此之外，法国人愈来愈担心以麦当劳为首的快餐食品的扩展会使法国烹饪退化。欧盟在法国的支持下以安全的名义禁止进口经过激素处理的牛肉，这最终引发了美国政府的报复行动，提高罗克福奶酪等法国奢侈品进口的关税——而罗克福奶酪恰好是博韦农场的产品，也是一种与土壤有关的特产。1999年8月，博韦和其他一些激进分子用拖拉机、镐头和电锯砸毁了位于南方小镇米洛的一家麦当劳店。

短暂的监禁并没有阻止博韦领导反"工业化食品"和全球化的运动。他表示自己的行为是一种以"反对全球化的战斗和人民自主选择食物的权利"的名义所进行的"象征性拆除"。[97]博韦抨击美国将"垃圾食品"——意味着标准化的且不安全的食品——强加给法国人。他坚称农民是法国文化的核心，而美国通过麦当劳威胁到了法国的食品和法国的小农场主——法国民族身份的两个标志。米洛附近的一个小镇的镇长对可口可乐征收100%的消费税，并称："我们这里不能制造塑料奶酪和激素牛肉。罗克福奶酪是独一无二的，是我们反对将口味全球化的一个象征。"[98]这些控诉讽刺了美国人不仅饮食糟糕而且还将包括食物在内的所有一切都当作商品。即便博韦否认自己是反美主义者，称自己年轻时

182

曾经在加利福尼亚度过一段时光，但美国人的挑战仍然是引起这次动乱的主要原因。正如一位政治分析家所写的："所有这些事件背后都隐藏着对于文化和烹饪剥夺的一种拒绝。冷战结束以后，美国人日益增长的实力在欧洲必然引起一种过敏反应，而如今这种过敏反应最严重的表述似乎就是食品。"[99]

183　　米洛事件令博韦在国内外一举成名。这位留着海象式胡子、有着乐呵呵的外表、言谈举止土里土气的激进分子很快便成为民族英雄，但是这位"农民"懂得如何利用媒体。第二年夏天出庭那天，博韦坐着一辆由拖拉机拉的四轮马车——不禁令人想起法国大革命时期载着受害者通往断头台的双轮马车，马车被2万多名支持者包围着，他们中有的穿着写有"世界不是商品，我也不是"的标语的T恤衫，当然还有例行公事的电视媒体的成员。[100]他后来去西雅图参加世界贸易组织的会议时，还带了一块巨大的罗克福奶酪。米洛事件发生以后，法国各地的麦当劳特许经营店相继发生了一系列的打砸事件，包括向麦当劳店扔烂苹果和粪便。所谓的环保战士还"绑架"走了罗纳德·麦克唐纳像，其中有人称这个小丑是"标准化和因循守旧的商业王国的隐形大使"。[101]若泽·博韦引发了一场全国性的骚乱，这是一场罗克福奶酪与汉堡之间、真正的菜肴与垃圾食品之间、小农场主与跨国公司之间、农民与农场主之间以及法国与美国人领导的全球化之间的斗争。[102]或者，正如《世界报》的一位记者所说，"博韦是正确的。抵抗霸道自负的汉堡无论如何都具有一种文化的迫切性。"[103]抵制麦当劳的抗议者来自各行各业，包括反对全球化组织、生态主义者、小农场主、消费者组织、共产党、工会、房地产维权人士以及有意通过这次运动复兴奥克语种的一些特殊利益群体。一位广播电台的主持人称博韦是"法国的精神"；日报社也对其大加赞扬，政治家们肯定也不会袖手旁观。雅克·希拉克总统声明摧毁麦当劳店不是一种可以接受的抗议方式，但是"没有人有兴趣看到一个受人尊敬的友善的实体独自统治整个地球的食品市场。"[104]总理利昂内尔·若斯潘也称"我个人并不喜欢麦当劳"，并邀请博韦共进
184　晚餐。

　　博韦荒诞的行为令麦当劳感到十分震惊，麦当劳随即展开反击。麦

当劳一直都以自己同时传递了美国的和当地的企业形象而自豪。米洛事件以后，它强化了自身作为法国企业的形象。麦当劳在报纸上刊登整页的广告讥讽反美主义，并声明麦当劳的运营是本土化的。在一个广告中，一位戴着牛仔宽边帽的肥胖的美国人抱怨道："我不喜欢法国的麦当劳，因为它不卖美国牛肉"。[105]针对欧洲禁止进口美国的激素牛肉，这篇含有讽刺意味的文章写道，只有法国的牛肉才能保证是安全的。所要传达的意思是麦当劳虽然"出生在美国"，但却是"法国制造的"。巨无霸汉堡里的所有材料都是法国的，除了奶酪（因为法国不生产切达乳酪）。麦当劳法国部的一位经理声称，店里80%的食品原材料来自于法国，而其余的大部分来自于欧洲其他国家。法国农民是麦当劳的"合作伙伴"：4.5万名畜牧业养殖者每年为麦当劳提供2.7万吨牛肉。他还补充说，法国90%的麦当劳特许专营店归法国的企业家所有，并且员工几乎全部都是法国人。[106]伊利诺伊州的奥克布鲁克总部的首席执行官杰克·格林伯格（Jack Greenberg）称博韦及其支持者们是"恐怖分子"，并指出他们找错了打击的对象，因为麦当劳为数千法国青年创造了就业机会，也为像建筑公司这样的企业带来了商业机会。[107]

1996年以后，由麦当劳法国部的首席执行官丹尼斯·埃内坎领导的"法国制造"运动的一项重要内容就是对菜单和餐厅进行调整。管理层承认，最初的营销策略所强调的"异国效应"——标准的"金色拱门"、红黄相间的装潢、明亮的灯光以及白色瓷砖已经过时，现在要突出的重点是餐厅的内部装潢质量及其外观与周围景观是否和谐。[108]餐厅整修时，首先要呈现的是破旧和古老。[109]香榭丽舍大街上的餐厅采用了温和的灯光和砖砌墙面，而其他的分店也都增添了壁炉和皮革家具，看起来比以前更舒服更高档。老佛爷百货店里的麦咖啡店使用陶瓷茶具提供下午茶，而阿尔卑斯山附近的麦当劳餐厅用木材和石头重新装潢后，给人一种山间木屋的感觉。似乎是一种文化效应，麦当劳法国店的典雅设计也带动一些美国专营店的重新装潢，譬如纽约时代广场的麦当劳店就改为剧院风格。麦当劳不但改善了装潢，还丰富了菜品的种类。不仅增加了一种叫作"Croque McDo"的火腿面包、达能酸奶、特制沙拉、黑卡咖啡，还加入了麦咖啡里出售的马卡龙圆饼。另外，现在顾客还可以在这里喝到实朗奇那，这令可口可乐公司感到很失望。[110]同时，麦当劳餐厅还提供各种各样的沙拉等更加健康的食品，菜谱变得更加透明，即顾客可以看到所有食品的具体营养成分，包括热量、脂肪含量和糖分。在麦当劳的网站上点击"肉鸡"，人们就可以看到麦乐鸡的养殖场里肉鸡的具体信息，包括鸡的年龄和饲料。[111]

针对抨击者所说的全球化的、计算机化的、低劣的以及垃圾食品供应商的公司形象，埃内坎用另外的方式予以了还击。他用一本小册子对批评者们的指控进行辩解，并详细说明了公司在就业、食品卫生、顾客服务、慈善事业以及多样性等方面做出的贡献。[112]令伊利诺伊总部感到恼怒的是，麦当劳法国部竟然在一份女性杂志上刊登了一则有关儿童肥胖的"社论式广告"，建议"减缓"垃圾食品的消费，还称"没有理由每周去麦当劳的次数要超过一次"。[113]博韦事件之后，麦当劳重塑形象的顶点是用阿斯特克取代罗纳德·麦克唐纳作为麦当劳新的标志。[114]这具有明显的讽刺意味：胡须浓密身材健硕的若泽·博韦酷似连环画中的高卢人，他使用了阿斯特克作为抵制麦当劳的形象标志，那么现在，麦当劳将阿斯特克作为标志形象就相当于将若泽·博韦作为标志形象。

然而，我们不应该夸大产品的本地化以及公司所吹嘘的特许专营店的自治权。与迪斯尼和可口可乐公司一样，麦当劳执行的一套"严明纪律"和监督标准是臭名远扬的。麦当劳所谓的分店都是由当地零售商运营的言论是站不住脚的，因为公司不仅在"伊利诺伊汉堡大学"培训高层管理者，还亲自负责提供供应商和选择网点，并且对制作程序有严格而详细的要求——详细到汉堡放在烤架上的位置和炸薯条的直径（9/32英寸）。实际上，巴黎（而不是法国）的大部分麦当劳店都归芝加哥公司所有并由其直接管理经营。展示本土特征只是麦当劳的一项重要策略，而麦当劳魅力的精华并没有被改变。正如埃内坎所说，法国人喜欢麦当劳不仅因为它快捷、方便、负担得起、对孩子友好并且不同于传统的餐馆，还因为法国人"痴迷于美国"。[115]这种痴迷使法国成为麦当劳在欧洲地区最盈利的市场——仅次于美国市场。埃内坎在法国的成功运营令他在2004年被晋升为麦当劳欧洲地区的首席执行官。在欧洲，他采用了同样的策略——重新装饰餐厅，提供更健康、更本土化和更透明的菜单。[116]

米洛事件并没有能够阻碍麦当劳占据快餐行业的主导地位。2003年,麦当劳在法国设立了第1000家分店,而排在第二位的"法国快客"仅有316家分店。"金色拱门"已经遍布法国700多个大大小小的城市小镇。法国麦当劳店的数量与人口的比例要大于德国、意大利、西班牙和荷兰等邻国——但仍然落后于英国。[117]麦当劳在法国重新扩展的20年间,它改变了快餐行业对于食物如何供应、制备和销售的概念;改变了消费什么以及雇佣谁的概念。它将一些竞争对手排挤出局,改变了其他竞争者的经营方式。它不但融入当地文化,而且还保留了自有的特征。但是它没有改变法国人的就餐习惯和对食物的态度。这个来自美国的连锁店并没有控制整个快餐行业,更不用说传统的饭店和家庭自制食品行业了。麦当劳还是要与其他的汉堡连锁店、咖啡店、时髦的三明治店、主题餐馆、烧烤店、甜酥面包店、高速公路上的加油站商店、送货上门的比萨店以及愈来愈流行的街区里面提供外带服务的面包房和熟食店展开竞争。1997年,法国人在外就餐的消费额为300亿美元,其中240亿美元是在独立餐厅消费的,只有19亿美元是在麦当劳等美式快餐店消费的,其余的则分散在甜脆面包店和外卖店等类似的商店里。[118]麦当劳在更大的餐饮界享有了一席之地。与此同时,它的菜单也已经变得更加不同于那个仅有汉堡和薯条的菜单。

麦当劳的到来使人们的口味更加多样化和国际化。[119]市场和饭店里提供的食品种类也空前多样。在食品行业内,饭店经营者和"快餐业从业者"并不像是竞争对手,反而更像是同事关系,因为他们的顾客群体不同——即使他们会因为饭店消费税等问题发生争论。有的企业家既经营传统餐厅,也经营快餐店。[120]一些法国的顶级厨师承认自己的孩子经常光顾麦当劳。[121]正如一位评论家所说:"从中国饭店到法国大厨,从超市货架上的商品到度假时带回来的地方特产,法国消费者从未有过比如今更加多样化的食品。他可以间或在麦当劳的角落里度过晚餐时光,而不用感到内疚。他的文化将会存活下去。"[122]

■ 可口可乐公司

本章所论述的三家公司,其中可口可乐在法国的发展历史最长:它在第一次世界大战期间就首次亮相法国。随后，于 1940—1950 年间，它开始横渡大西洋，期待着能够轻松地进入这个盟友国家，然而却遭遇了激烈的抵制。这种抵制已在前文进行了深入分析，在此只做一个简略的描述。[123]亚特兰大总部在法国采取的营销策略是以广告闪电战为特征的，这加剧了法国人对于盛气凌人的美国人企图控制法国市场的怀疑。可口可乐公司无意间造就了一个由共产党、左翼知识分子以及果汁和葡萄酒等饮料公司组成的反可口可乐联盟。不仅如此，更大的麻烦是一些政府机构包括财政部也参与了抵制。反对可口可乐的理由包括对民族健康、口味的侵蚀和稀缺美元的流失的担忧以及对"可口可乐殖民化"的恐惧——这是针对美国帝国主义的一个新名词。为了战胜反对者，可口可乐公司被迫进行了一场长期的艰苦斗争，反对者中不仅有向它提起法律诉讼的，甚至有人试图说服国民议会通过立法禁止销售对公众健康有害的软饮料。

可口可乐公司未能准确判断来自于冷战期间的思想斗争、法国的不安全感以及美国战后的主导地位等的影响。同时，它也忽略了法国人夸大美国产品的文化意义的习惯。譬如，《世界报》就断言可口可乐与《读者文摘》等其他美国进口产品危害了"法国的道德景观"。[124]有人称民族饮品是民族身份的精华所在，可口可乐一旦取代葡萄酒，那么法国也将危在旦夕。最终，可口可乐公司不得不动用美国国务院等高层关系，依靠雄厚的经济实力和法律手段以及利用法国的劣势——对经济援助的需求——来战胜法国的反对力量。到了 1950 年代初，诉讼趋于平息，法国政府做出让步，法国人可以喝从美国进口的这种甜饮料解渴了。

然而，这只是可口可乐公司历险的开始。公司将大部分灌瓶和分销经营权授予了法国一家知名饮品公司保乐力加（Pernod-Ricard）的子公司。从长远来看，这被证明是一项糟糕的商业决策。保乐力加的表现缺乏活力，法国的人均消费量大大低于亚特兰大总部的预想。

被编入可口可乐在法国的历险故事的是一个橙色的竞争对手。1930年代产自阿尔及利亚的饮品实朗奇那，它如同跨越大西洋的美国可口可乐跨国公司一样，于 1950 年代穿越地中海来到法国。实朗奇那法国公司是一家小型的家族企业，它出售一种橘汁果粒轻碳酸饮料。在某些方面，它模仿了美国的可口可乐：实朗奇那也采用了独特外观的瓶子，然而不同于可口可乐经典的棱纹"紧身裙"，它采用的是带有纹理的球茎瓶子；实朗奇那同样进行高调的广告宣传；它拥有独有的颜色（橘色而不是红色）；朗朗上口的广告语"摇一摇"（为了让果粒均匀）。它不但宣传自己比可口可乐更健康——据传可口可乐中秘密添加了可能对人体有害的添加剂——由于产自法语系的阿尔及利亚，因此它充分利用其本土生长的特点。实朗奇那在碳酸软饮料市场中占据了一席之地，很快便跃居第二位，虽然远远落后于美国的碳酸巨人。

　　然而，我们所要讲述的故事发生在 1980 年代，而非 1950 年代。因为 1980 年代，在首席执行官罗伯特·戈伊祖塔（Roberto Goizueta）的指导下，可口可乐公司决定重新进入欧洲，尤其是法国市场。[125]因为美国的国内市场已经饱和，戈伊祖塔认为公司在国外有巨大的发展潜力。欧共体发出召唤，因为《单一欧洲法案》的通过意味着欧洲将废除贸易壁垒，为投资创造大量的机会。而法国将会成为整个欧洲产品和供应的中心。然而，要促进全球的销量就必须进行重组——尤其是重新控制拒绝扩张的特许经营商，诸如灌瓶商等。法国的状况尤其棘手。自从 1949 年保乐力加就是可口可乐公司在法国最主要的灌瓶商和分销商，亚特兰大总部的经理们逐渐发现自己上当了，因为这家法国公司不但不愿意投资可口可乐，而且还优先推销被其收购的实朗奇那等的自产软饮料。更令美国人恼火的是法国竟是如此冷清的消费者市场。在人均销量方面，英国和意大利每年的人均消耗量比法国人的 8 盎司多出一倍。当然，没有一个欧洲国家的人均消耗量多于美国。法国作为一个令可口可乐感到棘手的市场长达 40 年。[126]

　　戈伊祖塔选用以强硬著称的道格拉斯·艾华士（Douglas Ivester）掌管欧洲的运营。艾华士采取了针锋相对的经营策略。他将矛头指向保乐力加。保乐力加的子公司巴黎饮料公司（SPBC）不仅负责巴黎地区的灌瓶业务，还负责由里尔、里昂、马赛、南希和雷恩等地的灌装设施提供服务的灌瓶业务。当保乐力加拒绝转让灌瓶经营权时，艾华士通过收购波尔多等其他地区的灌瓶商进行包抄，并于 1988 年将保乐力加告

157

上法庭，要求其终止与可口可乐公司的合同。经过 8 个月激烈的法律诉讼，保乐力加做出让步，新成立的可口可乐饮料公司取代了巴黎饮料公司，获得美国可口可乐公司在法国 80% 的生产和分销权。[127]

1989 年剥夺保乐力加公司的经营权只是可口可乐公司整顿法国市场的开端。1990 年，艾华士将对法国或者欧洲不甚了解却以挑衅性的策略著称的亚特兰大灌瓶商威廉·霍夫曼（William Hoffman）调往法国。他在法国采取了和在美国一样的方式：在超市中进行大型促销展示；让与之合作的食品零售商将可口可乐摆放在最显眼的位置；采用挑逗性广告等非传统宣传方式；建立与大到石油公司小到地中海俱乐部等各种机构的合作。让法国人惊叹不已的是，霍夫曼还向他们展示了以美式足球，影片《飘》以及粗玉米粉为特色的"佐治亚周"。[128]最无礼的是，他竟然通过自动贩卖机出售可乐，而且其中一台就被安置在埃菲尔铁塔的下面。在波尔多设置的街边自动售卖机，尤其是被安放在当地咖啡馆外的自动贩卖机的出现惹来了麻烦。当人们开始在自动贩卖机购买便宜可乐时，咖啡店主们纷纷开始阻挠，并且进行了三个月的联合抵制，要求霍夫曼移除自动贩卖机。咖啡店主协会的一名官员称："在法国，我们不习惯这种前卫的缺乏人情味的销售方式，我们有些震惊了。"[129]仅仅 8 个月以后，霍夫曼便被调回亚特兰大，但是在此之前，他已经将年人均消耗量从 39 小瓶增加到了 49 小瓶（每瓶 8 盎司）。[130]亚特兰大总部的管理人员承认霍夫曼的策略具有挑衅性。可口可乐公司同时还调整了与主题公园结盟的策略，于 1992 年终止了与阿斯特克主题公园的合作，而忠诚地服务于马恩河谷新落成的迪斯尼乐园。

192　　重新打开欧洲市场的方案之一便是在法国建立新工厂以便为欧洲大陆供货。在南方新建立的生产浓缩液的工厂便是一个标志。然而，最大的投资还属 1989 年斥资 5200 万美元在敦刻尔克附近开设的饮料罐加工厂。该工厂为北欧所有可口可乐产品诸如芬达等提供容器。[131]敦刻尔克工厂开始运营后不久，柏林墙就倒塌了。因此，敦刻尔克工厂不仅是北欧，还成为东欧前共产主义国家的主要供应商，这使得可口可乐在匈牙利和波兰等国家的销量超过了百事可乐。

可口可乐公司可以为它初期所做的努力而感到高兴。至 1990 年，可口可乐公司的销量超过了吉百利·史威士等所有的欧洲竞争品牌，以及毕雷、富维克和依云等独立的矿泉水公司。据统计，它几乎占据了碳酸饮品一半的市场份额。[132]1990年代初，法国的人均消耗量虽然仍落后于其他国家，但却在稳步增长。然而，百事可乐紧追直上，这令可口可乐公司感到担忧。但是可口可乐公司对于自己在全球的吸引力非常自信，或者说自大。该公司前国际部的负责人称可口可乐与牛仔裤和美国流行音乐一起成为"贯穿现代世界文化环境的线索"之一，并断定几乎所有人都想要可乐和美国的生活方式。[133]

霍夫曼的撤退并没有压制住可口可乐公司的强劲策略。它继续为批发商提供折扣和回扣而使得可乐的销售最大化，并且免费在自助餐厅以及医院等公共机构安装自动贩卖机以换取这些地方的独家销售权。这些强势策略惹怒了它的竞争者们。已成为保乐力加的一个分支的实朗奇那饮料对可口可乐公司怀恨在心，最终于1991年向可口可乐公司提起诉讼。实朗奇那于1992年以后成为百事可乐法国公司的合作伙伴，拥有百事可乐的经销权。诉讼持续数年未决。1997年，反垄断机构竞争委员会做出判决，可口可乐公司因垄断软饮料市场被罚180万美元。[134]可口可乐公司取消了回扣政策，但是仍然使用其他策略，诸如提供免费自动贩卖机等。实朗奇那的总裁米歇尔·丰塔纳（Michel Fontanes）对这一判决十分满意，他说，"从此，可口可乐公司将不能在法国市场为所欲为"。[135]但是丰塔纳并不满足于此：他要求终止可口可乐公司与欧洲迪斯尼的独家销售协议。

可口可乐不仅成为竞争对手和政府监管人员的目标，也成为农民的攻击对象。此时，这个来自亚特兰大的公司如何表现已经不是最重要的，最重要的是它代表了什么。关贸总协定（GATT）的谈判，尤其是1992年美国与欧盟就农产品补贴问题的谈判引发了各界反对可口可乐公司的示威游行。数百名农民占领了巴黎郊区的一家可口可乐工厂。萨尔特省的许多农民袭击了当地的超市，将可口可乐饮料洗劫一空，并用这些战利品在当地行政管辖区的大楼前面垒起高墙，最后将泡沫饮料抛向办公大楼。一位当地农民联盟的代表站在被推翻的可口可乐贩卖机上，大声痛斥可口可乐公司是"美国垄断"的象征。[136]愤怒的农民同时

193

也将麦当劳和欧洲迪斯尼作为攻击目标。与其他两家公司一样，可口可乐通过强调其如何地法国而予以反击。公司的一位发言人特别指出可口可乐公司是法国最大的甜菜糖采购商之一："当今的可口可乐是 100%的法国产品。"[137]

可能可口可乐最受争议的一个方面是它对于葡萄酒产业的影响。葡萄酒的销量在逐年降低，尤其是在年轻人中间，而包括可口可乐在内的软饮料的销量却在不断上升。然而，二者到底存在着什么样的关系呢？1995 年平均每位法国人的饮酒量降至 1965 年的一半。日常饮酒者的数量从 47% 跌落到 28%。[138]当法国葡萄酒产业的一位负责人控诉"我们真正的敌人是可口可乐"时，他说得对吗？[139]这种论断过于简单化了。人们对于葡萄酒的兴趣的减少原因相当复杂，而可口可乐并不是最主要的一个：诸多原因包括依赖于葡萄酒这种廉价能量的农民和工人的减少；城市工作文化的快节奏和休闲时间的减少；饮品选择性的增多；人们更倾向于购买高价格高品质的葡萄酒；对于健康和驾驶安全的担心；葡萄酒被看作是过时的上层社会的标志。自 1980 年至 1995 年，法国人用餐时段所消耗的软饮料的数量翻了一番，但是这只代表了餐桌饮品的 11%。可口可乐并不是罪魁祸首。将范围缩小到法国的年轻群体，问题就更明显了。1981 至 1995 年间，在 20—24 岁的法国人群中，自称从不喝葡萄酒的人数从 30% 上升到 53%，而每天都喝葡萄酒的人还不到 5%。而 14—24 岁的法国人是软饮料的最大消费群体。[140]据一位社会学家称，这种现象表明：对于年轻人来说，葡萄酒代表了传统的官僚社会，而不是活力四射的现代生活——因此他们选择其他饮料。或者用这位社会学家的话说："年轻人都喝可口可乐"。[141]更准确地说，在用餐时段，他们喝矿泉水、汽水、啤酒——当然还有可口可乐等软饮料。可口可乐对于葡萄酒的购买力下降的影响仅仅是成为 20 世纪末法国年轻人抛弃传统饮食习惯而乐意选择的众多饮品之一。

1990 年代初期和中期，当百事可乐在法国实施它的重组和营销计划时，法国爆发了可乐之战。它在收回品牌控制权时照搬了可口可乐公司的策略：1993 年，它买断了与毕雷矿泉水公司的合同并进行自主营销，它寻找了一个新的灌瓶商，并与实朗奇那建立了经销伙伴关系。很快，法国出现了上千台的百事可乐自动贩卖机，百事可乐推出了新包装以及脱咖百事等各种创新饮品，而且，它还重新制作了广告，一个专门为其设计的广告标语是："想不一样，就喝百事可乐"。[142]两家可乐公司在旅馆、饭店、电影院、咖啡店、加油站以及休闲公园等销售市场上展开正面竞争。百事可乐宣布阿斯特克公园、未来世界影视公园和雷莱斯成为自己的合作伙伴，而可口可乐则称麦当劳、"法国快客"和欧洲迪斯尼为其私有领域。据一本商业评论杂志称，这是"一场法国领土上的全面战争"。[143]1996 年，百事可乐的市场份额从 1992 年的 6.3% 上升到14%。百事可乐预计在未来的两三年内将市场份额翻一番。

可口可乐的应对策略是从 1980 年代末起加紧重组。1996 年，可口可乐全球范围内最大的灌瓶商——可口可乐控股公司收购了法国和比利时的子公司，致力于成为欧洲西北部最大的灌瓶商。随后的两年内，可口可乐将广告预算翻了 4 倍。为了宣传可口可乐是 1998 年世界杯的官方指定软饮料，可口可乐在巴黎的杂货店里竖起与球场上的球门同样大小的足球门来吸引购物者的注意，并且分发了 3 万个贴有足球标识的咖啡桌、椅子以及可口可乐形状的遮阳伞。可口可乐随处可见——电影院、咖啡店、加油站、面包房以及家乐福等大型零售商店，当然还有麦当劳等快餐店。[144]欧洲可口可乐股份公司的最高管理层强调可口可乐是用法国的水制造的，印着的是法国的包装，并宣称"（它）几乎与波尔多葡萄酒一样产自法国"。[145]艾华士仍然推行他那套强硬的经常给他带来麻烦的营销策略。1997 年，由于意大利百事可乐的投诉，欧盟监管人员开始调查可口可乐在许多欧洲国家的销售情况，包括法国。投诉内容就是前面提到的对零售商的特殊回扣、红包和折扣。可口可乐不仅被指控有意垄断市场，还被指控试图从意大利"驱逐百事可乐"。[146]此时，艾华士已经接替戈伊祖塔，晋升为亚特兰大总部的首席执行官。艾华士曾经在一次饮料行业的会议上，将可口可乐比作觅食的狼，而将竞争对手比喻成羔羊，这引起了许多人的不满。可口可乐在这场战争中取得了胜利，自 1995 年至 1997 年，法国可口可乐的年人均消耗量从 71 小瓶增加到 87 小瓶。但是，法国和意大利仍然是欧洲国家中可口可乐消费量最低的国家；德国、挪威、比利时、卢森堡、西班牙和奥地利处于领

195

196

先地位。

1990 年代中期的可乐之战到 20 世纪末演变成了"非可乐之战"。柠檬酸橙等"非可乐"饮品使得百事可乐对可口可乐的竞争范围被拓宽。此时，实朗奇那已经成为法国销量第一的橙子汽水，在所有的碳酸饮品中销量仅次于可口可乐。保乐力加于 1984 年收购了实朗奇那，从此其在欧洲和其他地区的市场便拓展开来。[147]然而，保乐力加的投资向来非常谨慎并且犹豫不决，这差点葬送了实朗奇那汽水。[148]

实朗奇那的时机已经成熟。保乐力加决定抛售它的软饮料股票，然而百事可乐却于 1997 年末放弃了机会。保乐力加一直是可口可乐在法国的克星——保乐力加对实朗奇那的偏袒促使可口可乐公司于 1989 年买断了实朗奇那的灌瓶权，而保乐力加随后对可口可乐的营销策略提起法律诉讼。然而生意终归是生意，艾华士需要一个新的武器——一种"天然"橙汁饮料，从而使可口可乐在全球"非可乐"市场争得一席之地。艾华士认为通过收购实朗奇那，也就是收购了百事可乐的"远程"或者非家庭客户——诸如咖啡店、旅馆以及饭店的分销商等，这样就能打败百事可乐。于是，他投标竞购实朗奇那，由于可口可乐在法国市场的主导地位、公司违反规则的恶名以及与百事可乐作对的坚定立场，因此，他知道这将是一场赌博。

鉴于可口可乐几乎占据了一半的碳酸饮料市场，同时它的销量是所有可乐饮品销量的四分之三，艾华士很容易地就被指控做得过火了。百事可乐以维护市场竞争性的名义，要求政府撤销可口可乐以 8 亿美元收购实朗奇那的竞标资格。1998 年初，财政部竞争调查司受理了此案。这场马拉松式的调查案的审理核心是：可口可乐对于负责百事可乐的非家庭产品分销的实朗奇那的销售网的收购是否会给整个软饮料行业造成致命伤害。律师们针对"非家庭销售"的定义争论不休，而工会等组织则表示担心可口可乐不遵循实朗奇那的劳工合同。百事可乐法国公司的最高管理层称，可口可乐收购实朗奇那以后将导致饭店和旅馆市场上"百事可乐的迅速消失"。[149]百事可乐的律师们还称可口可乐可以利用其市场地位随意涨价——据说在意大利的市场上已经发生。[150]自由竞争的原则因此正在面临挑战。实朗奇那却赞成可口可乐的收购，它辩称可口可乐的竞争力会带动实朗奇那在全球范围内的运营。"是继续做高卢土著人并与罗马抗战到底好?"实朗奇那的首席执行官问道,"还是有必要与罗马人达成协议,以确保在罗马帝国中高卢人的发展?"[151]

命运掌握在财政部竞争调查司的手里。有迹象表明可口可乐可能会将几家工厂移至爱尔兰,这加剧了调查司对于可口可乐市场垄断的担心。[152]财政部长多米尼克·斯特劳斯—卡恩(Dominique Strauss-Kahn)于1998年9月插手此事,他以维护自由市场的名义,终止了与艾华士团队的谈判。[153]然而,他的决定并没有使调查案的法律程序立即终止:案件又拖了一年。[154]最终,1999年,法院做出了有利于百事可乐公司的判决,称"收购行为的经济贡献不足以抵消其对于市场竞争的伤害"。斯特劳斯—卡恩同意这一判决。百事可乐在针对法国经济实践的一次评论中,语出惊人地赞叹法国政府是"世界上自由竞争的首要捍卫者之一"。[155]

在法国的判决结果出来之前,因为一系列的事件,艾华士首席执行官的名誉在北欧大打折扣。1999年6月初,几十个比利时的学童因为饮用可口可乐而生病,其中有几个还住进医院。这次事件很快成为可口可乐在欧洲所面临的最严重的污染问题。[156]事件发生后的一周之内,又有四十多名比利时儿童因为饮用可口可乐或者芬达汽水感到不适,与此同时,许多法国人也抱怨饮用可口可乐以后出现恶心、发烧和头痛等症状。艾华士团队没有立即做出反应。起初他们将责任推给当地的灌瓶商,而后又称这属于一种心理现象——并不是健康问题,并且断定根据公司的测试,这种污染也许会导致不适,但是却不是"有害的"。亚特兰大总部似乎没有意识到比利时人和法国人对于食品安全问题的担忧有多大:几周以前,他们还因为食品中添加的二恶英发生恐慌。这种担忧随即扩大:比利时、荷兰、法国和卢森堡禁止销售可口可乐产品;西班牙和德国的商店将可口可乐撤下货架;法国卫生当局关闭了敦刻尔克的饮料罐加工厂因为它被认为很可能是此次事件的污染源。比利时和法国官员纷纷谴责可口可乐公司没能对事件做出解释。亚特兰大总部的经理们仍然不以为虑,坚称公司的质量控制不会出现问题,公司的产品尝起来或者闻起来可能会有股怪味,但是不会对身体造成伤害。十天以后,

198

艾华士才飞往布鲁塞尔发表道歉声明。他向消费者保证监控质量，并且对着电视摄像机喝下一瓶被污染的可乐。最终发现此次污染的罪魁祸首来自于安特卫普的一家灌瓶厂使用的有问题的二氧化碳（其作用是在碳酸饮料中产生气泡），而刺鼻的气味来自于敦刻尔克生产的饮料罐的除菌剂。6月末，在可口可乐承诺加紧质量监控以后，比利时政府解除禁令。然而，此时已有几百万的瓶装和罐装可口可乐被从自动贩卖机和商店货架上撤除，人们对于可口可乐公司产品纯净的名声产生质疑。这一可口可乐公司历史上最大的召回事件令其损失了1亿多美元。一位饮料行业的分析家称这是一次"公关梦魇"。[157]具有讽刺意味的是，比利时在此之前一直是可口可乐公司在欧洲的最大消费国。

此时，艾华士的处境岌岌可危。自1997年他被任命为首席执行官开始，随后的两年里，公司因滥用市场地位的违法行为被罚，未能成功收购实朗奇那，被欧盟市场监管人员要求撤销收购吉百利·史威士品牌的计划，并且在处理比利时和法国的健康恐慌事件时出现贻误。另外，意大利当局开始调查可口可乐公司，而欧盟监管人员也对可口可乐公司在德国、丹麦和奥地利的办事处进行搜查，寻找公司违反欧共体竞争法的证据。在罗伯特·戈伊祖塔管理的十多年中，可口可乐公司迅猛发展并且不断创收，而如今的景况似乎已经黯淡下来。1999年，公司的全球收益暴跌，股东收益微薄，而浓缩饮品的销量也出现下降。虽然全球的经营状况并不是艾华士的错，但不同于温文尔雅的戈伊祖塔，他粗暴自大的行事风格引起了各种组织、监管人员和消费者的不满。[158]1999年12月，他被迫离开公司，而他的继任者承诺会更加关注各地工厂的状况并且"遵循市场规则"。

在法国，可口可乐公司的扩张、重组以及强势营销策略使得可口可乐的人均年消耗量在1990年代末攀升到90瓶或者更多，它占据了碳酸饮料55%的市场份额，而百事可乐仅仅赢得了不到15%的市场。但是，法国人的可口可乐的消耗量仍然低于欧洲其他国家。譬如，德国人喝掉的可口可乐是法国人的两倍。[159]在法国，瓶装饮用水仍然比可口可乐更受欢迎。因此，可口可乐公司不得不迎合法国人的喜好创立自己的矿泉水生产线——"绍丰泰恩"。与麦当劳和迪斯尼一样，1990年代的可口可乐也不得不融入当地特色，声嘶力竭地宣称其产品的本土特色，而不再宣扬其美国的或者跨国的特征。然而，这家美国公司在成功的道路上经历了罚款、联合抵制、法律诉讼、政府的压制和声誉的受损。可口可乐在高卢国土上的历险给它带来财富的同时，一路也遭遇了各种各样的灾难。

■ 在叙述了这三家公司的经历以后，有必要在此重温本章开篇所提出的问题：这几家美国公司有没有因地制宜地做出调整？法国文化如何影响它们在法国的发展？它们又对法国产生了怎样的影响？

这些问题同时还引发了针对美国化或者美国领导下的全球化的激烈讨论。对于这种现象的一种温和的解释是美国公司迎合了当地的习惯和传统，将各自的产品和经营方式与当地的特点相结合，这仅仅增加了消费者的选择，并没有扰乱当地市场或者品位，也没有导致全球化的统一。[160] 而另外一种更激进的观点是这些美国入侵者将它们强加给法国各地，扰乱当地经济、社会和文化并且使法国美国化。本书的这些叙述趋于确认后一种观点。

这里所要讨论的概念性的问题不是美国公司是否为适应法国而做出过调整——它们在一定程度上一定会做出调整。真正的问题是它们所做出的调整是否重大。不同于其他极力强调占用理论的学者，他们认为当地文化改变了美国产品，我对此表示怀疑。对于这三家美国公司，历史的证据与所谓的占用理论是背道而驰的。

这几家公司直接将已经在本国取得成功的技术和产品运到大西洋彼岸，几乎并未对其进行任何调整。另外，它们将与美国的关联作为各自的商业优势，甚至让许多的法国公司也纷纷效仿美国的方式。它们的基本策略是对美国人行之有效的方法也会同样作用于法国人或者欧洲人。它们所做出的一切调整——欧洲迪斯尼的景观、麦当劳的菜谱或者可口可乐的广告都是表面功夫。真正的精华及其吸引力并没有改变，仍然是美国式的。

直接跨洋的出口并不代表这几家美国冒险者忽视法国人的需求。他们尽量考虑了法国人的品味、习惯和规则。他们做出一些调整。诸如三家公司允许一定程度的地方性的控制，对各自的产品和外观做一些小的调整等。而当法国人焦虑不安时，它们懂得如何维护自己：竭力掩盖各自的外来性，同时强调它们在某些方面的法国特征。它们通过强调自己是真正的本土公司并陈列各自带给法国的利益：革新、工作机会以及游客来巧妙地回避攻击。欧洲的一位麦当劳经理曾说过，麦当劳汉堡连锁店不是一个跨国公司，"它是一个跨区域的公司。它的目标是尽最大可能地本土化。"[161]

然而这在法国人听起来不过是虚假的托词而已，因为这些公司照常如此张扬地悬挂"星条旗"，如此赤裸裸地利用公司实力，并且对法国人做出如此少的让步。这些入侵者并没有"入乡随俗"。沃尔特·迪斯尼公司的"梦幻王国"予以欧洲的尊重微乎其微：公园被打造成一种幻想中的美国。麦当劳通过将菜谱多样化和重新设计外观来融入当地文化，但是所提供的食物、环境、运营方式以及"金色拱门"等最基本的吸引力都是美国麦当劳的翻版，在麦当劳就餐成为一次美国式的体验。可口可乐也没有为融入法国做出多少努力。法国歌剧院大街上的咖啡馆也许会用小杯装的掺有柠檬的可口可乐软饮作为餐前饮品，可口可乐公司也许会资助环法自行车赛等国家级的运动会，但是这些并不能改变什么——无论是它的产品还是这些产品所代表的意义。

即使是备受吹捧的法国子公司的自治权也似乎被夸大其词。这三家公司都因执行一套"严明纪律"和监督标准而臭名昭著。麦当劳称分店都是由当地零售商运营的言论是站不住脚的，因为公司不仅亲自选择营业网点和特许经营商，提供供货商并且管理广告宣传，而且对制作程序有严格而详细的要求。可口可乐称公司的灌瓶商都是独立的，其实总部是严格监控国外厂家的操作以确保可口可乐的统一性的。1989年，可口可乐还买断了大部分的法国灌瓶商，开始实施跨大西洋的经营。同样，沃尔特·迪斯尼公司从加利福尼亚州控制欧洲迪斯尼的经营。根据创立时的合同，迪斯尼公司只是投放了一小部分的股权，却独揽了总体的管理控制权。[162]这三家巨头的美国总部都严密地监督各自的子公司以确保它们忠于原样。

三家公司都遵照美国的而非法国的商业准则。麦当劳尽最大努力规避法国的劳动法。可口可乐因其违反法国的营销和竞争规则被处以罚款和正式警告。迪斯尼全然不顾法国的商业规则，对法国的投资者施压，将自行实施的着装规范强加于本地员工，并且回避法国惯常的劳动标准。它经营巴黎迪斯尼公园的方式与佛罗里达的奥兰多以及加利福尼亚州的阿纳海姆迪斯尼乐园是一样的。这三家公司并没有温顺地遵守法国规则，而是直接运用了美国式的自由企业的粗鲁的经营方式。它们行为的方式证实了高卢人对于美国企业残酷的竞争习惯的一贯印象。曾经一度，与迪斯尼有合作关系的银行控诉来自加利福尼亚州的迪斯尼是"强盗和小偷"。[163]而麦当劳对于快餐市场的垄断则暴露了雷·克罗克不仅销量要超过竞争对手，更要将它们毁灭的野心。这些行为只能进一步增加了法国人对于美国佬冷酷无情的资本主义方式的担忧。

这三家公司不但没有为适应法国做出调整，也没有给予法国的合伙伙伴自治权。正如麦当劳所做的大胆预测，当地人终将学会喜欢麦当劳的汉堡。这些公司重复其在美国所积累的经验，它们推崇一种内在的市场优势——向别的国家推销美国人所喜欢的生活方式，并且从中受益。它们是实实在在的入侵者。

本章所提出的第二个问题是文化因素是否在很大程度上决定了法国人面对这三家公司所做的反应和行动。前文对于三家公司发展历程的叙述证明，美国人因为忽视法国文化而付出了代价。但同时也阐释了一个开放的、多样的并且发展变化的文化如何最终让这些美国人的愿望得以实现。

"麻木不仁"是对这三家公司面对法国人文化担忧时的表现的一种恰当描述。这三家公司都被普遍认为是文化入侵者，这种名声在它们的起步阶段对各自造成了损害，也阻碍了它们之后的发展。

美国的经理们不仅低估了各自产品所代表的文化意义，还低估了高卢人对于产品销售的传统观念；而他们的愚钝反应又使得困难犹如雪上加霜。1950年代初，可口可乐利用环法自行车赛进行闪电式的宣传，从而明目张胆地挑战法国的传统饮酒习惯。当法国人对此表示抗议时，公司的一位发言人以美国人曾在法国的解放和重建中发挥的重要作用提醒法国人，并且批评法国人恩将仇报。几十年后，威廉·霍夫曼以为美国的南方粗人可以在波尔多销售可口可乐。1993 年，已经在香榭丽舍大街上开设了十分抢眼的门店的麦当劳错误地认为，它可以在埃菲尔铁塔的下面架起"金色拱门"的游艇，而媒体的强烈抗议以及巴黎市政府的介入最终使游艇计划沉于河底。同样，在距离巴黎 20 英里之外建立美国式的主题公园并挪用灰姑娘等法国的民族文化标志时，迈克尔·艾斯内管理团队错误地估计了欧洲人的反应。一位在公园开业以后到任的主管人员承认，在"更老的迪斯尼人"这部分景观的建造阶段，如果不是故意的话，存在大量的文化漠视。[164]在受到攻击时，迪斯尼的经理们开始辩解，有时会十分愤怒。一位女发言人质问："这些法国人都是谁啊？我们为他们提供了一个毕生的梦想之地和大量的工作机会，而他们却把我们看成是入侵者。"[165]迪斯尼不但没有平息反而掀起了文化战争。欧洲迪斯尼在训练员工成为"角色成员"时遇到了麻烦，一位管理人员不客气地评价说："不知道法国人还懂得热情款待"。[166]

这几家公司无意中都引发了法国人对于"可口可乐殖民化"以及"麦当劳殖民化"的恐惧，因为它们未能正确判断法国人赋予商业产品的文化涵义。知识分子、政治活动家、媒体和某些利益集团将法美两国在食品、饮料和娱乐领域的竞争升级到诸如危及民族身份这样宏大的文化问题的层面。麦当劳被控诉排挤了传统饭店，扰乱了家庭的就餐习惯，降低了烹饪标准并且毁坏了美食文化。可口可乐则被认为威胁到了法国身份的一个崇高标志——葡萄酒。马克·弗马洛利称沃尔特·迪斯尼是一个"文化工程师"，但它存在将休闲"工业化"的威胁。[167]这些攻击引发了美国报界对于法国人嘲讽式的回应。跨大西洋的文化之战时不时地将这三家公司卷入其中。

文化成为这三家公司的绊脚石，尤其是在起步阶段。但是，它们所遇到的挫折抑或微不足道，抑或属于暂时性的，法国文化具有如此的柔韧性和多样性，因此，文化对于美国公司的影响是很小的。数百万的法国消费者逐渐喜爱上了"巨无霸"、巴黎迪斯尼乐园和可口可乐。这三家公司都及时地压制或者至少弱化了高卢人的文化对立情绪。法国文化，这个词语无论是针对葡萄酒的品味、美食、思考性休闲和精致感性，还是针对民族身份的刻板印象，在此都变得无足轻重。它也许点燃过知识分子的怒火，引发过公众的怨言，并且激起过一定程度上的政治对抗，但是它最多只是放缓了几家美国公司发展的步伐。况且，这种对抗消失了。譬如，法国共产党试图在冷战期间阻止"甜饮料入侵者"进入法国，但是 1980 年代可口可乐却开始出现在其每年一度的户外人道主义盛典上。传统的捍卫者曾经谴责可口可乐的商业策略，但是 1996 年卢浮宫的购物中心却开展了一次题为"艺术还是广告？"的展览，并展出了一则可口可乐旧时的广告。十年后，巴黎的一家博物馆举办了一次展览，展示沃尔特·迪斯尼先生的早期设计以及曾经给过他以及他的动画设计者们启发的欧洲艺术。1990 年代末，当巴黎地区最受欢迎的旅游景点变成巴黎迪斯尼而不再是巴黎圣母院或者卢浮宫时，这些美国标志似乎已经成为法国流行文化的一部分。

　　这三家公司的发展经历引发的最后一个问题是：美国商业对于法国人的行为——尤其是在消费模式和法国的商业实践方面产生了怎样的影响。 205

　　比较温和的全球化理论认为，美国产品对于法国的影响并不大，它们在不改变法国人的消费和休闲的传统模式的基础上扩展了经营方式。根据这一观点，可口可乐的到来只是增加了饮品的种类，并没有取代其 206 他的饮品，就如同欧洲迪斯尼除了增添了法国人和欧洲人的休闲娱乐的选择之外并没有带来其他改变一样。同理，法国的饮食也并没有被美国化，而只是更加国际化、折中化和多样化而已。[168] 这种观点有一定的道理，但是却过于乐观，并无批判意义。美国佬的确改变了法国市场的竞争环境，夺取了当地人的市场份额，并且改变了法国人的消费和休闲方式。

　　总体上讲，这三家美国公司加剧了竞争压力，激发了法国竞争对手的活力。另外，它们所在的三大领域，法国人都失去了一定的市场份额。欧洲迪斯尼吸引的游客数量相当于它最近的竞争对手的 5 倍，并且迫使一些法国的休闲公园倒闭。然而，它同时也刺激了一些市场新秀，它们都争相效仿美式的经营方式。譬如，阿斯特克主题公园就因为欧洲迪斯尼而建立，并且借鉴了欧洲迪斯尼的经营方法。可口可乐公司改变了软饮料公司的经营、广告宣传和寻求国际市场的方式。实朗奇那便效仿了可口可乐。麦当劳进入法国市场以后，法国的快餐行业也发生了改变；同行们为了求得生存而纷纷效仿美国式的雇佣及培训员工的方法和经营分店的方式，以及食品制备、服务和宣传的手段。根据美国的一些顶级厨师所言，麦当劳通过增添就餐的乐趣和提高卫生水准而巩固了餐饮行业。[169]最终，三家公司都赢得了最大的市场份额：迪斯尼乐园、可口可乐和麦当劳成为各自领域中的最大的企业，而它们的发展壮大则是以牺牲当地的竞争者为代价的。

它们对于法国消费者所产生的影响同样令人震惊。这些美国公司远不止于增加法国消费者的选择余地——它们改变了法国人以及他们的生活习惯。法国人无疑是热忱的消费者。1949 年，几乎没有人购买可口可乐和"巨无霸"（事实上，麦当劳公司尚不存在），而且他们对迪斯尼的了解仅来自于《米奇成长日记》和一些动画影片。但是，到了1999 年，500 万的法国男女和大人孩子光顾了巴黎迪斯尼乐园；麦当劳在法国设立了将近 1000 家分店，每天销售给法国人 100 万份餐饮。1989 年以后，可口可乐在法国的人均消耗量增加了一倍，平均每位法国人每年要喝掉大约 90 瓶 8 盎司的可口可乐。

1990 年代末，三家公司的市场地位并非尽如人意。就可口可乐的人均消耗量而言，法国仍落后于其他的欧洲国家，更不用说拉丁美洲和美国。在饮品方面，瓶装水的销量要高于可口可乐。快餐行业只占据餐饮行业一小部分的份额，即使是在年轻人中，销量也不高。迪斯尼的入园率也远不如预想中的高。然而，这些不足并没有掩盖法国人愈来愈热衷于消费美国商品的事实——这经常是以传统品味的改变和对本土商业的重创为代价的。快餐行业自 1970 年代起便得到迅猛发展，而传统的快餐——咖啡馆、甜酥面包店、面包房和熟食店的市场被汉堡所占据。随着快餐点的增多，1994 年咖啡店的数量从 1960 年的 22 万家减少到6.5 万家。[170]1980 年代和 1990 年代，年轻人对葡萄酒的消费量急转直下，而这一群体，甚至是年龄更大的群体在就餐时饮用可口可乐等甜饮料的人数却有所增加。造成这种变化的原因很复杂，但是它的受益者，或者说一定程度上的诱因便是美国产品。这三家美国公司促使法国的消费者改变了饮食和休闲习惯。

来自新大陆的冒险家们成功了——他们发现了宝藏，意味着他们赢得了消费者、品牌认知度、利润和市场份额。为此，他们不得不做出调整和改变以适应法国本土的特点，但是它们各自的运营、产品和吸引力的本质丝毫没有改变。相反，它们充分利用了与美国的关联，将美国的生活方式强加给法国人。

法国人对于这些入侵者的反应不尽相同。大部分人只是对它们表示沉默并忽视其存在。但是，还有数百万的法国人喜欢美国产品。在这些追随者中，年轻人占了很大的比例。在这三家公司所对应的经济领域里，一些法国企业成为受害者；但是大部分还是存活了下来，其中许多企业向美国人学习并且因此而兴旺发达。政治家们趋于欢迎这些新客人，因为他们提供了诸如创造就业等的利益。但同时，也有一些农民和反全球化的战士们抨击这三家公司是美国帝国主义的象征。对于这些反对者来说，游戏的赌注已经上升到民族身份的层面。然而，最后还是法国的文化和习惯做出了让步——为美国人腾出空间。最终，美国化产生了；传统被取代和丢失——法国人正在改变他们的饮食和娱乐方式。通过增加美国菜单，他们获得了多样性，但是他们也因为变得越来越像美国人而失去了其自身的独特性。

第五章　驯服超超级强国：1990 年代

雅克·希拉克曾经评价法美两国的关系"曾经是，现在是，将来也一直会是相互冲突但又非常不错的。这是事物的本质……美国难以忍受法国的自命不凡，而我们则难以忍受美国的霸权。两国关系总会出现一些火星，却不会成为燎原烈火……"。[1]法国总统因此清晰地阐明了两国在 1990 年代彼此之间既友好又敏感的关系。要想理解法国人对于美国的看法，必须从国际事务中它们的基本立场开始。

冷战的结束使美国变得比以前更为重要。法国通过在华盛顿和莫斯科之间进行周旋而巩固其独立地位的日子一去不复返。美国成为唯一的超级大国和欧洲的霸主。可以肯定的是，与美国的关系并不是法国唯一的国际关注：还有其他重要问题，诸如将新统一的德国纳入欧盟；稳定包括俄国与巴尔干半岛在内的东欧地区；促进欧洲的一体化等。然而，法国在实现这些雄伟计划和确立自身地位的过程中，美国相比其他国家要重要得多。因此，在国际关系中，如同在文化和社会经济事务中一样，20 世纪末法国总将自己与美国进行比较：对于主要问题甚至是小问题，都与美国展开竞争，这成为法国外交影响力、全球地位和自我形象的标志。[2]

冷战后的美国陷入一种进退两难的境地，法国想要的是一位盟友，但面对的却是一个霸主。一方面，法国很重视美国，因为法国需要一个超级大国来稳定欧洲，使德国处于控制之下，为应对崛起的俄国提供保障，并且实现维护巴尔干半岛和中东地区和平的目标；这些促使法国谨慎地疏远华盛顿，尤其是在比尔·克林顿时期美国决定专注于国内事件并减轻对欧洲的投入的时候。法国尊重这个来自大洋彼岸的盟友，还因为两国拥有许多共同的目标和价值观以及紧密相连的经济贸易联系。法国可能更希望美国能减少对于欧洲的干预，却不愿意美国人完全撤出，撇下欧洲不管。另一方面，美国在取得冷战"胜利"以后，试图采取单边行动。这一点 1990 年代比 1980 年代更加坚定：乔治·H. W. 布什召唤"世界新秩序"的到来，而克林顿总统则颂扬美国是"不可或缺的国家"。20 世纪末，美国已经被贴上"超超级强国"的标签。法国的困境是如何与"山姆大叔"相处？如何成为它的伙伴而又不被其压制？正如我们所见，弗朗索瓦·密特朗未能在 1980 年代成功解决这个问题。

驯服这个超超级强国成为外交政策成功的一个标志。最重要的问题是：法国如何控制或者遏制这个看似无所不能的、倔强而暴躁的、来自大洋彼岸的盟友？格列佛必须被驯服，只有如此它的力量才能用于正义事业。对于一位历史学家来说，所关心的问题是法国如何执行这一任务，取得了怎样的成功，同时又形成了怎样的结果。正如我们将看到的那样，为了遏制超超级强国的单边主义的本性，法国采取了诸多对策：它实行双边外交；依赖国际组织；形成竞争性的联盟；创建欧洲安全力量；采取独立于美国甚至与美国相对的行动；并最终设计了一套围绕多极主义和多边主义的体系来作为美国单边主义体系的一种替代。

有必要指出，在冷战后的第一个十年，法国的政治被一分为二。弗朗索瓦·密特朗 1995 年结束了他的第二个任期：他的社会党政府包括米歇尔·罗卡尔（1988—1991）、埃迪特·克勒松（Edith Cresson）（1991—1992）、皮埃尔·贝格伯（1992—1993）和外交部长罗朗·迪马（1988—1993）。不过在其最后两年的任期内（1993—1995），密特朗再次遭遇"左右共治"，不得不与以爱德华·巴拉迪尔担任总理和阿兰·朱佩担任外交部长的保守党政府进行合作。1995 年，密特朗时代结束，雅克·希拉克当选总统：担任总理的是阿兰·朱佩（1995—1997），外交部长是埃尔韦·德沙雷特（Hervé de Charette）。然而，1997 年的立法选举中，左翼政党赢得多数，促使希拉克政府继续"左右共治"：1997—2002 年，希拉克与以利昂内尔·若斯潘担任总理和于贝尔·韦德里纳担任外交部长的社会党政府进行合作。

1990 年代初，多个颇具戏剧性的事件汇集在了法国与美国之间。我将对这些事件分别予以叙述，但是事实上它们几乎是同时发生的。波

211

173

斯湾战争还没有完全平息，南斯拉夫的民众就陷入了种族冲突的漩涡。与此同时，美国与法国在贸易方面实行边缘政策外交，并针对大西洋联盟改革的问题展开较量。大西洋两岸的争论经常发生在许多领域，而一个争论又会使另一个争论变得更加复杂。本章将打乱时间顺序，按照主题的顺序加以叙述：从战争开始，然后是安全、贸易、"不可或缺的国家"以及其他的战争，最后以超超级强国的议题结束。

212 ■ 战争：海湾战争与波斯尼亚

1990 年 8 月，萨达姆·侯赛因（Saddam Hussein）入侵科威特，对沙特阿拉伯的油田构成威胁，这导致美国产生了建立"新的世界秩序"的野心。乔治·H. W. 布什政府组织了一个国际联盟共同对抗伊拉克，并且邀请法国加入，这不仅是为了壮大队伍，还为了让法国帮助其获得联合国安理会的批准。最终，法国与美国站在一起：法国对美国的计划投了赞成票，并且在 1991 年 1—2 月的"沙漠风暴"行动中，法国军队在美国的指挥下作战。然而，两国仍然存在摩擦和猜疑：布什总统与国务卿詹姆斯·贝克在战争开始前对法国的参与表示怀疑，因为密特朗曾竭力寻找外交途径避免战争的爆发，并且似乎不愿意为此次行动增加投入。法国人同时怀疑美国发动此次战争不仅是为了解放科威特，而且还意图推翻萨达姆·侯赛因政权，从而改变整个石油储藏量丰富的中东地区的格局。

密特朗政府（米歇尔·罗卡尔担任总理）为何要寻求与伊拉克谈判，而这使它在美国看来显得急于想要和解？首先，密特朗政府担心华盛顿在中东地区的动机和野心。因此，有一种正常的需要去避免恭顺奴性的形象。同时，法国还试图避免损害其在阿拉伯地区的名声：看似中立的阿拉伯国家需要法国尽最大努力寻求一种外交途径。当然，它还有意保护法国在伊拉克的巨大经济利益。最后，法国方面认为两国对于伊拉克问题的看法不同：正如密特朗的高级军事顾问所解说的，布什认为伊拉克的入侵是道德问题——伊拉克必须为此付出代价，而密特朗则认为这是一场危机，需要寻求解决方案；因此，战争只能是一种终极手段。[3] 这样和那样的担忧使得内阁会议火药味十足，罗卡尔政府内部的意见不统一，而密特朗虽然对美国的行动表示强烈支持，但是他手下的部长们却犹豫不决。[4]最后因不满法国参与战争而辞职的国防部长让—皮埃尔·舍韦内芒强烈反对加入盟军，他在社会党内部得到了广泛支持。除了政府人员，支持共产党的知名左翼政治人士乔治·马歇、生态学者安托万·韦希特尔（Antoine Waechter）以及代表法国国民阵线的米歇尔·若贝尔、夏尔·帕斯夸和让—马里·勒庞等主要右翼人士都反对与美国并肩作战。[5]

知识界的批评家们一如既往地予以抨击：诸如左翼人士雷吉斯·德布雷、让·鲍德里亚，克劳德·朱利安和马克斯·加洛以及阿兰·德·伯努瓦等激进右派人士。这些反战界人士怀疑美国的动机：除了企图控制石油储备丰富的波斯湾之外，或者暗地里对以色列人予以保护，美国被称为是实施布什总统"新的世界秩序"计划的国际警察。他们认为法国加入盟军只能帮助美帝国主义推进其统治中东地区的进程，这将损毁法国与阿拉伯世界的关系。1990 年 11 月的民意调查显示大部分法国人反对参与战争。[6]电视新闻，尤其是法国电视一台（TF1）似乎对萨达姆·侯赛因过于同情，米歇尔·罗卡尔不得不谴责它的偏见。

虽然对战争存在质疑和公开的反对，但是密特朗—罗卡尔团队却被证明是一个虽难以相处却很可靠的盟友。1990 年 8 月，密特朗为保卫沙特阿拉伯而投入兵力，并劝说内阁法国必要时必须与美国团结一致，法国人不是虚伪的朋友，既然必须做出选择，他们就必须不计后果地与萨达姆·侯赛因展开对抗。[7]他认为萨达姆已经开始实行一个以控制中东石油储备为目的的"希特勒式的计划"。[8]或者，正如他对国务卿贝克所说的那样，萨达姆是一个暴徒，一个必须被制服的危险的独裁者。[9]密特朗认为，此次战争之后，中东地区格局必将改变，法国不能袖手旁观而置于这一格局改变之外。更重要的是，有必要证明法国作为欧洲的代表在联合国安全理事会拥有永久席位是值得的，或者按照密特朗规劝部长们的说辞，"德国仍然是政治上的矮子……英国太顺从于美国"，因此只有法国可以与伊拉克进行谈判，而一旦萨达姆做出让步，将会显示出是法国挽救了和平。[10]即便如此，密特朗向部长们表示，这并不意味着法国应该"臣服于"美国。[11]

213

214

　　1990 年秋，随着战争准备步入高潮，法国政府在为"沙漠风暴行动"备战的同时，还斡旋于美国与伊拉克之间。密特朗希望向本国以及阿拉伯的人民证明法国试图避免战争的努力。9 月份，在联合国会议的发言中，密特朗惹怒了布什政府。他不仅提出法国与联合国可以考虑从科威特撤军，而且还呼吁召开一次国际会议来解决科威特、黎巴嫩以及巴勒斯坦被占领土的纠纷问题。这种关联外交正是萨达姆所期盼的，也正是美国所竭力想避免的。密特朗告诉布什，美国和以色列反对就中东和平问题召开联合国会议的做法是错误的，甚至临近 1991 年 1 月的最后期限时，法国仍然在努力寻找避免战争的方式，而其对于军事投入的沉默令美国政府感到不安。"沙漠风暴行动"开始之前，贝克访问法国。他质问密特朗法国的地面部队是否做好了在美国指挥下作战的准备，这令密特朗十分"震惊"。这位法国总统反问道，"十天前我就说我同意。美国部队聋了吗？"[12]随后，贝克致电布什称，"关键时刻法国会与我们在一起。只是接下来的一周左右可能会有些困难。"[13]贝克说对了：当地面部队的行动在 2 月份开始的时候，密特朗就告知布什，法国会完全配合美军部队。[14]美国政府对于法国军事投入程度的担忧主要来自于国防部长舍韦内芒的阻挠。布什后来承认，美国与法国的政府官员之间一直存在分歧，但是两位总统之间却非如此。"在我们之间……弗朗索瓦总是会站在我身边，我们总是会站在一起。"[15]

　　密特朗使法国卷入战争。罗卡尔政府赢得了议会对 1991 年 1 月战争的多数支持，其中包括社会党的大部分人士以及所有的主要右翼政党。多亏了密特朗努力地证明了各种和平途径都无济于事，也多亏了媒体报道的关于萨达姆及其对于国际法律的轻视，公共舆论才摆脱了最初对于战争的担忧。"沙漠风暴行动"开始以后，大约四分之三的法国人支持盟军部队的干涉和法国的参与。[16]从社会党到戴高乐主义者，甚至是法国国民前线（背弃其领导人）等各种党派都给予战争以极大的支持，并表示对美国充满信心；只有共产党站在了相反的立场。几个月前持有异议的知识分子们受到了阿兰·明克、居伊·科诺普尼基和安德烈·格鲁克斯曼等与政府意见一致的知识分子们的排挤。正如《新观察家》的让·达尼埃尔所讲，即使美国的此次行动是为了自身利益，这也

215

不能改变萨达姆是一名罪犯而非无辜者的事实。[17]

　　1991 年 1 月战争开始时，盟军中已有 1.1 万名法国士兵，除此之外，还有战斗轰炸机和航空母舰。然而，与将近 50 万的美国士兵、阿拉伯世界的大量部队，甚至英国的 3 万名士兵相比，这只是极小的武装力量。另外，令法国军队懊恼的是，它发现自己的高科技作战能力远远落后于美国。譬如，它的美洲虎战机缺乏夜间行驶的能力，而它的情报能力已经过时，美国的情报部队不得不为其提供大部分的数据。[18]当美国有线电视新闻网（CNN）通过影像播报盟军胜利的消息时，公众舆论仍然对美国的目的表示怀疑：更多的人认为美国是为了控制石油而不是为了解放科威特。[19]美国有线电视新闻网独家垄断波斯湾战事播报权的行为引起了很多人的反对。他们认为正在接收经过过滤的美国版的战事报道；或者如密特朗的一位顾问所说的，欧洲国家没有出现在报道中："发生的所有事情像是美国超人在独自对付伊拉克。"[20]如果说波斯湾战争暴露了法国人对于布什总统新的世界秩序的担忧，但他们最终还是和美国兄弟站在了一起，并且对于美国的信心依然很强。当海湾战争趋于平息之际，战斗又在南斯拉夫打响了。

　　对于欧洲国家而言，1991—1992 年南斯拉夫陷入内战是一次不必求助北约而能平息自家后院纠纷的机会。法国尤其对北约的参与进行阻挠，希望以此阻止美国参与其他的地区事件，让欧洲国家发展自己的作战能力。但是，欧洲并不想直接介入冲突。英法两国力图避免使用军事力量，希望通过政治调停的方案解决各种摩擦。它们认为可以提供人道主义救援，并通过外交终止敌对。密特朗评论说，"用战争对付战争不能解决任何问题"。[21]法国更赞同所谓非武力的方式，通过联合国与欧盟来解决问题。这些组织被认为有更适合多边干预的方案的框架形式，而北约则令人担心它会使冲突进一步军事化，也可能会惹怒俄国人。同时，通过依赖联合国，法国也将使其在安理会的席位合法化，避免其作用被美国人所掩盖。[22]通过援引外交部长朱佩所说的"重要"或者"关键"利益，特指"蔓延的风险"以及影响欧盟扩展的危险，巴黎方面证明对巴尔干半岛的干预是合理的。[23]欧洲国家之间一开始便出现了分歧，令法国感到沮丧的是，德国承认克罗地亚和斯洛文尼亚的独立，而

216

177

这似乎只能加快南斯拉夫的解体。

217　　对于华盛顿而言，此时还没有完全结束波斯湾战争，因此并不希望参与其他地区的冲突，尤其是这场战争并未涉及其关键的国家利益。布什政府因为担心被卷入另一个越南式的泥潭，所以更倾向于退让到一旁，任由欧洲国家自行处理。另外它还意识到俄罗斯方面将反对北约的干预。北约无权对巴尔干地区进行干预。[24] 最初，克林顿的白宫政府继续实行前任总统的消极政策。克林顿团队的内部关于干预问题出现了分歧，而面对美国议会以及公众对于军事行动的极力反对，它很乐意地通过了联合国决议并且由欧洲盟友们负责实施。然而，双方对局势的判断均出现了失误。正如 1994—1995 年负责欧洲事务的助理国务卿理查德·霍尔布鲁克（Richard Holbrooke）所评论的，"事实证明，欧洲和美国的判断都失误了。欧洲认为其可以脱离美国而独自解决南斯拉夫事件，美国政府相信既然冷战已经结束，南斯拉夫事件可以交给欧洲处理……。消除这些错误产生的影响将要花费 4 年的时间。"[25]

　　欧洲首先致力于将联合国打造成最主要的国际事件参与者：它制定促进南斯拉夫地区和平和对话的议案，并且于 1992 年建立联合国保护部队（UNPROFOR），或者联保部队。联合国保护部队除了为救援队伍和指定的安全地区提供保护外，只能用以自卫。联保部队由欧洲各国联合指挥，是一个小规模的轻型的多国部队，最终证明这支部队既未能保证在其保护下的安全区的安全，也未能阻止战争的加剧。直至 1993 年，北约除了确立一个禁飞区以外，基本上是袖手旁观。

　　法国在推进联合国决议的过程中发挥着至关重要的作用：它提供的维和部队人数最多，帮助在南斯拉夫执行武器禁运和禁飞区，并且为联合国的"蓝盔部队"提供总指挥。然而，法国与美国针对如何平息南

218　斯拉夫战乱这一问题出现了分歧。法国企图依靠联合国保护部队的强大作用、武器禁运的政策以及外交途径，而以国务卿沃伦·克里斯托弗（Warren Christopher）为首的克林顿外交团队则建议欧洲以"解除与打击"取代联合国保护部队，即欧洲可以解除波斯尼亚地区的穆斯林武装禁运政策，并使用空军力量选择性地打击塞尔维亚人占领的地区。这个建议遭到已向波斯尼亚地面派军的法国和英国的极力反对。它们担心美

国的方法不但不能奏效，而且还会因引发塞尔维亚族的报复使两国派出的军队陷于危险境地，并会加剧波斯尼亚地区穆斯林族和塞尔维亚族的冲突。两国断然拒绝了 1993 年克里斯托弗访问欧洲时提出的建议，并且在联合国安理会上否决了美国的提案。密特朗抱怨："美国人总是站在 1.2 万米的海拔高度，而我们则处于山谷。"克林顿则在私底下批评法国和英国的"虚伪"，认为两国利用"各自的地面部队作为盾牌来支持波斯尼亚的缓慢瓦解"，[26]但是克林顿接受了英法对于"解除与打击"提议的否决。

然而，波斯尼亚的塞尔维亚族对萨拉热窝等城市的轰炸以及对联合国救援部队的侵袭使暴乱升级，欧洲人意识到维护和平的努力失败了，联合国保护部队需要北约的帮助。华盛顿、伦敦和巴黎三方协商如何使用空军力量。在 1993 年北大西洋理事会的一次马拉松式的会议上，各国达成一致。但是据一位美国官员称，会议经历了"大西洋联盟有史以来最激烈和最针锋相对的讨论"。[27]法国和英国同意美国可以为特定目标实施限定性空袭，诸如为支持人道主义救援或者解除萨拉热窝的围攻等，但是它们坚持这应先交由联合国安理会批准，也就是说它们仍然保持对目标的控制权。这种需要联合国授权的"对决方式"限制了北约空军力量作用的发挥，使得后来的间歇式的空袭对于阻止战争无济于事。

除了空袭和武器禁运之外，一个重要的问题是地面部队。克林顿政府不愿派遣部队：他主张首先应该结束军事行动并达成和平协议。法国方面认为美国人在欧洲国家作为维和者处于危险之时却作为旁观者进行搅和。法国欧洲事务部长伊丽莎白·吉古（Elisabeth Guigou）将密特朗于 1992 年访问被围困中的萨拉热窝与华盛顿政府无所作为的花言巧语进行了比较："在法国，我们更喜欢保持冷静并采取行动。"[28]1993 年，当欧洲试图充当中间人促成欲将波斯尼亚划分为两个种族区域的"万斯欧文和平计划"的提议时，美国政府坚决反对，称这个计划很难实现，而且这就相当于正式承认了波斯尼亚的塞尔维亚族在种族清洗中的掠夺所得。[29]法国方面提醒美国除了刁难欧洲和联合国保护部队外，还可以派遣部队以发挥更大的作用。美国的阻挠激怒了法国人。当时已经有二十多名法军士兵战死并有几百人受伤。国民议会上，朱佩抨击"想要教训我们的政府却不曾为摞倒一个敌人动一根手指头"。[30]

联盟于1993—1994年陷入僵局。当美国议会游说白宫政府使其将"解除与打击"战略强加给不愿意采用的欧洲人时，欧洲人威胁说如果解除禁运，将撤回维和部队。[31]1994年11月，克林顿政府发表声明不再继续实施联合国的禁运命令，并不再制止第三方对波斯尼亚的穆斯林族进行武器输送。法国外交部斥责美国政府干扰禁运令，称如果战争扩大，美国要负全责。[32]华盛顿政府试图远程控制波斯尼亚战争，希望在交战各方之间促成和平协议，避免严重的武力干预。否则它就顺其自然。韦德里纳告诉密特朗，美国不知道应该如何帮助受难中的人们和平共处；他们只乐意利用"波斯尼亚的穆斯林族"对抗"塞尔维亚族……除了交战三方的政治和军事领导人的怒火，美国的态度无疑是战争继续的第二个原因"。[33]华盛顿方面所提出的通过扩大北约空袭来制止塞尔维亚族使暴乱加剧的提议没有被欧洲人接受。大西洋两岸互相指责对方对于未能阻止这场杀戮负有责任。"解除与打击"策略与联合国保护部队策略的对立以及针对武器禁运令的争执都非常激烈，有人甚至认为1994年大西洋联盟出现了，1956年苏伊士运河危机以来最濒临内爆的局面。[34]

1995年4—5月的法国总统大选使雅克·希拉克入驻爱丽舍宫，结束了弗朗索瓦·密特朗长达14年的总统生涯。保守党不仅执掌了权力，而且绰号为"推土机"的希拉克也当选总统并上任，他对大洋两岸的事务进行了极大的调整。希拉克任命阿兰·朱佩为总理，埃尔韦·德沙雷特为外交部长。与密特朗不同，这位新总统上任后立即开始敦促克林顿更积极地干预波斯尼亚战争：他的气魄和率真打动了美国政府，继而改变了两国政府之间的关系。

1995年5月，北约空袭之后，波斯尼亚的塞尔维亚军队挟持了几百名"蓝盔士兵"，其中有100名法国士兵，并且还威胁戈拉日代和斯雷布雷尼察等其他避难营。法国的维和士兵被塞尔维亚军队当作人质所带来的被动和羞辱感激怒了希拉克。他曾在阿尔及利亚战争中当过骑兵。同年7月，塞尔维亚军队占领了斯雷布雷尼察并屠杀了几千名成年男子和男孩。这些事件发生的同时，希拉克访问了华盛顿，游说美国议会，并促使犹豫不决的白宫政府做出决定，其中包括进行大规模空袭以保护戈拉日代等联合国避难营的安全。他还成功地说服了美国、其他的同盟国以及联合国安理会部署了一支新的部队，也就是由全副武装的欧洲士兵组成的快速反应部队来保障联合国保护部队的安全。克林顿政府现在有了一个欧洲同盟，这个同盟不仅拥有地面部队，而且态度更加激进。希拉克的魄力打动了华盛顿政府。[35] 1995 年 8 月，波斯尼亚的塞尔维亚族轰炸了萨拉热窝一个挤满平民的市场，这激怒了国际舆论。华盛顿政府意识到必须采取更有力的行动。1995 年夏，克林顿政府面临诸多压力，包括人质危机后联合国保护部队可能面临瓦解，而派遣美军部队去营救联合国部队的后果又令人担忧，等等。然而，冷战后联盟的信誉同样重要：美国人的领导力面临危机。[36] 此次访美之后，希拉克羞辱美国政府是"空洞的"自由世界的领导者，并将西方领导人比作慕尼黑事件的劝解人。克林顿也担心会在总统大选年给人留下优柔寡断的印象。白宫最终决定进行密集的空袭。伦敦、华盛顿和巴黎三方再一次针对如何发动进攻产生争执。此次克林顿政府占了上风，制定了猛烈的空袭计划来保护萨拉热窝和戈拉日代两地的安全。北约最终挣脱了联合国的严密监视，对波斯尼亚战争进行干预。在主要由美国参与，也包括法国、英国和欧洲其他国家的战机组成的北约空军进行了数周的轰炸之后，波斯尼亚的塞尔维亚军队及其在贝尔格莱德的后备力量意识到必须做出和解了。与此同时，克罗地亚的地面武装力量和波斯尼亚穆斯林族的新武装的联合反击取得的胜利，塞尔维亚开始感到懊悔。

事实证明，自组建以来第一次采取军事行动的联盟空军为停火做出了根本性的贡献。但是北约的介入也同时标志着法国和联合国在波斯尼亚行动中被边缘化。譬如，法国没有参与联盟的指挥机构，这就意味着法国没有机会参与选择攻击目标等军事决策。而在更大的层面上，至少在短期内，波斯尼亚淹没了法国人以发展欧洲防御来取代北约的希望。前南斯拉夫的战争暴露了欧洲国家内部的分歧，欧洲脱离北约以后军事能力的匮乏，以及在国际行动中综合指挥的重要性。最重要的是，波斯尼亚事件证明了欧洲只有与北约合作才能得到美国的军事援助。[37] 密特朗的顾问团队承认，将控制权让与北约对于欧洲国家发展自身的防御手段来说是一个大的退步。[38]

对于法国这位新总统而言，首要关注的问题就是协助解决波斯尼亚的冲突。然而，美国接手之后，理查德·霍尔布鲁克和他的谈判团队于1995年11月擅自签署了《代顿和平协定》，没有给予参加会谈的其他同盟国任何关注。在某一刻欧洲人甚至威胁要退出会谈。霍尔布鲁克后来承认自己有些强硬："法国人说他们在代顿被羞辱了，他们说得对。"[39]克林顿则是有礼貌的，他感谢希拉克在组织此次谈判中的"领导作用"，霍尔布鲁克也提到希拉克提供了"巨大的帮助促使我们采取行动"。[40]协定至少体现了法国的一些目标，诸如建立一个独立的波斯尼亚联邦分权制，以及将领土公平地分配给克罗地亚—波斯尼亚穆斯林族和塞尔维亚政体等。代顿协定还创建了北约领导下的执行部队，其中法国分队是第二大分队，同时创建了一个由欧盟指挥的平民机构。代顿协定确立了北约的霸权地位，因为美国的军官负责控制军事占领区，而欧洲国家降级到只负责经济重建。华盛顿政府还发起了一个武装和训练波斯尼亚穆斯林族的项目。法国在其他欧洲国家的强烈支持下坚决反对这项计划，因为担心这将会再次引发战争，然而美国并未予以理睬。[41]在俄亥俄州的代顿，美国的单边主义已经一览无余，在霍尔布鲁克的掌控下甚至更加明目张胆。希拉克十分谨慎，并没有在公共场合发表任何怨言。除了最后巴黎被指定在协定上签字，希拉克一直被排挤在协定之外。法国在三年多的时间里比任何一个欧洲国家都更积极地推进波斯尼亚的和平，然而却在波斯尼亚的重组中被降级成一个"候补中间人"。[42]

代顿会议以后，观察家们注意到白宫有了一位"新的神气十足的人"。曾经对国际事务尤其是使用军事力量犹豫不决的克林顿，如今对于其担任全球领导角色更加自信。沃伦·克里斯托弗指出，他的欧洲同行们因为决心和统一取代了无能和分裂而感到十分开心："他们虽然抱怨我们主导了代顿协定，但是他们的确知道自己别无选择。"[43]

■ 大西洋联盟与欧洲支柱

冷战的结束以及欧洲在波斯湾战争获胜中所做的微小贡献，促使一些欧洲人大胆提出了建立共同防御能力来取代北约的计划。然而美国人却另有打算。大西洋联盟的改革让密特朗执政时期的法国与布什执政时期的美国在 1990 年代初期出现了分歧。

冷战结束以后，法国安全政策的首要前提是北约如同它的组成一样，代表着美国的主导地位，或者至少对于法国的自由行动是一种限制。第二个前提是美国将会减少对大西洋联盟的投入，因为没有了苏联威胁，欧洲将不再会受到美国的关注。另一个假设的前提是统一后的德国需要与欧盟建立更加紧密的关系，而要达到这个目的需要制定一个共同防御政策。

以上分析意味着法国应该抵制北约的影响力或者作用力的扩大，并且不需要与联盟恢复友好关系。只要密特朗在任，法国自 1966 年起实行的不出席联盟综合指挥的协议就会继续。尽管这样，但是北约依然是安全的基础，这就要求重新平衡与欧洲伙伴的关系。鉴于美国注定要撤军，法国有必要也有机会率领欧洲建立北约之外的武装防御能力，以便在联盟不愿意采取行动时，欧盟可以依靠自身的力量采取行动。《马斯特里赫特条约》签订以后，密特朗政府希望在欧盟实行一种共同的外交和防御策略以及实现货币的一体化：致力于用欧盟制衡美国控制的大西洋联盟。

美国政府针对欧洲的安全问题则另有计划：它试图在不失去控制权的基础上扩大大西洋联盟的影响力。改革之后的联盟将会继续确保美国在欧洲大陆的必然性及其领导力的合理性。布什政府和克林顿政府都不打算削弱或者放弃美国对于联盟的控制力。事实证明，它们都坚决反对任何可能会制衡北约力量或者颠覆美国控制权的欧洲安全部署。

正如本书第三章所论述的那样，联盟改革的问题曾于德国统一期间被提出过。1990 年 4 月，布什总统与密特朗总统在佛罗里达的基拉戈会晤时，就北约的前途问题产生了异议：当布什提出为了维护美国对于"旧世界"的责任，联盟必须扩大"能力范围"以解决包括政治问题在内的所有欧洲问题的时候，密特朗皱起了眉头。美国的国家安全顾问布伦特·斯考克罗夫特指出，如果如密特朗所愿那样，北约只局限于传统的防御角色，那么联盟的作用将会衰退。[44]布什政府不仅希望为冷战结束后的联盟增加政治和维和的职责，还试图将地理范围至少扩大到东欧前苏联阵营的国家，并将行动能力扩大到欧洲以外。法国人仍然采取最低纲领的立场。[45]他们希望取消"欧洲以外"的行动能力，将联盟的影响力限制在欧洲境内。法国外交部长罗朗·迪马认为，联盟不应"扩大力量范围，将自身转化成国际事务的宏大指南"。[46]法国官员谈及联盟改革的时候，他们想到的是将其缩小或者保持原样，并且建立一个欧洲防御体系。而美国人则怀疑法国将改革视作一种削减美国在欧洲领导力的手段。在一次针对安全问题的最高首脑会议上，布什对法国希望美国军队撤出欧洲表示担心，但是詹姆斯·贝克则怀疑法国更希望美国充当"雇佣兵"，只有在需要的时候才可以出现。[47]

1990年7月，在伦敦召开的北约峰会上，布什政府将重组联盟的计划强加给了欧洲国家。美国方面知道，如果允许盟国参与辩论或者修改的话，这项方案十有八九会被扼杀，因此，美国没有给予盟国任何讨论的机会。美国在峰会上的宣言呼吁增加北约的政治权利，诸如赋予其在东欧的新民主国家进行调解的权利等。除了稳定东欧的局面，联盟还享有危机管理的基本义务（所谓的非第五款任务）。与之相反，法国则认为前华沙条约成员国的事务及其危机管理和"欧洲以外"的任务应该交由欧洲国家来处理，而非北约。谈判的过程和伦敦宣言的内容惹怒了法国人，他们强烈抗议将联盟"政治化"。据美国的官员称，法国人的愤怒暴露了他们对于欧洲大陆整个重组进程的挫败感。有人称法国的这种态度是"一种存在主义的悲观情绪"。[48]然而，美国人必须承认法国人一直都采取强硬的态度。[49]

1990—1991年，法国在德国的支持下催促联盟进行改革，旨在将职责从美国逐渐转移到欧洲。[50]密特朗认为欧洲必须发展自己的防御手段，因为美国注定要撤离。他告诉德国总理赫尔穆特·科尔，虽然苏联已经解体，美国仍然希望欧洲完全依托于它，并且阻止一切建立欧洲防御的进程。但是这种矛盾不会持久，几年之内，"欧洲将不复存在而美国将会逐渐退出"。[51]国防部长皮埃尔·若克斯（Pierre Joxe）认为，欧洲必须为自己的安全负责，因为美国"不确定自己所希望承担的角色和职责"。[52]法国并不是唯一反对的国家，比利时、西班牙，甚至态度更为缓和的德国人都希望欧洲国家在联盟中拥有更加重要的地位。比利时外交部长马克·艾斯肯（Mark Eyskens）的评论更加露骨："欧洲是经济上的巨人，政治上的侏儒，军事上的寄生虫。"[53]

法国建议通过巩固1940年代遗留下来的安全组织——西欧联盟（WEU），使之与欧盟接轨并作为欧盟的一个"支柱"，赋予欧盟以防御能力。这个独立于北约的西欧联盟/欧盟防御组织可以拥有欧洲军队，这支部队不需要北约的批准便可用于巴尔干半岛甚至是欧洲以外的地区。欧共体委员会主席雅克·德洛尔对欧共体在波斯湾战争中的低效表现感到难过。他大胆地宣称欧洲需要一个依托于西欧联盟的"共同防御政策"作为"欧洲防御的大熔炉"，从而形成"大西洋联盟的第二个支柱"。美国不应担心欧洲创立一个可以通过合理协商决定"独立于北大西洋公约……的行动方案"的"内部阵营"。[54]并不是所有的欧盟成员国都对这个计划感到满意。英国尤其反对任何可能削弱北约组织或者减少美国对欧洲责任的分裂行为。

第二步，密特朗总统与科尔总理于1991年10月正式提出建立欧洲军团的联合提案。这个最初由2.5万名核心士兵组成的法德军队可以扩大到欧洲其他国家，但不包括美国，它可以执行西欧联盟或者北约的命令。法国规定，在危急时刻，欧洲军团将代表欧洲整体，任何一个成员国都可以否决北约的干涉。[55]

法国与德国的防御行动遭到华盛顿和伦敦的反对。因为担心这将削弱美国的保护作用，欧洲其他国家对此并不热心。振兴西欧联盟似乎任重道远，而欧洲军团的建立也许会导致德国军队脱离大西洋联盟。同时，美国反对任何可能与北约对立或者削弱其在大西洋联盟中权威地位的计划。华盛顿政府和伦敦政府一样并不希望西欧联盟并入欧盟，因为这很可能会形成一个干涉北约组织决策的"欧洲帮派"。[56]美国国防部于1992年草拟的防御计划文件表明了以下担忧：该防御计划提倡"美国对欧洲事件有实质性的参与权"，但同时指出为了避免产生竞争性的关系，美国"必须努力防止任何削弱北约力量的欧洲独立安全部署的建立"。[57]虽然美国政府同意了"欧洲支柱"的建立，但是一位官员曾坦诚地说美国不接受任何可能会"架空北约……从而使美国失去参与欧洲事

227

务的正当权益的"独立架构。[58]从美国对西欧联盟/欧洲军团方案的反对立场中，法国政府准确地判断出美国人对于欧洲支柱做出的虚伪姿态。美国人似乎在痴心妄想：他们希望保持对欧洲的传统控制力的同时，使欧洲国家对防御做出更大贡献。

英美两国积极地破坏西欧联盟/欧洲军团计划。布什致信密特朗，提醒对方法德军团推翻了大西洋联盟的综合指挥，并使得美国被孤立。[59]华盛顿和伦敦方面提议将西欧联盟并入北约而不是欧盟。他们还建议在北约框架下建立快速反应部队以替代欧洲军团。巴黎方面反对第一项提议，勉强接受了第二个计划，以确保法国的武装力量能够在德国统一后留在德国。

在 1991 年末的罗马（北约）峰会和马斯特里赫特（欧盟）会议上，双方最终达成一致，但是在此之前，如何改革联盟引起了公众的争论。在罗马，布什被法国和德国气坏了，他在一次公开会议上警告对方，"我们并不认为西欧联盟可以取代大西洋联盟"，随后，他私下里愤然地说："如果西欧打算在大西洋联盟之外建立一个安全组织，现在就告诉我。"[60]而密特朗则对贝克努力为大西洋联盟增加政治责任感到气愤，他抱怨道："大西洋联盟很好，但是它毕竟不是一个神圣联盟。"[61]在罗马，美国通过与英国、荷兰、丹麦、葡萄牙等盟国合作确保了西欧联盟计划未能完全脱离大西洋联盟。

法国对于马斯特里赫特会议感到比较满意，因为在会议上，它将"共同外交与安全政策"纳入欧盟，使之成为欧盟结构的支柱，并且正式宣布建立一个依托于西欧联盟的欧洲防御主体。然而，美国及其追随者们却通过将其同时定义为"欧盟的防御组成"和"大西洋联盟的欧洲支柱"从而对其进行混淆，以破坏这个新防御主体的自治权（所谓的欧洲安全与防御体）。同样，西欧联盟的行动也需要"与大西洋联盟采取的立场保持一致"。[62]这些会议因此确立了北约在防御决策中的关键性地位。大多数欧洲国家都明确希望北约作为其保护者而不是西欧联盟，因为大家都清楚西欧联盟存在大量结构性和政治性问题。然而，6个月后的另外一次会议则排除了马斯特里赫特会议之后关于西欧联盟与北约敌对关系的一切猜疑。彼得堡宣言将西欧联盟的任务扩大到人道主

义救援、维护和平以及调解的作用，但将其纳入到北约的旗下。而北约　229
却获得对"欧洲以外"的某些事件采取行动的权利。欧洲国家选择了
大西洋联盟，拒绝了法国的取代方案。密特朗沮丧地告诉德国总理，美
国希望北约成为一个"遏制一切欧洲防御并完全依靠美国政府"的结
构。[63]一位美国外交家承认，"我们希望欧洲多为自己负责，只要他们做
的与我们的想法完全一致。我们支持西欧联盟，但是不希望它独立。"[64]

　　甚至在美国人取得这些外交胜利以后，冷战后的格局变化仍然引发
了大洋两岸的风暴。詹姆斯·贝克和罗朗·迪马这两位外交部长的关系
就不太友好。他们之间的谈话激怒了国务卿贝克，他向这位同行挑衅
道，"你支持我们还是与我们作对？"[65]这种怒火爆发的背后隐藏着冷战
后两国针对美国在欧洲的角色问题的重大分歧。巴黎方面认为美国政府
虽然表示愿意与欧洲分担责任，但是却不愿意分享其对欧洲安全的控制
权。布什—贝克团队的政策促使法国和其他一些欧洲国家的官员认为，
"美国渴望一个必须在美国的领导下才能在欧洲或者世界上采取行动的
永远衰弱的共同体。"[66]一位美国的高级官员在回忆这些事件时承认，
"在面对新欧洲时，美国认为针对欧洲政治联盟和安全活动的前途问题
没有足够的必要与法国对话。这是一个重大的错误。"[67]

　　1992 年，巴黎方面发现美国政府显然正在按照自己的方式对北约
进行改革，并且阻止了法国的替代方案。美国赋予联盟政治职责，向东
欧国家开放联盟，获得了"欧洲以外"地区的行动权，并且维持了其
对联盟的控制权。西欧联盟/欧洲军团仍然是一个未能赢得几个欧洲国
家支持的计划，而它在实施上也必须依靠北约。欧洲国家没有建立自治
的防御能力，反而削减军费开支。法国最大的盟友德国也似乎并没有完　230
全投入到这一计划之中。总之，事实证明，法国的改革方案弊病百出。
美国虽已减少了驻扎欧洲的兵力，却没有撤出欧洲；相反，布什团队证
明美国将致力于维护其在欧洲的力量。而当南斯拉夫的瓦解升级为暴
力，欧洲和联合国的维和任务毫无成效之际，美国维护欧洲稳定的作用
愈发重要。的确，美国政府对巴尔干半岛问题的沉默引发了一个相反的
担忧：当美国被需要的时候，它会袖手旁观吗？

　　法国的外交政策悄无声息地改变了方向。法国开始与北约修好，于

1992—1994 年密特朗执政时期初见端倪，而后这种趋势迅速发展。[68]法国不再试图建立一个与大西洋联盟对立的防御主体，而是企图在联盟内部发展一个欧洲支柱。1992 年 7 月，正值巴尔干半岛出现种族暴力期间，总理米歇尔·罗卡尔称"长期的误会"破坏了法国与联盟的关系。他赞扬北约是"混乱中的世界里坚固的参考点"，并建议法国"加强与北约合作"。[69]同年，法国、德国与北约之间达成共识，将欧洲军团纳入北约"行动指挥"的旗下，并明确规定欧洲国家只有在北约不愿意干涉的情况下才能采取行动，随后法国在联盟中的参与度有了小幅提升。

当 1993 年立法选举中保守党以绝对多数获胜，而社会党和保卫共和联盟掌权的政府实行新一轮的"左右共治"时，由社会党发起的、与联盟恢复友好关系的努力达到高潮：爱德华·巴拉迪尔担任总理，阿兰·朱佩担任外交部长，而他们将会拉近法国与联盟的关系。保卫共和联盟主席雅克·希拉克支持这一决策，他辩解称由于法国的伙伴们对于建立欧洲防御主体毫无兴趣，"大西洋联盟内部的、依托于西欧联盟等现存欧洲体制的关系的平衡必须从其内部入手。不是与美国作对，而是要与它达成一致。"[70]朱佩强调美军在欧洲"安全上不可或缺"，他指出，"傲视大西洋联盟以及我国在联盟中受到耻辱待遇的时代已经过去了……很明显，法国需要一个稳固的联盟，为此法国将会进行必要的改革，而不是三缄其口"。然而，朱佩也提醒华盛顿政府：美国必须将欧洲视为"一个真正的伙伴"，尤其是当不需要军事介入的时候，"我们需要一个强大的联盟和'更多的欧洲'"。[71]自 20 世纪 60 年代以来，法国的国防部长们首次开始参加北约军事委员会举行的会议，而法国也开始在本国开展北约军事演习。当法军在巴尔干半岛和北约实施联合行动时，法国自然获得了一定程度的决策权。1995 年希拉克就任总统以后，密特朗时期开始推行的与北约的合作达到巅峰。

与密特朗相比，这位爱丽舍宫的新主人更加渴望与白宫的同行培养亲密的私人关系。雅克·希拉克的优势在于他能说一口流利的英语。1953 年，年轻的希拉克便去过美国。当时他参加哈佛商学院的暑期班，并在霍华德·约翰逊的餐厅里打工。他从旧金山到新奥尔良一路观光，并且在南加州遇到了"未婚妻"，她开着敞篷的凯迪拉克并称呼他为

"我亲爱的孩子"。[72]上任初期，希拉克担心克林顿与前任总统相比缺乏处理国际事务的经验，但是很快两位总统便喜欢上了对方。克林顿称两人相互"感觉很好"。[73]两位总统都具有友善的外向型的性格。他们用热情、随和以及闲聊打动别人。据法国驻美大使帕梅拉·哈里曼（Pamela Harriman）称，与密特朗相比，这位新总统在克林顿看来是"一股新鲜空气"。[74]他们定期相互通电话或者写信。1996 年克林顿夫妇为参加七国集团会议访法期间，曾与希拉克夫妇在一个漂亮的巴黎餐馆用餐。

1996 年 2 月 1 日，华盛顿政府迎来了希拉克总统正式的国事访问，访问期间他在美国国会发表了演讲。[75]然而，美国的国会成员却十分不友好：几百名成员联合抵制演讲以反对法国恢复核试验。侍者和其他的工作人员不得不填补空席。希拉克总统没有在意半空着的会场，他提起小时候曾亲眼目睹美国军队于 1944 年在普罗旺斯着陆，并宣称自己对于东道主的个人情怀。他担心美国会退居国内，因此劝说他的听众继续参与国际事务，并称"世界需要美国"。一向斥责美国国会孤立主义行为的希拉克称赞联合国是合法的国际法庭，并委婉地指责美国国会拒绝履行联合国的职责。对美国在重建波斯尼亚中的作用大加赞扬之后，这位发言人表示法国将美国对于欧洲的政治和军事的贡献视为"大陆稳定和安全的重要因素"。发言中唯一有价值的部分是，他肯定了法国恢复与北约军事机构的友好关系的决心，同时还提出联盟的革新，也就是建立一个可以分担安全责任的坚固的"欧洲支柱"，希拉克因此将恢复北约改革的承诺联系在一起。当天，不仅国会成员没有出席，大部分的美国人也并不关心。当晚的新闻报道中几乎没有提到此次演讲。[76]

1995—1996 年期间，法国准备重新要求北约进行改革。[77]四年前南斯拉夫战争证明欧洲国家无法独自维护当地的和平。波斯尼亚事件揭露了法军的许多缺陷。法国缺乏空中和海上补给的能力来实施大规模的军事行动，而预算的限制又使它无法弥补这些缺陷的开销。而北约却有足够的运筹能力。巴黎方面的官员意识到既然运行欧洲安全能力需要几年的时间，美国军队便成为欧洲稳定的唯一的可靠力量。[78]更重要的是，法国人发现由于美国政府和大多数欧洲国家的反对，西欧联盟计划已经搁浅。建立欧洲安全主体的唯一途径便是避免暴露其削弱北约力量的企图。另外，建立欧洲安全能力的曾经的愿望——在马斯特里赫特会议上最有可能实现——也因法国和丹麦对马斯特里赫特条约的强烈反对，以及法德两国对南斯拉夫事件的争端而夭折。也许促使政策改变的最重要的因素是戴高乐主义立场——不参与综合军事结构已经失去意义，尤其是法国像在巴尔干半岛事件中一样将继续选择与北约并肩作战，而且这种并肩作战的可能性很大。不参与北约的决策使法国在战略战术的制定上失去影响力。正因为如此，希拉克抱怨他无法在波斯尼亚战争中选择空袭目标。经过重新的冷静思考之后，法国决定在联盟内部建立欧洲支柱从而寻求一种妥协。或者如一位法国专家所说，"为了壮大明天的欧洲，就必须壮大今天的大西洋主义。"[79]克林顿政府欣然表示将波兰、匈牙利和捷克共和国纳入北约并作为北约改革的一部分。

法国又一次调整了与美国微妙的外交平衡。法国曾经断定冷战后欧洲不再需要美国，而1992年以后，它却试图将美国哄骗回来。克林顿政府更关注国内而非国际事务，鉴于其不愿意干涉巴尔干半岛的事实，美国人似乎有意与欧洲拉开距离——此时种族和民族暴乱已经爆发，而北约成为维和的关键。此时，相比1980年代初期密特朗的方针，平衡的杠杆更加向联盟倾斜。

以希拉克总统和让—大卫·雷维特等顾问们为首的爱丽舍宫在国防部的支持下，努力在大西洋联盟内部建立一个"新北约"。然而，身为戴高乐主义捍卫者的外交官员们并不那么热心。此时，需要一个欧洲指挥链来接管新的维和工作——非第五条款和欧洲以外的任务，以防止美国人不愿意参与。为了保证可靠性，维和工作需要北约的力量。维和任务还需要非北约成员国的参与，以建立一个比旧式的美国控制的综合结构——为解决欧洲防御或第五条款危机设置的控制集团更加灵活、更加欧洲化的指挥组织。这种新的指挥链的高层将会配置欧洲人员。需要指出的是，北约中的美国官员不仅占据了欧洲盟军最高司令（SACEUR）等主要的指挥地位，而且还具有"双重身份"，即听从来自北约和五角大楼的双重指挥。这在苏联可能采取攻击的时候尚可以勉强接受，但如今已经时过境迁，更何况现在联盟面临的是来自巴尔干半岛的新型威胁。

1995 年 12 月，法国驻华盛顿大使弗朗索瓦·布扬·德雷当（Fran-cois Bujon de l'Etang）提醒美国副国务卿斯特罗布·塔尔博特（Strobe Talbott），法国有意重新加入联盟的军事结构。[80]然而，事实证明这是一次战术上的失误。克林顿政府误以为法国决心重新加入北约，但事实上这种行动的前提是对联盟进行彻底改革。

1996 年 8 月，希拉克开始履行在上次国事访问中做出的承诺。他直接致信克林顿为改革联盟的指挥结构提出两点建议：提拔欧洲人担任欧洲盟军最高总司令（前提是为美国人创造一个欧洲盟军超级最高总司令的职位），或者提拔欧洲人担任两个地方性的指挥官（北方和南方）。交换条件是法国将会重新加入综合军事结构。法国的提议得到了欧洲其他国家广泛但不坚决的支持——西班牙和德国人的支持率最高，英国的支持率相对较低——而意大利人则完全否决。法国还向白宫提议，如果美国有意扩大联盟，应该将罗马尼亚（意大利希望纳入斯洛文尼亚）和其他三个前苏联阵营的国家纳入旗下。

克林顿政府同意法国的回归。在美国官员看来，法国是少数几个有办法并且愿意分担欧洲安全责任，并且在非洲、波斯湾和中东地区部署军事力量的国家之一。但是希拉克的"新北约"遭遇了美国官员的怀疑和反对，尤其是国防部和国务院的一些成员的反对。他们认为法国的提案"稍有削弱美国在欧洲影响力的嫌疑"。[81]譬如，一位国防部的工作人员告知法国大使，他认为法国想"把我们赶出欧洲"。[82]再者，美国国会优先考虑的是限制扩张而不是改革。僵持点在于给予欧洲——几乎可以肯定是法国官员——驻守那不勒斯的北约南方部队的指挥权，其中包括地中海的美国第六舰队。克林顿总统也许乐意将一部分指挥权交予欧洲，但不是北约的南方部队司令这样的关键职位。据称，国会绝对不会同意将第六舰队交由欧洲的官员指挥。美国也不会交出联盟的决策控制权：美国政府愿意增加欧洲国家的知情权，但是却不愿授予其权力——而权力才是法国所想要的。意大利希望美国海军驻守那不勒斯，而法国因为缺少意大利的支持而处于不利地位。对于正忙于总统竞选的克林顿来说，他并没有将地中海的指挥权交给法国的意思。他于同年 9 月份致希拉克的回信中解释了为何不能将南方部队指挥权交给欧洲官员，并称他不能交出美国对联盟的控制权，并且后来的事实证明由于国会的反对等原因，他也不会将罗马尼亚和斯洛文尼亚写进北约新成员国的名单中。

当希拉克 8 月份的信件被泄露之后，谈判陷入困境。各大媒体纷纷曲解了他的提案，认为这是法国接管美国第六舰队的阴谋。事实上，法国曾提出过其他方案。同年秋天，大洋两岸的记者和政治家们激化了这场争论，使双方更难寻求妥协。一家法国日报称白宫政府对希拉克太不客气。据说，克林顿在信中写道，"雅克，对于南方司令一事，我必须向你坦承：答案是不行。"[83]与此同时，洛朗·法比尤斯和让—皮埃尔·舍韦内芒等社会党知名人士与希拉克的提案撇清关系，戴高乐主义的一些忠实拥护者则直接批评希拉克，戴高乐主义的老议员皮埃尔·梅斯梅尔（Pierre Messmer）指责道，"法国政府在北约失去其存在的意义的时候加入北约，这太令人震惊了。"[84]美国的议会成员攻击法国的提案。报界则大肆渲染所谓的埃尔韦·德沙雷特对沃伦·克里斯托弗的轻蔑。据消息称，在布鲁塞尔举行的北约会议上，当北约秘书长正向美国国务卿敬酒时，德沙雷特愤然离席。《华盛顿邮报》的头版便是"法国冷落北约，致敬克里斯托弗"。[85]外交部认为，文章是美国国务院的反法派的作为，德沙雷特对此感到非常尴尬和愤怒。据北约方面的消息称，两个盟友之间的关系"火药味十足"。"希拉克不会做出让步"，据报道称，"因为那将表明他向美国屈服。美国方面也不会做出让步，因为这个指挥权非常重要，不能放弃，而且国会是绝对不会批准的。"[86]

实际上，谈判仍然在继续，因为美国政府相信还有折中的余地，而巴黎方面也强烈支持。雷维特和国防部长夏尔·米荣于 1997 年初抵达华盛顿，提出有关美国如何在不失去第六舰队指挥权的同时将北约南方部队的指挥权欧洲化的诸多建议。[87]其中一条是分享那不勒斯指挥权，也就是美国保留空军和海军力量，而将陆地部队交给欧洲。雷维特称要想法国加入军事联盟，法国就必须享有自主指挥权，并且由于政治需要，法国在没有赢得让步的情况下不能重新加入联盟。在国内，政府需要赢得戴高乐主义者的支持。然而，美国国防部并没有做出妥协，而是关上了谈判的大门。同年 4 月，参谋长联席会议主席约翰·沙里卡什维利（John Shalikashvili）上将向他的法国同行们发表演说，表示拒绝接受欧洲指挥的提议。他称原因是欧洲国家的意见并不统一，而法国鉴于自身的独立角色，不能承担指挥的任务。[88]至此，克林顿的第二轮任期开始了，他的新国防部秘书长威廉·科恩（William Cohen）向国会表示南方指挥权问题毫无商讨余地。另外，新任国务卿马德琳·奥尔布赖特同时发表声明："我们的北约南方部队指挥权保持不变。我们将其视为维护美国指挥权的关键……"[89]双方可以做出的最大让步是在不触及敏感问题的前提下，针对如何重建北约南方部队指挥权发表声明。美国的谈判家们承认，他们将所有事情都推迟了，使欧洲变成了一个"等待中的指挥官"。

克林顿政府最关心的是如何扩大北约，而不是改革北约的结构。他们希望将联盟向东扩大到波兰、捷克共和国和匈牙利；希拉克同意北约的扩张，将其视为改革北约的交换条件，但是他希望能够将罗马尼亚包括进来。实际上，他对于克林顿政府急于扩张北约一事非常谨慎，其中一个原因是他担心这会引起俄罗斯的反对。[90]1997 年 7 月，在马德里召开的北约会议解决了这一问题——美国政府一如往常地占了上风。被纳入北约的欧洲国家不是 5 个，而是 3 个。希拉克的一位顾问抱怨道，"最让我不舒服的是美国人总是喜欢说，'我已经决定了，句号。'当然还有可以讨论的余地，但是他们会说'没有余地了，答案是不'"。法国又一次被孤立了。一位外交官抱怨道，"我从未见过欧洲人遭受过如此大的屈辱"。希拉克不得不接受这个决定，他指责国会议员们，但已经丢尽了颜面。他对一位记者说，欧洲国家在联盟中只是二把手，他们只有接受指挥命令的权利和形式上的职责，诸如出席接待会等，但是没有真正的权力。希拉克承认，没有提前提出详细条件就宣布重组联盟也许是一个战术上的失误。[91]1997 年，对此项计划毫无兴趣的社会党重新掌权后，计划就彻底夭折了。但是，这件事情破坏了法美两国的关系，使双方都更加怀疑对方的顽固不化和不可靠性。[92]美国不信任法国：美国认为法国的大西洋主义是欺骗性的，美国仍然怀疑法国试图削弱其在欧洲的地位并且有意控制北约的指挥权。法国也不信任美国：在分享权力和在联盟内部构建欧洲支柱的事情上，法国认为自己被美国人误导

238

了。而在整个过程中，美国人让法国人颜面尽失。

　　法国的政策在"新北约计划"破灭后一直停滞不前，但最终它找到了推动此项计划的新途径：在欧盟内部建立一个所谓的"欧洲安全与防御政策"（ESDP）。此举主要是受到美国的启发。与法国一样，美国有意创建一个更加灵活而特殊的同盟合作式的组织，以便在不威胁整个组织的前提下处理一系列的危机事件。解决方案便是将情报卫星和空运补给线等北约资产转移给联合任务部队（CJTFs）代表团以便其执行任务，尤其是行使美国政府不愿参与的"欧洲以外"的任务。巴黎政府支持联盟影响力的扩大，但是针对转移资产控制权的问题争论不休。1996年，终于达成协议。协议规定联盟可以将这些北约资产交给欧洲以方便军事行动，但是西欧联盟领导的联合任务部队可以"单独行动，但不脱离于"北约。克林顿政府坚持由美国人担任欧洲盟军总司令的职位，但是法国至少限制了北约对于出借资产的日常监督。[93]法国人几乎毫无收获。为了表示其坚韧的态度，希拉克称联合任务部队的妥协预示着联盟"改革"正在进行。不是所有的法国同胞都接受希拉克总统的姿态。前国防部部长保罗·圭耶（Paul Quiles）写道，希拉克将权力让与了美国政府，美国成为"欧盟在制定国防决策时的第16个成员国"。圭耶质问道，如果不与欧盟分享军事权力，而是将权力"挥霍"给由美国控制实权的北约，法国怎能保持其在世界上的影响力？[94]战略研究的权威人士帕斯卡尔·博尼卡斯（Pascal Boniface），将联合任务部队借用联盟资产比喻成一个少年在星期六晚上使用家用汽车："这可以避免家长夜间出行，但是家长却保留是否出借汽车、监督目的地、规定归还汽车时间和使用条件等的权力。"[95]

　　法国不满足于这种安排，仍然致力于加强欧盟共同的外交政策和安全计划。但是，主张保留北约地位的英国和一些北欧国家一如既往地持反对态度。1997年，欧盟取得了小小的进展，它建立并实施了一个共同的外交政策，并且使匹斯堡任务，诸如维和与人道主义救援等，成为其职责。当英国改变主意的时候，欧洲防御主体才刚刚成形。

　　在波斯尼亚事件之后，英国开始支持建立欧洲防御的想法。英国与法国的武装部队在事件中并肩作战，并同时与美国发生争执。英国政府

239

意识到一个软弱无力的欧洲不能成为美国的好伙伴，也就是"需要通过欧洲以拯救联盟"。[96]此时，英国同意在欧盟内部建立军事和防御能力。1998 年 12 月，在法国的滨海小镇圣马洛，托尼·布莱尔（Tony Blair）240首相与希拉克总统发表英法联合声明，赋予欧盟"由可靠军事力量支撑的自主行动能力，使用军事能力的决定权和相应的准备权力，以应对国际危机……"。[97]

1999 年夏，科隆会议和赫尔辛基会议标志着欧盟的转折点。美国政府对于干涉科索沃表现出的不情愿使得欧洲国家开始担心美国维护欧洲周边地区稳定的参与度，并促使欧洲开始致力于创建共同的防御能力。[98]欧洲宣布即将建立欧洲安全与防御政策，以便于为欧盟提供自主防御能力。欧盟采用了圣马洛宣言，并补充了欧盟理事会有义务处理一系列冲突的防御和危机管理的任务。（至此，西欧联盟/欧洲军团计划演变成这个新的欧盟项目。）欧洲国家开始为欧洲安全与防御政策提供军事实力：它创建部队和计划委员会，任命哈维尔·索拉纳（Javier Solana）为共同外交与安全政策的高级代表，并发表声明将会创建一个由 6 万名士兵组成的欧盟直接部署的快速反应部队。但是，它们还谨慎地提出欧盟将要实行针对国际危机采取军事行动的"自主能力""不会侵害北约的行动权力"。[99]它们还呼吁欧盟和北约的全面磋商与合作，并保持相互的透明度。换而言之，欧洲安全与防御政策仍然存在于联盟之中。与以前的提议所不同的是，此次提议得到了英国的支持。然而，美国却担心欧洲安全与防御政策和快速反应部队会与北约相抗衡。美国国务卿马德琳·奥尔布赖特的回应是知名的"三不论（3 – Ds）"，即只要欧洲安全与防御政策不搞分裂（decoupling）、不抄袭（duplication）、不歧视（discrimination），便会得到美国的支持。[100]美国政府一直拖到 2003 年才与欧洲达成协议。协议规定北约与欧盟拥有分离但关联的计划成员，而241欧盟"只有在北约全体……决定不参与的前提下"才能采取行动。[101]这场磋商尘埃落定。美国承诺将北约的资产借给将来由欧洲领导的军事行动使用，而条件是欧洲安全与防御政策将服从于北约。因此，美国继续通过北约掌管欧洲的安全事宜。

欧洲防御能力的创建在 20 世纪末取得了一些进展，但是即便如此，欧洲的安全与防御政策更像是一个自治权的承诺，而并非现实：重大的欧洲军事行动依旧取决于北约的外借资产以及美国是否愿意分享职责。将欧洲的安全与防御政策变成现实则需要欧洲增加防御开支并且针对安全政策问题达成一致。在法国看来，经过十年的外交周旋，并未取得多大的进展。

社会党外交部长于贝尔·韦德里纳十分沮丧，不禁在北约成立 50周年之际抗议美国的高压手段。"自肯尼迪总统时期，我们就听到大洋彼岸的朋友呼吁建立联盟的欧洲支柱"，韦德里纳部长指出，但"事实上，这个支柱至今尚未建立"，因为联盟本身就是建立在"一个等级制度森严的基础上，所有成员都要服从"美国。[102]尽管如此，韦德里纳相信联盟会发生变革。一年后，当谈到欧洲防御时，他说："我相信欧洲最终会成为美国的伙伴。开始时这可能会被忽视，但是最终会变成现实。"[103]法国遇到了阻碍，但是却不会屈服。

20 世纪 90 年代末在北约的 16 个成员国中，美国和法国——当制定联盟目标、结构和范围，尤其是在定位欧洲和美国的角色的时候，便会出现两极对立。这种大洋两岸的对立引发了针对冷战后联盟的角色定位的热烈争论。两国的立场和所争论的问题一直延续至新千年。2008 年，正如分析家弗雷德里克·博佐所说，美国仍然反对在北大西洋理事会内部建立任何影响其领导力的欧洲"核心机构"，而法国依旧抵制将联盟政治化和扩大联盟地理范围的努力，因为这将"有可能使北约变成美国控制国际秩序的基石"。[104]法国希望联盟依然是一个将职责限制在军事和维和方面的欧洲机构——大西洋俱乐部。回顾历史，源于夏尔·戴高乐时期的法国与北约之间的隔阂，虽然在 1996 年遇到挫折，却间歇式地得到修复，并且隔阂越来越小了。同时，在法国的推动下，欧洲也以同样以间歇性的方式发展独立于联盟的自治防御能力。直到 2009 年，法国才重新回到联盟之中。但是，正如历史所见证的那样，尼古拉·萨科齐（Nicolas Sarkozy）总统称重新加入北约与欧洲的安全与防御政策并不冲突："欧洲的防御有两个支柱，欧盟和大西洋联盟。"[105]如果从 1990年代可以预测到未来的话，未来的和谐关系并不会轻易到来。

■ 贸易战士

无论是从理论上还是实践上，贸易都为大洋两岸架起了桥梁，但如同安全问题一样，它也同样导致了美国与法国的怨恨。1990 年代初，关税与贸易总协定举行的乌拉圭回合谈判将这种怨恨推至高潮。

据称，1991 年在外交方面，除了应对海湾战争和俄罗斯以外，布什总统在乌拉圭回合谈判上花费的精力最大。他不仅担心贸易谈判的瓦解，还担心欧共体通过单一欧洲法案建立统一市场的努力，及其解决跨大西洋的安全问题，尤其是建立一个围绕北约的新结构的努力。所有这些问题都相互关联，并且似乎都与法国有关。据一位内部人士称，布什政府担心以法国为首的欧洲会联合起来对抗美国人，在经济和政治上将美国人挡在欧洲之外，迫使美国人与"一个保护主义的、排他主义的、内闭式的并且难缠的欧洲"打交道。[106]

在建立新欧洲时，对于华盛顿政府来说，美国与北约的关联是最重要的，然而，单一市场计划使得事情变得复杂起来。起初，布什政府虽然担心将出现"堡垒欧洲"，却比里根时期的白宫政府更加公开地支持欧共体的发展。1989 年，在曾授予布什和弗朗索瓦·密特朗荣誉学位的波士顿大学的毕业典礼上，布什表示支持单一欧洲法案，宣称，虽然一些美国人持有疑虑，但是"一个强大统一的欧洲就意味着一个强大的美国"。[107]与美国的国会和商界相比，白宫政府并不十分担心"堡垒欧洲"的形成。罗伯特·佐利克（Robert Zoellick）等布什政府的商界专家们认为，公开支持欧洲一体化是让美国在重建后的更加强大的欧共体中保持影响力的最佳途径。[108]欧洲委员会主席雅克·德洛尔对于美国的访问也有助于减轻美国人的担忧，消除了美国人对于欧共体将与美国对立的疑虑。然而，对于"堡垒欧洲"的担忧依然存在。1990 年，佐利克提出质疑：新欧洲到底是"保守的，流动的，还是国际化的"——也就是，欧洲是否将是贸易保护主义者，一个独立的力量，还是会成为美国真正的伙伴。[109]尔后，针对关税与贸易总协定的激烈讨论以及北约改革引发的争论——在这两件事上，巴黎方面都是主要参与者——使华盛顿政府更加担忧一个内闭式的欧洲将会区别对待美国的利益。1991

243

年末，在马斯特里赫特举行的欧共体峰会即将召开之际，布什总统在荷兰的一次演讲中提醒道："我们必须防止旧冷战时期的盟国变成新经济对手、冷战勇士变成贸易战士的危险的出现。坦白地讲，大西洋两岸都出现了这种迹象，这很可能发生。"[110]

1992 年末，法国的农民在驻巴黎的美国大使馆前点燃了星条旗，并且用草耙搅动烧过的灰烬。有人用拖拉机堵住了高速公路，并且在铁轨上燃烧轮胎。还有人在麦当劳餐厅前抗议，砸毁可口可乐的自动贩卖机。一位诺尔曼农民抱怨道："美国伤到了我们的要害……如果关税与贸易总协定通过的话，这里的情形会变得非常糟糕。"[111]是什么促使法国的乡村爆发了这次反美主义？

表面上看，问题相当简单：这是其中一次贸易谈判——关税与贸易总协定的乌拉圭回合谈判，而更确切地说，是农产品补贴和油菜等农作物。（这同时关系到视听产品和文化保护，但是这个问题会在第六章探讨。）毋庸置疑，这些谈话所涉及的问题是巨大的全球市场，尤其是农产品的出口市场。然而，事实上，大洋两岸的贸易冲突还涉及更大的问题。美国官员担心欧盟会关闭欧洲市场而成为国际商品贸易中一个更大的竞争对手，尤其是农产品贸易。而恰恰是法国将欧洲推向了这个错误的方向。而在法国政府看来，使郊区的选民满意——擅长致使交通瘫痪和引起城市居民同情的农民们，是乌拉圭回合谈判中最重要的问题，却不是唯一的问题。法国希望与美国着重就农产品一事进行争论，因为农产品出口具有很大的财政价值；毕竟法国和美国都是世界上农产品的最大出口国。法国也是欧洲内部最大的食品出口国，包括油菜籽。美国通过引用自由贸易原则掩盖其真正的利益，而法国却更高调地称农产品补助涉及到民族身份、社会保护，甚至是欧盟的未来。法国称这将会使其失去代表法国民族身份的乡村生活方式。这种解释引起了大家对于法国特点的载体——农场和农村的怀旧情绪。除了民族身份，另外的理由是欧洲模式和欧盟。法国总理皮埃尔·贝格伯表示，他担心美国试图通过关税与贸易总协定来削弱为西欧提供高水平的社会保护的社会与经济体制。[112]欧洲事务部长伊丽莎白·吉古控诉华盛顿政府和伦敦方面企图削弱欧盟，她称："我们不希望欧洲只是一个自由贸易区，就像某些盎格鲁—撒克逊国家希望看到的那样……法国关于欧洲的概念可以表明我们的态度：它不是一个爱与欧洲之外的伙伴争斗的欧洲，但它也不仅仅是一个对任何或者所有势力开放的大市场的欧洲。"她总结道，欧共体"是保存我们社会模式的最佳途径"。[113]再者，美国人在涉及开放市场的时候也是不纯粹的：法国人抱怨无法参与美国的某些市场领域，譬如，对美国高科技公司的投资或者收购。乌拉圭回合的问题既具有现实意义，又具有高度的原则性，它将自由贸易与民族身份以及一个统一欧洲的整体性展开较量。

整个事件的概况大致如下：从1986年的乌拉圭谈判开始，法国和美国针对减少农产品补贴一事就一直存有差异。美国政府以自由市场为名要求欧共体减少提供农产品补贴的共同农业政策（CAP）。据估算，共同农业政策的最大受益者是法国的农民，他们在1991年得到了70亿美元的补贴。谈判在1992年末达到高潮，美国与法国之间针对农产品补贴的巨大分歧眼看使得谈判无果而终。面对法国的坚定立场，布什政府威胁将会对欧共体的出口征收惩罚性关税，譬如，对法国白葡萄酒征收3倍的关税等。随后11月份，在华盛顿的布莱尔宫，欧洲委员会的代表们在共同农业政策的框架下就减少农作物补贴达成协议。不久之后，担任欧洲委员会谈判代表的里昂·布里坦（Leon Brittan）认为这个让步避免了一场隐形的贸易战。

虽然欧洲委员会认为布莱尔宫协定符合双方达成的共同补贴政策的改革方案，但是法国却不这么认为。法国称谈判者们超出了权力范围，接受了比允许幅度更大的补贴削减和更大的种植面积。这个协定促使欧共体大量削减对出口农产品的补贴，譬如，21%的出口粮食产品以及对油菜籽等含油农作物的面积的削减等。贝格伯称此协定"不可接受"，严重危害了"国家利益"：他在国民大会上表示，如有必要将会在欧盟理事会上提出反对，并且完全抵制关税与贸易总协定。[114]密特朗总统和其他的社会党人士谴责布莱尔宫协定是"帝国主义"，而雅克·朗将其称为"农业上的慕尼黑"。[115]

为了遏制美国这个超级大国，法国使用了诸多对策，最终还采取了边缘政策，譬如，贝格伯就曾威胁逃避乌拉圭回合谈判。但是，巴黎政

246

府希望避免这一选择，更愿意利用正式谈判——欧盟作为其表达对抗的途径。贝格伯要求欧盟的伙伴们对法国农民所做出的牺牲予以同情，并对德国总理赫尔穆特·科尔施加压力，要求其予以帮助，但是只有一部分的欧洲国家表示同意。英国和意大利支持布莱尔宫协定；而德国则含糊其辞，这使法国处于一种劣势地位。[116]关税与贸易总协定能否达成一致涉及到每一个成员国能否获得全球贸易自由化带来的诸多利益。为了震慑其他的成员国，法国社会党总理不得不威胁将行使否决权。[117]考虑到法国威胁要行使否决权以及欧盟贸易决策的相关规定，在比利时、西班牙和德国的支持下，欧盟委员会不得不"澄清"——即重新谈判——布莱尔协定。[118]

247　　法国的另外一个对策是将问题扩大化并谴责英美，从而使公众抗议欧盟内部的共同农业政策的改革。外交部长阿兰·朱佩告诉电视机前的观众，"美国命令不是国际谈判的方式"。[119]据他估计，布莱尔宫协定引发"对于文化和文明至关重要"的问题。[120]法国郊区的农民予以响应，农民们一边唱着马赛曲，一边烧毁了美国的星条旗。当谈判接近紧要关头的时候，抗议者们在卢浮宫前用小麦堆起了金字塔，模仿贝聿铭（I. M. Pei）先生的玻璃结构。一位农民评论道，"欧洲繁荣的象征正在受到威胁"。[121]农民游说家们要求政府不要向美国人"屈膝"，不要顺从"美国逻辑"而背叛欧洲。[122]1992年末的一项调查表明，超过80%的受访者表示将与农民们团结一致，反对关税与贸易总协定的规定。[123]政府

248　官员也将英美的阴谋予以妖魔化。他们称英国人愿意与美国人一起合伙削弱欧盟，甚至是将其作为经济上的竞争对手加以破坏。[124]有人提出商定布莱尔宫协定的是英国官员。青年农民联盟领导人谴责英国和美国："欧洲当前面对的现实是：在华盛顿，两个盎格鲁—撒克逊人正在准备以牺牲人道主义和团结主义的欧洲建设来换取资本主义和商人的全球化利益。这种牺牲将是欧洲自成立以来最大的外交耻辱。"[125]

　　布莱尔宫协定引发的政治热潮以及惹怒了农民的共同农业政策的改革使1993年3月的法国立法选举变得炙手可热，并且在一定程度上导致了社会党的失败。通过选举，保守党上台。巴拉迪尔/朱佩团队接手谈判；最初，他们与前任社会党成员一样顽固，但是最终不得不做出让

步。巴拉迪尔极力地讨价还价，一面试图避免与美国的最后摊牌，一面威胁要阻止协定的通过。他必须迅速地采取行动，因为 12 月份是最后期限。与得到欧盟大多数成员支持的针对娱乐行业的争论不同，此时法国不得不威胁要行使否决权，从而取得其他成员国针对农产品补贴条款的一些支持。即使是德国都对法国的顽固不化失去了耐心。德国总理科尔了解密特朗面对法国农民的困境，但是他不想夹在大洋两岸的对手中间：他期望法国不要阻挠谈判。[126] 巴拉迪尔不得不在上百万的法国农民和他的欧共体伙伴——尤其是德国之间做出选择。1993 年 7 月，他放弃了对布莱尔宫协定提出的减少含油种子作物面积的否决。在这一点上德国似乎占了上风。[127] 为了安抚法国农民，巴拉迪尔提高了某些补助，并劝服其他的欧盟成员国帮助法国的含油种子生产商弥补损失。但是，美国方面却采取了强硬态度。据说，克林顿政府为开展国际贸易付出的努力比历届总统都要巨大。它宣称如果农业补贴问题不解决就不会再有关税与贸易总协定谈判回合；给德国总理科尔施加压力；威胁要对欧洲的进口商品征收关税；并拒绝重新谈判布莱尔宫协定而只允许"重新解释"。

1993 年 12 月的最后时刻，华盛顿政府终于在削减粮食补贴的时间上做出了小小的让步，减轻了对法国农民的打击程度。[128] 最终，巴拉迪尔不得不接受布莱尔宫协定。法国与欧盟在利益上都做出了让步：如果法国不做出变通，它将会面临来自欧洲伙伴尤其是德国和英国的严峻压力，并可能会毁掉 7 年来达成的贸易协定而招致抨击。巴拉迪尔做出了让步并且对这种让步表现出满意的样子。法国政府自称已经废除了布莱尔宫协定，朱佩故作平静地说"所有人都很高兴，因为所有人都是赢家"。[129]

国民议会对最终协定投票时，一致认为巴拉迪尔政府达到了现实所期盼的目标。主要的政治行动者，包括右翼政党、主要的农民游说团体和一些工会都赞成关税与贸易总协定的法案。[130] 工业部门则保持沉默，因为它们希望关税与贸易总协定能够成功签订。虽然社会党人士投了反对票，也是出于国内政治的原因，并且他们也同样认为关税与贸易总协定对走向全球化的法国至关重要。真正反对的声音来自边缘群体，包括

249

共产党人士、社会党的强硬左派、绿党和国民阵线。不管是保护小农场主，还是发展国家经济，或是保护环境，每个群体都有不同的反对理由。然而，他们的共同点便是对美国的怨恨，他们尤其厌恶对法国身份构成威胁的美国文化及其经济统治。这也是极端右派和极端左派的共同点。

虽然法国鼓吹自己打败了"野兽"，但事实上美国实现了在布莱尔宫协定规定的共同农业政策的改革方案。采取戏剧化的行动、操纵欧盟以及实行边缘政策都未能使法国得到美国的丝毫让步。[131] 如果说法国在乌拉圭回合谈判中取得了胜利，那是针对"文化例外"的，正如我们将要在探讨中看到的，因为在这一点上法国得到了其他欧洲国家的支持，但是，在农产品补贴方面却是打了一个败仗。

除了乌拉圭回合谈判上的主要冲突，法国与美国还就投资、武器销售和公司合并等问题存在一些纠纷；譬如，1997 年，法国以限制贸易为由，借助欧盟阻断了航空业巨头波音公司和麦道公司的合并。但是在这一问题上更为激烈的原因是由于美国试图对古巴和伊朗实行国际贸易制裁。

为了继续孤立和削弱卡斯特罗政权，华盛顿政府于 1996 年通过了赫尔姆斯—伯顿法案，威胁要对投资古巴的原属美国资产的外国公司提起诉讼。在这件事情上，法国没有退缩。外交部长埃尔韦·德沙雷特控诉这项法规"直接违反了国际贸易原则"，并称法国会参与欧盟可能采取的任何报复性行动，在法国公司受到损害的情况下也会单独采取措施。[132] 其他的欧洲国家站在了法国一边。法国官员威胁要将克林顿政府的赫尔姆斯—伯顿法案提交世界贸易组织（WTO），让世贸组织来评定其合法性。[133] 一年以后，法国与古巴签署了保护在古巴投资的法国公司的协议。最终，法国抵制了来自美国的压力，坚持与古巴保持正常关系。而美国不得不做出让步。

1996 年，克林顿总统签署了伊朗—利比亚制裁法案，对在这两个国家的碳氢化合物产业领域投资超过 4000 万美元的外国公司进行处罚。伊朗和利比亚作为国际恐怖组织的资助者被孤立起来。对此，法国同样没有退缩。希拉克总统尖锐地向他的大使们指出"一个大国的单边主义正在威胁国际法"。[134]在里昂举行的七国集团会议上，他提醒克林顿总统贸易制裁是无法接受的，它们将会产生一种行动和再行动的循环，而这种循环可能会破坏联盟的统一。[135]德沙雷特暗讽"在良性动机和说教的背后，常常隐藏着巨大的经济利益"。[136]一位白宫的高级官员完全忽视法国与其他盟国对强硬的贸易制裁的反对，指出"这虽然违反规则，却十分管用。总统说：'我们就这样做，最终他们会接受的。因为我们是美国，他们会接受的'"。[137]美国霸主叫嚣着。但是随后，法国的道达尔石油公司在伊朗投资 20 亿美元开发天然气，这加剧了两国的冲突。国务卿奥尔布赖特称法国的这项交易"超出了她的理解范围"，并谴责法国破坏美国孤立伊朗的努力。[138]白宫政府提议对法国的这家跨国公司实施制裁，但是欧洲国家拒绝了。一位发言人称对道达尔的报复行动是"不合法并不可接受的"，这将会使欧洲针对国际制裁法案向世界贸易组织重新发起诉讼。[139]美国和欧盟都不愿将这一问题带到世界贸易组织。1998 年，克林顿政府做出让步，取消了对道达尔的经济制裁。在欧盟的帮助下，法国在与格列佛的战争中赢得了小小的胜利。

■ 不可或缺的国家

"只有美国是世界上不可或缺的国家"，比尔·克林顿总统在第二届的就职演讲中激扬澎湃地说。[140]或者，如同他在几个月前所宣称的，"我们不能成为世界警察，但是当我们的价值观和利益受到威胁时，当我们可以做出一番改变时，我们必须行动，我们必须引领世界。"[141]克林顿在第一任期时对于外交事务的沉默寡言已经不复存在，取而代之的是一种美国必胜的心态。这种新的自信诱发了 20 世纪末法国的一系列挫败以及大洋两岸的激烈争端，尽管希拉克曾向白宫示好。

由基本的政策差异导致的大部分双边纠纷都十分激烈，足以引发官员之间的争执和媒体的曝光，有时还会引起公众的反应。除了北约的改革，纠纷还涉及联合国、非洲和中东等问题，以及美国在 1990 年代末对伊拉克和前南斯拉夫（科索沃）发动的战争。

毕业于巴黎大学、深受法国拥护的联合国秘书长布特罗斯·布特罗斯—加利（Boutros Boutros-Ghali）本应连任，因为联合国安全理事会所有成员国中只有一个国家对其连任提出反对。这个国家是美国，美国在1996 年反对他的连任。一些白宫的批评家严厉谴责布特罗斯—加利将美军牵扯进索马里的暴力冲突并干涉北约在波斯尼亚的军事行动；他们还认为布特罗斯是一个冷漠自大的差劲的管理者。联合国的美国代表马德琳·奥尔布赖特与这位秘书长发生过多次争执。美国参议院的共和党人谴责布特罗斯—加利在管理联合国时的失误，美国国会称如果不解雇布特罗斯—加利，美国就不履行支付联合国基金的职责。雅克·希拉克个人同意布特罗斯—加利继续连任，并在联合国安理会指出他所给予的巨大支持。但是"不可或缺的国家"心意已决。美国白宫称只要布特罗斯—加利在，联合国的改革就不会实现，而美国国会也赞同这一观点。面对美国的决定，这位秘书长的支持者阵营瓦解了，法国不得不做出让步。布特罗斯—加利卸任，按照美国的选择，科菲·安南成为新一任秘书长。

在非洲，美国与法国像 1992 年处理索马里事件一样，共同合作维护人权和民主。但同时，它们也是竞争对手。随着美国愈来愈多地介入非洲大陆，法国变得愈来愈戒备。[142] 法语地区是法国的"保留领土"，这些非洲国家证明了法国全球影响力的真实性，并使其在联合国安理会中的地位合法化。一位法国官员曾自豪地说："多亏了这种联系，法国才不会成为列支敦士登或者德国。"[143] 1990 年代中期，克林顿政府加大了对非洲地区的干涉，公开批评法国资助扶持专制政权的后殖民主义习惯并呼吁开放非洲的经济。[144] 从官方角度，法国外交部否认法国将非洲视为"保留领土"，并解释如果美国能给这个地区提供更多的援助，非洲将欢迎美国的到来。然而，有些法国官员，尤其是军界以及那些密特朗所纵容的、与维护臭名昭著的资助人、受助人网络关系最密切的官员，称这是"盎格鲁—撒克逊人的阴谋"，目的是取代法国在中非的利益。[145] 华盛顿和巴黎方面分别就扎伊尔和卢旺达问题产生严重分歧，结果两国因各自不同的目标而采取的行动不但没有结束内战，反而使其最终演变成了一场大屠杀。在中非地区，法国的影响力"大幅度地下降"，美国与当地的各种利益集团取得了优势地位。[146] 法国也从加蓬、乍得和中非共和国撤军，并削减了在非洲大陆的军事力量。在非洲，法国与美国既合作又竞争，然而在竞争的过程中，法国是失败的。

在中东，法国在黎巴嫩等地区曾经令人敬畏的影响力削弱了。它试图参与指挥以色列和巴勒斯坦的冲突，却没有取得多大成功。1996 年，希拉克总统访问了几个阿拉伯国家的首都和以色列，试图为法国在即将展开的和平谈判中谋求一定的作用。在大马士革，他解释了为何法国与欧盟应当参与谈判，他认为"人们应该习惯法国的归来，尤其是在世界的这一地区。我们有兴趣也有想法，因此决定在这里表达我们的观点"。[147] 美国政府也做出了同样的决定，但是它的兴趣和想法却与法国不同。它不希望法国政府使其危机调停变得复杂。以色列也怀疑希拉克存有偏见，因为他对耶路撒冷访问之后伴随了一些紧张局面的出现。最终，美国成功地阻止了法国和欧盟插手以色列—巴勒斯坦的争端。[148]

1996 年末，大洋两岸关系的紧张气氛掀起了媒体之间的一场骚乱。《华盛顿邮报》称埃尔韦·德沙雷特对沃伦·克里斯托弗的怠慢——他在北约晚宴上不合时宜的离席——是一种"不可思议的任性举动"。[149] 此举被认为是高卢人因为美国拒绝其在北约的南方指挥权、颠覆其在非洲的统治、否决布特罗斯—加利的连任，以及针对美国对中东和平进程的垄断而采取的报复行为。《纽约邮报》控诉希拉克政府打出反美主义这张牌来巩固其在国内的政治声誉。作为回应，法国驻纽约总领事谴责《纽约邮报》对法国国内政治的影射，辩称这些问题属于纯粹的外交问题，并认为一个好的盟友不是一个阿谀奉承者。[150] 据《观点》称，美国媒体并不单单是在表达它们的愤怒，而是在向法国人证明到底由谁说了算，并让法国人做出妥协。《新观察家》指出，华盛顿政府只希望法国能够执行它的决定："法国或者充当战败者的发言人，或者是搅局的一颗沙粒，或者，在最乐观的情况下，经常能够提出有效的策略，但是正如在中东和波斯尼亚一样，最终都是美国人获益。"德沙雷特与克里斯托弗的嫌隙仍在继续，这使得法国外交部长意欲修补关系而为这位外向的美国国务卿举办的奢华晚宴减少了不少乐趣。[151]

▓ 再次发动战争：从"沙漠之狐"到科索沃

这次媒体之争只是上世纪末大洋两岸针对伊拉克事件的一场恶战的

254

前奏。法国与美国在波斯湾战争中并肩作战，但这并不意味着二者对于解放科威特以后如何处置萨达姆·侯赛因达成了一致。先前的分歧重新出现，譬如，法国同意美国运用制裁手段迫使备受指责的伊拉克遵循联合国提出的控制核武器和生化武器的法案。但是，当法国试图削弱制裁的时候，美国政府则怀疑法国这么做是为了保护其石油权益。

总体而言，如同 1991—1992 年一样，针对伊拉克，法国试图寻求一种更加意在和解的政策。从地缘政治的角度而言，巴黎方面希望能够维持其在阿拉伯世界的地位，并不希望伊拉克被如此削弱，法国为此不得不利用伊朗与什叶派人民的关系。另外，两国针对如何对待像伊拉克这样的国家等问题上也出现了严重分歧。[152]法国认为军事制裁被证明是徒劳无效的：伊拉克人民在遭受苦难，萨达姆仍然活着，而西方国家在阿拉伯世界的地位却受到了损害。法国人得出结论，谈判和贸易才是将伊拉克带回国际舞台的最佳途径。然而，与此相反，美国人却认为介入而不是遏制萨达姆，要么太过天真，要么就是玩世不恭。这将在经济上有助于独裁统治而导致最终的失败或者至少在流氓国家受到重创之前不会成功。另外，介入还被认为是法国人为取得在伊拉克的石油竞争中的优势地位而制造的托词。对付巴格达政权的最佳方式就是对其进行孤立和惩罚，如果需要的话，可以对其付诸武力。因此，当法国人热切地想要削弱或者放弃对萨达姆的经济制裁的时候，美国国务卿奥尔布赖特坚称，只要能让伊拉克的独裁者屈服，美国仍然保持原有立场。

1997 年末至 1998 年初，在萨达姆阻断联合国的武器核查人员以后，潜在的裂痕产生了。法国没有投票支持联合国安理会提出的强硬决议，而是选择了弃权，这惹怒了美国官员。随后，克林顿威胁将对伊拉克实行大规模空袭，而希拉克则提醒他这样做会使整个阿拉伯世界仇视西方国家，并不利于维护伊拉克的稳定。在这种情况下，两位总统商议出一项"好警察/坏警察"的对策。希拉克负责谈判，而克林顿则负责恐吓。这个方法奏效了。在原定于 2 月份美国人实施的空袭和导弹轰炸之前，萨达姆做出了让步，并且允许联合国的武器核查人员重返伊拉克。法国民众强烈支持政府在伊拉克问题上的处理方式。希拉克承认武力威胁对于遏制萨达姆起到了一定的作用，但是他也宣称这次危机"证明通过外交而不仅仅是武力可以获得一个（国家）对于法律的尊重，这正是我们的目标"。[153]然而，不久之后便发生了"沙漠之狐行动"。

当萨达姆再次试图妨碍联合国武器核查的时候，他招致了英美于1998 年 8 月针对其发展和输送大规模杀伤武器的能力所发动的空军导弹袭击。克林顿政府没有征求联合国安理会的意见，因为它相信它有权强制执行萨达姆所公然违背的现存的安理会决议。另外，它知道——鉴于俄罗斯和中国，甚至很可能包括法国的反对——安理会不会同意此次军事行动。[154]

法国并不支持美国所谓的"沙漠之狐行动"，不再参与南方禁飞区并且终止了法国在对伊拉克军事遏制上的一切作为。巴黎方面的官员（正确地）预测到克林顿试图改变伊拉克的政体，而联合国对此从未批准过。[155]但希拉克及其总理利昂内尔·若斯潘却拒绝公开谴责轰炸行为。他们——对"沙漠之狐"持保留意见——谨慎地指出这可能无法迫使独裁者屈服，而必然会给伊拉克人民带来灾难，然而，他们却指责是萨达姆引发了这场战争。法国政府的含糊其辞，一方面是因为法国坚持安理会在伊拉克问题上的权威性而不太愿意付诸武力，另一方面是担心与美国的公然决裂不但毫无用处，而且还会被认为是隐藏了维护法国的经济利益等的根本动机。[156]但是若斯潘政府中的国会多数派——左派却表示反对，要求立即终止轰炸并责备英美两国未经安理会同意而擅自行动，各个右派的反对党由于担心这会创下不良先例也纷纷表示响应。法国公众也愈加怀疑美国人的野心，因为"沙漠之狐"行动的 3 个月之后，北约对科索沃进行了大规模的轰炸。"沙漠之狐行动"再次证明，想要成为美国的伙伴却又不愿结盟的人无论在国内还是在华盛顿都没有朋友。

对于法国公众而言，比"沙漠之狐"更具争议的是阻止 1998 年初南斯拉夫的瓦解演变成科索沃地区塞尔维亚族和阿尔巴尼亚族的种族冲突。维护巴尔干半岛的稳定并阻止人道主义灾难，这关系到美国及其欧洲盟国的利益。但是，对于包括法国人在内的大多数欧洲人来说，因为科索沃事件并不是一个自我防卫的事件，所以联盟无权进行干涉。只有联合国有权将军事行动合法化。但如果俄罗斯予以否决的话，军事行动

257

是不可能获得授权的，因此克林顿政府从未寻求过任何一种正式的解决方案。希拉克—若斯潘团队和其他的欧洲政府找到了避开这一问题的方法，他们辩称由于安理会中出现的僵局和人道主义危机的紧迫性，做一次破例也是合理的。最终，虽然联合国秘书长含蓄地表示同意，但安理会并没有明确授权军事行动。[157]

盟国之间针对如何使用武力的问题再次产生分歧。他们暂时同意，如果塞尔维亚总统斯洛博丹·米洛舍维奇（Slobodan Milosevic）拒绝交出科索沃的自治权，并终止对警察和军队实施大屠杀的话，将威胁对其实施空袭。然而，由于美国政府拒绝为北约随后的维和行动派遣地面部队，它们未能就是否真正实施空袭达成一致意见。克林顿政府在任何情况下对于派遣美国军队都十分谨慎。只有当 1999 年初阿尔巴尼亚和塞尔维亚召开的朗布依埃会议的谈判失败以后，白宫政府才勉强同意有可能会加入少量地面部队以实施将来的政治解决方案。美国错误地认为这次威胁或者至多只能算是声明会将塞尔维亚带回到谈判桌上。与此相反，英国和法国从最初便倾向于使用地面部队来强制实施政治解决方案。1999 年 1 月，托尼·布莱尔和雅克·希拉克通过了军事行动方案，包括派遣地面部队。[158]塞尔维亚人并没有在这种威胁面前退缩，而是加剧了对阿尔巴尼亚的科索沃人的侵略和暴行，试图尽最大可能将当地民众赶出科索沃。至此，大西洋联盟在小心谨慎的白宫的指挥下终于在同年 3 月发起了一场空中战役。

主要由美国人实施的并由英法共同参与的巡航导弹和盟军飞机的轰炸持续了一个春天。与此同时，塞尔维亚人继续驱逐阿尔巴尼亚人。欧洲国家的国内支持者们眼见轰炸行动并没能阻止米洛舍维奇，便开始动摇。盟国之间针对是否实施更为强硬的策略出现了分歧：托尼·布莱尔强烈要求发动地面进攻，希拉克表示反对，德国和意大利另有别见，克林顿政府慢慢地站在了英国人的一边。[159]然而，他们很快发现地面攻击已经没有必要了。5 月末，米洛舍维奇要求停止轰炸，在俄罗斯与欧盟的外交援助下，北约取得米洛舍维奇的同意，将他的部队与联合国部队同时从科索沃撤出，从而为北约接管该地区的维和任务提供外交掩护。超过 3 万名士兵组成了科索沃维和军队，其中 7000 人来自法国。最终，联盟意见一致，没有犹豫。[160]

科索沃战争并未像波斯尼亚事件那样使法国与美国的关系受到伤害；它甚至还标志着两国合作关系的一个高点。然而，两国之间确实紧张。由于在选择轰炸目标时，需要得到 12 个以上盟国的同意，美国深感被北约的这种繁琐程序所束缚。为了维护与塞尔维亚人民的长期合作关系并且抑制美国在欧洲单独行动的能力，法国全力与美国部队展开周旋以限制其在贝尔格莱德的攻击目标。然而，法国人却发现自己从属于一个不可靠而又控制着局势的盟友。譬如，他们发现有很多美国飞机在北约作战计划之外单独行动。据希拉克称，第二次巴尔干危机证明有必要建立一个自治的欧洲防御能力。[161]回顾历史不难发现，美国最初对于维护科索沃稳定的不情愿及其在轰炸行动中的专横促使欧洲人加快了建立欧洲安全与防御体系的努力。

尽管联盟处于相对和谐的状态，但是与 1990 年代其他的类似事件相比，科索沃事件激发了法国精英阶层最强烈的抗议。政治家和知识分子皆质疑北约干预的合法性、意图以及后果，他们为欧洲屈从于全能的超级大国而感到痛心。[162]政治阶层中的极端主义一如既往地齐心协力：极左派包括共产主义者和让—皮埃尔·舍韦内芒的人民运动联盟，极右派包括让—马里·勒庞的国民阵线和资深的戴高乐主义者，诸如菲利普·塞根，阿兰·佩雷菲特（Alain Peyrefitte）和夏尔·帕斯夸（Charles Pasqua）等。这些批评家认为希拉克和若斯潘纵容了将欧洲拖入"北约的战争"的美国佬。北约的野心超越联合国、国际法和国家主权。佩雷菲特称这场战争是"非法而不道德的"；勒庞谴责科索沃事件证明欧洲是"完全受美国控制的"；舍韦内芒的伙伴们提醒干预行为会加剧该地区的种族和民族之间的紧张关系。共产党报纸《人权》的头版重新贴出了冷战时期的标语："北约滚回去"。对科索沃行动极为关注的知识分子包括我们所熟悉的雷吉斯·德布雷、皮埃尔·布尔迪厄、让·鲍德里亚、马克斯·加洛和皮埃尔·维达尔—纳奎特（Pierre Vidal-Naquet）等；他们为欧洲的软弱无能感到遗憾，要求能够取代轰炸和种族清洗的其他途径。《玛丽安娜》杂志的编辑让—弗朗索瓦·坎恩（Jean-Francois Kahn）有一个令人惊讶的发现，欧美的空袭与塞尔维

259

260

亚人的强制放逐是属于同等道德水准的。坎恩继而做出荒唐的假设，阿尔萨斯有一天将会要求独立，而 3 万名的北约士兵会及时赶到以确保独立的实现。雷吉斯·德布雷出访科索沃：他没有发现可以证实塞尔维亚人大屠杀的证据，很多清真寺完好无损，阿尔巴尼亚的比萨店也正常营业，塞尔维亚的几所学校和工厂遭到毁坏。作为媒体专家，德布雷认为法国人受到了美国有线电视新闻网（CNN）关于战事报道的如此迷惑，以至于接受了美国国务院关于"道德理想主义和技术的优越性——或者说威尔逊主义和战斧（巡航导弹）"的主张。[163]而鲍德里亚认为，美国突出其在巴尔干半岛的实力不过是防止统一的欧洲成为一个竞争对手的一种方式而已。[164]

261　　　这些左翼知识分子的嘲讽并未得到回应。反反美主义者群起而攻之。伯纳德·亨利·莱维对德布雷进行了抨击，而安德烈·格鲁克斯曼则宣称，"我们必须准备好为普里什蒂纳（科索沃首府）而死，这等于为欧洲的未来而死。美国已经为欧洲死了两次。现在，我们必须做出牺牲来证明这片土地不再容忍那些令人回想起的斯大林的政策。"[165]7 月份在巴黎大学召开的反美主义研讨会上，学者们也纷纷反对德布雷的观点。社会党人士米歇尔·韦维尔卡（Michel Wieviorka）将这种姿态称为"风度翩翩的法国知识分子最过时的表达之一"。[166]帕斯卡尔·布吕克内对于坎恩、德布雷以及其他反美主义者的"愚蠢行为"非常恼火，他指出是欧洲人而不是美国人寻求北约的干预。布吕克内补充道，比起塞尔维亚人所推崇的那些诸如种族纯化等的价值观，他更加欣赏西方社会的自由、法律和多元主义的价值观。[167]

　　法国政府及其拥护者驳斥了法国是美国的"哈巴狗"的谴责言论。法国是领导者而不是追随者。《世界报》称，法国与英国和德国一起对米洛舍维奇发起了外交攻势，赢得了联合国秘书长的支持，并使克林顿总统既顶着军事干预的压力，又敦促俄罗斯参与外交谈判，最终结束了这场冲突。[168]另外还指出，法国是美国主要的军事伙伴，在空袭中法国出动飞机的架次仅次于美国。希拉克和国防部长强调法国参与了联盟决策的制定，希拉克总统还特别指出法国批准了所有的 2.2 万架次飞机的轰炸目标，而且贝尔格莱德存留下来的绝大多数的桥梁都是法国的功劳。[169]巴黎方面，至少在官方层面上，忽视了联盟的紧张气氛，认为科索沃事件证明北约作为一个跨大西洋的伙伴关系是行之有效的。

大多数的法国公众接受了关于轰炸行动的解释。[170]调查表明有一半至三分之二的法国人支持此次行动。然而，科索沃危机也证明，法国人加深了对美国人的怀疑。北约轰炸南斯拉夫期间所做的一项调查表明，三分之二的法国人对于"美国独一无二的超级大国地位"表示担忧。[171]除此之外，三分之二的法国人还认为华盛顿政府干预巴尔干半岛的动机是为了实现其自身的政治和军事利益，而不是为了维护人权和民主。尽管希拉克总统和若斯潘总理都支持此次轰炸行为，但克林顿政府的这些动机还是受到了质疑。同一调查还显示，支持建立一个没有美国参与的欧洲共同防御体系的法国人与支持联盟的法国人在数量上几乎相同。

▉ 超超级强国

波斯湾战争、波斯尼亚事件、"欧洲支柱"、乌拉圭谈判、非洲事件、中东地区、古巴、伊朗、"沙漠之狐行动"以及科索沃事件——构成了法国与"不可或缺的国家"对峙的一个长长的列表。在集中于国际安全、地缘政治、人道主义危机以及贸易等领域的诸多小冲突中，法国很少能够如愿。在单极世界里，美国力量占据了上风。即使抛开上述这些领域，在技术和通俗文化领域，美国也同样胜出。法国外交部长于贝尔·韦德里纳做了如是补充，并用"超超级强国"（hyperpower）一词称呼美国。1997 年，在一次著名的演讲中，他宣称"在这个自由的、全球化的世界上，如今只有一个强国：美利坚合众国。在战略范畴里尤其如此，在经济事务领域同样如此……美国通过在以下各个领域对包括欧洲在内的其他国家进行否定来获取资源：政治影响力；美元霸权地位；对通讯网络的控制；电影梦工厂；新技术、五角大楼、波音、可口可乐、微软、好莱坞、有线电视新闻网、英特网以及英语等。这种情况几乎史无前例"。[172]

"超超级强国"一词很快成为国际关系的词汇，也很快惹怒了美国政府。希拉克总统后来特别提到这个词如何惹怒了美国人，让他们"加倍努力"。希拉克告诉一位美国记者，他不会使用这个词，但是这个词

262

263

并不是诋毁的：法国的孩子们用"超超级"（hyper-）做前缀就像用"超级"（super-）做前缀一样。[173]

科索沃和"沙漠之狐"冲突之后，克林顿政府开始关注世界尤其是欧洲如何看待其实力和单边主义：美国国会称之为"霸权问题"。[174]华盛顿官员阅读的报告显示，世界上三分之二的人口认为美国是唯一最大的外部威胁，国家安全顾问桑迪·伯杰（Sandy Berger）担心美国被视为"世界上最大的流氓国家"。克林顿总统警告他的属下务必防止洋洋得意的心态，当他因为在促进欧洲一体化过程中的领导力被授予查理曼大帝奖而在德国的亚琛市领取这个奖项时，他提到这个问题。"欧洲有一种观点认为美国的力量——军事上、经济上和文化上——有时过于盛气凌人"，他说道。然而，在美国官员的内心深处，他们为自己成为超超级强国而感到自豪，或者，如同伯杰在谈到科索沃时透露的那样："我从来就没有相信过'不可或缺的国家'之类的事情；而它总是困扰我，因为这听上去有些过于洋洋得意了，但是当出现诸如此类的问题时，美国不得不担当领导者。"

1990 年代末，戴高乐主义的法国总统雅克·希拉克、社会党总理利昂内尔·若斯潘以及社会党外交部长于贝尔·韦德里纳清晰地表达了法国人对于美国成为超超级强国之后做出的反应。这些官员以及其他持有相同观点的对外政策专家们，着重就美国针对法国、欧洲防御体系的建立以及国际组织的权威等方面的整体态度，表达了他们的不满。

"专横"是对"不可或缺的国家"的普遍评价。在一个为美国观众录制的较长的访谈中，韦德里纳承认了与克林顿政府的合作；他指出，两国对话"空前的热切或者说稳定"，并且"在科索沃，我们本着真正友好的精神并肩合作"。但是很快，这位外交部长就收回了他刚刚说的话。"美国总是只会将自己当成领导者"，他抱怨道，"当美国与其他国家合作时，它总是很难克服自己指手画脚的习惯"。[175]驻华盛顿的前法国大使雅克·安德雷阿尼（Jacques Andreani）则更加直接。他写道，美国在冷战后所取得的成功造成了他的傲慢姿态和单边主义。当出现分歧时，美国就试图忽视欧洲的盟友们，并且不经过它们的同意就擅自采取行动，似乎美国的观点具有普遍的合法性。他还补充，法国人讨厌美国人将其他国家分成好与邪恶的方式，美国人所推崇的"自由市场"等原则实际上是为了谋求私利。安德雷阿尼批评布什和克林顿将他们的"仁慈的霸权"与大众利益混淆在一起。[176]

忽视国际组织是第二个主要的被抱怨的方面。"沙漠之狐行动"之后，若斯潘抨击美国和英国的空袭导致巴格达与联合国关系的退步——放弃谈判而走向对峙。"美国经常以单边的方式采取行动，并在妄图动员整个国际社会时遇到阻挠"，他评论道。[177]总体上，法国官员认为，克林顿政府在没有取得联合国的明确授权的情况下武力干预科索沃的行为是十分危险的。他们特别指出共和党的国会有孤立主义倾向——譬如，参议院反对《禁止核试验条约》——并且公然蔑视联合国。在法国的外交政策制定者看来，华盛顿政府已经不再实行早期战后的多边主义，也不再尊重世界贸易组织等国际机构。与哈里·S. 杜鲁门时代的美国总统不同，布什与克林顿总统已经不再遵守多边主义的外交承诺，并且不再尊重国际社会的意见。安德雷阿尼称，所谓"新的世界秩序"实际上就是"为北约（担任）永久国际警察开出的一张空白支票"。[178]

华盛顿政府对于欧洲防御表现出的明显的虚伪态度是另一个主要的令人厌烦的事。巴黎方面多年来为了建立"欧洲支柱"在与美国进行周旋的过程中，开始深深地怀疑华盛顿政府所宣称的分享责任的意愿。韦德里纳认为，美国"总是分享负担，却从来不愿意分享决策权"。[179]希拉克在接受《纽约时报》的采访时惊呼："美国一直要求欧洲为自身防御多做些事情，我们最终同意了，表示愿意这样做。现在你们不应该为此而批评我们。"[180]

这些评价令法国的对外政策制定部门在 20 世纪的最后几年里改变了对待超超级强国的方式。它们将此方式称为新现实主义。[181]

采用现实主义的前提是法国仍然是一个全球性的大国。法国也许失去了往日的光辉，据韦德里纳称，但是它仍然位于精英国家之列。在世界上近 200 个国家中，他解释道，法国是具有全球影响力的那五六个国家之一。为此，他列举出如下证据：法国在联合国安理会的地位；法国的军事力量、联盟地位和外交水平；法国在七国集团中拥有一席之地；法国的商业和经济资源。"我们还拥有软实力"，他补充强调，"那就是我们的语言、知识分子、文化、作家、无国界的演员、艺术家、音乐、美食、法国的美景和形象".[182]但是，与美国实力上的悬殊令韦德里纳不得不提醒他的同胞们要面对现实。如果想要在国际事务中打出一张"好牌"，法国就不要"表现出大国主义"，也不要指望所有人都服从于自己的呼声。[183]坚持法国文明的普遍性并认为法国占据了"靠近世界中心的地位"是"不健康的"。他指责法国人的傲慢，认为这不仅是自欺欺人而且容易引起他人的不满。"我们的国家不愿意正面世界的现实"，他坦言。[184]

在处理与美国人的关系时，韦德里纳指责法国人"一贯徒劳的强势毫无用处"，这与说服"其他的关键伙伴"与我们合作的努力是背道而驰的。[185]"让我们尽量与美国建立一种正常的、平静的、不带偏见而有效的关系"，他建议说。[186]法国对待强国的正确方式应该是采取"一种微妙而不可或缺的平衡法"。当自身的利益需要时，法国就应该同意，相反则否定，他解释道，"这才是结盟但不完全一致的朋友。"[187]

跨大西洋关系中的新现实主义形成了超越单极世界的宏伟蓝图中的一个要素。对待超超级强国的手段是多极主义和多边主义——一些美国官员认为这是遏制美国的一个阴谋。在希拉克看来，多极世界应该是基于印度、中国、日本、俄罗斯、欧盟和美国等多个中心力量的一个全球平衡；其中，后两者享有一定的特权地位。1998年，法国总统宣布，"建立一个多极世界对于所有人而言都是有益的。美国无疑处于最高一极。欧洲虽然存有问题，却正在走向强大"，其他国家亦是如此，"这将会带领我们走向一个政治、经济和文化力量的多极世界"。[188]他还强调，单极世界必将让位于一个多极体系，关键是这个转变过程是否能够和平实现。在多极秩序里，即使是超超级强国也不能单独行动，它需要欧洲。希拉克还提醒说，在单极世界里，安全是不保险的，尤其是在美国国会"经常禁不住单边主义和孤立主义诱惑"的情况下。[189]换言之，"格列佛"有时太吵嚷，有时太沉默，以至于法国人没有安全感。

希拉克总统认为欧洲的未来非常明朗："我的追求的目标是在21世纪的多极世界里，欧盟能够逐渐确立为积极而有力的、并且与美国拥有平等地位的一极。"[190]欧盟应该"用一个具有真正实力一极的所有配置"

将自己装备起来，也就是创立欧元，同时创立一个"能够根据危机性质，在大西洋联盟内部或者自主地采取行动的可靠的欧洲防御体系"。[191]

"多边主义"与"多极主义"异曲同工。美国曾经将它用作描述世界贸易的有效方式，但是在 1990 年代的高卢字典里，这个词被用于定义在联合国、国际货币基金组织、世界贸易组织或者欧盟等多边机构中的决策制定及其合法性。这些机构代表了国际关系的进步，各个成员国从国家主权和对抗朝向主权共享和国际合作的方向发展。巩固多边机构可以抵消美国的统治地位。法国总统一再强调美国和北约的企图："法国不会也不能接受一个地方性的防御组织狂傲地将自己当作世界警察，这个角色是联合国宪章授予安理会的特权。"[192]法国的目的是利用国际组织和国际规则来束缚格列佛。[193]

■ 回顾一下，有人也许会问：法国在上世纪末如何应对美国这个超超级强国？进展如何？关于法国的跨大西洋外交的报告卡会反映出什么样的情况呢？

法国与美国政府谈判的结果通常都不容乐观。密特朗所致力的关于建立一个北约之外的欧洲防御力量以"平衡联盟"的计划，只得到了德国的不温不火的支持，并最终遭到美国和其他希望保持现状的欧洲国家的阻止。同样，希拉克在北约扩张的问题上也处于实际的孤立中，最终不得不放弃他的计划而向克林顿做出让步。在关税与贸易协定的谈判中，没有欧盟国家支持的话，法国是无法遏制美国的。的确，美国政府对付脾气坏且抱怨不休的高卢人的工作方式是孤立他们，所采用的是不必劝说他们投降的策略。正如雅克·安德雷阿尼所说，"美国人十分肯定自己走了一条正确的正义之路，因此，他们鄙视我们的批评，并且蔑视我们国家的优势。美国人的主要借口是法国的批评和反对经常是单方面的。唯独这个借口，就其本质而言，不能令法国人信服。对于他们而言，有可能正确的都是单方面的，但是并不意味着因为是单方面的，所以才正确。"[194]

同样，法国在欧洲国家的支持下通过国际组织与美国的谈判也没有取得多大的成效。虽然希拉克在北约内构建"欧洲支柱"的计划得到

268

了欧洲国家的鼎力支持，但是却没能取得克林顿总统的同意。美国人拒绝与欧洲人分享指挥权。对于继续任命布特罗斯·布特罗斯—加利担任联合国秘书长一事，法国调动了整个安理会反对美国，但是美国却置这个庄严的群体于不顾，直接任命了自己满意的人选。当法国和英国在波斯尼亚冲突的后期试图通过联合国控制北约的时候，它们只是令美国感到恼火，却未能阻止美国。法国在利用国际机构及其规则解决贸易争端问题时取得了更多的成功，尤其是当法国得到欧盟的支持并且能够发动世界贸易组织的时候，譬如，它成功地阻止了美国对古巴、伊朗和利比亚的经济制裁。

法国的另外一种选择是扮演超超级强国的伙伴——或是谨小慎微，或是毫无保留。但是，当法国谨慎地扮演盟国角色的时候，便失去了对美国的影响力。在海湾战争中，密特朗的踌躇不决及其寻求外交途径的努力引起了华盛顿政府的怀疑，最终未能阻止沙漠风暴。最终，华盛顿政府领头，巴黎政府不得不跟随其后。海湾战争之后，在控制萨达姆·侯赛因的问题上，希拉克在充当白宫忠实的副手和充当批评家之间摇摆不定，最终未能影响克林顿的决定。而除了谨小慎微，另外一种情况——充当美国忠实的全力以赴的伙伴——成果甚微，因为美国对于这种姿态并不当回事。《代顿协定》谈判期间，法国不但被忽视，还受到了羞辱。在科索沃危机中，忠实策略赢得了一定的合作措施以及军事行动上的相互协商。但是，希拉克讨好克林顿并要求重新加入大西洋联盟的努力并没有得到回报。比尔拒绝了雅克。

法国另外的选择便是脱离超超级强国而单独采取行动或者实施边缘政策。在波斯尼亚，至少截止到1994年，法国与其他的欧洲国家试图在没有美国参与的情况下恢复战区的和平。然而他们并未取得成功。最后，欧洲国家和联合国不得不寻求北约的帮助。然而一旦参与进来，美国政府便实施了军事行动，并且令很多欧洲国家感到不满的是，它强行达成了代顿协定。法国只是在关税与贸易总协定乌拉圭回合谈判中针对农产品补贴的谈判达到白热化的程度的时候，采取了一次最极端的反抗方式——边缘政策。巴黎政府纵容法国郊区农民的抗议行动，并威胁退出整个贸易谈判。然而，如此戏剧化的行动并没有说服华盛顿政府，法国最终不得不做出退让。

教训是什么？无论是充当一个永恒的圣诞怪杰，还是忠诚的顺从者都失败了。动员其他欧洲国家尤其是欧盟起到一定的作用，但是这种方法具有不确定性和一定的难度。国际机构也是同样的道理。在本质上，当超超级强国说"不"的时候，答案就是"不"，法国必须妥协。"山姆大叔"不接受"玛丽安娜"的任何哀求、意见、奉承和威胁。最终，法国只能充当超超级强国的智慧的咨询师，避免冲突，并同时努力建立一个多极/多边的国际体系来取代单极秩序。然而，这种"现实主义"也需要在建立"欧洲支柱"、处理与俄罗斯的关系、遏制一些国家、采用经济制裁和援用国际组织等关键的问题上，面对来自大西洋彼岸的分歧。现实主义也同样必须克服存在于大西洋两岸的政府之间并扎根于两国公众舆论中的不信任感——这种不信任感严重破坏了两国之间的合作。[195]

20 世纪末，法国在国际事务领域和在其他领域一样，通过与美国的对立来衡量自己。对美国的赞美没有得到回报，因为美国忽视并且不信任法国。然而，对法国政府和人民来说，是美国这位专横的、不可靠的并且鲁莽的盟友阻挠了法国实现其宏大理想，并且诋毁了法国在国际事务领域中的正义立场和声望。对超超级强国的反应定义了法国的对外政策：遏制美国和实现自立是这个国家成功和身份的衡量标准。

270

第六章 法兰西道路：1990年代的经济、社会和文化

1997年6月，当七国集团在科罗拉多州丹佛市召开会议时，比尔·克林顿总统兴高采烈地要求雅克·希拉克、赫尔穆特·科尔和其他国家的元首穿上牛仔服装。但是法国总统和德国总理拒绝了这一要求；他们拒绝戴西部样式的帽子，穿西部样式的靴子。他们不但抵制了美国的着装要求，还抵制了美国的精神。当克林顿总统的经济顾问们赞美美国的成功并且告诉他们如何从新的全球经济中获利时，他们有点受到冒犯的感觉。当记者问希拉克欧洲是否应该借用美国的秘方时，他回应道："当然不会。每个国家都有自己的模式，欧洲国家和美国的社会结构不同。我们十分尊重其他国家，但是我们有自己的传统和模式，我们会坚持下去。"[1]在返程的飞机上，希拉克抱怨美国人"有点过分了"。[2]

上个世纪末，在国内事务领域美国从两个方面充当了法国的陪衬者：它既是一个挑战，也是一个警戒。一方面，美国的繁荣及其对法国的干涉令法国人不得不担心两国之间的差距。这种差距存在于经济、技术和文化的层面，使法国不得不做出回应。从这个角度来讲，美国充当了促进法国改革的刺激因素。另一方面，美国还充当了一个反面案例。虽然"新世界"的成功——例如经济发展——值得羡慕，但是美国取得这种繁荣所采用的方式并不可取。美国同时成为一种模式和反模式。法国必须不效仿这位大西洋彼岸的巨人而赶上它。虽然法国不愿意承认，但是为了开辟一条前进的道路，1990年代法国所取得的成就是借鉴了美国方式的特征。本章将会介绍第五共和国时期的政策，这些政策或者是对美国模式所提倡的做法的公开效仿，或者有时候只是间接借鉴。在谈论改革时，美国或者说英美模式可能没有被援引，但是它们却经常出现。法国人使用了一种代码式的词汇。所有法国人都知道当谈及

就业时，经济学中的"极端自由主义"或者类似"不稳定性"和"易变性"的意思是小心，盎格鲁—撒克逊人来了。

用一个章节的篇幅来阐述关于美国的鞭策作用似乎是可望而不可即的，因此我将移民和性别等没有直接受到美国影响的几个领域留给其他的学者进行研究。[3]我所选择的是经济和社会政策、商业实践和文化事务等领域。即便如此，我也只能选择性地进行论述。关于经济和社会政策，我们意欲涵盖像经济和技术的竞争力、失业以及福利国家等的诸多问题。而关于文化事务领域，我将着重介绍语言——即美式英语的传播以及视听产业。

经济和社会

1990 年代，法国所面临的困境是它落后于英美，却又不愿意公开地效仿它们。法国在很多方面落后于"盎格鲁—撒克逊"，诸如增加就业、发展信息技术以及获得国际竞争力等。当听到美国人炫耀自己已经创造了几百万个新的就业岗位，或者读到法国大约有 5 万名年轻男女移民到美国硅谷的消息，或者获知美国的投资者购买了法国公司的股票的时候，法国人都会感到十分沮丧。当加利福尼亚州大型公共雇员养老基金的董事长来到巴黎的时候，他的到访被喻为新的全球化大师的到来——那些偏重于短期利益并通过削减员工来提高生产力的令人敬畏的首席执行官们。[4]就连法国的标志性建筑也似乎被卷入其中：在 1998 年巴黎市议会激烈的会议上，巴黎市长不得不向他的同事们保证通用电气的子公司购买埃菲尔铁塔控股权益的投标不会被接受。英国与它的美国兄弟一样具有威胁性。当获知英国的国内生产总值似乎已经超过法国的时候，法国人感到不安。然而，眼看法国年轻的劳动力和商人穿越英吉利海峡去到所谓的有利的商业环境中工作，法国人更感到十分尴尬。坐落于连接英法两国的欧洲之星铁路沿线的英国小镇——阿什福德镇，法国的企业家们在那里注册了超过 300 家的法国公司，其中一家是进口生面团并为当地的法国人提供长棍面包的面包店。更为糟糕的是，纪梵希和克里斯汀·迪奥等著名的时装品牌也都雇佣起英国的设计师。

在英美两国迅速向前发展的同时，法国遭遇了欧盟以及全球化带来

273

的麻烦。一方面，为了适应欧洲一体化的进程，尤其是欧元的到来，法国必须做出调整。1992 年的关于创建欧盟单一货币的《马斯特里赫特条约》签署以后，法国为了满足欧元的各项"马斯特里赫特标准"，遭遇了包括抑制国内通货膨胀和预算赤字在内的诸多压力。另一方面，在扩大外贸和全球化的过程中，法国面临许多困难。法国的经济比历史上的任何时期都要更加依赖于贸易。国内经济发展的空间愈来愈小，而国际竞争却愈来愈激烈。与此同时，全球化的效应也带了诸多烦恼。由于担心国外的竞争会导致失业率的增高，法国政府于 1993 年开展了一项调查。调查中发现，法国大约 300 万至 500 万的工作岗位受到了来自低工资国家的威胁。[5]

　　英美的表现使得某些国内问题似乎更加恶化，失业问题首当其冲。这个问题在 1970 年代的石油危机之后重新浮出水面。失业人数从最初的 100 万上升到了 200 万，到 1993 年超过了 300 万。1990 年代期间，法国的失业率维持在 11% 左右，而美国的失业率约只有法国的一半。1990 年代末，关于失业的相关数据是：法国 10.5%，英国 6%，美国4.2%。虽然随着 1980 年代末经济的发展，私有领域创造了新的就业机会，但是 1990 年代初期增长开始减慢。1985 年后，失业率一直保持在两位数的百分比，而到了 1997 年，失业率在年轻人中间达到了 25%。自 1970 至 1995 年，美国主要的雇佣年轻劳动力的私有领域的工作时间不止翻了一番，而法国的情况则截然相反。不仅如此，法国的失业者再次找到工作所需要的时间是美国失业者的 5 倍。[6]批评家们抱怨劳动力市场的僵化以及雇主们所承担的较高的社会支出阻碍了雇主雇佣劳动者，从而使失业率居高不下。1990 年，法国的雇主和雇员需要支付的医疗保险、退休金和失业保险的工资税和其他费用超出了美国的 2 倍。[7]

　　失业问题并不是法国国内面临的唯一问题。福利国家变得开销很大，并且在某些方面是不恰当也不公平的。1980 年代至 1990 年代的潮流中，法国是一个例外。法国没有向其他一些进步国家那样全面削减开支，反而增加了社会支出，甚至还增添了一些新的项目。1990 年代末，就社会开支而言，法国在经济合作与发展组织的成员国中位居榜首。主要是养老金和医疗保健的社会保障制度的赤字在 1980 年代迅速增长，并在 1990 年代继续升高，到 1995 年已经达到了 620 亿法郎。[8]与此同时，这种体制似乎救济了富人，排挤了穷人。围绕着大城市的许多问题严峻的郊区，失业、毒品、犯罪和绝望成了那里的标志，这证实了社会政策的失败。一个与此紧密相关的问题便是庞大的国家机构及其预算。法国的国内生产总值中的税收收入的比例远远超过美国，也几乎高于其他所有的西欧国家。然而，法国的国内生产总值中的公共开支也位居欧盟榜首。[9]大量的领取国家薪水的政府员工进一步扩大了开支，其中大部分员工从 1980 年代初开始就服务于社会党政府。据估计，大约有一半以上的法国人是公务员，或者父母、孩子或配偶双方中的一方是公务员。[10]一些公共企业尤其是国家铁路拥有巨大的财政赤字，而帮助这些经营较差的机构脱离困境往往需要庞大的开支。

法国面临的这一系列问题并不能掩盖其他方面取得的进步。尤其需要指出的是，弗朗索瓦·密特朗总统在 1988 年以后实行了强势法郎政策，同时伴随限制性的财政和货币政策——此政策被继任的总统们小心翼翼地效仿，大大地改善了通货膨胀的局面。[11]同样重要的是，法国经济更加面向世界。1960 年代以来，对外贸易扩大，尤其是与其他欧盟国家的贸易；跨国公司进入；以及大规模的外商投资，其中许多投资来自于美国，经济全面开放。法国比之前任何时候都更加依赖进出口贸易，譬如，第五共和国初期，进口和出口分别占国内生产总值的 9.7%和 8.9%，而到了 1980 年，进出口的比例分别增长到 26.5% 和24.2%。[12]截止到 1990 年，就出口产品的比例和进口消费而言，法国的经济比美国和日本要开放得多（只稍逊于英国和德国）。[13]1991 年以后，法国十多年来第一次取得贸易顺差。法国国内生产总值的增长率在1990 年代初期十分糟糕，1990 年代中期稍有起色，而自 1998 年至 2000年，国内生产总值的增长率便开始加速提高。与此同时，保守党和社会党自 1980 年代初开始就一直致力于通过控制成本、减少福利等措施改革社会保障制度——即使是在增添新项目的时候。

事实上，法国人很有炫耀的资本。法国人拥有庞大的交通网等先进而广泛的公共服务；享有受到劳动法严格保护的工作权利；并且能够取得慷慨的社会救济，诸如失业补贴、可观的家庭津贴、几乎免费的教

276

育、只需病人支付一小部分费用的高质量的医疗保健，以及在公共或私有公司服务 40 年之后便可享有的丰厚的退休金等。许多法国的工作者可以比美国的工作者提前退休。另外，法国人还享有非常慷慨的带薪假期：在美国西部的工业区，员工们工作 3 年之后平均只有 2 周的小假期，而法国的工作者每年享有 5 周的带薪假期——比所有其他的欧洲国家都要长——以及有保障的最低年收入。法国人享有世界上最全面的社会保障系统。再者，被认为是"战略性的"或者"有威望的"或者国家遗产组成部分的经济领域可以得到来自国家的保护，并且经常会得到补贴。农业和电影业就是两个很好的例子。当包括银行在内的知名企业面临破产或者被恶意收购时，政府通常会进行干预，甚至有时会无视欧盟的竞争法则。法国人所面临的问题是：有没有一种途径既能使法国弥补与英美之间的差距，又不必牺牲这种舒服的体制？或者，如同前任经济部长所提出的，"我们如何能够不丢失我们的精神，也就是不牺牲团结，那是欧洲模式的核心，而能赶上美国？"[14]

277

诸如难以应对的高失业率、一个家长式管理的国家的死板和高成本，以及相比英美人明显落后的国际竞争力等问题，正如二战期间以及二战以后法国所经历过的那样，这些问题引发了政府官员的反思。1990 年，法国政府计划委员会召集专家来解答"2000 年法国将会变成什么样子"的问题时，规划者们主要强调了法国用以应对国家干预政策和保护民族身份所带来的挑战的能力。而导致所谓的民族身份混乱局面的部分原因是由于缺乏一个普世的政治和文化使命。法国的唯意志论的民主模式，曾经作为革命前进和共和国的指导和拯救方式，如今已经失去了其相比于其他政治传统的优势，尤其是英美人的自由主义："法国的集权化的传统和社会的革命性变革不再是西方历史的核心；而是不那么热情洋溢或者绚丽多彩的盎格鲁—撒克逊的控制权力和反对集权的传统成为了西方历史的核心。"[15]同时，法国在外受到了各个全球化市场所带来的挑战，而在内部则受到了来自于那些认为民主来自于公民社会而不是作为拯救者的政府的国民的压力。据规划者们称，在全球化的世界里，工作机会和生活的水平不能再由政府提供担保，而是需要通过国际竞争力来获取。为了在经济上奋起直追，需要做的不是减少国家干预，而是寻求另外一种国家运行的模式，这种模式中的各个经济主体之间可以合作与协商："这是解放以后法国的'政府干预'模式中某种历史角色的终结。"[16]这些规划者们建议在不效仿美国的情况下发展更加自由的经济。这些预测者被证明是十分具有先见之明的。

　　法国面临的困境是：如何在不引进美国模式的情况下调整和激活法国的经济和社会体制。寻求所谓的"极端自由主义"之路——对英吉利海峡对岸的玛格丽特·撒切尔夫人首先提出的，大西洋彼岸的罗纳德·里根总统开始采用的政策的一种讨厌的委婉表达，这一政策可能会损害蕴含在法国秩序中的利益和传统。社会的团结和国家集权主义似乎正面临危险。一家左派日报是这样描述这一问题的：美国创造了 1100 万个新的工作岗位，将失业率减小至不到 5%，在不引起通货膨胀的情况下将国内生产总值提高了 3.5%，并使得信息技术等 21 世纪的新产业发展到了令欧洲人和日本人望尘莫及的地步。然而，美国所采用的包括裁员、紧缩开支、收入不平等以及临时工作等在内的诸多方法是需用承担难以忍受的社会成本的。那么，问题是："我们如何在不采用美国方式的情况下能够取得与美国一样的效果呢？"[17]

美国的极端自由主义相对于共和主义的团结

　　"自由主义"与更具有强调性的"极端自由主义"是 1990 年代政治话语中的代码化了的语言——代指英美为解决经济和社会问题而采用的市场手段。法国针对自由主义的辩论十分值得关注，因为它暴露了美国的实践如何使法国的政治精英之间产生分裂，如何在选举中产生巨大的影响力，以及如何影响了法国政策的制定。

　　总体上，法国对美国的市场自由主义的评价非常低。正如我们所见，1990 年代，四分之三的法国的受访者照例批评美国的经济体制。美国的经济体制一般会被描绘成"野蛮"和"残忍"，它标志着工作的不稳定、福利保护的不充分、较低的最低工资标准以及公共服务的匮乏等。在法国人看来，美国的"强硬资本主义"表现出的是对环境的漠不关心以及对于没有竞争能力人群的更加的冷漠。法国人确信，由于他们对富人的尊重，美国人实际上认同过分的收入不平等。《世界报》就是持有这种观点的一个典型的例子：它承认美国所取得的巨大经济成就，但却怜悯地指出许多美国工人的"贫困化"以及雇佣关系的不稳定。[18]

美国人欣喜地宣称已经找到了实现永久繁荣的途径，而这并没有打动法国的专家们。[19]他们羡慕美国的"工作机器"，但是却怀疑它能否创造高薪而稳定的就业。他们指出美国的公司和家庭的高负债水平、股票市场的泡沫以及现金账户中不断增长的赤字。似乎总有一天美国将不得不面对其他国家所遭受到的各种限制。他们认为美国虽然充满活力，但却尚未超越商业的循环。

1990年代，在法国人眼中，美国是一个因种族和贫富差距而分裂的暴力社会。四分之三的法国受访者认为美国和法国在家庭、道德、法律秩序、工作和生活方式等方面拥有不同的价值观。法国人抱怨美国人对于政治正确性的狂热、他们对工作的迷恋、未被同化的移民、高犯罪率、枪支文化、对无家可归人的冷漠以及对于极刑的依赖。法国驻美国大使写道，美国人的"粗糙"反映在他们打击犯罪的方式和竞争精神上。[20]一位知名的左派记者将"美国方式"的社会成本描绘成"2000万白人和1000万黑人的贫穷、世界上最庞大的监狱人口、最薄弱的社会保护、衰败的教育系统、贫民窟的犯罪和毒品"。[21]通过模仿美国的自由主义来修正法国的弱点似乎不是正确的答案。

良好的经济情况不能仅仅通过市场的力量来实现，同样，良好的社会状况亦是如此。大多数法国人认为最佳的途径是实现社会团结，或者更准确地说是共和主义的团结。之所以说是共和主义的团结，是因为团结一词来源于法国大革命时期共和主义的基本方针。法国人认为他们比英美人更加严肃地将平等友爱的目标作为国家的基础，他们遏制而不是提升收入和财富的不平等，他们宣扬对于贫穷所承担的全部责任。

《新观察家》的编辑将法美两国的社会政策进行了对比。让·达尼埃尔引用与克林顿总统的经济团队的对话，称这些顾问们承认，尽管他们的方法取得了巨大的成就，但也因此拉大了贫富差距并且边缘化了一部分同胞。达尼埃尔评论道，"令人高兴的是，现代性已经不再严禁国家施以明确的规范而完全通过市场这只看不见的手来改革经济以确保每个人的幸福。虽然共产主义衰败了，但这并不意味着自由主义的胜利。恰恰相反，这是对已经复兴的资本主义——它的说教——所进行的建设性的批评。我们看到已经有10个欧洲国家（法国很可能变成第11个）拥有左翼政府并且宣布支持社会主义的欧洲……"[22]对于达尼埃尔来说，与英美人的自由主义的欧洲不同，社会主义的欧洲至少将社会目标——诸如帮助社会底层和无安全感的群体等——视为与经济、货币和政治目标同等重要。[23]

然而，回顾上世纪末，法国共和主义团结的道德观与法国社会生活的现实之间暴露出了矛盾。

团结既是特权阶级对于现状的捍卫，也未能帮助所有的社会底层，尤其是居住在贫困郊区的社会底层。法国对于极端自由主义的抵制和对社会团结的提倡无非是为了保护其自身的权利或者所谓的"既得权利"或者"既得社会"。有些学者批判共和主义的团结是一个骗局。[24]不是所有人都对法国的模式感到满意，一部分人尤其是极端右翼人士希望彻底颠覆这一模式。[25]然而，共和主义的社会契约仍然是知识界和政治界反对英美人的社会政策的堡垒。

纵观历史，自由市场主义者在法国从来就没有被公正地聆听过。一直到20世纪末，法国从来没有像美国和英国一样大刀阔斧地实行放任的自由主义。雷蒙·阿隆曾经将法国的自由主义者描述为"永恒的被征服者和内部流亡者，他们羡慕法国之外的国家，却在国内没有明显的影响力"。[26]自由主义经济在1990年代没有产生多少影响力，而反对自由主义经济的声音却更为普遍，譬如，反市场的论著《经济惨状》的销量就达到了35万册。[27]高卢人对于市场的厌恶既强烈又具有弹性。2005年，在一次针对20个国家的调查中，法国人反对"自由企业体制和自由市场经济是未来世界的最佳体制"提议的呼声领先于所有国家，包括所有其他的欧洲国家。[28]（当然，大部分的美国人都表示赞同。）市场在高卢人的国土上曾经不受欢迎，现在同样如此。

"极端自由主义"作为英美人的关联物，在1990年代既未被左派接受，也未被右派所接受。然而，大众型的"自由主义"却被右派的主流所接受——虽然通常情况下这只是在私下里被提及。在左派看来，即便是"自由的"一词都具有冒犯性。政治阶层一致认为美国不是改革的模范。自由化最终能够实现，但必须采取法国的方式。1993 年，阿兰·杜阿梅尔在探讨对于市场的态度时写道，"社会党人仍然保持着沉默，共产党人仍然坚决反对，雅各宾派极其反感，生态学家愚昧无知，而特权阶级则对豁免权贪得无厌。"[29]这种情况一直贯穿整个 1990 年代。

1990 年代左派人士改变了批评方法。他们将自由市场主义总结为经济词汇，并将之与经济的不平等、无止境的盈利、包括工作外包在内的全球化的破坏力，当然还有盎格鲁—撒克逊人等画上等号。[30]在全球化时期，市场经济是由富有的寡头政治的执政集团操纵的，它们成为"世界的主人"——那就是作为无情的新股东资本主义代表的投资基金的首席执行官们。"自由主义"等同于以个人权利和公民社会等更具吸引力的政治范畴为代价的市场以及市场所产生的一切不受欢迎的后果。为了表达厌恶感，法国人经常会在这个词的前面加上"超级"或者"极端"。

然而，我们不能夸大法国人对于市场力量的厌恶。从严格意义上讲，法国实行的是市场经济，而在上个世纪末更是如此。虽然没有人像 1980 年代那样引用里根的经济政策，但是"自由主义"却赢得了保守的政客、一些经济学家和商业管理者——尤其是具有与全球业务相关联的商业管理者的支持，他们意识到了通过市场进行资源分配所带来的利益。在法国的民主联盟和保卫共和联盟等左派的主流政党中，自由主义已经具有合法性，而爱德华·巴拉迪尔总理则成为其代言人。1990 年代末，利昂内尔·若斯潘和多米尼克·斯特劳斯—卡恩等温和派的社会党人开始不情愿地实行一种"受监管的"市场经济。市场赢得了位于政治谱系的政策制定者中的追随者——虽然很少有人公开予以承认。在公众当中，调查结果显示，虽然人们仍然继续依赖强有力的国家来实现整体利益，但是对于市场经济的接受程度也日益提高——至少在原则上接受它。1990 年代末，三分之二的温和右派的选民和几乎同样比例的左派人士支持市场经济。[31]

■ 隐形自由化

1990 年代，第五共和国经济的开放程度使其足以与第一次世界大

战之前的太平盛世媲美。法国开始去除管制，实行私有化，包括对外
投资等鼓励国际竞争，并通过缩减养老金和医疗保障来调整福利国家的
政策。然而，没有一项政策是在模仿美国人，至少法国人是这样认为
的。在此，我们可以借用菲利普·戈登和索菲·莫尼耶所阐释的"隐形
全球化"，将这种现象称为"隐形自由化"。[32]

上个世纪末，法国采取的市场补救措施与其说是为了缩小与美国的
差距，倒不如说是为了改革不可持续的福利国家制度、降低失业率并获
得欧洲一体化和全球化环境下的国际竞争力。左派和右派的政治人士即
兴解释称：他们有时也同时尝试使用一种竞争方式以及他们所希望的具
有启示性的国家统制政策。但是，他们掩盖了他们朝向市场的转变，称
其所实行的改革没有颠覆法国模式，也未受英美人的激发。第五共和国
的精英阶层在采取竞争性的政策来弥补社会和经济问题的时候，不得不
十分谨慎并且借用一些隐蔽的手段：他们既要自由化，又要维持共和主
义的团结和一些国家统制的措施。

社会党和保守党政府改变了以前的贸易保护主义和中央经济集权的
政策。它们通过对外开放金融市场，给予中央银行自治权，建立了一个
类似纳斯达克的股票市场，并解除财政部对投资的控制权以对金融市场
实行去除管制的政策。法国电力集团（Electricité de France）和法国电
信公司（France Télécom）等公共垄断机构开始面对来自私有领域的竞
争。劳动法被规避。虽然雇佣合同有严格的规定，但是存在的一些漏洞
造就了上百万的临时工作岗位。去除管制必定带动私有化。1993 年，
爱德华·巴拉迪尔选定了 20 家目标公司，包括埃尔夫—阿奎坦公司
（Elf Aquitaine，石油公司）和罗纳普朗克公司（Rhône-Poulenc，化学医
药公司）等企业巨头。1990 年代末，几乎所有这些目标公司都回归了
私有制。与大多数的国营制造产业一样，所有的银行和保险部门都逐渐
实行了私有化。法国航空（Air France）等旗舰性的国有企业中也出现
了少数的私有股份。事实上，自 1997 年至 2002 年，社会党领导下的私
有化程度比以往保守党执政的任何时期都要高。保守党和社会党政府开
始降低税收、开放经济以迎接来自欧盟的竞争，并且采取严格的财政和
货币政策以准备迎接 1990 年代末欧元的到来。他们欢迎对外贸易和外

商投资并且鼓励小型创业企业。

"醉醺醺的资本主义"是《世界报》的编辑用来描述上世纪末法国经济的方式。[33] "醉醺醺"意思是"疯疯癫癫",但是还可以指像国外养老基金这样的"机构投资人"。这种高卢版的"盎格鲁—撒克逊经济"的特点是它依托于国外投资人、不受政府调控阻碍的市场、缩小的公共部门、强有力的股票市场和有无限权力的股东。它的精英力量是新近私有化企业的经理们。他们讨好投资人并且用"小型创业企业"等进口词汇为自己的演讲增添趣味。这位知名记者在他的书中规劝法国人正视这种新的资本主义,但是也要对其进行控制。

1990 年代末,法国贸易的开放程度与德国不相上下,几乎达到了英国的水平,相当于美国贸易开放度的两倍。[34] 创业成为一种时尚:1990 年代末,调查报告显示,1300 万 18 岁以上的法国人希望创立自己的公司;而在 1992 年,只有 300 万法国人有此想法。[35] 1999 年,最尖锐的法国经济政策的批评杂志《经济学家》承认,法国已经"自由化得面目全非"。[36] 彼得·霍尔(Peter Hall)在回顾那个时期的时候写道,"在欧洲,法国引人注目,不仅是因为它比邻国更加全面地对一些领域实行自由化,还因为它通过自由化逐渐取消了欧洲最强大的国家统制体制"。[37]

美国与这种公共政策的自由化潮流有什么样的关系?如果说欧洲一体化和全球化的巨大力量以及诸如僵化的劳动力市场与耗资巨大的福利国家政策等严峻的国内问题导致了这一结果的话,那么,美国则是一位陪衬者,它既激发和掩饰了法国对于美国政策的调整,又塑造了法国政策的政治话语。鉴于法国人对于正面引用美国模式保持缄默,我们只能指出一些美国对法国的社会和经济政策产生直接影响的例子。然而,这种策略在政治上并不明智,虽然美国只在极少数情况下成为伪装了的法国改革的模式,但是它的确引发了对于改革的广泛的政治辩论。

美国式改革的推动力主要但不仅仅来自于右派。在这些所谓的政党追随者中,右翼政党的支持者比左翼政党的支持者对美国更有好感。他们的这种倾向主要是出自于对美国经济的些微尊重。超过三分之一的右翼党派人士认为美国模式具有优越性,但是只有 19% 的左翼人士持有相同观点。[38]比起左翼，更多的右翼人士将美国经济的高超技艺与改革和社会稳定联系起来。

主流的右翼政党支持自由市场主义，却不是英美人的版本。1993—1995年法国的戴高乐主义总理爱德华·巴拉迪尔接受了自由主义者的标签，但否认自己是"极端自由主义者"，并与"1980年代放任的自由主义"撇清关系——即罗纳德·里根和玛格丽特·撒切尔的自由主义。他坚持认为自由主义需要规则的约束。[39]他打了个比方问道，"市场是什么？它是丛林法则，是自然规律。而文明是什么？是与自然作斗争。"[40]"法国人需要的是发明一种平衡自由和团结的模式"，他解释道，并且称自己摒弃了两种"过时的意识形态：一种是肆无忌惮且毫无保留的自由主义，另一种是国家干预和保护主义"。[41]巴拉迪尔在回应党内的贸易保护派时表示，法国经济太过于对世界开放而未能考虑避免全球化。他指责法国对于经济生活的限制日益减少，而是努力扩大生产者和劳动者的自由。他指出，"我们还没有从社会民主中摆脱出来，事实上没有，更重要的是在精神上也没有。"[42]另一个保守党——法国民主联盟的观点与巴拉迪尔的相似。作为总理，巴拉迪尔推进私有化和去管制化；他还发明了一种新的私有养老金体制，放松了某些社会税收，并简化了劳动法——这些举措的目的是加强市场力量，提高法国的竞争力。但是，同时也有严格的限制。作为总理，他也拒绝任何可能会消除最低工资限制的"对劳动法实行的美国式的去管制化"，他称"没必要以应对失业率为借口毁掉我们所有的社会保护"。[43]

雅克·希拉克与巴拉迪尔一样，试图摆脱过去的戴高乐主义，但是又不愿意完全抛弃国家统制。他指出，"每一个社会都不仅需要灵活性，也需要稳定性。由于经济本身不具备服务于人的意识，所以它需要标记、固定点和连续性。国家必须在明确未来、树立信心以及解释伴随着变化而发生的改革等过程中发挥作用；并且还必须避免断裂。国家必须制造市场的节奏以及与之协调的人的节奏，从而建立长期的超越波动的经济"。[44]然而，既然国家的角色是为经济增长创造条件，那么，它的功能就不应该是"监控、构建或者阻碍国家重要力量的活动。它就不应该在经济竞争领域扮演商业角色"。[45]1996年，在里尔举行的七国集团会议上，希拉克总统针对就业问题发表演讲时，他提出"第三条道路"，这是一条在理论上既不同于盎格鲁—撒克逊人的模式又不同于"太过于社会主义的"欧洲大陆政策的道路。[46]这条中间路线避免了在美国的工作不稳定性与欧洲的长期失业之间做出选择。但是，这位共和主义的总统并没有明确地解释他的方案：灵活的国家统制和"第三条路"的概念依旧很模糊。

希拉克对于美国的改革非常好奇。他在爱丽舍宫接待了一位毕业于斯坦福大学的年轻的法国软件产业的富豪。这位富豪给这位总统讲述了美国硅谷的情况。他还接见了微软的首席执行官比尔·盖茨，以及跨大西洋电信和娱乐业的巨头威望迪环球集团的老板让—马里·梅西耶（Jean-Marie Messier）。[47]然而，他们提出的关于新世界的信息技术的意见并未被付诸实践。事实上，希拉克没有轻易接受当代电信产业。1996年，在新的法国国家图书馆的开幕仪式上，他第一次接触到了电脑"鼠标"，但是直到两年后他才有自己的电子邮箱地址。这位总统满怀愤恨地将互联网称为"一种盎格鲁—撒克逊人的网络"。[48]

这位爱丽舍宫的主人对于美国道路持保留态度。正如我们所见，当克林顿总统的经济团队在丹佛的七国集团会议上对他讲经布道时，希拉克坚持维护欧洲模式。另外，当美国政府试图撬开欧盟的大门从而推行自由贸易时，希拉克固执地捍卫农业保护的政策。他曾经饱含诗意地评价道，"农民是我国的园丁，是我们记忆的守护者"。[49]他认为市场不应该是法国身份的标志。在他第二任期结束时，他承认了自己对于自由主义的担忧，并且称自由主义和共产主义"同等危险"："我坚信自由主义注定要失败，并且会同样走向极端。二者都是人类思想的扭曲"——正因为如此，他认为才需要一个"折中方案"。[50]希拉克也许会试图通过追忆他在新英格兰地区的学生时代，以及通过表示对美国佬的技术感兴趣来赢得美国人的欢迎，但是他却不能接受美国的经济自由主义。

极端右翼分子对于美国模式的欢迎程度还不及戴高乐主义者和法国民主联盟。1980年代中期，拥护里根经济政策的法国国民阵线于十年后开始抛弃美国，投奔贸易保护主义。法国在世界经济中的地位的下滑、工作岗位向国外的流失、《马斯特里赫特条约》以及乌拉圭回合谈判的影响引发了人们对于开放的界限原则的质疑。为了保护国家的经济和民族身份，也为了讨好农民、渔民和小农场主等选民，让一马里·勒庞猛烈抨击全球化、欧盟和美国——虽然法国仍在实施私有化和削减国家福利的政策。据一位政党发言人称，全球化迫使法国处于"接受美国的利己主义的难堪境地，而这种利己主义肆意地威胁着我们的钢铁业和农民，更不用说我们的文化"。[51]勒庞宣布，"法国和美国正在上演一场战争。"[52]

抨击美国人对于法国保守党而言具有政治意义。1995 年《世界报》头版刊登了一篇关于美国经济间谍活动的骇人听闻的文章。[53]5 名美国中央情报局（CIA）的特工，他们或者隶属于驻巴黎美国大使馆或者秘密工作，自 1992 年就一直用现金贿赂（和色情服务），从高官那里获取政府有关关税与贸易总协定谈判期间的谈判对策、国内政治和法国的电信网络等情报。法国没有根据外交礼节让犯罪者悄然逃离法国，而是在内政部长夏尔·帕斯夸召见了美国驻法国大使帕梅拉·哈里曼并与之对质了间谍事件以后，将这一事件透露给了《世界报》。将这一事件公布于众的原因有些神秘。帕斯夸一向支持巴拉迪尔而反对希拉克和若斯潘竞选总统，他的这一举动很可能是为了掩盖自己的窃听丑闻，并以此来激活萎靡不振的巴拉迪尔的选举造势活动。但此次事件也很有可能是一场更广泛更醒龊的跨大西洋的间谍战。鉴于两国在防御、空间技术、航空和电信等领域的竞争，法国是克林顿政府的首要目标。巴拉迪尔对于美国收集法国的经济情报的努力十分警惕，他成立了一个特殊顾问委员会来保护法国公司。

自 1995 年至 1997 年，接替巴拉迪尔的第二位戴高乐主义总理阿兰·朱佩也与自由主义保持着暧昧的关系，但是他不同意按照他的财政部长阿兰·马德兰提出的标准放任市场。作为一个小党的首脑，马德兰是一位热情拥护自由创业、小政府和美国模式的特立独行者。当心直口快的马德兰于 1995 年初大胆提议缩减国家福利、削减税收，并依靠市场让 300 万失业者回归工作岗位时，右翼政党内部针对市场的分歧便浮出水面。这项具体的方案意味着缩减公共部门工作者的养老金并且减少社会福利待遇。更加注重实效的朱佩，以及赞成推行更为谨慎并为大众所接受的方法的其他政府官员对此表示反对。[54]工会和他的政治对手认为，这个方案企图损害它们的既得利益，因此也表示强烈反对。朱佩没有与马德兰对质，而是将这位部长封杀出局，并解释称为了维护"恢复社会的凝聚力"的共和主义的团结，有必要对其实施罢免。[55]事实上，马德兰的离任恰好说明了即使是在右翼政党中，对于一位支持自由市场和供给经济学并拥护英美模式的部长来说，其政治空间是多么的狭窄。

1995 年末，当朱佩提出一个致力于大幅削减政府赤字的大刀阔斧的改革方案，以使法国达到《马斯特里赫特条约》提出的 2000 年欧洲货币标准的时候，他自己也不得不面对自由化的局限性。[56]"朱佩计划"巧妙地避开了英美人在减少福利开支方面的努力，但宗旨大致相同。朱佩提议控制医疗保障支出；削减诸如铁路和地铁售票员等某些政府官员提前退休的特权等福利；削弱工会对于社会保障支出的控制；延长公共部门工作者领取养老金的工作年限并将退休年龄推迟到 65 岁。希拉克总统提出，"法国正处于一个十字路口。这条改革之路已经被拖延得太久了。"[57]

工会走上街头。大约 200 万游行者举行了大型的罢工，使铁路和地铁交通从 11 月下旬一直瘫痪至圣诞节。[58]激进者们提出，社会契约面临威胁，因为严苛的政策将会剥夺共和主义的团结所赋予家庭的各种补贴和保护。事实上，罢工者正映射了一种"沙坑心态"：他们的潜台词是"维持"、"重申"和"捍卫"。他们在未提供任何替代方案的情况下单纯地反对"朱佩计划"。[59]虽然交通瘫痪带来了诸多不便，但是公众如果算不上支持的话，至少表现出了对罢工者的耐心。正当美国和英国的各大媒体颂扬朱佩的魄力时，罢工组织的名义领导者兼一个主要工会的负责人马克·布隆代尔（Marc Blondel）批评朱佩："法国人不想像盎格鲁—撒克逊人一样生活，法国政府应该明白这一点。"[60]尽管政府对一些削减计划以及扩大议会对社会保障的控制的态度十分坚决，但是最终不得不做出让步，它向带头罢工的铁路工人做出妥协并撤销了调整公共部门养老金的计划。保守党的正面攻击失败了，一直到下个世纪初的头几年削减国家福利政策都没有再被正式提出过。"朱佩计划"引发骚乱的原因很多，包括欧盟、工会权利、社会收益、背弃的诺言、政府的傲慢以及一种普遍的安全感的缺失。但英美人也出现在了此次争端的形成之中。朱佩对自由化的尝试引发了它的反对者们对于法国由共和主义向"强硬的资本主义"转变的担忧。

■ 左翼

在左翼政党中，政客们更加公开地表达对美国"新经济"的鄙夷。一些社会党议员认为大部分法国的问题源于"美国化进程"，他们将其描绘成"日益增长的个人主义、贫穷的国家、无所不能的电视、放纵的消费开支和新兴的游说集团的力量"。[61] 1992—1993年，法国社会党总理皮埃尔·贝格伯，将法国的经济竞争力和社会保护相结合的混合经济与"瓦解团结力"的美国体制进行了比较。[62]左翼的社会党中，让—皮埃尔·舍韦内芒领导的"公民运动"坚决维护雅各宾派的强有力的国家和民族主义的议程，并对米歇尔·罗卡尔等爱慕美国的社会党盟友提出批评。一些绿党成员对于美国的态度比社会党人士更为强硬。他们抨击美国对于环境的漠不关心及其对于市场导向的全球化的一味鼓吹。即将成为绿党总统候选人的诺埃尔·马梅尔（Noël Mamère）则用最严苛的词汇描述美国社会，谴责美国社会的偏执、无知和暴力，并且愤怒地断言美国的枪械商店比加油站还要多。马梅尔在题为《不用了，山姆大叔》的辩论文章中总结道，"事实上，也许当下将自己称为……反美主义者也并非不合时宜"。[63]

对于社会党人士以及上世纪末社会党的领导人利昂内尔·若斯潘来说，美国方式表面上是不可接受的。在1997年的立法选举中，社会党和社会党联盟——共产党、绿党和公民运动等赢得权力。他们为对手保守党贴上了"超级自由主义"的标签。因为这一词语是英美人的经济实践的代码，所以美国作为陪衬者，在此次选举中扮演了一定的角色。若斯潘控诉其竞争对手正在准备一场致力于削减公共部门的工作职位、加速私有化、摧毁公共服务并抛弃社会保障的"自由主义大清洗"。借用他的话来说，法国人民所面临的选择是：必将导致"不受控制的金钱统治"的自由主义（美国）或者以大众利益为主导的更加人性化的社会（法国）。[64]

若斯潘在竞选活动中主张经济改革，但是却反对服从市场："市场力量是如此的暴力和冷酷，并且得到如此的政治支持，我担心如果我们不加以关注，我们的国家将会完全倒向一边……我支持一个开放的社会主义，而不是无节制的自由主义。"[65]当号召"从国家主义和过时的中央集权向自由创业、权力下放和自主经营形式演变"的时候，他提醒不要"与公共服务和共和主义的基本价值观割裂开来"。若斯潘承诺他将在公共领域创造 70 万个工作岗位，实行每周 35 小时工作制，并争取建立一个维护现有福利和劳动保护的"社会主义的欧洲"。他建议不要试图模仿美国的市场实践，因为法国的资本主义要脆弱得多并且缺乏手段；否则只能损害法国的主要工业成就，诸如航空业、空间技术以及核力量等。"这也许会让美国人高兴，但（这样做）我们的好处在哪里？"他补充道。

前任总理爱德华·巴拉迪尔和 1997 年的现任总理阿兰·朱佩不得不在立法选举中对若斯潘做出回应。这两个人，前者更加直接。巴拉迪尔拥护自由主义，但是呼吁"建立一个法国式的自由主义"。这种自由主义不会复制"盎格鲁—撒克逊人的模式"，却可以帮助法国创造工作岗位，并可以在不损害"正义平等的社会"的情况下提高法国在国际市场中的竞争力。[66]对于朱佩来说，巴拉迪尔的"自由主义的提议"过于招摇，他提供了一个类似的方案，但没有提到自由主义这个词语。最终的票选结果是，保守党和自由市场主义败选，而社会党和社会党联盟上台。

1997 年，若斯潘就任法国总理之后，他通过区分市场经济和市场社会而明确了自己的立场："我们接受市场经济，因为它在得到调控和管理的情况下，是一种最有效的分配资源、刺激创业和回报努力与工作的手段。但是我们拒绝'市场社会'，因为虽然市场创造财富，但是其自身却既不创造团结和价值观，也不创造目标和意义。社会不止是货物的交换，市场也不会是社会的唯一推动力。因此，我们不是'左翼自由主义者'。我们是社会主义者。而作为一名社会党人，我们必须认识到政治优先于经济。"[67]若斯潘拒绝"屈从于认为新自由主义的资本主义模式是唯一可行的途径的宿命论观点"，[68]为"资本主义是一种前进动力，但它却不知道方向在哪里"。[69]与此相反，若斯潘主张"我们可以根据自己的价值观塑造世界"，也就意味着构建一个符合社会团结等法国的民族传统和机制的经济和社会。为此，他继续颂扬国家统制政策，但是他更愿意将之称为"唯意志论"，即"可以铲除或者绕过阻碍社会改革趋势的旧力量"的一个充满活力的国家。[70]若斯潘认为，国家应该带领人民与失业作斗争，促进创新，引导投资并确保经济财富的合理分配。他更愿意用"福利国家"这个词，因为它蕴含了一种行动主义。

在此，社会党官员认为全球化代表无节制的市场力量，而它将更有利于美国。"受管制的全球化"成为法国 1990 年代末的口号。这引出了通过国际规则和国际组织来限制美国的超级强国地位的概念。譬如，通过要求美国履行京都议定书，并且对美国的国际金融交易征税来减缓美国的活力。社会党人士主张用世界贸易组织取代关税与贸易总协定，因为这更能束缚被法国的讽刺作家称作"世界公司"的美国。在巴西的讲话中，若斯潘——在提及全球化的正面影响之后——强调了全球化如何加剧了人民的不平等并且威胁文化的多样性。他提议将全球化的进程交由政府来管理并且使之"人性化"，而不是把它交给"所谓的自然经济法则"。[71]

若斯潘尽管对市场进行了批评，但是他实行的市场经济却打破了社会主义的正统性。他宣布，这样做的目的是在国家与市场之间建立一个新的平衡，以此推动"集体建造的现代化"——一个不仅解决生产力的问题，还能解决再分配问题的现代化。[72]因此，若斯潘主张利用资本的私有化来增加就业和提高经济竞争力。实际上，他实施了大规模的私有化，削减了税收并且限制了医疗支出。可以肯定的是，社会党拒绝将抛售公共企业称为"私有化"；而是称之为"纳入私有领域"，并且确保不被外国的——英美的收购者收购。

如果要迈向市场经济，若斯潘就不得不关注美国。1998 年夏，在多米尼克·斯特劳斯—卡恩、克劳德·阿莱格尔（Claude Allègre）以及于贝尔·韦德里纳三位部长的陪同下，若斯潘总理第一次对美国进行国事访问。此次访问之后，他承认美国给他留下了深刻印象。若斯潘承认美国创造的就业机会有很多是服务行业和高科技领域的技术岗位，而不

294

仅仅是低收入的无前途的工作。他承认法国需要在经济发展、竞争精神和科研创新活力方面多多向美国学习。[73]

然而，回国之后，他便与美国划清界限，将"资本主义"（美国）和"市场经济"（法国）区别开来，并且为了掩饰国内改革，他宣布必须优先维护共和主义的团结。尽管基于再分配原则（均分原则）的量入为出的养老金系统几近崩溃，但是若斯潘也只是对此进行简单的干预：他称再分配是"法国几代人团结的象征。国家社会契约的重要词汇之一"。"在某些盎格鲁—撒克逊人的国家的模式中——而不是我们的模式"没有养老金改革。[74]他为工人们引入了一项自愿性的长期储蓄计划，该计划得到了许多的税收补贴，并作为一种私人养老金的形式。但是，他拒绝将之称为养老金或者承认在效仿美国的模式。若斯潘没有给这一计划贴上"养老金"的标签，而是坚持称之为退休储蓄。希拉克总统不同意总理的措辞，而是大胆地称之为"法国式的养老基金"。[75]

私有领域所提出的致力于抑制失业率的建议似乎是在效仿英美人的实践，因此未能赢得若斯潘政府的赞扬。政府对于规避劳动法的短期的灵活的工作合同采取了默许的态度，这促使1990年代末法国的私有领域创造出了绝大多数的工作机会。但是，若斯潘政府的部长们在正式场合皆与这种做法撇清关系。他们指责这样的工作太"不稳定"而且很不幸的是这与美国的方式非常相似。[76]同样地，当年轻的法国男女成群结队地去到伦敦的服务行业打工的时候，若斯潘政府似乎暗示失业也比这种没有技术含量的"麦当劳式的工作"可取。"我们需要高质量的而非低收入的工作"，劳动部长玛蒂娜·奥布里（Martine Aubry）的一位顾问解释道，"我们的模式的确存在困难并且耗资巨大，但是它能够保证社会的团结"。[77]

与此同时，政府继续依靠补贴或者直接发放救济来缓解失业压力。若斯潘政府的部长们并无歉意。"当私有部门不起作用时，公共部门就要站出来"，财政部长斯特劳斯—卡恩在1999年解释道，"目的是达到经济和社会的共融：现在有17.9万名年轻人免于流浪街头，并融入了社会"。[78]更需要指出的是，若斯潘政府反对英美人的模式，同时它于1998年采取的35小时工作制令左翼社会党十分满意。然而，这种通过缩短周工作时间来创造就业机会的尝试，对于美国的克林顿总统的经济顾问们来说，简直像是最糟糕的国家统制，并且毫无意义。

　　即使在1998年访问美国之后，若斯潘仍然不接受美国的模式。在一年以后的第二次国事访问期间，他对纽约的财经媒体发言时，消除了美国商界对于35小时工作制的担忧，并在谈及全球化时嘲讽道，"不能用股东取代无产阶级的领导人"。[79]即使是社会党的自由主义者斯特劳斯—卡恩也对美国人所鼓吹的放松劳动法管制的灵丹妙药加以讽刺："我们对可能会使法国的社会内部破裂的盎格鲁—撒克逊式的灵活性不感兴趣。"[80]攻击美国或者至少将自己的政策与盎格鲁—撒克逊的模式划清界限更有利于若斯潘悄悄地实行自由化。1990年代，法国通过增加兼职和短期工作岗位、不规则的工作时间以及公司级别的劳动合同来增强雇佣领域的"灵活性"。[81]攻击美国被当成一种行之有效的政治风景。

　　1990年代末，若斯潘政府尝试了一种受美国人启发的改革模式。法国人愈来愈担心在新技术发展领域与美国等国家的差距以及技术人才向美国和英国的流失。法国希望在生物科技、信息技术和所谓的"新经济"的类似领域位居前列。

　　法国人尤其为在信息技术方面落后于美国人而感到苦恼。1997年若斯潘就任总理时，他的办公室里还没有人使用电子邮件。而当时只有2%的法国人使用互联网，四分之一的企业并且主要是大型企业使用英特网。法国使用互联网的家庭比美国或者瑞典和荷兰等很多欧洲国家要少得多。即使是在拉维莱特这一国家科技展馆，英特网也被禁止展出。1980年代初，法国就已经拥有自己的数字文本系统"小型电传"（Minitel），可以通过国家的电话网购买火车票和网上购物。"小型电传"成为使用互联网的阻碍，因为用户、服务供应商以及运营商——法国电信不愿意放弃这个颇受欢迎的利润丰厚的技术，但是同时，它也是互联网的催化剂，因为它提供了一种使用互动式网络的体验。[82]虽然反对引进所谓的"盎格鲁—撒克逊网络"，若斯潘还是采取了行动。1998年，他公布了一项将国家推向"信息社会"的耗资巨大的计划。计划所涉及的领域有电子商务、公共服务和学校。国家的干预、包括美国在线公司（American Online）在内的全球企业的配合以及民众的合作很快便使法国缩小了与美国的差距。几年之内，几乎所有的大企业都开始使用互联网。不到十年，使用互联网的法国公众数量便与美国不相上下，并且他们使用网络的时间比欧洲其他国家的人都要长。汤姆森公司和法国电信等法国企业成为欧洲信息技术领域的主导者。由于担心美国和其他国家发展领先，法国同时利用国家和全球的私有企业紧追直上。

法国还需要寻找将科学和技术实验中的发明进行商业化的方法。新的高科技公司将通过小企业创造的工作岗位而提供一个降低失业的机会。然而，以活泼务实的部长斯特劳斯—卡恩和阿莱格尔为首的政府部门，不希望破坏建立在工资平等、风险分摊和工作保障基础上的国家的社会契约。

贡纳尔·特朗布尔（Gunnar Trumbull）认为，解决方案是建立一个"土生土长的硅谷"。[83] 为了发展这一领域，法国需要效仿美国为创业企业提供风险投资，为企业家提供激励机制，鼓励研究实验室里的工程师和科学家们辅助私有部门，并且放松投资管制。斯特劳斯—卡恩多次访问加利福尼亚并向美国人请教。最终他摒弃了科技创新的传统模式——国家资助服务于大型工业公司的研究——开始鼓励民间风险投资以资助领先科技领域的小型创业公司。

法国虽然受到了硅谷的启发，但是却运用了不同的技术创新。国家继续担任向导。政府创立了一种新的机构性的框架：通过创办特殊基金和提供税收优惠政策为创新型公司吸引投资，资助技术"孵化器"和工业园区，以及实施新的法律措施来帮助创业企业。阿莱格尔建立了研究机构和符合资助资格的生产技术产品的私有企业网络。法国还成立了特别国家机构来监管创新并给适合投资的公司颁发证书，以减小投资风险。同时，政策制定者还采取措施以确保私有部门不会破坏社会的团结，譬如，股票期权用以奖励技术创新而不是股东利益——与美国相反。另外，在制定促进私有投资和风险投资的计划的同时，避免危害国家的福利体制。换言之，法国依靠国家行动主义，在不使用去管制化或者颠覆社会团结的情况下寻找到了鼓励高科技创新的方法。

这些努力取得了一些成绩。2000年末，法国已经拥有80家高科技孵化器或者培训机构，虽然与美国和英国相比，数量还相对较小。最负盛名的是靠近昂蒂布的索菲亚科技园，在这里科学与艺术交相辉映，并且有上千家包括美国公司在内的企业在这里从事生物科技和电信领域的研究。这个共和主义的国家通过运用美国硅谷领先开创的技术来推动高科技经济的发展，但是又将这些技术根据更加传统的促进创新和保护社会团结的方式进行了调整。

1990年代的政治记录表明，法国的决策者、社会党和保守党利用与美国有关的代码化的词语来掩盖自身的改革并且避免被看出在拥抱"新大陆"。与跨大西洋联系相关的左翼人士米歇尔·罗卡尔以及右翼人士阿兰·马德兰等人遭到了政治上的打击。社会党的正统成员批判罗卡尔及其追随者们是"美国的左派"，戴高乐主义的一贯支持者将马德兰赶出办公室。鉴于如此强烈的反对，法国的政客不得不佯装出他们所采用的偏向于市场导向的政策与英美的实践毫无关系。这些改革必须戴上面具——事实上，美国作为"非法国式的"方式充当了一个陪衬者。

■ 美国与私有领域

商业管理者们，或者至少是与全球网络密切相关的商业管理者们与政客相比更愿意公开地支持美国的模式。美国在私营企业最受欢迎，譬如，1997年以后恢复的雇主联盟——法国企业运动（MEDEF）领导人欧内斯特—安托万·塞耶尔（Ernest-Antoine Seillière）狂热地追捧自由市场。[84]塞耶尔所争取的改革正是政治右派的自由主义者所追求但却不愿承认的。塞耶尔曾经在哈佛大学任教，他不羞于援引美国模式或者批评国人的反资本主义的情绪。他希望政府能够撤销对经济和社会事务的干预。他的意思是让市场创造就业机会并调整经济以面向全球化和欧元。一位记者总结道，法国终于找到了里根和撒切尔的答案。[85]1999年，立场坚定的塞耶尔组织雇主们上街游行反对政府的35小时工作制。另外一个例子是支持法国企业运动（MEDEF）的一家法国大型咨询公司的领导人阿兰·明克；他反对关于竞争是一种暴政的言论，认为现代市场面临诸如媒体和社会舆论等的抗衡，而这种抗衡给经济行为主体带来的压力并不低于过去来自于政府的压力。[86]明克还大胆地断言竞争作为教育和医疗服务改革的推动力将大有助益。明克对于自由市场的观点得

299

到了其他具有全球理念的首席执行官们的认同，其中包括法国的保险巨头安盛保险公司（AXA）首席执行官克劳德·贝贝阿（Claude Bébéar）、伏朗瑞斯公司（Nouvelles Frontières）的创始人雅克·迈尤特（Jacques Maillot），以及国际宾馆集团雅高（Accor）的联合总裁保罗·杜布吕（Paul Dubrule）。然而这些管理者并不代表多样化的商界。与其说他们代表一种普遍的规律，倒不如说他们是一个例外。[87]

300

法国的商业正在被美国化和全球化。正如两位专家所评论的，"直至1985年，外资拥有的法国公司只有10%左右，然而据估计，现在40%以上的法国公司的股份由外国人拥有——大部分是美国和英国的大型养老基金。"[88]1988年至2000年间，美国的机构投资人拥有的所有人权益份额由1287亿美元上升到1.787万亿美元。[89]由于法国急于增加就业，不再对外资保持沉默：美国公司的子公司在1990年代初为法国提供了40万个就业岗位，主要集中在信息技术、机动车、石油、医药、电信、电子、化工、农产品、娱乐业（迪斯尼乐园）等领域，以及美国的玩具反斗城公司（Toys R Us）和盖璞（Gap）服装公司等公司的零售商。[90]法国成为外商投资的最佳选择。譬如，日本的丰田汽车公司于1998年在法国北部的瓦朗谢讷（Valenciennes）建立了一个新工厂；这个工厂是日本人自1980年代在英国建立汽车制造工厂以来在欧洲的最大投资。与此同时，资本向大西洋彼岸的转移使法国成为美国的主要投资者之一，法国在美国的直接投资虽然仍落后于英国，但已经与日本、荷兰和德国等国家持平。[91]法国人已经抵达美国。1991年，在克劳德·贝贝阿的带领下，法国安盛保险公司斥资10亿美元收购了美国公平生命保险公司（Equitable Life Insurance Company），而法国的米其林轮胎公司在美国的多个州建立工厂并雇佣了2.5万名美国工人。法国公司成功竞标美国国防部的高科技合约；法国的索迪斯食品公司（Sodexho）雇佣了超过10万名美国工人，并在伊拉克战争中负责为美国的海军陆战队提供食物。[92]阿尔卡特公司在加利福尼亚州建立了两个新兴的数据网络公司。1999年，法国的威望迪水公司（Vivendi）以62亿美元收购了美国主要的水处理企业——美国过滤公司（U. S. Filter），这起美国公司最大的收购案震惊了整个媒体界。

1990 年代，法国的商业朝着某些美国的实践模式发展，譬如，通　301
过所有人权益交易市场或者用股票期权支付企业高管等方式募集资金，
但是法国人做得相当谨慎，并没有完全采用美国的模式。[93] 即使是在那
些最乐意接受的法国人当中也存有保留意见和争议。

一些法国企业采取了更加美国化的运行模式，包括在会议室必须讲
英语等。譬如，法国有线电视频道副台（Canal Plus）的董事会每周一
的例会上使用英语以便与美国的经理们"交融文化"。世界上最大的智
能卡生产商法国金普斯公司（Gemplus）主席马克·拉苏斯（Marc
Lassus）便是挪用美国佬模式的最佳例子。拉苏斯要求他的员工在工作
时使用英语，雇佣美国人担任高管职位，采用硅谷的非正式的工作模
式，挑衅法国的工会和国家福利制度，并且迫使员工具备更强的服务意
识。"我们必须要复制的是美国模式，而不是法国模式"，他宣称，美
国化的最终行动是不可避免地将公司迁至美国。[94] 他采取美国策略的一
个重要原因是需要在美国市场销售智能卡。然而，即便如此，因为害怕
受到诋毁，拉苏斯也没有援引美国的其他策略，诸如将工作岗位输出海
外或者削减福利等。而他的一些员工反对他不加制约地模仿美国。

20 世纪末，出现了一些跨大西洋的并购以及跨大西洋的首席执行
官。1850 年代建立的水公司威望迪环球公司在 2000 年成功收购环球电
影制片厂以及音乐、电视和出版业的美国资产以后，一跃成为世界传媒
巨头之一，公司主席让—马里·梅西耶也成为美国化的法国经理中的超
级明星。梅西耶运营着法国第一家付费电视频道副台，在法国的电影和
电视产业领域拥有极大的实力，他定居纽约，《巴黎竞赛》曾经拍摄了
他在那里的中央公园滑冰的照片。他将高调收购环球电影制片厂的东家
施格兰集团（Seagram's）视为针对美国垄断电信行业的一种法国式的回
击。《财富》杂志称他为法国"第一位摇滚明星首席执行官"，但是正　302
如我们所见，他在法国并不受欢迎。

法国的金融机构也纷纷开始采纳美国式的策略。1999 年，法国兴
业银行（Societe Générale，SG）和巴黎银行有意进行善意合并，但是由
米歇尔·皮贝鲁（Michel Pébereau）领导的巴黎国民银行（Banque Na-

tionale de Paris，BNP）对两家公司发起了恶意收购，挫败了二者善意合并的努力。[95]同年夏，三家公司针对银行业控制权的争夺升级了。巴黎国民银行成功合并了巴黎银行，但是对兴业银行的收购最终陷入美国式的大混战。虽然并购的初衷是常规的——建立一个更具全球竞争力的大型法国银行，但是收购方式直接来自于美国的华尔街。巴黎国民银行最初没有按照惯例赢得财政部的同意。兴业银行采取的战术也是华尔街的翻版：它的负责人达尼埃尔·布通（Daniel Bouton）以巴黎国民银行出价太低为由反对收购，并坚称股东利益比国家利益更重要。[96]与此同时，兴业银行的员工们上街示威游行以要挟政府监管人员阻止此次收购。政府夹在交战的两家商业银行之间，鉴于如今已经失去威信的"国家统制"方式，政府也不愿意采取行动：它试图通过召开一次从未有过先例的信贷机构委员会的听证会进行调解。令事情进一步复杂化的是，在纠纷期间还有外来者正虎视眈眈地觊觎兴业银行。

在展开协商的同时，政府官员们开始担心阻止巴黎国民银行的收购可能会使兴业银行落入外国的金融机构手中，但是又不得不承认巴黎国民银行的竞价没有达到合法收购的最低标准。最终，监管人员阻止了法国国民银行收购兴业银行的竞标。若斯潘政府的内务部长让—皮埃尔·舍韦内芒等批评家指责国家利益被忽视并提醒外国的掠夺者可能介入。[97]此次事件最终暴露了1990年代末法国金融领域变得如何的美国化和全球化。

303　　　法国公司的内部结构也按照国外的模式进行了调整。用一位管理专家的话说，一些大型的法国企业集团"直接受到美国'股东模式'的启发"。"美国和英国规范渗透的程度是深刻而全面的"，弗朗索瓦·莫林（François Morin）写道。[98]法国安盛—巴黎联合保险集团（AXA-UAP）放弃了交叉持股的模式，这种模式是一种连锁集中的所有制结构和不折不扣的紧密的公司金融联盟网，而是采取了更接近于美国和英国模式的市场导向的结构。它们没有采用形成所有权和管理权连锁回路的公司间相互持有金融股份的模式，而是转向资本市场并且接受来自北美的投资，尤其是来自于加州公务员退休基金（Calpers）和美国教师退休基金会（TIAA-CREF）等退休基金的投资。传统的模式提供相互保护和紧密的管理控制，但却使资本趋于固化；而新的模式是将公司向国内外的资本市场开放，并促使公司管理满足股东利益的要求。莫林评论道，"最大的法国公司倾向于采用盎格鲁—撒克逊式的管理模式并回归资本规范"，而法国的经理们承认"不可能避开美国和英国投资者的要求"。[99]总之，企业高层管理的规范变得愈来愈接近英美的规范。

　　然而，跨越大西洋并不意味着完全接受美国方式。拉加代尔武器集团董事长让—吕克·拉加代尔（Jean-Luc Lagardere）援引社会团结和平等的共和主义观点来区分法国的雇主："法国的商业领导总体上"，他说，"比英美的同行具有更高的社会责任感"。[100]生产电话和高科技电信设备的阿尔卡特公司的董事长塞吉·特鲁克（Serge Tchuruk）承认自己运营的跨国公司的官方语言是英语，但是他坚称公司的"文化"仍然是法国文化。[101]一位小型建筑公司的业主也是如此。他承认通过雇佣临时工规避劳动法，但是他对这种行为表示遗憾："如果雇佣费用低一点并且解雇更加容易办理的话，我愿意招收更多的正式员工。但是我们不想与美国人一样。工人应当受到一定的保护。"[102]

　　愈来愈多的法国公司和美国一样对经理们实行绩效激励，但是它们只是借鉴，并没有效仿。食品巨头公司法国达能和法国安盛等大型公司开始利用股票期权回报管理者。它们这样做的原因有几种：为了赶上美国竞争者的业绩；为了响应英美投资者的要求；为了避免不必要的收购；为了保留高素质的员工。[103]据一位专家称，"法国的首席执行官和高层经理一半以上的报酬来自于与固定薪金相对应的按绩效措施而获得的各种收益。结果，在欧洲的公司中，大型法国公司现在所支付的股票期权的份额最大。"[104]如今，收入来自于股票期权的经理们更愿意将运行决策与股东收益相联系。然而，这种改变并不意味着法国企业追随公司治理的英美模式。相反，它们强烈反对更大的财务透明程度，并且有效地剥夺了小股东的权利。[105]

　　利用股票期权作为管理层补助的尝试具有自身的局限性。1999 年，埃尔夫—阿奎坦公司的前任首席执行官菲利普·亚夫亥（Philippe Jaffré）收到了一份价值约 2400 万欧元的股票期权作为解雇补偿金。这引发了政客和公众的一场反击，因为这不仅引起了人们对于美国实践的

304

危害性的关注，并且在原则上违反了平等团结的共和主义宗旨。对于主要来自于议会左派的反对者来说，这一慷慨的解雇补偿金是骇人听闻的——违反了团结的宗旨——同时也是卑劣的：这似乎是一种逃避个人所得税的方法。亚夫亥也被控诉所得到的补偿不是基于他运营埃尔夫—阿奎坦公司的业绩，而是因为他在石油巨头道达尔（Total）兼并时出卖了自己的公司，而这恰恰是迎合股东利益的英美方式。亚夫亥事件迫使财政部长斯特劳斯—卡恩停止加强股票期权政策的计划。最终，在右翼的支持下，社会党人成立了一种区分补偿式的股票期权和作为企业风险回报的复杂的税收结构；其中后者被称为"法国式的股票期权"。[106]

如果说美国的企业实践是一种时尚的话，那么，人们可能会期待这些讲英语的年轻的法国互联网公司的管理者们应该是最可能拥抱美国佬兄弟的模式的候选人。事实上，这些富有活力的管理者们欣赏美国的创业精神及其获得资本的便捷途径；他们表达对法国体制的传统的批评意见——高度管制和高税收，而且35小时的工作制度是一种约束。[107]但与此同时，30到40岁左右的信息技术的工作者极其反对美国的社会经济模式——他们称这种模式是"极端自由主义"，它受利益的驱使，并且使落后者受到"不道德"的待遇。他们对于自身形象的定位不是美国互联网企业的效仿者之一，而是"法国人"或者"欧洲人"。他们拥护法国的社会保障体制并视国家为大众利益的最佳捍卫者；他们认为他们在法国改变了而不是采纳了美国的商业模式。

一位跨大西洋管理者的退场暗示了与美国模式关系暧昧的商业所能承受的局限性：这是关于让—马里·梅西耶帝国如何出乎意料地衰亡的故事。在他于2000年收购环球电影制片公司之后的两年内，包括美国的投资人在内的威望迪环球公司的股东罢免了他的首席执行官的职位。他的衰落主要是由于商业上的失误，譬如，在一系列的收购中支付过多的金额、向股东隐瞒信息，以及未能说服投资者相信自己有一套完整而健全的策略，但同时，这也是对他迷恋美国而疏远法国感到不满的更加保守的管理者们的一种报复手段——他曾经诋毁法国是"一个异国情调的小国家"。梅西耶告诉美国的记者，自己对纽约的喜爱胜过世界上任何一个城市，并表示希望能够把孩子培养成美国人。他还补充道，"我是你见过的最不像法国人的法国人。"[108]有流言称，他有意将威望迪环球公司的总部移至纽约。他对不赞同进军美国市场的法国同事进行嘲笑："法国的冒险文化比美国少得多"，他写道。[109]他意图将公司之前的核心业务——威望迪环境出售给外国人，这使他受到了希拉克总统的斥责。

梅西耶似乎准备将法国的电影产业售卖给美国人。当他用英语恰如其分地向纽约的记者宣布"法语——法国的文化例外已经灭亡"的时候，他在法国的娱乐界引起了一场骚动。[110]他指的是获得世界贸易组织豁免权的视听产品以及获得政府补贴的支持电影产业的网站。梅西耶的评论不只是一时失言，因为隶属于威望迪环球公司的电视副台在财政上支撑了 70% 的法国电影。而梅西耶不仅批评电影补贴政策还批评法国电影制作人的自恋方式。文化部长凯瑟琳·塔斯卡（Catherine Tasca）批评梅西耶煽动性的言论。在收购环球电影公司的时候，梅西耶收购了负责电影《大白鲨》（Jaws）的电影制片厂。电影业的发言人丹尼尔·托斯坎·杜普兰蒂尔（Daniel Toscan du Plantier）表示，"将电视副台与环球电影制片公司嫁接在一起是一个错误。二者是两种对立的文化。美国很了不起，法国也很了不起，但是它们不是一对般配的组合。"[111]最终，焦虑的投资者不再信任梅西耶，这迫使他不得不辞职。正如《经济学家》所总结的，梅西耶"对于美国人来说太法国化了，而对于法国人来说又太美国化了"。[112]

语 言

20 世纪的最后一个十年，法国与美国的争斗上升到了文化层面，包括如何讲话。语言一直以来都是法国文化的最主要标志。没有任何一种其他法国性的表现形式——无论是食物，还是时尚或者艺术——能够占据如此重要的地位。然而美式英语不仅对法语的纯粹性而且对它在全球的地位构成了主要威胁。

这个问题在夏尔·戴高乐担任总统期间就已经升级为共和国的首要问题。1960 年代，"*le weekend*"（周末）"*le parking*"（停车）或者"*le pressing*（干洗）"等词语就已经成为广告商借用英语的腔调来表达现代化的风格时经常用到的词，而商业管理者和官员们经常用盎格鲁—撒克逊的外来词来点缀自己的演讲。在一些人看来，法语似乎堕落成一种"英式法语"，一种由两国语言杂交而成的产物。1966年，乔治·蓬皮杜总理成立了"捍卫法语高级委员会"，而戴高乐总统严厉惩治"英式法语"。这种令美国佬这一语言入侵者陷入困境的斗争在20世纪的最后几十年逐步升级。

法国在上世纪末赋予法语的地位很难再被夸大。英语腔调的泛滥以及英语语法和拼写的滥用危及到了整个国家。一时间，一本名为《语法是一首甜甜的歌》（*La Grammaire est une chanson douce*）的图书的销量达到了几十万册；黄金时段的电视节目开始播出拼字游戏；"捍卫或者改革拼写成为一种全国的心理剧"。[113] "语言是一个民族的灵魂"，法兰西学院的秘书长莫里斯·德吕翁（Maurice Druon）这样说道，而法兰西学院是自红衣主教黎塞留时期就扮演着捍卫语言职能的古老机构。[114] "法语……很明显在这几十年中已经堕落松垮"，德吕翁提醒道，而在某些情况下，它已经"完全而纯粹地被抛弃了"。[115] 巴拉迪尔总理严肃并饱含深情地将捍卫法语称为"对我国未来充满信心的行动"。[116] 据这位总理称，整个世界都受到来自于"不适合于微妙或者智力思考的原始英语的主导"的威胁。[117] 巴拉迪尔的社会党继承人的热情也不逊色。若斯潘总理将语言和共和主义的机制相联系，称法语是"构建共和国的混凝土和价值观"。[118] 外交部长于贝尔·韦德里纳承认，英语是全球交流的语言并且法国人需要学习外语，但是他同时坚称，"我不接受将捍卫我国的语言视为已经'过时'的这样的观点……因为这仍然关乎我国的民族身份"。[119]

既然捍卫语言事关法国的民族身份、全球的地位以及共和主义的统一，那么政客们就必须采取行动。1975年，巴—洛里奥尔法规（Bas-Lauriol Law）强制要求在商业中——诸如在广告和包装指南——以及职场的契约中使用法语。接着便出现了各种遭受惩罚的案例，譬如，依云矿泉水就因为在推销产品时使用"阿尔卑斯山快饮"（"le fast drink des Alpes"）而被处以罚款。[120] 这一立法并未被严格执行，仍然有很多领域借鉴美式英语，尤其是在科学、计算机、音乐和商业领域。立法机关决定采取进一步的行动来捍卫所谓的语言文化遗产。1992年，在凡尔赛

宫召开的联席会议对宪法进行了修订，"共和国的语言是法语"。即便
如此，也没有令所有人满意。包括阿兰·芬基尔克罗和雷吉斯·德布雷
等名流在内的几百名知识分子强烈要求在商务和教育领域使用法语，并
且赋予法语在国际社会的特殊地位。他们批评在国际商务中使用英语的
跨国公司是最大的元凶，并问道，如果欧洲只能有一种语言，"为什么
应该是美国的语言？"[121]

巴拉迪尔的文化部长雅克·图邦（Jacques Toubon）将这个问题推
至白热化。他于 1994 年说服了国民大会修补巴—洛里奥尔法规，确定 309
法语国家的人讲法语的权利并遏制本土语言的掺假行为。对于在官方通
知和文件中、工作合同中、广告、教学和广播电视节目中使用外语的行
为进行包括罚款在内的制裁，除非没有相对应的法语可以使用或者是外
语广播节目等情况。科学会议如果不将外语论文进行法语翻译或者用法
语做总结，将会面临失去国家补贴的危险。当然，不言而喻，法国这么
做所针对的是美式英语；正如图邦后来所承认的，他的目的是从"独断
的英美商业模式"中拯救法语。[122]图邦法规成为一个更为广泛运动的促
成因素。政府当局一直命令要求找到金融、计算机和传媒行业英美腔调
的法国替代品，并且于 1994 年出版了一本同义词词典。与此同时，法
国还专门立法为无线电广播行业的外国音乐限定配额。

图邦法规赢得了一些人的支持，但是却引起许多行业人士的怀疑和
嘲讽，并引发了美国人的耻笑和嘲弄。拥护图邦法规的人援引哲学家米
歇尔·赛瑞斯的悲恸之词，称在被占领时期的巴黎街头的德语标语都不
如当今的英语标语多。出版商兼作家伊夫·伯杰（Yves Berger）支持图
邦法规，表示担心民族的文化被如此的"法语英语化"，以至于 20 年后
法国人不知道如何读"Montesquieu"（孟德斯鸠）或者"Chateaubriand"
（夏多布里昂）。《外交世界》一如既往地支持图邦的"适度的"努力，
责备跨国公司的语言堕落，并且反对讲"雇主的语言"。法兰西学院成
员兼《世界报》的专栏作家伯兰特·伯特兰—杜鹏志（Bertrand Poirot-
Delpech）担心"美国术语"会成为自认为"摩登"的法国人的讲话方
式。他争论道，没必要引用对于现存的语言毫无用处的术语。譬如，杜
鹏志称儒勒·凡尔纳创造的词"romans d'anticipation"比起英语的"sci-

ence fiction"（科幻小说）更加优美且更加合适。[123]然而，即便是这位支持图邦法规的学院成员也特别强调，不能够对语言进行立法或者管制；实力和创造性决定用语，而当法语展现出足够的创造力的时候，"logiciel"自然会取代"software"（软件）。

对于图邦的诽谤者来说，很容易找到用法语替代英语的笑料。用"le coussin gonflable de protection"取代"airbag"（安全气袋），或者"maïs soufflé"取代"popcorn"（爆米花），或者"la puce"取代"microchip"（微晶片），或者"restauration rapide"取代"fast food"（快餐），这些都令法国人望而却步，而令美国人捧腹大笑。这些努力似乎注定要失败，因为不可能对语言进行监管，而采用美式词语的趋势不可阻挡。如何才能说服沉浸在美国流行文化中的青少年不要使用"cool"（酷）这样的俚语？如何才能阻止媒体使用"high tech"（高科技）或者"le marketing"（市场）或者称颂法国的世界杯冠军的多元文化组合为"Black，Blanc，Beur"？需要用英语进行沟通的专家不知所措。在会议上对论文进行法语总结和翻译的要求使国际会议无法在法国举行。反对者对这种文化保护主义大加嘲讽，他们认为法语一直都受到"opéra（歌剧）、pantalon（长裤）、valse（华尔兹）"等外来词汇的充实。一家小报嘲讽道，"所有提倡立法管制语言的提议都散发着一股霉味。"[124]另外一份报纸讽刺性地将雅克·图邦（"toubon"="all good"一切都好）比作"英国使馆的临时代办杰克·古德（Jack Goodall）"，并刊登了一篇掺杂着法语的滑稽的英文文章。[125]一家电台的流行音乐节目主持人抱怨这条法规"不太酷（pas très cool）"。

立法委员会介入此事，虽然没有推翻这条法律，但是以自由的名义压制了它。但这并未阻止以图邦为首的保守党人士。他们依然征收罚款。譬如，政府监管员访问了阿尔卑斯小镇美体店（The Body Shop）的一家专营店，在那里发现了包括泡沫剂在内的许多产品都用的是英文标签。当地法庭判处这家英国的化妆品公司1000法郎的罚款。香榭丽舍大街上的迪斯尼商店也因为标签问题被叫停。一年内，勤劳的政府官员进行了将近8000次的调查，提出了600次警告，并且向公共检察官提起了200多件诉讼，而其中有一半都是胜诉的。[126]

大洋彼岸对图邦的攻击促使他直接在美国的媒体上对批评家做出了回应。他称："一门外语……往往会成为一种统治和均一化的工具，成为一种社会排斥的因素，并且当被自命不凡地加以使用的时候，便成为一种藐视一切的语言。"[127]在提醒美国人美国也有很多州立法规定使用英语之后，他以一种高高在上的姿态辩解道：

> 诚然，美国也许不能明白这会成为一个问题。欧洲人不会奢望以不对外国文化完全开放而著称、并且推行自己的文化保护主义的美国人能够明白外国的语言。相反，美国人经常忘记别的国家的人民有权不理解美国的语言，也有权讲另外一种语言……法国所做的仍然在为整个世界谋取利益。很可能法国对某种自由和多样化概念的捍卫会给一些人带来麻烦。用夏尔·戴高乐将军的话来说，法国仍然是这样一个国家：它有时会不得不说"不"，但这不是出于一种自负的心态，而是出于一种正义感。[128]

1997 年，社会党回归政权后，语言监管运动得到某种程度的放松。社会党没有为图邦法规投支持票，但是宣布支持这一法规所致力的目标。利昂内尔·若斯潘继续用隐喻的方式进行着这场争斗，使语言与外交政策相关联，他称"法语不再是一种实力的语言，而是一种对抗实力的语言"。[129]与此同时，财政部禁止了许多美国进口的词语，如"e-mail"（电子邮件），并要求政府官员们使用法语同义词，如 courrier électronique。然而，财政部的核心部门——资金部的内部却流通着英语撰写的新法规，因为"这将会在布鲁塞尔用英语讨论"。[130]刚刚就任教育文化部长的雅克·朗虽然反对"英语法语"，却认为图邦禁令是荒谬的。教育部长兼科学家劳德·阿莱格尔等务实派的管理人员试图压住这场骚动。他认为这种情况下保护主义是没有效果的，相反，更应该鼓励学生学习英语，因为这不仅非常实用，而且还能帮助保护法语的纯粹性。[131]

最终，保护主义策略未能阻止这场来自大西洋彼岸和穿越英吉利海峡的语言浪潮。学习英语和使用美式英语词汇的必要性击败了政府的努

312

力。试图找到科技外来词的法语同义词，然后强迫法国人使用的努力徒劳无效。要求巴黎地铁里的每一个广告都翻译成法语的行为滑稽可笑。而阻断美国电视的影响力也不太可能：由于观看美国的侦探节目，使得许多法庭上的法国青少年将法官称为"Your Honor"（法官大人）而不是法语"Monsieur le Juge"。语言管制只能断断续续地在官僚机构等一些较小的领域里起到作用，并没有涉及国际会议等更广泛的领域；因此，1996 年巴斯德研究所举行的所有会议，一半使用法语，一半使用英语。虽然有法律规定，将近三分之一的电视广告继续掺杂了某些英语形式。[132]

语言学的传统主义者的行动并没有得到强烈的支持。社会党对图邦法规并不热心，反对者的数量超过支持者。而公众对于此事的态度要比决策者以及文化和传媒精英更具有功利性。大部分人支持使用美国的风格，称美国的风格很时尚、很实用，或者很有趣。[133]此外，法国在此问题上不得不单枪独斗；它不能通过欧盟加强"语言多样化"的进程，因为英国和德国等其他国家担心国家的语言规范会阻碍商业发展。

法语作为国际语言的地位继续下降。2005 年，法语作为第一语言，在世界范围内的使用者的数量只排到了第 11 位，甚至落在了德国后面。[134]据一项调查估计，全球范围内，85% 的国际组织使用英语作为工作语言，而讲法语的还不到一半。[135]1990 年代末，几乎所有的法国儿童都选择英语作为第一或者第二外语，而其中只有十分之一选择德语作为第一外语。[136]虽然政府官员们宣称法国的灵魂蕴藏在它的语言里，将近三分之二的法国人同意"人人都应该会说英语"的提议。[137]但是，我们不必为法语感到沮丧，因为法语仍然是另外一门真正的全球性语言。除了英语以外，说法语的国家比说其他任何语言的国家都要多。然而，很明显，法国必须登上这个承载着讲美式英语的乘客的全球运输机，否则它就有被落下的风险。

▐ 文化例外

虽然阻止美国的语言入侵只在一些特定领域取得了成功，而在其他领域却失败了，但是法兰西共和国在视听产品领域的文化战争中则取得了胜利。

　　反抗一直以来都是高卢人回应好莱坞的一种历史特征。领导这种抵制的是电影产业及其忠诚的知识分子卫士以及共和主义的官员们。法国人对于美国人控制法国银幕的担忧要追溯到无声电影时代，并一直持续到第二次世界大战之后。但是在 1980 年代，这种担忧愈加强烈。美国电影的票房在 1980 年至 1993 年之间从 35％一路飙升到 54％，1985 年以后上升尤其迅速。而与此同时，法国电影所占据的国内市场的份额也以同样的比例下降了。[138]1990 年代，美国电影的市场份额在 54％到 63％之间摇摆不定。[139]《本能》和《终结者 2》等电影取得了巨大的成功，将法国的竞争对手远远地抛在了后面。最大的打击来自于 1993 年 10 月，史蒂文·斯皮尔伯格的《侏罗纪公园》，在上映第一周便售出了 200 万张电影票，而克劳德·贝里执导的由埃米尔·左拉的经典小说改编而成的电影版《萌芽》却远远地落在其后。文化部长雅克·图邦称这部讲述恐龙的电影威胁到了民族身份，并发起了激烈的讨论。[140]法国失去电影市场份额的原因非常复杂。这涉及年轻的观众、好莱坞大片的魅力、多厅影院时代的到来以及票房收入的减少，也有人指责是法国电影失去了创造力。因此，为了寻找更佳的电影制作场所，许多法国电影产业的人士移居到加利福尼亚并且形成了一个非正式的好莱坞电影圈。[141]正如一些人所抱怨的，法国的电影品位已经下降到好莱坞作品的初级水平。一位知名的电影制作人评论道，"查特努加市的伎俩被用到了法国的第六区。这是一种悲哀。"[142]无论何种原因，法国的电影产业又一次陷入困境。

　　好莱坞电影以及其他的美国电视节目也开始在法国的电视屏幕上占据主导地位。截至 1993 年，美国的电视节目占据了法国电视一半的播出时间。[143]同年秋季，特纳广播公司创立了一个新的欧洲卫星频道，将特纳电视网的节目和卡通电视网的节目合并，这很可能将颠覆当时所盛行的配额体制。美国影视渗透的原因有很多，包括 1980 年代的去除管制的制度、依赖于进口的价格低廉的美国电视电影产品的私有电台的增加以及盒式录像带的出售。在音乐领域，美国音乐的销量超过了本土音乐，而迈克尔·杰克逊的音乐光碟的销量超过了雅克·布雷尔（Jac-

314

ques Brel）。

　　正如本书第二章所提到的，欧共体在法国的要求下通过了一项遏制进口外国（也就是美国）电视产品的指令。[144] 这个取名不当的"电视无国界"法规要求欧洲国家的电视节目中为欧洲的产品保留最少 50% 的份额，包括在电视上播放的电影。而每个国家可以根据需要自行提高份额——法国就这么做了。法国为欧洲的影视作品保留了 60% 的播放时间，其中包括黄金时段，而法国的节目占据了 40%。同时，电台播放的音乐跌落至法国 1993 年立法规定的配额以下。电视的配额体系具有灵活性，因为欧盟的规定可以被应用到"切实可行的范畴"。事实上，欧盟的指令并未起多大的作用，因为大多数电视节目已经在限额以下。美国提出抗议，但是法国设法令欧共体的大多数成员都站在了自己的一边。1989 年的指令所引起的争执只是两国在视听领域更加猛烈的争论的前奏。

　　华盛顿政府和好莱坞都强烈反对配额制度以及其他庇护欧洲娱乐市场的壁垒。政客和院外游说团体都试图利用以更广泛地减少贸易限制为目标的关贸总协定乌拉圭回合谈判，作为获取进入欧洲大陆通道的一个办法。美国希望能够自由地进入欧洲的视听市场，这也就意味着减少对电影制作的补助、提高电影票以及盒式录像带的费用、放缓对电视节目配额的限制，尤其是放缓那些可能会应用于卫星传播和有线电视等的新科技领域的配额限制。但是法国人拒绝了。在欧洲国家的支持下，他们坚持一种"文化例外"。法国辩解道，如果文化领域不被豁免开放的话，欧洲的电影和电视产业将无法生存。他们还警告称世界娱乐品位的标准将会降至《侏罗纪公园》的水平。让视听产业遵循自由贸易原则就意味着支撑电影产业的补贴体制的终结，并将电视产业拱手让给美国人。法国政府对电影票征收 11% 的税并且从电视网络的利润以及空白录影带和录音带的销售额中收取部分费用，由此得到的数亿美元的财政收入用以资助法国电影的制作、发行和放映。

　　第五共和国情愿以文化例外的名义将乌拉圭回合谈判置于险境。法国的反对似乎更多的是为了捍卫法国和欧洲的文化不被美国化，而不是为了使一个利润丰厚的经济门类得以存留——虽然那是美国人对于电影产业的看法。1993 年，巴拉迪尔总理继续保持着历任社会党总理的强硬立场，命令他的谈判代表不要做出让步。在国内，巴拉迪尔因为压制美国而得到了极大的政治支持，同时他还受到了西班牙的公开支持和德国的默许。在大西洋的另一边，与好莱坞有着密切联系的比尔·克林顿总统对于此次谈判也倾注了个人的兴趣。美国贸易谈判代表米基·坎特（Mickey Kantor）、电影协会主席杰克·瓦伦蒂等谈判高手代表美国出席了关税与贸易总协定的谈判。

　　针对文化例外的分歧惹怒了巴黎和华盛顿双方。当克林顿总统拒绝文化例外的时候，在关税与贸易总协定谈判开始之前就一直担任法国文化部长的雅克·朗发出警告，宣称是时候为捍卫国家的传统、生活艺术和文化而宣"战"了。[145]法国官员坚称文化例外捍卫的不只是法国的视听产业，而是全欧洲的视听产业以及全球文化的多样性。[146]密特朗总统在波兰发表讲话时，将民族身份与创造影像的自由联系起来，他说如果一个国家将自己的表达形式抛弃给他人，那这个国家就是"一个奴隶社会"。[147]此次活动中，雅克·朗于 1982 年在墨西哥城发表的关于反对美国的文化帝国主义（见第二章）的长篇大论得到了回应。包括佩德罗·阿尔莫多瓦和贝纳多·贝托鲁奇等名流在内的欧洲的电影导演，以及法国演员杰拉尔·德帕迪约（Gérard Depardieu）和凯瑟琳·德纳芙（Catherine Deneuve）与法国导演贝特朗·塔维涅、阿兰·科诺等人要求实施保护主义。塔维涅愤怒地指责"美国想要像对待印第安人一样对待我们"。科诺反对美国的垄断："想象一下只有一种影像的世界吧。"[148]面对"世界文化"将充斥着美国的电影、电视、休闲公园、音乐、时尚和食品的前景，历史最悠久的法国电影生产商和发行商——法国高蒙电影公司的总裁尼古拉斯·赛杜（Nicolas Seydoux）质问"我们的孩子还会像我们吗？"[149]

　　史蒂文·斯皮尔伯格和马丁·斯科塞斯等拥护自由娱乐市场的好莱坞名人摆出了与法国同行展开斗争的架势，而哥伦比亚电影公司谴责道，"这纯粹是保护主义，是傲慢自大的行为。太过于反美主义了。他们不想看到观众发现美国的娱乐更具吸引力"。[150]最令美国的谈判代表感到气愤的是法国票房收入的税收一半以上来自于美国电影，但是这部分

317

收入却直接投入到了法国的电影产业。瓦伦蒂指责欧洲国家以民族身份为托词："这次谈判与文化毫无关系，除非将欧洲的肥皂剧和游戏竞赛节目与莫里哀相提并论。这都是关乎金钱的生意。"[151]同时，他为市场开放做辩护："我认为欧洲人民……应该有权自行选择电视节目。观众就是上帝。我希望看到更多的市场竞争，而不是人为的壁垒。让市场力量自行运转吧，它会创造出更好的结果。"[152]

法国反对自由贸易的人士回应道：因为好莱坞现在坚持从它所有产品中产生国际收入的一些做法，全球市场上将会不可避免地出现依靠大量特效和极少对话的程式化的电影。因此，他们所批判的不仅是一种"美式电影"的垄断，而更多的是一种全球标准化的影像的泛滥——他们很快补充说这种影像或是粗俗的或是野蛮的。[153]结果将会是像法国这样的国家将失去"叙述自己故事"的能力。在法国工作的希腊电影制作人科斯塔—盖维拉斯（Costa-Gavras）告诫说，如果没有文化例外，好莱坞的大型电影制片公司将会推翻小型的独立的欧洲制片人，而在他本人眼里，这些制片人是电影行业中最具有创造力的。[154]《世界报》补充道，"在全球化的交易时代，影像……出口了一种生活方式，一种社会'模式'。在想象的范畴里，谁能俘获思想谁也就能取得商业上的胜利：'标准的'影像，'标准的'期待"。[155]

援引商业上的收益是法国人试图回避的一种粗俗的诉求。雅克·朗肯定地说："电影是一种民族艺术，通过它可以表达一个国家的历史和想象力……电影不是商品。"[156]不仅如此，包括法国电影协会主席兼法国电影出口营销办公室的负责人托斯坎·杜普兰蒂尔等在内的谈判代表也强调，成千上万的工作机会以及相当多的营业收入正面临危险。法国电影不能打入美国市场的现实更加坚定了法国官员在关税与贸易总协定谈判中争取视听领域豁免权的决心。他们抱怨美国的发行商不愿意播放法国电影——一种实实在在的美国佬式的保护主义行为。谈到美国观众无动于衷的态度，托斯坎·杜普兰蒂尔大发牢骚，"美国人甚至不知道世界'文化'的意思。只有不到10%的美国人所受的教育可以理解我们在欧洲所使用的措辞。《时空急转弯》（The Visitors）这样的电影对于他们来说太过复杂。它所讲述的是一个普通的美国人根本不能理解的中世纪：他想象不出一个在他之前就存在的过去……事实上，他们的电影已经变成一种用以家庭娱乐的巨型录像游戏"。[157]

如同 1980 年代社会党发起的反对文化帝国主义运动一样，美国人对于文化特征的威胁再次引发了知识分子之间的公开论辩。许多之前的讨论者，包括贝尔纳—亨利·莱维、马克斯·加洛、雷吉斯·德布雷、马里奥·巴尔加斯—略萨（Mario Vargas-Llosa）以及安德烈·格鲁克斯曼等名人再次挺身而出。引发争论的导火索是莱维和格鲁克斯的警告，而其他人则反对通过关税与贸易总协定的争议复活曾经的反美主义这一民族主义恶魔：法国电影的质量低下不是美国人的错。[158] 拥有秘鲁和西班牙双重国籍的作家巴尔加斯—略萨也做出回应，称《侏罗纪公园》的恐龙"不可能威胁这片孕育了福楼拜、卢米埃兄弟、德彪西、塞尚、罗丹、马塞尔·卡尔内等名人的国土的文化荣尚。它们只威胁到那一小部分的将法国文化视为木乃伊以至于认为任何与外界的接触都会使之付诸一炬的沙文主义煽动者"。这位拉美作家评论道，即使法国人是在为全球市场制作电影，文化的去国有化趋势也不可逆转。创造力不是源自那些妄自控制要看什么听什么的官僚、政治家和知识分子；这种做法只会助长"文化寄生虫"，正如那些躲避在"民族文化"掩护下的堆积成山的劣质电影。[159]

雷吉斯·德布雷因其被称为沙文主义煽动者而大发雷霆。他回应说很快世界上就只剩下一种影像在传播，那就是美国人的影像。他认为"多元主义的担保人是欧洲"，因为美国人将他们的影像强加给全世界，而同时却有效地将外来者排除在自己的银幕和广播公司之外："对哥伦比亚电影公司和华纳兄弟公司有好处的就是对美国有好处的，因此，现在的问题是这是否对人类有好处。"德布雷称如果对视听产品实行自由贸易的话，将会伤及更加脆弱的制片商，以意大利的电影产业为例，它们每年只能生产不到 20 部电影。赌注非常大，因为"影像支配我们的梦想，而梦想又支配我们的行动"。他还提醒道，"将想象力涂上单一色调的单一文化"将会激起一场全球文化的叛乱："你们希望将这个星球变成一个让人民只能在当地的阿亚图拉和可口可乐之中做选择的超级市场吗？"他警告说，要小心，因为不能表达自己文化的少数群体将会

320

退化为最糟糕形式的本质主义特征和仇外情绪。德布雷建议向美国说不，因为这个帝国将会像其他帝国一样消亡："让我们至少确保它不会对我们创造性的源泉造成不可弥补的损害。"[160]历史学家和社会党副主席马克思·加洛也加入到了德布雷的行列，坚称捍卫民族文化并不意味着就成为沙文主义煽动者或者意味着赞同反美主义，它仅仅表达了对于美国成为全球文化模式的一种反对。加洛称各种单独的民族文化构成了欧洲文化，而美国则不同，在那里，据说文化与历史、地点和记忆是分离的——因此，《侏罗纪公园》是世界的电影，而《萌芽》则只属于一个国家。文化例外将使文化避免被当成是专为一个全球超级市场而生产的商品。"这是反美主义"，他问道，"还是对于多元主义的捍卫？"[161]

"亲爱的雷吉斯"，巴尔加斯—略萨给予了回答，认为好莱坞的跨国公司的一个阴谋就能够腐蚀法国人的品位不过是德布雷的臆想，因为事实上各个地方的电视观众都更加喜欢肥皂剧和真人秀而不是高雅文化。市场资本主义已经整合了世界，而不是社会主义，而这种进程不会因为回归"部落时代"而逆转。作为以前的菲德尔·卡斯特罗的一名支持者和现在的自由主义者，巴尔加斯—略萨提醒文化例外的策略会直接导致国家控制。"亲爱的马里奥"，德布雷蔑视这种通过将对手称为反美主义者而排挤对方的最新手段，并回应道，"我拒绝将美国作为一种模式而是从它的文化中吸取养分。我觉得欧洲迪斯尼乐园很无聊，但是我对加利福尼亚迪斯尼乐园感到着迷"。当然，他表示，美国文化统治的原因不是阴谋；而是帝国发展的自然动力。市场不是解决方案，因为好莱坞与比方说非洲电影业之间的竞争会使后者窒息而死。曾经担任过一届弗朗索瓦·密特朗顾问的德布雷总结说，国家不是史前部落，而是市场所要根除的记忆和归属的当代的集体。他还表示，如果不构筑一道堤坝来阻截美国文化，最终我们将会殊途同归，那就是走像"通向未来的同样的柏油马路"。[162]

正当巴尔加斯—略萨与德布雷对文化例外的价值争论不休之际，法国的谈判代表在1993年末的乌拉圭回合谈判几近结束时几乎阻断了谈判进程。这是美国与法国之间针对利润巨大的娱乐业所进行的一场高赌注的扑克牌游戏。美国的谈判代表米基·坎特无法说服欧洲国家放松对美国电影和电视节目的配额限制，或者减少对电影票和盒式录像带征收的税款。让法国的谈判代表立场强硬的原因是国内政党之间达成了统一。从社会党人士密特朗总统到戴高乐主义总理巴拉迪尔，以及极右人士让—马里·勒庞等，法国的政治群体针对文化例外团结一致。对这一文化政策，左翼和右翼政党站在了一起。雅克·图邦吹捧道，"在此，文化超越了政治分歧。这是我国民族共识的一部分。"[163]欧共体至少以沉默来支持与美国作对的法国。虽然有时候德国对法国的固执己见感到不耐烦，但是却始终站在朋友的一边。最终，法国人如愿以偿，视听领域被排除在了最终的协议之外。这个问题并未得到解决；它被推迟到了未来。克林顿总统对这样的保持分歧的协议结果表达了他的失望，而瓦伦蒂指责欧洲人不顾及欧洲的未来，坎特则宣称美国将继续这场战争。朗称赞这一视听领域的例外"对于艺术和艺术家而言，是针对文化商业化所进行斗争的一次胜利"。[164]

视听产品的问题成为 1990 年代最后几年的一个僵局。法国官员试图实行更加严格的配额并删除"切实可行的范畴"这一条款，这一策略获得比利时、西班牙和葡萄牙等其他欧洲国家的支持。但是 1995 年，当欧盟重审"电视无国界"的指令时，法国未能克服英国、芬兰、丹麦和其他欧洲国家对加强配额限制的反对。精心策划了 1989 年指令的朗指责称，这次退步表明"美国一发号施令，大部分欧洲国家就会屈服"。[165]与此同时，美国坚信卫星广播、电视点播、数字压缩和互联网流等的新技术以及其他信息传播的新形式将会因为文化例外的陈词滥调而被施以配额制度。[166]它最终将绕开这些障碍。关税与贸易总协定谈判以后，瓦伦蒂承认真正的问题不再是电影补贴，而是自由进入诸如按次计费等的新技术领域以及对空盒式录像带所征收的税收收入的共享。[167]法美双方继续保留各自意见。

1990 年代末，在致力于结束外商投资分歧的国际多边投资协定（MAI）的谈判中，这个问题再次浮出水面。因为担心更软弱的法规将会限制国家在保护环境和文化等领域的能力，法国再次带领欧洲反对协定。[168]并再次动员了各个利益集团，包括电影导演等艺术界名流以及反对全球化的各种非政府组织。1998 年，若斯潘政府为了捍卫文化例外和国内补贴制度而撤出谈判。菲利普·戈登和索菲·莫尼耶总结道，"在多边投资协定的失败中，抗议者所起到的催化作用是法国的反全球化运动的首次重大成功"。[169]然而，直到 2000 年在尼斯举行的政府间会议上，文化例外的原则才正式被欧盟接受。[170]法国人为此次胜利付出了巨大的政治代价，但是他们最终取得了成功。

1990 年代，法国第五共和国利用这种例外保护了视听产业，限制了美国的电视节目，并且帮助了电影。法国的电影产业每年仍然生产约 140 部电影，并且相对于好莱坞作品占据的一半票房，它保持了国内电影票房三分之一或者以上的份额，并作为高质量电影的生产商而继续享有一定的国际地位。[171]相对于其他的欧洲国家而言，法国的电影业在维护国内市场方面取得了更大的成功。1999 年，法国电影占据国内电影票房的比例是 38%，相比之下，意大利电影只占其国内票房的 24%，而英国、德国和西班牙甚至更少。[172]譬如，一直享有声望的意大利电影产业在很大程度上成为好莱坞制作的海外机构。法国政策尽管偏重本国电影，但同时也为跨国电影、欧洲电影以及世界各地电影的放映提供了大力支持。[173]此外，在维持电视观众的比例方面，法国比其他西欧国家做得好。1995 年，美国电影只占据法国电视一台等主要电视台电视节目的 35%—39%，这要比德国、西班牙、英国或者意大利少得多。[174]同样，1996 年，法国广播电台的配额限制将英美流行音乐减少了一半，而相对于其他欧洲国家，法国人能够更多地听到自己的音乐。[175]

那么，可以说法国的政策发挥作用了吗？是的，1990 年代见证了法国文化保护的成功。据许多权威人士称，视听产业的业绩主要来自于受文化例外庇护的配额和补贴政策（事实上，是资金转移，因为资金来源并不是政府预算）。[176]规模庞大同时也是复杂而不透明的财政支持发挥了作用。要求私有电视台对电影业进行资助很可能是使整个行业脱离险境的原因。与自由市场的正统相反，贸易保护主义不仅在法国也在包括韩国和澳大利亚在内的其他许多国家保护了国内的电影产业。[177]然而，需要指出的是，产业存活下来并不完全是由于国家的政策，因为事实证明法国的电影产业也具有一定的创造力。1990 年代，法国有三分之一的影片属于国际联合摄制。法国开始生产面向国内外观众的娱乐电影：

动作片《妮基塔女郎》（*La Femme Nikita*）、喜剧《时空急转弯》、科幻片《第五元素》（*Le Cinquième Elément*），古装电影《最毒妇人心》（*Valmont*）以及视觉巨作《印度支那》（*Indochine*）等，其中有许多模仿了好莱坞大片。[178] 从 1980 年代末的雅克·朗开始，政府部门就开始授权为高预算的英语电影提供补贴，用以竞争全球观众。大量的国际联合摄制的影片诸如《情人》（由玛格丽特·杜拉斯的小说改编）以及杰拉尔·德帕迪约主演的《1492：征服天堂》（*1492：Conquest of Paradise*）等都纷纷效仿好莱坞电影，并且将包括语言在内的与法国电影传统相关的各种元素最小化。导演吕克·贝松制作的充满恢宏特效和图画暴力并由布鲁斯·威利斯（Bruce Willis）等美国演员出演的大成本的英语大片，比美国人还要更胜一筹。1997 年，贝松的《第五元素》作为法国票房冠军影片取得了巨大成功，它超越了迪斯尼的《钟楼怪人》（*The Hunchback of Notre Dame*），出乎意料地赢得了 6500 万美元的海外票房收入——其中大部门来自于美国观众。当然，法国的批评家批判贝松"过于美国化"。好莱坞被一些法国影片深深打动，并将其引进后在美国重新制作。譬如，《妮基塔女郎》被改编成《双面女蝎星》（*Point of No Return*）。但是，这种策略引出了一个问题：可以通过将法国电影美国化而赢得这场竞赛吗？

325

　　并不是所有人都佩服这种体制。一位经济学家称法国人夸大了自己的成功。他指出，如果认真考究构成一部电影的民族性，那么 1990 年代初，法国电影已经将这种民族性降低到了与德国和意大利一样的水平。[179] 怀疑论者认为，错综复杂的支持体系有害于电影产业，因为它培养了一种依赖性以及不愿意面对市场需求的心态。一项研究得出结论，国家补贴创建了一个由精英组成的近亲网络。这个网络奖励了导演电影，却牺牲了更具国际魅力且更加商业化的电影。[180] 补贴被浪费在了没有观众的电影上。事实上，电影产业制作的大量影片遭遇了票房惨败。一位批评家抱怨，年轻的法国导演如果能够吸引 300 名观众，并且在《世界报》上看到关于他的影片的影评的话就已经很满意了。[181] 从相反的角度来看，资助《大鼻子情圣》（*Cyrano de Bergerac*）和《萌芽》等主流的、历史的或者文学的电影是一次审美的和创造性的失误。[182] 这种体制还会出现负面效果，诸如限制了新的电影制作人的发展、补贴被用于好莱坞的翻版电影等。给准美国电影的制作以补贴有意义吗？事与愿违，补贴经常会拨给了那些实际是外国（通常是美国）公司制作的影片，这些公司利用了定义法国电影的官方标准。因此，由捷克导演米洛斯·福尔曼（*Milos Forman*）制作的英法联合摄制的电影《最毒妇人心》不仅使用英语，而且还囊括了9位美国和英国的男女演员。但是，因为电影中有一位法国女演员，而有一些场景是在法国拍摄的，电影的背景是法国，因此可以作为法国电影。

326　　　尽管有诸多反对意见，但似乎很明显，这种精心设计的电影补贴政策以及电视台关于外国电影的配额制度，帮助法国的电影产业在与美国的竞争中取得了比其他欧洲国家更好的效果。法国每年生产的电影始终比其他欧洲国家多，并且国内观众的市场份额也相对更大。与德国和意大利相比，法国人更乐意看本国的电影，而不是美国电影。[183]法国在限制美国的电视节目方面比其他的欧洲国家所做的努力更大。总之，在视听领域，法国的政策至少成功地限制了美国的入侵。在此，法国的左右两派政府都不得不对美国实行边缘政策来赢得这场争论。然而，与语言政策上的分歧不同，文化例外得到了一些欧洲国家以及国内政界的广泛而积极的支持。

　　　1999年，《星球大战I：幽灵的威胁》（*Star Wars Episode I：The Phantom Menace*）、《黑客帝国》（*The Matrix*）和《诺丁山》（*Notting Hill*）等美国或者英美电影在十大最赚钱的影片排名中占了7个，而法国只有3个——但是排在第一位的是《美丽新世界》（*Astérix et Obélix versus Caesar*）。这部耗资巨大的好莱坞式的电影似乎暗指大西洋两岸的竞争关系，讲述的是不屈不挠且足智多谋的高卢人智胜强权的罗马/美国入侵者的故事。《世界报》称阿斯特克是"对抗美国电影帝国主义的象征"。[184]我们可以谦逊地说在1990年代的视听王国里，阿斯特克抵御了凯撒大帝的入侵。

　　■ 法国决策者公开地抵制美国模式，将其作为一个反模式予以抨击，并且捍卫混合经济、社会契约和民族文化。他们选择性地借鉴国外模式，将其改头换面之后作为法国革新或者法国模式。上世纪末，法国第五共和国将美国作为一个陪衬者进行了调整。它也许贬低"强硬资本主义"，但是却实行了去除管制和私有化，开放经济，并且制造企业家中的英雄人物。它也许攻击雇佣关系的"灵活性"，但是却创造了许多临时和兼职工作。它也许嘲讽美国的福利政策，但是却通过加薪来改变原有的体制直到在政府当局看来这一体制已经适应了"新的全球经济样式"——譬如，采用降低成本等措施以使社会援助与国际竞争相协调。[185]它也许主张文化例外，但是却补贴好莱坞翻版电影的制作。虽然政治阶层开始采用英美模式，但却不愿意承认，而所采用的方法不仅是美国式的，还同时具有法国特色。法国索菲亚科技园的高科技人才孵化基地就是如此。无论是法国式的股票期权、退休储蓄（养老金）、"纳入私有领域"（私有化），还是电影的联合制作，答案是为了创造出合成物。抨击美国并没有阻止法国的改革，而是有效地掩饰了其为适应市场自由主义和全球化所做的必要调整。

改革还渗透在以下领域。很多情况下，调整来自于私有领域而不是国家：是那些在全球化环境中工作的商业管理者们通过借鉴国外经验而进行的最大化的改革。电影产业也通过效仿好莱坞而做出了局部调整。对于公众而言，在承认美国黑暗形象的同时，实际上也接受了一定程度的自由化、全球化和美国化——包括学习美式英语。

然而，对于美国模式的极端主义并不是一个制胜的策略。对美国公然而全面的模仿会招致麻烦。阿兰·马德兰因此失去了他的财政部长，而让一马里·梅西耶则丢了饭碗。以 1997 年选举中的右派为例，即使是与美国道路相关联也会成为一种障碍，因为它代表了与市场自由主义为伍。这会激起公众的抗议。以反对美国主导的全球化的名义，法国出现了针对农产品补贴、垃圾食品、"文化例外"、朱佩计划和多边投资协定的宣言和游行。然而，公开而全面地反对美国也同样会招致危险。雅克·图邦的语言清洗行动似乎有些过火，并且与全球化的世界并不协调。因此，只能既致力于对大洋彼岸道路的移花接木，又要对其予以否认并且添加一点高卢特色。

第七章　上世纪末的矛盾局面：反美主义与美国化

当 20 世纪拉上帷幕之际，美国化正在改变着法国人如何饮食、如何娱乐、如何做生意，甚至如何交流。然而，上世纪末也见证了自 1960 年代以来对于反美主义最强烈的表达。这在民意调查、报纸、书籍、电视节目和政治声明中赫然可见。正是这种矛盾局面，这种貌似已经沉浸于美国之中的社会与将美国视为"他者"的社会之间的张力值得我们去关注。

波斯湾战争十年之后，山姆大叔已经逐渐失去了他的完美形象。寻找关于美国书籍的巴黎人可以找到类似于《美国噩梦》（*Le Cauchemar américain*）或《不用了，山姆大叔》这样的图书——后者由一位议会成员所著，这些书籍用最骇人听闻的词汇描述美国社会。[1]大部分的法国精英认为美国与法国在诸多问题上存在分歧。外交部政策规划司的前司长抨击美国选择对国际事务无知的人担任政府官员，并将美国政府对于别国那种非正规的指导称为"帝国主义"。[2]在华沙举行的一次国际会议上，一百多个国家联合发表了一项声明，该声明是由美国倡议的，旨在推进世界民主。只有法国拒绝在声明上签字，这促使《纽约时报》发表了一篇题为"在民主的野餐中，巴黎提供了蚂蚁"的文章。[3]然后是激进派的牧羊农场主若泽·博韦，他于 1999 年破坏了一家麦当劳的新营业网点，因此而赢得国际社会的关注，随后他前往西雅图，为了能在那里举行的世界贸易组织会议上抨击美国主导的全球化。

然而，另外一个故事却使得这一反美主义浪潮似乎自相矛盾。1999年，法国派出的用于轰炸塞尔维亚的飞机比其他任何一个欧洲国家都要多。这些飞机在执行任务时听从美国的指挥。法美两国的贸易往来自 1985 年以来增加了一倍，而法国在美国的直接投资也在 1990 年代增加了一倍，而成为美国的第四大投资国——领先于日本和加拿大等国家。[4]与此同时，美国化席卷了整个法国。2000 年夏，在法国影院放映的好莱坞影片吸引了将近三分之二的法国观众，而法国有将近 800 家麦当劳餐厅。[5]作为一个将语言视为民族身份最主要标志的国家，法国有三分之二的人同意"人人都应该会说英语"的提议。[6]

这两种对立的系列行为暗示着一种自相矛盾。尽管美国与法国之间的联系比以往变得更为紧密，尽管华盛顿和巴黎之间看上去热情友好，尽管法国比以往任何时候都更加的美国化，然而，1990 年代却成为 30 年来反美主义最强烈的时期。自夏尔·戴高乐总统以来，从未表达过如此的仇恨——在政治演讲中、在媒体中、在民意调查中，甚至在公众的游行示威中。

简而言之，在法国人看来，冷战结束以后，大西洋彼岸的超级大国变得愈发飞扬跋扈。而法国人对于美国的国内趋势则变得更具批判性，且对于美国文化的入侵变得不太舒服。结果，他们同时加大了主张独立和与美国兄弟划清界限的努力。

无需对"反美主义"的构成进行冗长的定义性的讨论。这个问题已经得到了解答（见本章开端"关于反美主义的诠释"）。由于这个措辞贯穿于本书，它既指反乌托邦的初期的反美主义，即一少部分群体对代表美国的所有事物的反射性憎恶，也指对于美国的对外和国内政策的重要方面更加普遍的批评浪潮，这种批评可以延展到美国制度、美国人和美国的"生活方式"等各个方面。本章将讨论第二种情况，针对与美国政策相关的各个方面所展开的更加反复无常的批评。法国人在民意调查中的陈述和回答，甚至是蓄意采取的影响巨大的行动都公开抨击了美国的政策、制度和价值观。我将这些态度和行为称为"反美主义"——表明这个词意味着仅仅是针对美国的某些重要方面的批评。不幸的是，对于大西洋两岸的关系而言，这种乖戾的情绪在 1990 年代变得愈来愈普遍。

然而，如果事实如此，如果反美主义吸引了大众的支持，那么便出现了一个矛盾：为什么像法国这样的一个"美国化了的社会"赞许或者至少默许这样的批评？法国人一边每天在"金色拱门"下消费上百万份的餐饮，一边却还宽恕对麦当劳的攻击，难道法国人不虚伪吗？最好的方法是将关于这一矛盾的分析延至本章后面的篇幅。首先，我们需要检验反美主义加剧的证据。

历史学家如何才能获知法国人对于美国人以及美国的看法呢？大西洋两岸的矛盾激发了探查民意状况的兴趣。因此，法国和美国的各种民意调查机构进行了相当数量的全面的调查。其中，有一些针对这个时期的系统的调查是为报纸、基金会和美国的国务院等机构服务的。两万多名法国男女的意见被记录在案。这些证据以及报刊、书籍、政府官员的讲话和电视新闻等其他传统的史料资源令研究者清楚地获悉了普通民众对于美国的看法。这些前后相连的集中性调查发生于 1990 年代，它们贯穿于罗纳德·里根执政的中期直至比尔·克林顿的第二任期结束。

从比较的角度来看这些数据的话，可以看出法国人的观点的特殊性。只要数据资源允许，我都会将法国与欧洲其他国家的意见进行对比。这些调查中最常指代的对象是西欧。在此书中，"西欧"一般指法国、英国、德国和意大利。如果包括西班牙或者丹麦等其他国家时，我会加以标注。在某些方面，法国带头表达了对于美国的不安，而在其他方面，法国批评的态度与其他的西欧国家并不相同，甚至不比其他西欧国家强烈。

吹毛求疵的研究者也许会说民意调查并不是公众民意的可靠来源。问题的措辞和顺序可以决定答案，另外，很难区分随意的回答与内心深处的真正态度。再者，受访者通常不得不在准备好的选项中做出选择并且很少有机会提供别的答案或者解释自己的选择。然而，这些调查确实在具体的语境下为调查机构精心设计的问题提供了大量的答案。针对那些在原则上怀疑民意调查的人，我们可以这样辩解：民意调查是与报纸、畅销书、网络聊天室、采访以及媒体知识分子之间的辩论等途径同样准确的意见指标。被各种专业调查机构系统访问的成千上万的受访者为法国人的态度提供了确凿的证据。

可以肯定的是，民意调查的答案在很大程度上受到了受访者的信息来源的影响。上个世纪末，法国人了解美国的途径显而易见，那就是电视。法国人严重依赖这个小屏幕来获取有关美国的信息。报纸、电影、广播、音乐、书籍、旅游、朋友、学校教育和互联网也起到了一定的作用，但是却不大。[7]电视对法国人观点的影响大于其他任何一种媒介。

■ 美国人的形象与美国

当被问到关于他们大西洋彼岸的朋友的时候，法国人通常将"美国人"与"美利坚合众国"或者"美国"区分开来。"美国人"的范畴最具体，它表达了一种个人的或者人的集体的范畴。它比另外两个词经常会得到更加和善的答案。"美利坚合众国"和"美国"这两个词对受访者来说经常可以互换。但是"美利坚合众国"经常带有国际政策的强烈寓意并且与华盛顿政府相关联。法国人说他们喜欢美国人。绝大部分法国人不断表达对我们的一种肯定的态度。事实上，法国人（71%）与德国人和意大利人一样对我们友好。[8]但是，这种阳光心态的背后是一种距离感。在一些调查中，几乎有一半的受访者称对美国人不感兴趣。1999年，将近三分之二的受访者称他们"不觉得与美国人很亲近"。[9]这是一种类似于远房表兄弟的友谊。（如果美国人对此感到不满意，那么某次调查表明英国的情况更糟糕。）[10]另外，大约10%的一小部分群体意料之中地对美国人充满敌意。

法国人对于"美利坚合众国"或者"美国"的看法更脱离于人民的含义，而是与政策、实力、社会和文化这些概念相关联。这些概念使法国人的答案更加变化无常。

总体上，在这些年里，当简单地被问及对美利坚合众国/美国有无好感时，法国民众更愿意表达一种十分亲和的态度。大约三分之二的法国受访者对美国持有一种肯定的看法。这种态度所占的比例与德国十分相似。[11]但是，在这种粗略的选择下隐藏着转变、区别和保留意见。1990年代的总体趋势是对美国态度的强硬化。1988年至1996年，法国人对美国的好感急转直下（从54%减少至35%），而对美国的漠然和反感都有所上升（分别从6%上升到12%，从38%上升到47%）。[12]在阿尔·戈尔—乔治·W. 布什的总统大选前夕，一项民意调查的结果显示情况不容乐观。当从5个选项中选择表达对美国的感情时，将近一半的法国人选择了"不满"或者"担忧"，而只有四分之一的人选择了"羡慕"或者"友好"，而另外的四分之一选择了"漠然"。[13]一直有许多法

334

国人并不迷恋也不反感美国，而是对美国和美国人保持漠然的态度。据2000年5月的一项调查，41%的法国人表示对美国是"支持的"，10%的人表示"反感"美国，而剩下的受访者（48%）表示既不支持，也不反感。[14]当国际事务涉及如同"沙漠风暴行动"和科索沃事件中的争端时，民意调查中通常记录为"支持"的声音则显得变化无常。"美国"的形象没有"美国人"的形象受欢迎，而当与国际事务密切联系时，则会出现大幅波动。

虽然这段时期大部分法国人对美利坚合众国/美国持有好感，但是他们的态度是不连贯的、好坏参半且不稳定——而且他们变得愈加消极。

1984年至2002年，法国公众舆论最突出的特点是对美国主导地位的持续的担心。对于美国佬操纵法国的国内事务的担忧持续在一个很高的水平上浮动——大约60%—65%。在克林顿执政的中期，这个比例下滑到50%以下，而在其任期结束时却又回升到了62%。[15]50%—60%的法国人还表示担心美国政府操纵国际事务。[16]总体上，法国人认为美国飞扬跋扈。1995年，90%的法国人——远多于德国人（60%）——认为美国是"盛气凌人的"。[17]1999年，接近60%的法国人表示美国在文化、经济、军事和政治等方面对欧洲的影响过大。[18]一年以后，当被问到希望有"更多或者更少的美国影响"的时候，三分之二以上的法国人选择了在国际事务、文化、经济生活、全球化和欧盟发展等领域减少美国的影响力。[19]对于美国政府的利他主义普遍感到怀疑。2001年，五分之四的法国受访者——多于英国、意大利和德国——认为美国通常不考虑其他国家的意见，并且只基于自身利益而采取行动。[20]在某次调查中，当被问到讨厌美国影响力的原因的时候，法国受访者提到了"试图控制其他国家"、"扮演世界警察"、"将自己的生活方式强加给别人"、"美国帝国主义"和/或"经济霸权"。[21]

法国人和其他西欧国家一样担心美国对本国事务的影响过大。[22]如果说有十分之九的法国人控诉美国的专横，那么意大利和英国也是如此。而德国人在使用主导地位一词时则较为谨慎。[23]然而，与其他西欧国家的精英分子相比，法国人对于美国主导地位的担忧程度最高。总

之，法国人对美国的看法和其他的西欧国家相似：他们都认为美国有意
占据主导地位。

　　法国对美国主导地位的担忧超越了国际政治。法国人比其他西欧国
家更相信美国所进行的是不公平的贸易。[24]产生这种观点的原因很可能
是美国对苏联、伊朗和古巴的贸易制裁、两国针对农业补贴的纠纷，以
及转基因的水果、蔬菜和种子出口方面的纷争。法国精英界在克林顿总
统任期之初对美国政府的过度干预愈加担忧。1993年，关税与贸易总
协定谈判的高峰时期就涌现过一次高潮。谴责美国的法国人从50%迅
速增长到70%，并在1990年代接下来的几年里一直保持在这个比例。[25]
全球化引发了许多贸易问题。虽然与其他西欧国家一样，大部分法国人
都支持全球化，但是法国持反对态度的那部分人数却在所有富裕国家中
位居榜首。[26]总体上，不到十分之一的西欧受访者将全球化与美国的主
导地位联系起来，但是在法国，五分之一的受访者却愿意做此关联，并
且四分之一的受访者认为全球化主要有利于美国。[27]因此，事实证明，
法国比其他西欧国家更有可能发现全球化的背后潜伏着山姆大叔贪婪
的手。

　　与对美国主导地位的看法密切相关的是对于美国全球领导力的信心
问题。法国从未对美国政府满意过，尤其是在里根和克林顿执政时期。
民意调查显示法国人针对这一问题的态度具有波动性，并无长期趋势。
这些态度的高低起伏与重大事件、政策和领导力等息息相关。在乔
治·H. W. 布什时期，法国人对美国政府的信心大增。这个高峰出现在
德国统一和第一次波斯湾战争时期。但是这一阶段转瞬即逝。民意调查
总体上显示，在这20年间，法国人对美国的信心一直围绕着50%这个
不温不火的比例浮动。[28]克林顿总统上任之后，情况并无改变。

　　在克林顿执政的最后两年，华盛顿政府的支持率逐渐衰退。1990
年代末的调查揭露了法国对美国超级大国地位的强烈担心和对决策者动
机的广泛怀疑。法国人普遍对华盛顿政府的利他主义表示质疑。法国的
精英界，特别地指出跨大西洋的贸易是导致对美国政府产生怀疑的主要
原因。[29]科索沃危机也暴露了公众对于美国日益加深的怀疑。轰炸南斯
拉夫时的一项调查表明，三分之二的法国人表示了对美国超级强国地位

的担忧，并且质疑美国的动机。[30]另外，在 1999 年开展的这次调查中，61％的法国人称美国对欧洲施加了过大的影响力，甚至有更多的人表示愿意与美国人保持距离。[31]克林顿政府结束之际，几乎没有人再相信美国采取行动的动机是促进和平与民主。法国人更普遍地认为这个超级大国的目的主要是"保护和扩大美国在世界上的利益和投资"，并且"将美国的意愿强加给世界的其他国家"。[32]

虽然直至 2000 年，法国人对美国的看法已经变得相当悲观，但是乔治·W. 布什上任之后，尤其是当伊拉克的军事行动即将开始的时期，美国在法国人心目中的地位荡然无存。战争开始以后，法国人对美国的好感瞬间瓦解，但是高卢人所批判的首要对象不是"美国"或者"美国人"，而是总统布什。鉴于法国人对美国处理国际事务动机的怀疑，不难想象法国人比德国人或者英国人更加相信美国政府此次攻击是出于自身利益的考虑，诸如渴望得到伊拉克的石油等。[33]

总体而言，法国人认为美国在国际事务上不与自己合作。只在某些问题上，大部分法国人认为两个国家朝着同一个方向努力，而在某些情况下，绝大多数法国人认为两国的目的并不一致——诸如贸易、环境和对发展中国家的援助等问题。[34]于是，法国并不支持美国在国际事务上的强势领导。与德国、英国、意大利、荷兰和波兰人相比，法国人最不希望这种情况的发生——虽然法国人的内部意见并不统一。[35]的确，1990 年代末，大部分法国人承认法国并未一直充当美国的"忠实盟友"。[36]但是，最独特之处在于到了 2002 年，相当数量的法国人（91％）公开表示希望欧盟成为"像美国一样的超级力量"。在这个问题上，意大利、德国、荷兰、英国和波兰远落后于法国。[37]克林顿总统的任期之末，将近一半的法国人表示希望能有一个没有美国参与的欧洲防御政策。[38]如果说有微弱多数的德国、英国、意大利、荷兰和波兰人接受"厨师—洗碗工"的劳动分工——即美国专门负责打仗，而欧洲国家负责战后重建——那么绝大多数法国人表示拒绝担当如同美国洗碗工一样卑微的角色。[39]

从 1980 年代末至本世纪的最初几年，法国人开始认为美国是一个利用其超级实力寻求全球霸主地位的专横的利己主义国家。在此问题上，他们的这种态度也许比西欧的其他国家更为强烈，但是他们的观点却被欧洲大陆广泛接受。

■ 美国文化

如果说美国的硬实力引起了高卢人的担忧，那么它的软实力亦如此。鉴于美国大众文化所引发的激烈争议，以及法国政府为遏制电视节目等美国的进口产品、审查英语语言的使用等所做出的努力，粗心的观察者可能会认为法国是一个不欢迎美国文化的地方。然而，尽管对于美国佬的流行文化愈来愈担心，法国舆论却体现了一种矛盾性和选择性而不是完全拒绝的特征。

339

1984 年至 2000 年之间，认为美国大众文化过剩的法国人的数量大幅增加。电视节目、电影、食品是法国人反对的主要目标。对英语语言和美国时尚持反对态度的法国人也有所增长，但涨幅不大。对美国式广告的担忧仍然很高，但却没有加剧，而流行音乐却得到了法国人的支持。[40] 对比之下，法国人对美国通俗文化的反感情绪总体上比英国人、德国人或者意大利人都要强烈。[41] 1999 年，33％ 的法国人称美国文化是"非常严重的"或者"严重的"威胁，而 44％ 的法国人称它为"轻微"威胁（另外有 22％ 的法国人认为"毫无威胁"）。英国人、德国人和意大利人并没有如此程度的担忧。[42] 自 1980 年代起，愈来愈多的法国人担心美国通过其软实力占据主导地位。在政治层面，为了应对这种所谓的威胁，法国于 1990 年代通过管制电视广播节目和保护法语等国家行动来遏制美国的进口产品，并因此而闻名。

有人也许会问，哪些产品在 1990 年代中期令法国人联想到美国？按照递减顺序应该是：汉堡/麦当劳、口香糖、牛仔裤，而不太明显的有苏打/可口可乐、电子游戏、"清淡"香烟和（好莱坞）电影。大众消费的进口产品构建了美国形象。但是，从形容词列表中挑选描述美国产品的词语时，答案则褒贬不一。按照递减顺序，这些产品被描述为"入侵式的"、"现代化的"、"标准化的"、"微不足道的"、"有效的"（性能）、"昂贵的"，只有一小部分的法国人认为美国产品"高端"、"强健"、"有美感"或者"精致"（也就是传统的法国特征）。[43]

尽管担忧之情日渐强烈，但是大部分法国人一直表示喜欢美国电影、电视剧和流行音乐。[44]法国消费者对这三种进口产品以及对美国的时尚和快餐的巨大需求证实了这些调查结果。对以上列举的数据所进行的正面解读可以看出 66% 的法国人认为美国的进口产品的威胁性小或者毫无威胁。

在这些自相矛盾的答案中蕴含着一个令人迷惑的难题。绝大多数的法国人认为所谓的"美国观念和习俗"的蔓延是有害的。[45]但是这并未阻止几乎同样数量的法国受访者在回答其他问题时声称他们喜欢美国产品，诸如传达这些美国观念的电影等。[46]同样，虽然大多数法国人与其他西欧国家的人谴责快餐是一种退步，但正是在这些国家，"金色拱门"取得了巨大的商业成功。[47]当然，这些数据可能来自于不同的群体，人们也可能言行不一。然而，显而易见的是，至多有一小部分的法国人强烈抵制好莱坞电影等美国产品，另外也许有一大部分的人，鉴于问题的特殊措辞，表示他们不喜欢美国产品。但是，绝大多数的法国人经常表示喜欢美国的进口文化产品，并且不管他们曾经是否持有保留意见都不会影响对这些产品的大众消费。与外交政策或者美国的社会模式所引发的问题相比，法国人对于美国流行文化的态度更加矛盾。然而，1990代，法国人愈来愈对美国电影、电视和快餐（即麦当劳）感到担忧，而程度稍轻一点的担忧则是美式英语的传播。

■ 美国的社会、经济和价值观

对于美国社会日益下降的评价比对于流行文化的恶劣评价还要多。

1988 年，在所有选项中，最常被用来描述美国的词语是"实力"、"活力"、"财富"和"自由"。虽然"实力"一词不能明确代表称赞的态度，但是所有选择都是正面的。而到了 1996 年，最热门的选择戏剧性地转变成"暴力"、"实力"、"不平等"和"种族主义"。"自由"出现的频率下降，而"帝国主义"出现的频率上升。[48]《世界报》在观察这一结果后评论道"美国的形象持续恶化"。[49]4 年后，情况更加不堪入目。"暴力"、"实力"、"不平等"和"种族主义"这些词出现的频率全部有所上升。三分之二的受访者在这些词下面画勾。[50]当被要求对这些词语做出解释时，受访者称"暴力"指的是对于暴力社会的总体评价，尤其是指犯罪、毒品、枪支和死刑。[51]另一项调查显示，所有选项中出现最多的描述（按照递减顺序）是："暴力"、"死刑"、"社会不平等"、"创新"、"种族主义"、"放任（任何事情都是被允许的）"和"经济机会"。[52]而在第三组调查中，受访者也从一组列表中选择描述美国的词汇。1995 年，最常被用来描绘美国的准确词汇按照递减顺序依次是："专横"、"物质主义"、"民主"、"暴力"、"可靠"、"种族主义者"、"有修养"、"宗教虔诚"、"合作"、"孤立主义"和"虚伪"。5 年后，基本上所有的负面词汇（诸如"专横"和"暴力"等）的比例都上升了，而所有的正面词汇（诸如"民主"和"可靠"等）的比例都下降了。[53]美国社会的普遍形象已经变得相当丑陋。

在法国，没有多少人拥护美国的社会政策。1980 年代，很少有法国人拥护"里根主义"。克林顿执政初期，绝大多数法国人认为美国未能照顾好病人和老年人。[54]1996 年，一个调查样本中，三分之二的法国人反对美国的社会制度，原因是它"不提供社会保护"。[55]克林顿执政末期，法国指出了美国在提供社会保护、打击犯罪和同化移民等方面所谓的失败。[56]死刑被指最能代表美国的野蛮性。2001 年，美国国会在调查西欧国家对美国社会问题的评价之后，总结道"法国人的批评最强烈，德国人次之"。[57]法国人指责克林顿领导下的美国在保护环境、保护少数民族权利、提供高质量医疗服务、照顾病人和老人或者提供高等教育机会等方面做得很失败。同时，法国与其他西欧国家对美国在维持法律和秩序、宗教自由和经济机会等方面予以很高的评价。[58]显然，在赞扬美国对于法律秩序的维护和批评美国的暴力及其打击犯罪的失败之间存在矛盾。

法国人对美国经济的评价与对社会政策的评价不相上下。法国人民与他们的政治领导人一样，认为市场在严格的规范下运行最佳。20 世纪末，只有 30% 的法国大众认为"新世界"是一个好的经济模式。与德国人或者英国人和意大利人一样，有将近三分之二的法国人认为美国忽视了工作的不安全感和失业津贴等问题。[59]但是他们却赞扬美国创造就业机会和发展新技术。[60]与其他西欧国家相比，法国人的特别之处在

342

343

于他们对于"美国生意方式"的强烈反感。[61]

对于美国社会和经济的这些观点似乎源于不同的个人和社会价值观。按照一位美国大使的说法，对于法国人而言，良好的社会为人民提供平等和社会保护，而对于美国人来说，良好的社会则是提供机会和风险。[62]美国人与西欧人不同，他们强烈相信个人的成功很大程度上掌握在个人手中。相比之下，欧洲大陆做的一项调查表明，大多数欧洲国家的大部分人相信超越个人控制之外的力量决定了个人的成功与否。[63]法国人与其他的欧洲国家一样，更愿意将个人失败归因于社会而不是个人，美国人则不同。[64]由此，法国人比美国人更加强烈地认为政府应该对那些"没有能力照顾自己的穷人"负责。[65]或者，正如此项在欧洲范围内进行的调查所显示的那样，"美国——在所有的富裕国家中是唯一一个更加关注个人自由而不是政府保障的经济安全网。"[66]

显而易见的是，20世纪末，法国人与许多其他的欧洲人一样并不认为自己在某些基本的价值观方面与美国人一致。法国人认为他们与美国人对民主（49%）、家庭（58%）、道德和伦理（69%）、法律和秩序（73%）以及工作（76%）和生活方式（81%）的定义不同。与德国人和英国人相比，法国人认为自己在这些方面与美国人的差距更大。[67]这种距离感并不意味着法国人对美国人没有正面的情感。在社会活力、财富、经济机遇和民主等方面，美国得到了很高的评价。但是，法国人对社会差异的看法仍然很明显。但法国人认为自己与美国人不同的原因则不得而知。民意调查对这一问题保持缄默。我们只能猜测法国人选择"工作"作为一组对比是因为他们相信美国人将工作本身作为一种目的，而不是一种达到目的的途径——即美国人是"工作狂"，而法国人懂得如何生活。这种推断需要探本溯源地加以证明而不是依据调查数据进行推断。

如果美国人与法国人之间存在一个最大的价值观差异的话，那就是宗教信仰。一项调查问道：遵守道德需要相信上帝吗？有一半以上的美国人的回答是肯定的，而只有13%的法国人同意。[68]同样，当被问到"美国是一个过于宗教化的国家，还是不够宗教化"的时候，法国人又与其他西欧人不同。认为美国"过于宗教化"的法国人数将近是德国或者英国的两倍。[69]一项始于 1980 年代的系统调查证明了这些结果：美国比大多数的欧洲国家更加具有爱国精神，更加宗教化。[70]20 世纪末，横跨大西洋的 3000 英里代表了两个国家价值观裂痕的距离。

▨ 谁的观点？

至于这个问题，法国人的观点一直被视为一个整体，但是有人想了解人们的态度是否会因年龄和性别等标准而有所不同。现有的调查数据常常忽略了这些差别。幸运的是还有一些例外，而这些例外提供了各种态度如何在不同群体之间分布的一些线索。

关于法国精英阶层与公众之间最基本的差别的最好证据来源于美国国会于 1999—2001 年间进行的一些调查。这些调查中，精英的样本由政治精英（诸如国家政党领导人等）、二流政客和官员（诸如市长和部级员工等）、大中型企业的私人企业家、公共部门管理者、中学和大学教育家、媒体和文化精英以及宗教领导人组成。各个领域都尽量涵盖了巴黎和其他省区。在 500 名受访者的调查样本中，性别分布为 80％ 男性和 20％ 女性。[71]

精英多于公众（63％ 对 43％，2001 年 1 月）认为美国在国际事务中的强势领导符合法国利益。[72]但是，这并不能掩盖在某些问题上法国精英比普通人表现的更为保守并且对法美之间的竞争持不同的看法。一项调查显示，如果两个阶层同样认为美国与法国在许多问题上背道而驰的话，那么精英界的立场往往更加强硬。在涉及诸如贸易和经济的问题、保护全球的环境、减少发展中国家的贫困和促进古巴的民主等话题的时候，精英比非精英更加尖锐。[73]在自愿参与的非结构性调查中，当被问到两国主要有什么样的分歧时，法国人首先列出的是经济和贸易，而远远落在后面的才是美国的外交政策和霸权。[74]

对于美国解决社会问题的表现，法国的精英也比公众更具有批判性。两个阶层同样认为这位美国兄弟在许多问题上表现得差强人意，但是与国际事务一样，法国精英们的态度要更加强烈。与公众相比，法国的精英经常谴责美国未能提供医疗保障、没能照顾好老年人、没能保护环境并且未能为所有人提供高质量的教育。[75]而在两个问题上，这两个

社会群体都肯定了美国的表现——提供经济机遇与维持法律和秩序，但
精英比公众的态度更加肯定。精英的态度更为极端：相比公众，他们更
加强烈地表达他们反对的态度，也更加强烈地表达支持的态度。

最值得注意的是，法国的精英和公众在社会价值观问题上的分歧与
社会政策问题上的分歧不同。精英们关注美国在解决社会问题时乏善可
陈的表现。对于公众而言，大西洋两岸的分歧似乎更加基础化：它来源
于所谓的对社会制度和价值观的不同概念。[76] 譬如，公众比精英更加相
信法国与美国拥有不同的生活方式。然而，留给分析家的问题是，法国
人认为的生活方式到底如何不同。

至于美国的流行文化，传统观点会认为精英不如公众接受力强。这
种观点的主要依据来自于圣日耳曼德佩刺耳的反对呼声与大众对于好莱
坞电影等进口产品的消费热情之间的对比。但是上世纪末的这些调查并
没有印证这种观点。或者说至少在被问到"总体上，你怎么看待美国的
音乐、电视和电影等美国流行文化"的时候，两个社会群体的意见是一
致的。2000年，当面对支持的/反感的这两个选择时，公众和精英选择
支持的比例大体相当（分别是52%和49%）。[77] 尽管如此，两个阶层中
仍有将近一半的比例选择了"反感的"的意见，由此可见美国流行文
化并没有得到一个热烈欢迎的局面。

这些数据为提炼出精英们的反应提供了一个小小的机会。党派关系
在政治精英中起着重要的作用。当面对两个对美国态度的极端选择
时——"非常拥护"或者"非常反对"——"反对"的声音集中在政
治谱系的左派中。最严苛的选择来自于共产党和绿党人士。[78] 虽然冷战
已经结束，共产党仍然是反美主义的中坚力量。至于社会党，18%的人
对美国做出了"非常反对"的评价，但是这与戴高乐主义的保卫共和
联盟（RPR）没有多大差别（15%）。（2002年，保卫共和联盟重新命
名为人民运动联盟［UMP］。）中间派的法国民主联盟和极右派的国民
阵线表示的负面评价最少。值得注意的是，在左右两派的政治精英中，
"非常拥护"的观点都显得微不足道。譬如，在所谓的亲美的法国民主
联盟中，只有14%的人愿意给美国很高的评价。

这些调查同样反映了各个不同的亚分类领域的精英在面对"非常拥

护"和"非常反对"这两个极端选择时一些态度。[79]"非常拥护"的态度与精英群体的种类的关系不大。这种态度毕竟是少数。肯定的态度聚集在最低的水平，并在4%至16%之间浮动，但是调查样本中的浮动比例过于微小，不能判断出亚分类领域的精英的差异。相比之下，持"非常反对"观点的亚分类群体之间的差异比较大。基本上没有商业人士、公共部门管理者或者二流政客表达这样的敌意。然而，一组高涨的刺耳声首先在教育家中间发起，愈来愈多的媒体精英和文化宗教领导人物参与，并在精英政客中达至顶峰。[80]显而易见的是，政治阶级的最顶层对于美国的评价最为严苛。他们最不愿意承认对于美国的任何正面的态度，也最热衷于表达对于美国的负面态度。这段时期，对于美国最激烈的批评来自最知名的国家级政治人物应该是不足为奇的。

其他的用于细分整个人口群体的资料非常稀少。但是，仅有的一些资料却给出了出人意料的数字。总体而言，年龄和性别造成了一定的影响，但是政治隶属关系对于态度所起的决定作用最大。职业、宗教和地区差异产生的影响太过微小而不足以得出任何结论。

在回答对美国更多的是支持还是反对的问题时（2000年所进行的一次调查），女性受访者选择支持的比例要小于男性（34%：49%）。[81] 同年的另外一项调查表明女性比男性更容易将"暴力"、"种族主义"或者"死刑"与美国联系在一起。[82]但是，在表达对美国的单一超级大国地位的担忧时，女性与男性没有区别。[83]总之，关于性别的证据太少不足以作为一个一般意义上的变量加以考虑。

体现年龄差异的数据则非常充分，但这最多只暗示了两组人群：老年人和年轻人。美国国会明确地总结道，与英国和意大利相比，"在法国，年龄没有影响"。[84]某项私人调查至少在一个方面与美国国会达成了一致，即在支持美国的进口文化产品时，法国人没有代际差异。[85]但是，这些评估忽略了一些显示65岁以上的法国人与十八九岁至二十八九岁的法国人之间所存在的微妙差异的数据。有两项调查发现65岁及以上的法国人对美国最有好感，虽然与其他年龄段的差距不大。[86]另外一项研究表明，最年老的一代比起其他年龄段的法国人更不愿意用"社会不平等"或者"种族主义"等贬义词来描绘美国。[87]而还有一项调查显示，

65 岁以上的法国人与其他年龄段的法国人相比，有更多的人表示对美国人有一种亲切感。[88]经历过第二次世界大战的法国人对美国人持有好感的观点似乎得到了验证。在相反的年龄段，年轻人所表现的态度也许出乎意料。一些调查表明，与其他年龄段的法国人相比，法国的年轻人对美国兄弟更加地不抱有幻想。[89]1999 年，将近四分之三的 18—24 岁的法国人认为对美国人没有亲切感。[90]三年后，根据全国的平均状况，更多的年轻人表示对美国人的印象不好。[91]其他的调查所显示的 18—24 岁法国人的态度也不例外。[92]但令人困惑的是，法国年轻人对美国的音乐、时尚和电影的迷恋并不代表他们对于美国人的热情。性别和年龄似乎都没有在很大程度上决定法国人对于美国的态度。

唯一能够清晰地将普通大众区分开来的变量是政治隶属关系。[93]所有的调查都毫无例外地显示，喜欢美国的右派人士比左派人士更多。2000 年，当要求受访者在支持与反对之间做出选择时，支持美国的右派拥护者（51%）比左派拥护者多了很多（34%）。[94]自称是右派拥护者的受访者比左派拥护者对美国人的评价更高。[95]同年的一项调查中，当被要求在列表中选择描述对美国的感情的词语时，选择爱慕或者友好的右派受访者比左派受访者多了很多。[96]右派人士对美国较高的热情出自于他们对于美国经济的尊敬。在承认美国经济模式优势的人群中，有明显的左右两派之分。[97]当从描述美国的列表中选择时，右派人士常常会选择创新或者人人都有发财的机会等赞美性的词汇来描述美国经济的卓越性。左派人士则不为这些特点所动。[98]

左右两极的对立划分是粗略的，还可以根据党派忠诚度来展开进一步的分析。受访者中，社会党和绿党的结盟者（不一定是党派成员，也包括支持者）紧密遵守左派原则。[99]在描绘美国时，大约一半的左派人士会选择暴力、死刑和严重的社会不平等；三分之一以上会选择创新和种族主义；四分之一选择放任（任何事情都是被允许的）和人人都有发财的机会。共产党人士的选择与此类似，只不过他们选择暴力的比例更大一些，而创新的比例更低一些。

在右派政党中，只有紧密遵守右派原则的保卫共和联盟/人民运动联盟以及不遵守右派原则的国民阵线，关于它们的数据比较充分，可以加以归纳。国民阵线的支持者既喜爱美国又厌恶美国——虽然 1990 年代末，国民阵线政党成为强烈的反美主义者并且批评美国是民族身份的大敌和全球化的掩护者。[100] 与其他的右派人士相比，国民阵线不愿意批评美国社会的暴力，对死刑也更加宽容，并且也更愿意接受美国的所谓工作优先于社会保护的原则。但与此同时，他们对美国的道德纵容主义的谴责也更加严苛。他们认为法国与美国在"世界上重要的政治、经济和文化的争议方面"愈走愈远。[101]

如果说右翼党派人士对美国表达了相对比较肯定的观点的话，那他们也不能被称为美国的支持者或者"亲美者"。在保卫共和联盟和法国民主联盟的支持者中，大概有一大半对美国的社会状况和死刑等社会实践的评价很低。也许对美国的批评更多来自于左派人士，但是左右两派的差别并不是很大，尤其是当涉及美国霸权问题的时候。[102] 尽管如此，政治隶属关系仍然是法国人态度的一个强有力的决定因素。

根据这组调查数据，在近代史上，美国更多的是作为法国社会内部统一意见的根源而不是分歧的基础。左右两派政党的成员之间，以及不同的年龄之间和不同的性别之间的细微差别不足以使美国成为引发争议的原因——虽然知识界对此争论不休。美国不讨人喜欢的形象普遍为法国人所接受，以至于它使法国人更加团结。因此，反对美国成为政客们为自己的政治愿景而赢得支持的一种方法。

根据调查报告，自冷战初期的紧张时期以来，1990 年代的法国比任何时候都要更加担心和怀疑美国。1980 年代中期的温情已经大幅度地冷却。这种趋势引出了一个对于历史原因的思考：为何法国人对于美国的威胁如此悲观，如此担忧？为何法国人比其他欧洲人更将美国视为一个问题？这些问题需要进一步的分析。

■ 分　析

关于上个世纪末这种复杂的反美主义的任何全球的解释都不令人满意。时事评论员认为法国人仅仅是嫉妒大西洋彼岸的兄弟并且通过诋毁美国人及其所取得的成就来表达这种嫉妒。这种简单的居高临下的解释并未顾及到反美人士之间的区别、其动机的差异或者关于美国的观点之间的区别。有些人反对美国的大众文化，有些人反对美国政府的国际实践，还有些人表示不关注美国人。政治隶属关系或者精英地位等变量可以区分一个人如何反对美国。而人们经常持有复杂的甚至是自相矛盾的观点。譬如，一个法国人也许会赞扬美国的法律和秩序，却批评美国实行死刑。再者，随着时间的推移，总体上的态度也会发生演变：变得更加消极——任何静态分析都会忽略的变化。

反美主义的高涨与沉浸于美国化的进程中的自相矛盾可以通过常识给出一定的解释。我们不应该期待人类具有一致性或者逻辑性。人们往往对态度和行动进行分类；某人也许会支持美国文化的某种形式，诸如流行音乐等，却批评好莱坞电影；另一个人也许羡慕美国的商业，却强烈谴责物质主义。就以参加若泽·博韦的审判集会的那位女性为例，她告诉记者她并不反对美国，但是不喜欢"美国的体制"——"所有的垃圾食品产生的垃圾思维"。但是当被问到是否在麦当劳用过餐时，她说，"嗯，有时候会。我别无选择。但是每次我都胃疼"。[103] 或者，也许这种解释并不是人的一种不一致性，而是对于过度美国化的一种合理的反应。有些法国人似乎受够了美国，他们反对美国化的范围和强度。这不是虚伪；这是在划清界限并且限制美国的电视节目等美国产品的入侵。或者这也许是一种内疚感。因为一直过度地沉浸在美国的大众文化之中，法国人感到很尴尬，因此对其加以谴责。

这些原因都无法彻底解释这种矛盾。这不仅涉及到人类性格的弱点，背后还有更多的故事。我们需要另辟蹊径来解释 20 世纪最后十年反美主义的复兴。

要回答为何 1990 年代反美情绪高涨这一问题，就必须对一些概念进行区分。首先要区分的是恒量和偶然，以及历史趋势和历史环境。在法国潜在地存在着一种对于美国的恐惧感，一系列事件、领导人和政策又激发了这种恐惧感。分析一个事件，就要区分两个对立面。其次，需要对不同的问题加以区分——经济、政治、社会和文化——这些问题激化了不信任感和不安感。每一个方面都以不同的方式不同程度地导致了这种酸楚的反感情绪。另外，还需要考虑到人的矛盾情绪——大多数法国人对美国持有模糊不清甚至是自相矛盾的感情。然而，在考虑这些区分的同时，我认为还有一个导致反美情绪的至关重要的原因。美国在国际事务中逐渐增强的自信以及随之而来的美国道路的盛行碰撞到了法国的不安全感和戒备。而高卢人所做出的反应是在斥责和诋毁美国的同时捍卫法国本土的传统。

1990 年代美国在法国的形象具有诸多根源和长久的渊源。而其中之一便是固有特性——恒量。首先，法国人对美国人抱有包括宗教和物质主义等多个对立面在内的混合偏见，这可以追溯到 18 世纪。而到了 1990 年，这些偏见得到磨练，并且似乎没有受到任何可能改变它的相反经验或者信息的影响。[104]法国公众认为他们确信自己了解美国人。1950 年代初，民意调查显示法国人认为美国人年轻、乐观、富有并具有活力。但是他们也持有比较负面的成见，诸如物质主义、粗俗、暴力、种族主义和清教徒主义等。20 世纪末，这种观点并没有发生多大的变化，只是美国不再年轻，而是看起来更加高傲，在各个方面更加过激。而过激的特点体现在美国奢华的生活方式、过度的宗教信仰和在国际事务中追求邪恶的热情等方面。第二个恒量是高卢人的自豪感，他们拒绝在跨大西洋联盟中做一个顺从者。法国因其被视为次级盟友而挑起的麻烦，令自富兰克林·罗斯福到比尔·克林顿的每一位白宫主政者感到头疼。法国人坚持认为美国应该将其作为平等的伙伴对待。一旦他们感到被轻视或者被当作被动的追随者，他们便进行操纵并且挑起事端。第三个恒量是普遍主义或者自恋情怀。有史以来，法国人民的集体意识中牢牢地承载着一种与美国人一样的特殊的全球使命感。对于美国人来说，这是民主和自由创业的传播，而对于法国人来说，这是一种"文明的使命"。这两种臆想注定要相互冲撞。换句话说，美国人与法国人是世界上唯一一对相信其他民族愿意成为自己的民族。这个组合注定会导致两个国家将对方视为敌人。而加重这种敌对关系的是另外一个恒量，即法国的文化优越感。1770 年代到 1780 年代后期，当本杰明·富兰克林居住在巴黎的时候，法国贵族对他的礼遇包含了敬仰和屈尊；150 年后，作家乔治·杜哈曼（Georges Duhamel）在 1929 年游览美国之后表示"新世界"没有任何文化成就（譬如，既没有伟大的艺术家也没有伟大的作家）。他写道，美国人更喜欢电影、运动和汽车。两次世界大战期间，法国的知识分子就提到过美国的威胁。[105]在冷战初期，当路易·阿拉贡（Louis Aragon）、伊曼纽尔·穆尼埃（Emmanuel Mounier）和让—保罗·萨特统治圣日耳曼德佩的时候，法国官员以同样的傲慢姿态对待粗鲁的美国兄弟。而确切地说，这种情绪一直持续到上个世纪末。[106]法国知识界的捍卫者断言法国是高雅文化的守卫者，而美国是大众文化的兜售者。最后一个恒量是构成民族身份认同感的传统文化。几百年来，法国身份一直体现在文学、艺术、人文精神、食物、美食和法语等方面。随着20世纪的发展，美国化似乎构成了对这种身份概念的一种直接威胁。

通过回忆这些大西洋两岸的持续摩擦的资料，可以找到对1990年代反美主义的一种解释。但是这些资料并不充分，因为反美情绪是复杂的而且是不断演变的：这就需要我们关注那些将这些潜在原因公开化的偶然事件。1990年代，法国对美国的看法是有因可寻的，而并非来自于成见、历史敌意和对自身任务和身份的自我定位。

法国人对美国的主要看法是：山姆大叔是一位专横的盟友。美国的声望失去了往日的光辉，因为美国愈来愈像一个只关心自己利益的霸权国家，将自己的意愿强加给别人，并且毫不避讳地庆祝自己的胜利。美国变得令人难以忍受。

对于美国霸权的担忧就能简单地确定法国在处理国际事务时采取一种所谓的现实主义的方法？单单指出当苏联的威胁消失以后，大西洋两岸的分歧——冷战期间被压制——又重新出现了，这就足够了吗？从强调国家利益和实力的卓越性的国际关系的现实立场出发，的确如此。但是，调查数据表明个中缘由要更加复杂。事实上，1989年后，法国人对于美国领导力的信心有所增长。这种信心于1991年第一次波斯湾战争期间达到顶峰，并且直到克林顿执政的中期才开始衰退。但仅仅是减退而已，并没有发生突然的转变。共和主义领导人也许早就洞察到了麻烦的端倪，但是直到许多年以后，随着华盛顿政府和巴黎政府在诸多问题上包括非政治问题上矛盾的加剧，法国公众对美国的信任才开始减退，他们开始认识到冷战后的单极世界是一个问题。

如果说这种信任感有所减退，那也是在冷战结束之后的不久，此时

"新世界"的形象开始变得更具威胁性，跨大西洋的关系开始紧张起来。1990 年代初，两国在北约改革、欧洲防御能力、联合国、贸易、环境政策、巴尔干半岛、中东地区以及非洲等问题上存在争执。这些争执早已屡见不鲜，但不同的是此时的争端发生在冷战之后。美国似乎愈来愈成为一个不可控制的超级大国。克林顿执政中期，美国更加的独断专行。它显露出更加强大的军事力量和独一无二的全球责任。1990 年代中后期，华盛顿政府似乎在所有问题上都将自己的意愿强加给法国。

法国并不是被动的，也不止简单地采取应对政策：弗朗索瓦·密特朗和雅克·希拉克担任总统期间，法国试图在北约内部寻求欧洲的平等地位，致力于加强欧盟的地位以与美国抗衡，同时还提出了多极化的目标，并努力通过国际机构和国际法规遏制美国这个超级大国。但是，无论采取何种行动，总会遭遇美国强有力的抵制。同时，与美国并肩作战似乎也成为一种尴尬的举动。首先是波斯湾战争，然后是对波斯尼亚和科索沃的干预，与美国五角大楼军事力量的更新相对比，法国军队相形见拙。

"超超级强国"出现了。1997 年，法国外交部长于贝尔·韦德里纳用这个词形容美国，以影射其巨大的势力范围。在担心美国愈加专横的同时，法国开始怀疑美国的政策，譬如，美国对巴尔干地区的干预使法国开始怀疑华盛顿政府的目的。美国参议院对《全面禁止核试验条约》的否决令包括希拉克总统在内的许多人明白美国更赞成一种单边主义。巴黎政府与华盛顿政府在伊拉克问题上也存有争议。1998 年，针对美国参与巴格达体制改革与控制萨达姆·侯赛因的问题，两个盟国公开地产生了分歧。美国实力的震慑范围似乎延伸到了法国内部。当米其林公司裁员时，希拉克将一部分原因归咎于加利福尼亚的退休基金的股东们，认为这是由于他们坚持投资的高回报所致的。[107] 1990 年代末，超超级强国似乎在国际事务中以及在法国的自身事务方面变得无所不能。

贸易纠纷加重了法国人民对美国的不信任：两个盟国在很多贸易问题上进行斗争，最为激烈的是围绕农业和文化问题的争执。美国官员公开表示他们运用贸易谈判来"开放"其他社会。[108]这正是好莱坞和华盛顿政府在关税与贸易总协定谈判中为强制打开法国的视听产品市场而采

356

取的策略，正是这一点促使法国通过捍卫"文化例外"来实施报复。法国捍卫视听产业和农业补贴政策的决心使 1993 年的谈判几乎搁浅。

关税与贸易总协定谈判的失败以及两国在农业补贴、民用飞机和武器销售等方面不断的争执使得 1990 年代成为一个充满仇恨的十年，甚至食品也成为麻烦的根源。争端开始于欧盟限制经过荷尔蒙处理的美国牛肉的进口，在美国政府通过进口税进行报复时争端开始升级，当若泽·博韦于 1999 年破坏了麦当劳的一个营业网点时争端正式爆发。最粗暴的滥用政治实力的事件也许就是美国政府试图干预其他与伊朗和古巴有商业往来的国家。

这种跨大西洋贸易的竞争关系证明了两国存在争议，并且在竞争中法国往往是输家。最令法国精英感到愤怒的是他们在贸易和商业中所谓的不公平。美国形象的这种特征在一定程度上是基于法国人一直以来对冷酷无情的美国佬商人的成见，而它的再次出现一方面是因为美国的贸易官员是一群粗暴的竞争者，他们利用自身的经济和政治优势而损害法国的利益，另一方面也因为美国的跨国公司的商业行为。可口可乐公司在法国实施的毫不手软的销售方式加重了高卢人对于冷酷的美国模式的怀疑。巴黎政府甚至公开指控盟国的经济间谍行为。据称，美国官员运用色情服务和金钱贿赂来获悉法国在全球贸易谈判中的谈判立场。可以肯定的是，法国也采用了类似的策略，但这似乎不是问题的关键。这种大西洋两岸商业上的怨恨在很大程度上导致了 1990 年代美国形象的恶化。

■ 关于社会差异的观点

诸如国际竞争等社会差异的日益加剧，对于这种差异的普遍认知促成了反美主义。如前所述，调查数据记录了 1990 年代，高卢人愈来愈关注美国的暴力、不平等和冷酷无情。然而，法国与美国社会似乎不可能仅仅在十年之内便拉大了距离。这种态度的改变更可能是由于政府官员和媒体向公众呈现信息的政策的转变所致的。

一种固有的反美话语构成了此种反美主义观点的基础。对于美国人和美国道路，法国人所持有的包括种族主义和工作狂等的传统成见为反

对者提供了肥沃的土壤。然而抛开陈词滥调不说，这两个社会确实存在
对立——诸如无所不在的无家可归者等，即使是粗心的观察者也能发现
这些。更重要的是，在解决国内问题时，"新世界"似乎与欧洲脱节。这
种差别意识很可能是由罗纳德·里根、乔治·H. W. 布什以及比尔·克林
顿担任总统期间美国的社会经济政策所致。美国主张依靠市场来解决为
弱势群体提供帮助等问题，而这与法国社会团结的主张相对立。里根解
雇了不遵守规章的联邦雇员（譬如，空中交通管制员），并称政府才是
"问题所在"；布什掏空了监管规则；而克林顿则强化联邦福利计划。
与此相关，密特朗提高了最低工资标准，减少了每周的工作时间，废除
了死刑，提高了对富人的税收，并在总体上将帮助社会最贫困成员作为
优先考虑的问题。其继任者雅克·希拉克，他领导下的政府采取每周
35 小时工作制来帮助分配工作和保证休闲。而当华盛顿，尤其是共和
党政府削减国家艺术基金会等机构的联邦预算时，巴黎政府却继续加大
税收和开支，并试图将对文化领域的投入增加到国家预算的 1%。即使
法国在某些方面效仿美国（譬如，趋于撤销管制），它也会保留此种高
投入的诸多措施，尤其是在社会计划方面。

　　法国人对于坚硬心肠的美国佬兄弟的失望源于一种对于社会团结的
自豪感和历史奉献精神，社会团结包含在了共和主义三位一体思想的第
二和第三种价值观里：自由、平等和博爱。这促使大多数人相信他们坚
持着一种更加先进的社会契约理念。左右两派以及密特朗和希拉克都炫
耀各自对于社会团结的贡献，并且将之作为区分两个社会的标准。尽管
他们的政策存在缺陷——譬如，法国城市周边地区的颓废或者衰退的教
育结构方面——法国人可以理所当然地宣称自己正在努力信守这些
诺言。

　　鉴于这些跨大西洋的分歧，美国对于法国人来说变得更像是一个目
标，而不是一个模范。大多数人坚称美国人与法国人的家庭、道德、法
律和秩序、工作和生活方式的价值观不同。法国人控诉美国人缺少社会
团结感——如前所述，指的是美国人粉碎了社会安全网，或者在他们看
来，未能同化移民。他们指责美国的企业冷酷无情，对失业人员漠不关
心，并且对环境造成破坏。他们抱怨美国的政治正确性、多元文化、收

入不平等、犯罪、强制文化、流浪人口和死刑——尤其是死刑。美国驻巴黎大使馆收到了一份由 50 万人签名的反对死刑的请愿书。[109]而美国的文化多元主义似乎像是对于个人权利的疯狂追逐。[110]法国人还斥责美国人过度地笃信宗教。对于美国的此类抨击，其中一些是一种弹性抨击。绿党的知名领导人诺埃尔·马梅尔在他的辩论中警告称，美国的宗教右派随时准备着攻击法国的现世主义。[111]使这些指责得以强化的是对于美国模式的认知，普遍认为美国模式不但存在弊端，而且对一种理想化的法国模式构成了威胁。根据自我形象的定位，法国人认为自己与美国人不同，他们视团结高于个人利益；促进宽容而不是政治正确性；拒绝将文化商业化；将移民融入社会而不是接受民族分裂。简而言之，法国人是文明的——而美国人总是不如法国人文明。

左右两派的法国政客们抓住机会利用这些观点。攻击美国成为团结政党而非分裂政党的政治策略。知识分子和媒体将这种信息传达至普通民众。得克萨斯州的一个例子便可用以形容这种引起公众关注的局面。

360　　　暴力是 1990 年代法国人描述美国社会时最常用到的词语，而相对来说，这是一个合理的描述。美国杀人罪的犯罪率至少是法国的 4 倍。美国人持有枪支的数量和监狱人口也比法国高出很多。当法国禁止死刑的时候，包括得克萨斯州在内的美国的一些州仍然继续实行死刑，这使法国人占领了所谓的道德高地。重大犯罪事件赫然占据了报纸的头版，法国的政客和媒体对这些社会问题进行公开宣传。电视里呈现美国学校随意的枪击惨案和城市毒品混战的画面，并经常报道死刑的执行。媒体的知识分子探讨死囚室里囚犯的故事，而前任部长雅克·朗特意飞到得克萨斯试图劝说赦免委员会暂缓执行一个死刑案件。虽然朗的行动无济于事，但是著名电视主持人伯纳德·比沃（Bernard Pivot）在回应朗的行动时说"我为自己是法国人而感到自豪"。[112]法国人相信美国社会充满暴力，这还觉得不可思议吗？

总体而言，20 世纪末，法国人与美国人实现社会保障的残酷方式及其经济实践的冷酷无情之间保持着相当的距离。两个国家似乎朝着相反的方向发展。

■ 美国化与法国身份

　　除了华盛顿政府的单边主义和不同的社会经济政策，还有另外一个方面导致了美国在 1990 年代更具威胁性的地位。美国的主导地位已经不仅在于它的军事、经济和技术的高超，还包括了它的电影、电视、时尚、快餐、音乐等大众文化以及它的语言本身。无论是麦当劳连锁店的日益增多，巴黎迪斯尼门前长长的队伍，美国的服装和音乐的销量，美国的节目在法国电视台的饱和度，还是好莱坞大片的巨大成功，法国人愈来愈感到法国正在被美国超越。1998 年好莱坞影片几乎占据了法国票房的 70%。排在前 20 位的影片中，只有 3 部是法国电影——其余都是美国电影。如果这还不够的话，微软和互联网作为最新的美国载体也来了。最糟糕的是，当这种美国化的潮流到来之际，正是法国人认为自己被围困在了布鲁塞尔的官僚主义、移民以及普遍的全球化之中的时候。

　　美国化也许已经引起了整个欧洲的关注，但是在法国所引起的愤怒要比在其他国家强烈。它似乎击中了许多法国身份的标志——比德国、英国和意大利要多得多。也就是说，如果法国的民族身份指的是食物、葡萄酒、农民阶级、时尚以及所谓的高雅文化——主要包括文学、艺术、语言和电影——那么美国似乎践踏了所指的这些标志。如果一个国家将自身的身份与高级烹饪、美食、土地、高级服装、艺术和法语紧密联系在一起的话，那么麦当劳、德墨莱、转基因生物、拉夫·劳伦、可口可乐、《美国派》等影片、饶舌音乐、美式英语广告以及《护滩》等电视节目似乎的确威胁到了法国人的本质。尤其是美式英语，它不但削弱了作为文化和国际交流语言的法语，还腐蚀了法国本土的法语发音。当其他欧洲国家被动地接受语言入侵的时候，法国文化部长雅克·图邦于 1994 年——令许多美国人感到可笑——却试图管制语言的使用。而食品尤其招致各种麻烦。出于这种担忧，若泽·博韦提出需要保护小农阶级，捍卫健康食品、美食、传统和多元化，抵制（美国）跨国公司、垃圾食品和转基因生物。换而言之，正如民意调查的结果所示，许多法国人希望抵制美国化、全球化和同质化的文化。法国人也许会排队去看

361

《泰坦尼克号》，甚至是在"金色拱门"用餐，但是他们拒绝被超越。因此，他们告诉调查者他们发现许多的美国流行文化"过剩"。1990 年代的美国化击中了法国身份的要害——而这激起了法国人的抵抗情绪。

■ 法国的萎靡不振与美国的耀武扬威

若想充分解释法国人对于美国的负面观点，不仅要看到跨大西洋的竞争关系，还要洞察法国内部的生活状态。普遍观点认为 1990 年代初期，法国人生活在一种"恐惧"当中；据专家称，他们怀念过去、担心现状并对未来持悲观的态度。知名的杂志《辩论》上发表关于"法国的萎靡不振"的一些文章，书店里出售的图书有《法国式恐惧》、《法国蓝调》和《法国会消失吗》。斯坦利·霍夫曼写过一篇文章，题为"法国，让恶魔无法靠近"。政府的规划者担心法国身份陷入混乱。[113]

法国人处于一种防御的姿态，而这种防御性根植于当时所谓的"法国的萎靡不振"之中，即信心的缺失、地位的下降、独立性的丧失以及对民族身份消失的担忧。这种萎靡不振的原因有很多，有些原因可以追随到 1970 年代或者更早。那时，战后民族身份的代言人戴高乐主义和共产主义已经枯竭，而长期的社会经济改革——尤其是消费社会——产生了破坏性的影响，这使人们对于消失的乡村生活和天主教等传统意义上的法国人产生了怀旧之情。传统的乡村生活的消失或者"荒漠化"促使一位参议员不禁警告说："我们正在破坏法国，正在削弱它的身份。"[114]皮埃尔·诺拉所著的多卷本的国史《记忆的场所》受到欢迎，这揭示了在一个充满不确定性的时代，法国人在新潮流和多元化的社会中寻找方向，这个社会缺少传统定义的机构、社会阶层、传统习俗以及曾经赋予法国以法国特征的精英文化，这使得法国人试图在民族记忆中寻求慰藉。[115]

导致法国国民忧郁情怀的更为直接的原因还包括：对拒绝被同化的穆斯林移民的担忧；这些移民所暴露出的宗教上的不宽容；摇摇欲坠的经济状况，尤其是失业率上升到两位数字；对布鲁塞尔和欧盟的控制权的丧失；社会保障等社会政策隐约出现的危机；对教育体制质量的怀疑；法国在国际事务中影响力的消失；对封闭腐败的政治阶层的失望；

城市病态尤其是犯罪的加重。城市的混乱状态和国家管理的无效促使一位忧虑的社会党代表大声疾呼"战后的法国社会正在破碎"。[116]

国家萎靡的原因很多，美国只是这出心理戏剧的其中一个因素——肯定不是首要因素。三个主要的挑战因素——移民、全球化或者欧洲一体化皆与美国无关。但是，它们却经常被人们以不直接的方式与美国联系在一起。穆斯林移民及其所谓的对同化的抵制也许意味着法国的共和主义尤其是法国的教育体制的失败。但是，美国人似乎嘲笑这种同化，并认为提倡文化多元主义才是对待移民的最佳途径。极端右翼人士和雅各宾派共和党人士都谴责美国的文化多元主义。布鲁塞尔所支持的全球化——至少法国人这样认为——似乎在通过边境渗透、工作外包、业务流向发展中国家以及东欧劳动力的入境等途径削弱民族身份。而此处亦能发现山姆大叔的身影。法国比其他欧洲国家更愿意将全球化与美国相关联，因此，全球化被认为是首先满足美国利益的一个美国阴谋，正如欧盟撬开了法国大门而向英美利益开放一样。

法国人的民族自豪感是一个既定原因，但是1990年代法国人的暴躁情绪和悲观情绪则不同寻常。战后几十年的社会、经济和文化的变革形成了一种民族的失落感和脆弱性，这至少在一定程度上导致了法国人的焦躁情绪。农民的消失、移民、边境渗透以及美国化与人们对法国的集体印象，以及一些人对法国的期盼交互碰撞。迅速的变化与不愿意接受现实的情感相互作用。皮埃尔·伯恩鲍姆（Pierre Birnbaum）解释道，"我们的问题在于我们还没有找到既能实现现代化又能维护我们的理想社会的途径"。[117]法国人开始对他们固有的集体身份、目的和方向的意识感到不安。这种萎靡既是精神上的也是情感上的——它来自于一种被连根拔起的感觉，这种感觉既是真实的也是想象中的，并以怀旧和多疑等诸种方式表现出来。一种简单的表达方式便是责备美国。许多社会党代表将法国人的萎靡归咎于"进展中的美国化"。[118]或者，如同经常所说的，"法国愈来愈盎格鲁—撒克逊化了。"一位专家在1998年描述同胞的忧郁情怀时写道，"如今，法国比任何时期都要痛苦，一方面渴望成为一个现代化的正常国家，另一方面又本能地坚持认为法国是一个与其他国家不一样的国家。第一个选择意味着开放、灵活和身份的安全感。第二个选择意味着反对全球化，警惕一个更加统一的欧洲，并且拥护反美主义"。[119]

1992 年，旨在推进欧洲一体化的《马斯特里赫特条约》面临全民公决，当几乎一半的选民投票反对的时候，这种萎靡情绪便浮出水面。虽然反对的原因各种各样，但最主要的原因是许多选民责备欧盟加速了民族身份的削弱——譬如，他们认为欧盟促进了移民、全球化和美国化（比如：美国电视节目）。对于《马斯特里赫特条约》全民公决的分析结果显示，反对的声音大部分来自于农民、工人和失业者，来自农村和萎靡的工业城市，以及认为受到这种变化威胁的群体，而投了支持票的选民则受过高等教育，拥有更好的工作，有过国外旅游的经历并且居住在主要的城市里。[120]譬如，将近三分之二的巴黎人支持《马斯特里赫特条约》。《世界报》称这次投票将法国一分为二："一个出于恐惧和为了维护既定利益而拒绝他者并对世界冷漠不关心的法国，和一个向外界开放的、认为过去的方法在 21 世纪不可行的法国……"[121]《马斯特里赫特条约》的全民公决暴露了自二战以来，法国经济、社会和文化的巨大转变所产生的焦虑。上世纪末的焦躁情绪表达了法国人认识到"旧法国"逝去时所引起的恐惧感和防御性。

如果用社会经济学的术语来表达的话，法国在 1950 年代和 1960 年代已经选择了现代化，但并不是所有人都接受这种转变所带来的后果，许多人到了 1990 年代感觉迷失了方向。阿兰·杜阿梅尔写道，"法国人的恐惧并不会预示未来，它反映了清除过去的困难。"[122]也许在此有必要更加深入地分析导致萎靡情绪的社会变革或断裂的另一个方面——那就是农村。

最引人注目的断裂之一便是农民社会的消失。与农业相关的家庭农场和乡村生活逐渐衰退，或者发生了重大变革，以至于传统意义上用于定义法国人的生活方式几近消失。[123]这个社会阶层在 20 世纪中叶仍然占据三分之一的法国劳动力的市场，而现在却降至不到 5% 的比例，并且现在的这个社会群体与传统意义上被称为"农民"的阶层毫无相似性。二战以来，一半以上的农场——很多是以家庭为单位的农场消失了，大型农场开始出现并负责整个农业生产。家庭农场和多样化的农业因为集中化和专业化生产的需要而全部消失。土地（或者"土壤/气候"）被盆地（"盆地"或者"田地"）所取代，就像谷盆地（"粮田"）。继续留在乡村生活的是老年群体，其中很多居民并不是农民；他们是退休人或者依靠农业之外的工作补贴农场收入的农村妇女。甚至，随着农作物无土繁殖的出现，土地与农业已经不再相关。正如埃尔维厄·贝特朗（Bertrand Hervieu）所指出的，存留下来的农民丧失了为同胞提供食物的历史使命。当市场变得全球化的时候，当法国人在食物上的开支愈来愈少的时候，当农产品失去了本土的特征并以品牌的名字进行销售的时候，当农业商品成为预制食品的原材料的时候，食品与农业的联系的可感知性变得更小、更加遥不可及。埃尔维厄总结道，"当法国在这个年代（1980 年代）成为（世界上）第二大农业出口国时，它不再是一个农业社会"。[124]

　　劳伦斯·威利（Laurence Wylie）的著名论著《沃克吕兹省的农村》就与此背景有关。威利讲述了普罗旺斯的一个名叫鲁西荣镇的农村自 1950 年代以来所发生的转变。该书写于 1987 年，描绘的是一个曾经生产多样农业、孤立排外、设施落后并对未来充满担忧的古老村庄，这个村庄如何变成为一个富人的度假胜地，不仅拥有来自世界各地的居民和精品店，还拥有与地区、国家和世界相关联的意识。[125] 在其他的已经成为旅游胜地的类似鲁西荣镇的村庄里，专业管理者试图再现传统的节日，并让农民们在节日里展示如何使用古老的农业工具。当农业成为一种娱乐时，这种生活方式已经被抛弃了。

　　对于这样一个 1000 年以来都以农民阶级来定义自己，并且即使在现代也拥有比其他工业化国家更多的农村人口和更悠久的农村历史的社会，乡村的转变导致了与法国的过去相关联的社会阶层的消失。上个世纪末的法国人很难在一种消失了的生活方式中定位自己的身份。1900 年代甚至是 1950 年代可能发生的事情在 1990 年代已经不太可能。这种消失的世界本身并不意味着一种身份的丧失，因为法国与其他社会一样，仍有许多定义自己身份的参照物。然而，其中一些根本性的参照物——诸如语言或天主教等——与农民阶级一起都正在面临挑战，因此，"最深沉的法国"的衰落成为一项巨大的损失。

367   为何这个乡村故事与反美主义有关？因为乡村长期的社会经济变革如此削弱了传统的参考点，以至于法国的男人和女人难以定义法国人——那么，某些人或者某些力量，诸如美国主导的全球化等就必须为此承担责任。或者，如同多米尼克·莫伊西于 1993 年所评价的那样，"在国外，法国特征愈来愈少，而在法国，国外特征却愈来愈多……前一刻还是恐龙（《侏罗纪公园》），后一刻就是北非移民，不过都是同样的基本的焦虑。"[126]美国恰好踏入了这个正沉浸在自我怀疑和自我反省中的国家。

就像 1950 年代初那样，山姆大叔再次制造了一种劝说归顺的氛围。美国的领导人毫不掩饰地宣扬市场经济和全球化。如果不算是恐吓的话，克林顿政府似乎在劝说法国人追随美国道路。来自"新世界"的信息是，只要你开放经济并停止补贴农业等缺乏竞争力的领域，你就能创造更多的工作岗位并达到我们的生活水平。这种对于市场的大肆宣扬违反了法国人的传统和团结意识。它重新唤起了法国人对于美国人的刻板印象，冷酷无情的美国方式，他们愿意将包括农业在内的一切活动都按照市场标准来进行。比尔·克林顿越是用全球化和市场的优越性来挑战法国人，法国与美国之间在过去和现在不断增加的距离就越远，法国人就越想努力保护像乡村生活这样的用以定义身份的传统。

1992 年就出现了关于这种情感的一种表达，当时许多城市居民联合起来支持农民，反对美国在关税与贸易总协定谈判中削减农业补贴所做的努力。农民所面临的困境挑起了多愁善感的城市居民的怀旧情怀。当农民们在巴黎支起出售葡萄酒、奶酪、馅饼和其他产品的摊位的时候，媒体称"上百万的巴黎人对他们表示了强烈的欢迎，似乎他们代表了一个濒临灭绝的物种"。[127]这次关税与贸易总协定事件引发了一种氛围
368   围，令法国人急切地努力将城市的社会大众与乡村的过去重新联系在一起——即使当今的农民已经完全不同于往昔。

为了更加形象地分析 20 世纪末的反美主义，在此有必要重温一下 1999 年因打砸一个麦当劳营业网点而赢得国内外关注的若泽·博韦事件。法美两国贸易竞争的加剧使博韦抗议行动的基础得以强化——尤其是食品竞争——特别是美国政府针对包括农作物和洛克福乳酪等某些法

国的进口奢侈品增加了关税。在博韦看来，除了威胁到小生产商，美国主导的全球化也具有威胁性，因为美国正试图将垃圾食品——以麦当劳为代表——强加给法国人。他认为美国人威胁到了法国民族身份的两个标志：小农业和食品。除此之外，博韦事件还反映了反美主义的另一个方面，那就是法国人从来都认为美国人饮食习惯恶劣，并且把包括食品在内的一切都当作商品。最后一个熟悉的因素是政客们的方式，包括总统和总理在内的政客们利用反美主义而帮助博韦成为一名民族英雄。

1990 年，法国人不禁向自己提出了 1930 年代甚至是 1960 年代都难以想象的问题：法国还是法国吗？如果农民阶级已经不存在而热心的天主教友也已经为数不多，法国还存在吗？如果移民拒绝被同化？如果法语已经混合了美式英语，麦当劳在香榭丽舍大街卖起了汉堡，好莱坞电影占据了一半以上的法国银幕，而欧洲迪斯尼第一年就吸引了超过 300 万的法国游客？如果政府放任长棍面包涨价，雷诺也变成了一家私人公司？如果国家不能控制法郎的汇率而布鲁塞尔对法国的农业政策发号施令？法国还存在吗？这些疑问恰恰反映了法国人已经变得如何具有敏锐的自我意识和防御性。

为何美国在上世纪末成为这种失落感、无力感和萎靡感所抨击的对象？原因有三种。

首先，美国成为被攻击的对象是因为美国是法国的独立性及其在国际事务中的影响力的最大阻碍。美国政府试图将自己的法律强加给法国，譬如，反对法国与伊朗和古巴进行商业往来。美国还反对创建独立的欧洲防御能力，将法国拖入打击伊拉克的战争，在制定北约扩张以及中东和平进程等重要决策时将法国排除在外。另外，美国所做的一切完全是出于自身利益的考虑，而不是出于它所谓的维护和平或者推动民主的愿望。极其引人注目的是，20 世纪末，一半的受访者称法国与美国是敌人或准敌人的关系。[128]

其次，美国具有侵犯性，并且它的行为似乎都是利己的。美国依赖其相当多的特权和自信，总是表现出任性和无所不能。"超超级强国"不但推行诸如全球化和贸易自由主义等的政策，而且，它认为必要时，还将此政策强加给法国人。山姆大叔促成了一些变革，诸如转基因种

369

子、饲料和食品的进口等，而许多人认为这些产品并不安全。据称美国人这么做是为了谋取自身利益，譬如，扩大孟山都等的跨国公司的利润。在 25% 的法国人眼中，全球化主要对美国有利。[129]于贝尔·韦德里纳认为，得益于美国的经济规模、技术优势、以市场为导向的经济和大众文化，以及全球化过程中使用的语言为美式英语，美国获得了最多的利润。[130]

最后，美国成为被攻击的对象还因为在法国人看来，"美国模式"的社会和它的"没有文化"具有明显的缺陷。由于两个国家对于良好社会的定义不同，法国人指责他的跨大西洋的朋友们缺少一种社会团结意识——指出美国人如何撕碎了他们的安全网，或者在文化多元主义的掩盖下，如何未能同化移民从而不得不容忍他们社会的巴尔干化。另外，为了保护美食和精英文化，法国人认为有必要抵制好莱坞、快餐和美式英语。

370　　1990 年代，反美主义成为一种报复的形式——报复在国际政治中设置障碍的、不可靠的且不可控制的美国霸权；报复看似无所不能的、并将为了谋取私利而推进的全球化强加给法国的美国；报复美国所推行的经济实践、有缺陷的社会模式以及冲击法国人的传统构建并损害真正文化的大众文化。

■ 两个年代的对比

为了解释 1990 年代的反美主义，有必要回顾一下关系更加和善的 1980 年代。1980 年代有两个超级大国，这为法国创造了斡旋的空间；1989 年以后，只有来自华盛顿的这位跨大西洋的老盟友/天敌了。1980 年代也没有出现激发 1990 年代反美主义的事件：没有发生需要法国与美国并肩作战的大型战争，而招致了众多争议的大西洋联盟的重建还未被提上议事日程。可能除了利比亚事件以外，尚无其他可以证明美国在巴尔干和伊拉克战争中所表现出的巨大军事优势的事件。华盛顿与巴黎所出现的纷争都是针对不太激烈的问题，至少对于普通的法国人来说是不激烈的，诸如对苏联的军事制裁、美元汇率、武器控制、战略防御行动，或是对尼加拉瓜的桑地诺民族解放阵线的援助等。虽然里根的姿态强硬，而布什又独断地操纵德国统一的进程，但是单边主义和耀武扬威在 1980 年代也不是太明目张胆的。在里根—布什执政时期，耀武扬威还没有达到炫耀自己"不可或缺的国家"的地位或者像在 1996 年七国集团峰会上那样宣扬美国经济模式的地步。而美国流行文化的进口产品看起来也似乎不太具有侵略性。更重要的是，1980 年代法国的萎靡——即对移民、布鲁塞尔和全球化的担忧才刚刚露出端倪。简而言之，对于法国人而言，美国看起来并不像 1990 年代那样霸道：1980 年代中期，一半的受访者表示不十分担心或者完全不担心美国干涉法国的外交政策，甚至只有更少的法国人对美国干涉法国的经济事务表示担忧。[131]十年后的调查则揭示了对于超超级强国的更多的担忧。

　　如果为两个十年划上过于鲜明的对立面则有误导之嫌，因为里根—布什的年代在许多方面都预示了 1990 年代的情形。互不信任和相互较量是法美关系的标志；对于美国的肯定态度掩盖了忧虑和矛盾；美国化或者至少美国流行文化的某些载体似乎变成了威胁；反乌托邦的反美主义仍然是一些知识分子和政治边缘群体的特征。回顾过去，乔治·H. W. 布什执政时期标志着两国进入了一个为重组北大西洋联盟以及控制伊拉克等问题上争论不休的新时代。巴尔干战争激发了法国人对于美国政策的担忧，而关于新的欧洲安全政策的争端使两国关系变得恶化。简而言之，早在比尔·克林顿就任之前，熟悉的竞争关系和反美主义占据了支配地位。

■ 当代反美主义的新特征

　　尽管上个世纪末出现的反美主义有着显著的历史连续性，但是在某些方面，与两次世界大战期间甚至是冷战后的反美主义仍然有所不同。[132]此处所要讨论的现象主要是这种病态主义的广泛而流行的形式，而不是具有局限性的反乌托邦的形式。

　　当代的反美主义与两次世界大战期间的反美主义不同，它不再是对标准化的以技术为导向的现代性、令人窒息的大众文化或者甚至是空虚的消费主义生活方式的恐惧，虽然这些特征在今后依然存在。美国化在上世纪末有了太大的进展，以至于这些恐惧病态皆不复存在。消费社会和美国的流行文化被如此广泛地接受，如此的无处不在，以至于很难再指责美国是一个犯下了文化罪行的外来者。上世纪末的反美主义不再关注现代性本身，而是更多的关注美国的政策——国内政策（主要指社会经济政策）和外交政策——因为这些政策侵犯到了法国的利益。当代反美主义的推动力主要是超超级强国的政策和政治。

上世纪末的反美主义的特别之处还在于它被卷入了针对全球化的辩论。长期以来，全球化的进程影响着法美两国的关系，但是近几十年来美国的商业、投资、技术、人口、文化和信息的涌入在规模和种类上都有所扩大，并且速度加快。这种新的互联性似乎夸大了美国的存在和力量，助长了反美主义。对于法国人和许多其他国家的人而言，全球化带着一张美国面孔。互联网招致了微软、美国的网站以及美式英语，而外国投资引进了美国投资者的影响力。快餐、软饮料以及家庭娱乐产业愈来愈多地被贴上麦当劳、可口可乐和迪斯尼的商标。在一些过于偏执的人眼中，国际货币基金组织或者世界贸易组织，甚至是欧盟等国际组织都成了美国政府的同谋。随着反全球化浪潮在法国人中间愈来愈流行，法国出现了新的维权运动并使政党之间出现新的破裂。[133]积极抵制全球化的法国人更愿意抨击美国是"极端自由"的资本主义和自由贸易的捍卫者，虽然他们经常称自己不是"反美主义者"。但是对美国主导的全球化的抗议往往是不连贯甚至混乱的；其中许多示威者关于全球化的控诉，其中许多与美国的关联都十分遥远。譬如，2000 年，在若泽·博韦的集会上，除了麦当劳的反对者，还有房地产的维权人士、绿色和平激进分子、奥克语的维护者以及里昂—图卢兹高速公路的反对者等。

而当代反美主义的另一个特点是对"他者"的替代。曾经被美国垄断的空间在上世纪末变得更加拥挤，这就冲淡了法国人对于外来者的恐惧。随着其他的新"他者"所带来的所谓威胁的增多——国内的穆斯林人口、欧盟委员、东欧的劳动者以及发展中国家的廉价劳动力，美国的威胁开始变弱。1950 年代，美国为共产党等的批评家提供了一个方便的全方位的攻击对象，从德国的武装重组、殖民地的丢失，到文学掺假（诸如漫画书和《读者文摘》等），他们将困扰第四共和国的一切都归咎于山姆大叔这个替罪羊。然而，到了 1990 年代，美国虽然占据超超级强国的地位，却不必再为这个国家的所有问题负责：因为还有其他的犯罪者。

上世纪末的反美主义的最后一个特点是反乌托邦或者"初期的反美主义"党派人士退出了舞台，而他们的对立面反反美主义随之而来。前者已不像战后的几十年那样能够代表圣日耳曼德佩的声音。上世纪末的辩论家让·鲍德里亚以及阿兰·德·伯努瓦等人遭遇了让—弗朗索瓦·勒维尔、安德烈·格鲁克斯曼、雅克·朱利亚、贝纳尔·亨利·莱维、居伊·索尔曼以及帕斯卡尔·布吕克内等知识分子的反击。其中的一些人认为将山姆大叔妖魔化只能证明法国的衰退并且蒙蔽法国人，阻碍其向世界学习。[134]反乌托邦主义的地位似乎也不如从前。虽然反美主义的《世界外交论衡月刊》的发行量很大，但是却不如让—马里·多姆纳克和让—保罗·萨特时期的《精神》或者《现代》的知名度高。[135]再者，"初期的反美主义"也不再像冷战时期那么强烈，因为它不再有一个合乎逻辑的其他选择。法国曾经怀有苏维埃梦想，或者社会民主模式和伟大的戴高乐主义的梦想。20世纪末，已经没有明显可以替代美国主导的全球化的选择——除了对于传统的怀旧，或者共和主义团结的复兴，或者一个新的欧洲身份，抑或是非美国式的法国现代化的构建。

374

　　本章以矛盾开篇：上世纪末的反美主义与战后时期相比变得不合逻辑，因为美国化和全球化已经改变了法国。大西洋两岸相互依赖的程度愈来愈大，此时抱怨已经不合时宜。当法国人的投资于1990年代涌入美国时，当法国的通信和公用设施巨头威望迪公司收购环球电影制片公司和霍顿·米夫林出版社，并竞标美国的自来水服务产业时，法国人再继续担心美国的养老基金在法国的投资似乎就不合情理。对于美式英语进行立法管制似乎很拙劣，因为它已经得到商业管理者、科学家和教育界的广泛应用并且渗透到了法国的流行文化之中。而一些针对美国商业的举措也十分可笑，譬如，政府为了维护软饮料市场的竞争性，应百事可乐的请求阻断了可口可乐的扩张。

　　然而，如果仔细揣摩这些调查结果和诸种姿态背后法国人忧虑加剧的原因，那么，反美主义的高涨也属于情理之中。毕竟出现了"超超级强权"、美国的耀武扬威和美国主导的全球化的入侵——所有这一切都对这个对于本国身份充满怀疑，并具有防御性倾向的社会构成了挑战。1999 年，驻巴黎的美国大使菲利克斯·罗哈廷（Felix Rohatyn）任期结束时，他谈到了美国在国际事务中的巨大作用，譬如，他提到美国的金融机构对法国股票市场造成的压力；他警告美国必须避免成为一个横行霸道者。[136]美国佬恶霸引起了高卢人的焦虑并激发了报复行为。

法国人的焦虑感使他们做出了复杂的反应。首先，他们对美国加以批评。法国公众谴责美国在国际事务中的专横姿态，指责它的社会经济政策，并且表达了对于美国流行文化的矛盾心理。大西洋彼岸的自满情绪促使法国人揭露美国人关于社会和经济进程主张的空洞性。其次，便是自我防御：法国人试图保护他们认为最重要的东西不被它的美国朋友控制。法国人抱怨他们希望少一些美国电影和电视节目。他们支持政府在维护"文化例外"与补贴电影和农业方面所做的努力。他们将若泽·博韦视为民族英雄，并且让他们的孩子参加美食文化的特殊班，从而使他们抵制快餐的诱惑。简而言之，法国人断然回绝了美国，并且断言能够摸索出自己的通往现代化的道路——而不需要模仿它的大西洋彼岸的兄弟。

法国正在面临分裂性的变革，因此很容易将此变革归咎于美国。然而，当代的反美主义并不仅仅是替罪羊式的——也就是说并没有因为想象中的威胁而责备美国。相反地，法国人所面临的转变令人十分痛苦，而美国只是这种转变的因素之一。全球化以及随之而来的美国化对于传统的"法国人"的自我形象构成了挑战，美国推动了全球化和美国化的发展并且从中获利。无论是食品、民族影片还是语言，美国篡夺了这些身份的标志物。美国人有时会欺负他们的朋友。麻烦者不仅来自于华盛顿政府的官员；美国公司也经常做出不端之举。譬如，迪斯尼公司在建造主题公园时盛气凌人的表现以及可口可乐公司的营销滥用，它们都受到了法国政府针对公司的处罚。美国对于 20 世纪末全球化所导致的麻烦负有一定的责任。

可以肯定的是，上世纪末的反美主义似乎不公平，并在某些方面具有误导性。譬如，与反乌托邦主义者一样，认为美国在全球的安全、大众娱乐或是转基因种子等领域的领导力没有带来任何利益而只有损失，这是不公平的。而将全球化等由各种力量引发的现象全部归咎于美国，而忽略法国的共同参与则是具有误导性的。大部分法国人希望推进全球化、现代化、美国化并且扩大欧洲一体化。郊区的扩张使法国看起来愈来愈像美国，但这并不是美国人的错。对于美国的反法批评家们而言，法国的表里不一恰恰表现出了这个国家试图去适应变化，并通过对超级霸权以及基于市场的全球化进行攻击而寻找一些慰藉。

回 顾

在由美国主办的一次关于推进世界民主进程的国际会议上，马德琳·奥尔布赖特与于贝尔·韦德里纳发生了争论。只有法国拒绝在宣言上签字。美国国务卿责备法国的外交部长未能带头努力推动民主国家的团结，并提醒他法国曾委派拉法耶特侯爵协助美国的自由之战。韦德里纳微笑着说："嗯，但是亲爱的马德琳你知道吗，拉法耶特侯爵不是为了帮助美国人，而是为了打败英国人。"[1] 法美两国的误会由来已久，而本书的目的是帮助美国人理解法国——尤其是阐释法国人在最近的几十年如何看待美国以及跨大西洋的关系。

上个世纪末，法国人眼中的美国有两种形式：现实的和想象的。首先是现实的不可逃避的存在着的美国。它的军事力量在冷战时期和冷战之后保证了法国和欧洲的安全，而它的实力对于结束巴尔干的暴乱、保卫欧洲免遭像波斯湾的伊拉克野心家那样的欧洲大陆以外的威胁是至关重要的。当美国安全地排除了德国统一进程中潜在的危险并强制解决了波斯尼亚事件的时候，美国的外交霸主地位愈加明确。与此同时，它还是一个金融、经济和技术巨头，这势必引起法国人的关注。美元汇率；类似加州公务员退休基金那样的美国投资者；激素处理过的牛肉制品的贸易往来；像微软以及普罗克托—甘布尔这样的公司；以互联网和战略防御行动为代表的科学技术、艾滋病治疗方法以及硅谷——所有这一切都对法国人产生了影响。欧洲迪斯尼、麦当劳的连锁店、类似《泰坦尼克号》这样的电影、类似《护滩使者》这样的电视剧、迈克尔·杰克逊和玛丽亚·凯莉的音像制品、拉夫·劳伦的时装以及美式英语广告等美国的大众文化同样对法国人产生了影响。这种外来产品的特点及其重要性使法国人有理由对美国既欢迎又担忧——是自相矛盾的。

掩盖美国的现实并告知法国人他们对于美国的回应是关于新世界的想象。这个幻想中的美国既是一种模式，也是一种威胁。它是一个既需要被效仿，又需要被拒绝的"他者"。这是高卢人的矛盾心理的第二个来源，这一来源围绕两种对立观点而形成。美国人同时被看作是个人主义者和墨守成规者、儒弱的物质主义者和宗教狂热者，以及博爱者和种族主义者。美国既是孤立主义者又是帝国主义者，既是盟友也是竞争者。美国的繁荣抑或代表以硅谷为标志的全球化经济，抑或代表与城市流浪汉相关的"丛林资本主义"。因此，大多数关于新世界的评论都是一种规范意义上的话语组合。矛盾的表达成为一种约定俗成，因此人们的观点成为反美主义和亲美主义态度的混合体——不包括放纵不羁地嘲讽美国的政治极端主义。这个高卢人想象中的"美国"来自于传统的偏见、一种固有的话语、媒体形象、错误的信息以及集体性的期盼和忧虑。它经常是一种将复杂问题简单化并且忽略了多样性的漫画式的描述。这个想象中的美国是由精英创造的；通过报纸、教育和电子媒体进行传播；被政客、知识分子和利益集团操纵，并且储存在大众的意识当中。这种矛盾的话语成为法国人看待发展的透视镜和放大镜，从而使法国人的反应被放大。关于底特律的一个骚乱事件的一次电视报道就可能唤起传统的偏见"又是暴力！这就是美国人"。

即使是在相对较短的 20 世纪的最后两个十年，法国人对于美国的态度也是摇曳不定的。这种摇摆是想象和现实相互影响的结果，也是恒量和变量相互交替的结果。想象中的美国——混杂着危险的期盼——已经成为思维定式，或者至少很难发生改变。它可以被那些由法国与美国共同参与的事件、发展和政策所唤醒。"现实的"美国——那是它在国内的形象——是形形色色的也是不稳定的。譬如，美国的政策可能在某一刻引起了法国人的警惕，而在下一刻便可能随着美国投资者的来来往往而令他们感到安慰。因此，若想充分解释这些态度转变的模式，历史学家们就需要关注大西洋两岸的政策和发展如何与法国人对美国和美国人的潜在想象相互作用。譬如，1920 年代，亨利·福特的名望与美国政府的孤立主义的外交政策使法国人断定美国的从众主义和狭隘主义，而 1940 年代末，马歇尔计划和北约组织令法国人坚信美国人对于欧洲

379

兄弟般的关心。1980 年代，罗纳德·里根在裁减军备和伊朗事件中笨拙的处理方式，这使法国人更加怀疑白宫再次由外行人掌权，而里根看似冷酷的社会政策又一次激发了人们对于新世界奉行"强势资本主义"的担忧。与此相反，乔治·H. W. 布什成功地结束了冷战、引导德国的和平统一，并且在第一次海湾战争中美国领导的打击萨达姆·侯赛因的战争取得快速胜利，这些都确证了法国人对于美国实力的崇拜得到了强化，从而使美国总统与美国人民备受欢迎。

如果说具有爱恨两个情感面的消极的反美主义继续渗透在法国人的观念和反应之中的话，它也在上个世纪末有了发展演变。"初期的反美主义"的乌托邦式的恐惧——尽管仍然存在于政治极端主义者之中——消退了。它在知识分子中间失去了往日的地位，而在其他的诸如全球化的企业管理者这样的精英分子之中甚至消失不见了。反反美主义变得咄咄逼人，以至于雷吉斯·德布雷抱怨给知识分子贴上"反美主义"的标签已经成为诋毁他们的手段。与此同时，反美主义的流行版本也调整了用词和内容。上世纪中叶，美国威胁成为一种外部力量，而它所呈现的形式分别是标准化的由技术驱动的现代化、以电影和电视为代表的大众文化，以及由消费主义和市郊生活占据主导地位的生活方式。这样的恐惧没有一同消失过，只是其表现形式在上个世纪末发生了巨大的改变，因为自 1930 年代甚至是 1950 年代总是偶然或隐约地存在着，直到 1970 年代在法国盛行。很难将法国人的所有行为归咎于美国人。即使是密特朗总统也观看美国的电视连续剧《朱门恩怨》。以抵制美国的国内外政策以及文化商业化为特点的反美主义取代了上世纪中叶对于现代化的恐惧感。两国在大西洋联盟的结构等安全问题上的争议、针对农业补贴和文化例外等贸易问题所产生的纠纷，以及法国与罗纳德·里根、乔治·H. W. 布什和比尔·克林顿总统在国家福利制度改革问题上的分歧激发了反美主义情绪。除此之外，还有来自"美国主导的全球化"的挑战，主要表现为诸如不受阻拦的外来投资、全球劳动力市场以及美国伪文化所导致的危险的加剧等的新实践形式。保护民族独立性和民族身份依然是这种恐惧症的核心。如果说曾经的问题是抵制现代化，到了上世纪末，问题则变成了如何设计一个不同于美国的属于法国或者欧洲的现代化。

虽然反美主义发生了演变，它仍然可以被利用，因为它已经成为高卢民族灵魂的一部分。对于政治阶层而言，反美主义被用以作为伪装经济自由化、贬损对手、争取民众对外交政策的支持，以及掩饰丑闻并怂恿极端主义者的一种手段。与此相似，经济利益集团——尤其是那些担心美国竞争的农民或者电影导演——用反美主义这张牌来刺激民众并影响政策。反美主义延续了下来，如果说已经换成了一种当代形式的话，它仍然可以因为政治、经济和文化的优势而受到刺激。

对于美国的幻想同时包含了拒绝与向往。最糟糕的是这种幻想演绎成了反美主义，它不但延续了下来，如果说它的特征已被修改了的话，那么在1990年代它被广泛接受的形式则是阴郁的。最乐观的是它激发了法国人对于美国成就的尊重以及对美国有选择的效仿。

从比较的角度来看，可能有人会问：为何法国人比其他欧洲人更热切地与美国进行对抗？可以肯定的是，只是程度或强度的问题，因为正如我们所见，德国人、意大利人、西班牙人、希腊人甚至是英国人在这20年间也都表达了强烈的保留意见。虽然不是在所有的情况下，但是法国人经常引领这种对抗。他们这样做的原因有两个。首先，与其他欧洲人相比，法国人更愿意也更有能力实践国际领导力。如果说他们承认自己落后于超超级强国的话，他们仍然相信他们是一个强有力的精英国家，具有软硬两方面的实力以及经验和自信来赢得欧洲乃至世界的指挥地位。法国人也比其他的欧洲人更为强烈地怀疑美国的霸权，认为美国人自私自利，不值得信赖，同时将美国与全球化的入侵相联系。美国成为戏剧中的主要反面人物，因为相比那些渴望在国际舞台上拥有不太显赫地位的欧洲国家，美国政府更加断然地戳穿了高卢人的装模作样。其次，美国的实践和价值观使法国的身份标志比其他的邻国更密切地成为抨击的对象。譬如，罗纳德·里根及其继任者所推行的自由市场的自由主义以及强硬的社会政策，构成了对国家统制和社会团结的高卢意识的直接而不愿被看到的挑战。而美国人的社会价值观——诸如对工作的尊重、招摇而狂热的宗教信仰以及疯狂的生活方式等——对法国人所造成的误导比其他的欧洲人更大。同样地，美国化与法国的文化理想主义所

381

382

产生的冲突也比在其他国家更加猛烈。上世纪末，法国身份包含了诸多因素，但其中有小型农场、食品、葡萄酒甚至扩大到美食；文化被定义为艺术、时尚和电影；特别的还有法语。所有这些标志都似乎受到了美国化进程的威胁。因此，法国不断加大努力以牵制美国，诸如用"文化例外"来干扰好莱坞和美国的电视网络；为孩子们提供品位教育以抵制快餐；制定正式法规以遏制美式英语的使用。与其他的欧洲人相比，法国人与美国模式的竞争更为激进。譬如，德国人可能也对他们的传统园林景观的消失感到遗憾，也对自己的文化和语言感到骄傲，也更喜欢他们自己的电影，但是他们并未像法国人那样从同样的存在性意义的角度对这些身份标志施以保护，当然也许对森林的保护除外。法国人比其他的欧洲人更认为他们的身份是美国化的一种潜在的受害者。他们对于美国的抵制是独特的，但不是唯一的。

本书的前提是法国在上个世纪末以美国的标准来衡量自己。新世界既可以作为改革的一种激励，也可以作为维持现状的一种借口。而在第二种情况下，责难美国可以掩盖动机和利益并用作逃避革新和调整的一种理由。马克·布洛赫（Marc Bloch）在谈到他亲眼见证的法国军队在1940年的瓦解时，他控诉他的人民在诸多方面的失败，其中之一便是他的人民以安乐的乡村为名指责美国化或是机器与物质进步的时代。据这位伟大的历史学家称，这种观念使法国输给了已经适应了新时代的充满活力的德国。布洛赫主张，既然法国能在1940年的国家灾难中幸存下来，它就应该做出自我调整，因为"驴车也许是一种友好可爱的交通工具，但是如果我们在这个需要汽车的年代拒绝用汽车取代驴车的话，我们会失去一切——包括拉车的驴"。[2]换句话说，拒绝美国化是束缚改变的一种方式，也是引起国家灾难的一种方式。2004年，在另一场战争结束之际，乔治·W. 布什"出乎意料"地再次当选总统，《世界报》的编辑让—马里·克伦巴尼（Jean-Marie Colombani）重申了布洛赫的观点：鉴于美国的势头——也就是它的防御开支、对于移民的同化、研究和发展以及高科技领域——如果欧洲人想在国际事务中与美国在一个更加平等的基础上行事的话，就不能再蜷缩在"欧洲模式"的背后寻求安全，而必须学会与他们的跨大西洋盟友展开竞争。[3]1980年代至1990

年代期间，美国的例子经常被引用来避免变化。各国政府列举美国的例子来逃避市场为导向的改革：譬如，社会党官员指责临时工作和劳动法的修正具有不稳定性或者属于美国的方式。而工会不但没有做出削减养老金等必要的社会改革，反而以与盎格鲁—撒克逊的生活方式作斗争的名义上街游行示威。但是，总体来看，这几十年间，法国人留意了布洛赫的告诫，将美国作为一个改革的参考，而不是逃避改革的借口。

遭遇美国挑战的问题已不再新鲜，但是在 20 世纪的进程中这一问题却更为急迫。1930 年，乔治·杜哈曼在《美国威胁》一书中形象地警告称，来自大西洋彼岸的对于法国人文主义文化的威胁是潜在的。1950 年代末，让—马里·多姆纳克在《精神》上对美国化的到来和法国生活的摧毁表示痛惜。十年后，让—雅克·塞尔旺—施赖贝尔（Jean-Jac-ques Servan-Schreiber）在《美国的挑战》一书中对于欧洲的经济将被美国的子公司所控制而做出了严峻而具体的警告。1980 年代与 1990 年代，这种焦虑达到了相当的程度，以至于法国人担心在与美国竞争的每一个领域都会失败：外交、军事、经济、金融、技术、医药、科学、语言和文化。应对美国总统变得责无旁贷。诚然，高卢人对于美国的迷恋是断断续续且反复无常的，同时也夹杂着一些淡漠。然而，问题是：法国如何在不效仿美国的情况下能赶上美国人？如何在不牺牲它的独立性、传统和民族身份的情况下赶上美国人？如果法国拒绝走美国道路，那么作为一个曾经的现代化社会和强大国家，曾经拥有过美好的时光，它面临着变为一个过了气的国家的风险，也面临着成为一个古色古香的过时的幸存者的风险。如果法国效仿美国人，它所面临的风险只是死法不同而已。

考虑到这种困境，本书探讨了法国人如何寻求一条通向现代化的法兰西道路，为了达到他们的目标，他们如何没有简单地模仿美国人，又因此产生了怎样的后果。美国作为一个陪衬者，被用于衡量法国在提高国际地位、捍卫和发展朝气蓬勃的民族文化、推进经济进程以及维护社会团结方面取得的成功——或者用于衡量赢得实力和现代化的法兰西道路。总而言之，笔者做出了以下评价。

在国际事务方面，法国试图在保持与美国这个超级大国的亲密同盟

384

关系和维护自身的独立之间进行平衡。这种试图达到的平衡要求法国不断地调整其跨大西洋的关系，因为美国似乎突然之间从被动转向超级主动的干预主义。法国在上世纪末如何控制这种平衡关系，同时又付出了怎样的代价？尽管巴黎和华盛顿之间的争执是经常性的，有时甚至非常严重，但却从未导致联盟的破裂：伙伴关系得以维持。在许多问题上，两国都能达成总体一致并且保持紧密的合作关系，诸如处理欧洲的导弹危机、第一次海湾战争以及科索沃战争等。然而，当两国出现分歧的时候，法国在大西洋联盟中寻求独立地位和影响力的努力却很少取得成功。当美国与主要的同盟国或者国际社会发生争执的时候，诸如苏联的管道事件等，或者当法国能够在欧盟建立反抗联盟的时候，诸如针对文化例外的纠纷等，法国才有机会取得胜利。然而，巴黎在试图改变华盛顿的决定的时候，往往遭遇挫败和失望。寻求自己的政策或者与山姆大叔作对也许会捍卫法国人的自尊心，但是却很少能够取胜。一旦超超级强国说"不"，诸如针对北约改革的纠纷等，雅克·希拉克也无能为力。在其他许多问题上，美国动用其强大的外交力量，避开法国的反对，按照自己的意愿采取行动，诸如尼加拉瓜的桑地诺解放阵线、对利比亚的轰炸、美元汇率、德国统一以及在俄亥俄州的代顿举行的波斯尼亚谈判等。法国则为自己的顽抗和蓄意阻挠而付出代价。令华盛顿的一些政治圈对其不再信任，也使法国看起来傲慢、自私并且不配合。某些法国人与美国的争论是没有任何效果的。经过了四十多年的努力去融入大西洋联盟并与它保持一定的距离之后，法国重新加入了"未经改革"的北约。

遭遇美国文化的挑战导致了混合性的结果。我的评论将局限于本书中提及的特定遭遇。虽然法国未能阻止上世纪末美国化的大潮，但是在某些情况下，它的堤坝还是发挥了作用。当一些法国电影的观众涌向好莱坞影片而法国承认有必要调整自身产品的时候，法国的电影业并没有垮台，它仍然是欧洲大陆电影产业的佼佼者。虽然法国的电视充斥着美国的电视节目和电影，但与其他欧洲国家相比，它所受到的庇护相对要好一些。然而，视听领域能够存活下来也付出了代价：配额制度、昂贵并且分配不善的补贴、政府管制、与欧洲伙伴的争执以及与美国的公开对抗。抵制美式英语也遭遇了惨败。不但政府的政策未能阻止盎格鲁—撒克逊人语言的入侵，雅克·图邦领导下的文化部也几乎遭到了普遍的嘲笑。法国的学生选择美式英语作为第一外语，而法语中也加入了许多外来语的表达。在迪斯尼、麦当劳和可口可乐的事件上，美国人取得了一定的成功，却是十分有限的。欧洲迪斯尼代表了一种新形式的美式娱乐和休闲的巨大进步：公园吸引的游客比卢浮宫多，而其中将近一半是当地居民。同时，它还引发了法国主题公园的革新和扩张。这些公园在经过审时度势和革新整顿之后，才具备了与迪斯尼竞争的能力。麦当劳和迪斯尼一样，获得了巨大的市场份额。到了新千年，麦当劳已经在法国发展了 1000 家连锁店，而它从食品制备到兼职劳动的经营模式改变了法国的快餐行业。尽管如此，但是汉堡在餐饮行业中所占的份额非常小，麦当劳不得不做出调整以迎合当地人的口味。可口可乐公司也赢得了巨大的市场份额并在软饮料行业掀起了效仿的风波。但是这个总部设在亚特兰大的公司并没有能够按照自己的喜好进行经营：法国政府对其进行了干预，不但制裁它的营销手段，还限制它的扩张。无论是马恩河谷的欧洲迪斯尼、出售可口可乐的当地的食杂店、街区的"金色拱门"、银幕上的《星球大战》和电视机里播放的《命运之轮》，还是像"电子邮箱"这样的英语词汇，处处可见美国人的痕迹，然而法兰西道路还是存活下来了。电影、电视、饭店、饮料、主题公园和语言等并未被美国佬的进口产品所淹没。法国人在遏制美国与保护法国的法国性的过程中所获得的心理安慰和自尊心的激励是不可估量的。

值得赞扬的是，法国在经济领域与美国竞争的同时，还维护了法国式的团结模式。法国抵制里根经济的狂热以及克林顿政府所推行的全球化市场，却在为它慷慨的国家福利制度而支付社会费用的同时，大规模地转向市场并扩大开放以刺激经济的增长。虽然原则上美国式的资本主义是被拒绝的，但它的许多方面在法国被重新命名并且被加以调整（譬如，法国式的股票期权）。法国进行了广泛的私有化和去除管制，扩大了金融和股票市场，开放了国际贸易，鼓励创业，接受了激励管理的新形式，并且推动包括建立类似法国索菲亚科技园这样的高科技孵化基地在内的战略领域的发展。在社会政策方面，法国在坚持其社会团结的诺

386

387

言的同时，逐步加大调整——例如在养老金和卫生保健方面——以维持其政策方案。但是，如果政府调整的力度过大，如同1995年的阿兰·朱佩政府那样，对美国的抵抗力量就会迫使其改变政策。法国对国家福利的削减十分有限，即使许多福利开支确实需要削减。

除了在一个方面存在显著的差距之外，法国这20年的经济发展已经基本赶上了美国。一些数字可以证明。通货膨胀在1980—1981年间达到13%，而2000年已经控制在了1.6%——仅仅是美国的一半。在这20年里，法国的生产效率也有所提高，到2000年已经基本与美国持平（3.4%）。法国改善了与美国的双边贸易平衡，尤其是1990年代末，法国获得了将近100亿美元的贸易盈余，而法国对美国的直接投资在1980年代迅速增长，1990年代又翻了一番。随着新千年的到来，法国成为继英国之后在美的第二大投资国。1980年代，法国的国内生产总值增长率几乎与美国持平（平均2.4%），但是在希拉克—克林顿时代的初期，法国有所落后。1990年代末，法国急起直追，在新千年到来之际，两国经济基本持平。[4]前文所提到的一个显著的差距指的是失业。美国的失业率在1982年达到9.7%的高峰，随后在波动中回落。克林顿执政时期，失业率大幅下降。2000年，失业率降至4%。相比之下，法国在整个时期的表现都不容乐观：失业率一直徘徊在10%，到2000年，仍然保持在9.1%，是美国的两倍。

这种经济成就并没有对以高质量的社会保障和相对平等的收入分配为特点的共和主义团结造成危害。法国也没有牺牲其对农业和电影产业等代表其民族身份领域的捍卫，仍然继续推进诸如航空航天、核能源、高铁和信息技术等富有活力的产业的发展。与美国相比，法国人在个人创业或者自由创业和社会保护之间取得了更好的平衡。但是，同样也付出了代价——最明显的就是失业率一直保持在两位数的僵化的劳动力市场。为了维护共和主义的社会模式，法国不得不接纳这种模式的缺陷——那就是，可怕的郊区、跟不上时代的"愤青"、移民家庭的贫困生活条件、工会和退休工人等对于既得利益的滥用、伴随着的膨胀的国家官僚体制以及福利国家的巨额开支。亟待解决的问题似乎依然存在。虽然与盎格鲁—撒克逊人的经济差距得到了部分解决，但是法国人在创造就业机会、企业创建和某些高科技领域的发展等许多方面仍然落后于他们的竞争对手。

1980 年代和 1990 年代，法国在维护社会团结的同时，在完善经济发展、向国内外竞争者开放国内市场等方面取得了重大成功。在适应欧洲一体化和全球化的同时，如果说法国的改革目标之一就是赶上英美的话，那么 20 年过后，差距仍然存在。

法国人在借鉴美国模式的同时，又回避美国模式。他们将美国模式进行了转换，因而无需谎称效仿了他们大西洋彼岸的兄弟：他们将市场激励式的改革进行了掩饰，坚持设计法兰西的道路，并且竭力捍卫他们的社会经济秩序和民族文化的实质要素。他们消除了与大洋彼岸的距离，但同时又有些不同。因此，他们清晰地表明上世纪末他们找到了在跨大西洋共同体范围内的一条法兰西道路。他们吹嘘在坚持法兰西道路基本方针的同时，为适应市场经济和全球化取得了巨大的进步。他们坚持了共和主义的社会契约、混合经济的模式、充满活力的国家以及独特的文化身份。美国人的挑战刺激了法国人去改革他们的社会经济秩序，自 1981 年弗朗索瓦·密特朗入住爱丽舍宫并寻求与资本主义的决裂至 2000 年期间，法国取得了长足的发展。当然，法兰西道路是完好无损的。

对于法国与美国正在逐渐疏远的推测仍然是一个假设。20 年的时间不足以形成一个历史潮流，而两国存在的差异和上世纪末的反美主义代表了一种历来固有的持久的隔阂，只不过在出现诸如法国人的不满情绪和美国人的耀武扬威等特殊情况时，这种隔阂加重了而已。有些被意识到的分歧确实经历了长期的蜕变，像宗教在法国人生活中的隐退等，而其他的则像是年份很新的佳酿还几乎不能称之为潮流。譬如，法国直到 1981 年才禁止死刑，而对环境事业的关注也姗姗来迟。再者，逐渐疏离的论点忽视了两国相似性的增加，因为如今的法国与美国比 50 年前更加相像：它们都是实行受社会再分配政策制约的市场经济的民主国家；它们都面临着移民和城市里脏、乱、差的地区等类似的共同问题；它们都面临核扩散、国际恐怖主义和伊斯兰教原教旨主义等的共同危险。

389

这 20 年并不只是证明了两国逐渐疏远的趋势，也代表了美国主导的全球化所引发的矛盾。法兰西道路（或是欧洲道路）的出现与颂扬可以解释为对全球化及其伙伴——美国化所带来的全面而均质化的影响的一种回应。美国化和反美情绪的同步发展验证了全球化的动力，也验证了在增进相互依赖性和统一性的同时，法国通过对种族、宗教和民族身份进行确定等各种形式的全球化予以抵制的过程。随着法国与美国愈来愈相似，法国人开始抗议这种发展，并且捍卫拒绝美国道路的法国身份。时间也许能够证明大西洋两岸的盟友之间疏离的趋势，也许不能，但是上世纪末法国所发生的事实证明了美国主导的全球化的矛盾，这种全球化促成了两国的相似性和差异性。

新千年仍然存在的问题是：法国必须更加全面地拥抱一个全球化和美国化的现代化，还是能够在不牺牲法国的差异性本质的前提下继续加大改革呢？

近几十年的历史所给出的结论是存在一种切实可行的法兰西道路。如果事实果真如此，这将不仅有益于法国，也将有益于美国和其他的国家。

390

注 释

前 言

1. Federico Romero, "The Twilight of American Cultural Hegemony: A Historical Perspective on Western Europe's Distancing from America", 载于 *What They Think of Us: International al Perspectives of the United States since 9/11*, David Farber 编 (Princeton, NJ: Princeton University Press, 2007), 172。美国与欧洲在伊拉克问题上的分歧促使两位欧洲知识界的名流尤尔根·哈贝马斯与雅克·德里达于2003年5月发表"声明",号召"欧洲的复兴",并呼吁欧洲人重新定义他们的共同身份。关于大西洋彼岸分歧的文献有很多,比如:Tony Judt, "Europe vs. America", *New York Review of Books*, 10 February 2005, 37—41; Tony Judt, "Europe as a Way of Life", 载于 *Postwar: A History of Europe since 1945* (New York: Penguin, 2005); Charles Kupchan, *The End of the American Era: U. S. Foreign Policy and the Geopolitics of the Twenty-First Century* (New York: Knopf, 2002); Steven Hill, *Europe's Promise: Why the European Way is the Best Hope in an Insecure Age* (Berkeley and Los Angeles: University of California Press, 2010); T. R. Reid, *The United States of Europe* (New York: Penguin, 2004); Jeremy Rifkin, *The European Dream* (New York: Tarcher/Penguin, 2004); Robert Kagan, *Of Paradise and Power: America and Europe in the New World Order* (New York: Knopf, 2003)。

关于反美主义的诠释

1. 关于反美主义的文献数量庞大,但是大部分都避开了对反美主义的定义。但仍然有一些近期的论著试图对其做出有启发性的明确定义。Pierre Rigoulot 将其定义为夹杂着 "政治分歧或者文化厌恶"的"对美国生活的方方面面的敌对倾向",它是非理性的,触及恐惧和怀旧等潜意识和情感。见 Philippe Roger, *L'Antiaméricanisme: critique d'un prêt-à-penser retrograde et chauvin* (Paris: Éditions Robert Laffont, 2004), 15, 259。Philippe Roger 认为反美主义是一种由几代知识分子创建的执着地累积起来的并且自我复制的话语,他将之比喻为地质沉降。见 Philippe Roger, *The American Enemy: The History of French Anti-Americanism*, trans. Sharon Bowman (Chicago: University of Chicago Press, 2005)。与 Roger 一样,

Seth Armus 也认为反美主义基本上是一种文化精英的反应，但是他还指出一种政治和流行的因素。见 Seth D. Armus, *French Anti-Americanism*, *1930—1948*: *Critical Moments in a Complex History* (Lanham, MD: Lexington Books, 2007), 3—5。Jessica Gienow-Hecht 认为欧洲的反美主义是一种文化厌恶，而政治与跨大西洋的关系只是"诱因"，并非原因。见 Jessica Gienow-Hecht, "Always Blame the Americans: Anti-Americanism in Europe in the Twentieth Century", *American Historical Review* III (October 2006), 1067—1091。Josef Joffe 则坚持认为反美主义不是对美国政策的批评，而是对美国以及美国文化的一种执着的诋毁、妖魔化和偏见。见 Josef Joffe, *Überpower*: *The Imperial Temptation of America* (New York: Norton, 2006), 66—77。David Ellwood 在定义反美主义时，认为其包含了对美国政府及其政策、美国人和美国事物（产品）以及美国人普世价值观的抨击。见 David Ellwood, "Comparative Anti-Americanism in Western Europe", 载于 *Transactions*, *Transgressions*, *Transformations*: *American Culture in Western Europe and Japan*, Heide Fehrenbach 和 Uta Poiger 编 (New York: Berghahn, 2000), 26—44。Ellwood 修订了论文，重新命名为 *America as a European Power*: *Modernity*, *Prosperity*, *Identity*, *1898—2008* (Oxford: Oxford University Press, 2012)。Peter Katzenstein 和 Robert Keohane 从全球角度出发，做了一个更为广泛的定义——"总体上对美国以及美国社会持有负面观点的心理倾向"，随之产生了多样性或者所谓的"反美主义"的复数。见 Peter J. Katzenstein 和 Robert Keohane, "Varieties of Anti-Americanism: A Framework for Analysis", 载于 *Anti-Americanisms in World Politics*, Peter J. Katzenstein 和 Robert Keohane 编 (Ithaca, NY: Cornell University Press, 2007), 12。助长
了反美主义的心理包括对更加系统化的怀疑性的庞大的心理倾向和强烈的偏见。Katzenstein 和 Keohane 进一步完善了该定义，加入了反美主义的类型学——"自由主义者"、"社会的"、"主权民族主义"和"激进主义"。并且还加入了"精英分子"和"遗产"。对政治学家而言，反美主义是一种政治现象。Sophie Meunier 将这种分析方法运用到法国并强调政治的重要性，她称至少自 20 世纪 90 年代以来，无论是对美国政府的单边主义的警惕还是文化防御，法国的政策可以解释法国的反美主义。见 Sophie Meunier, "The Distinctiveness of French Anti-Americanism", 载于 Katzenstein 和 Keophane, 编, *Anti-Americanism*, 129—156。她认为反美主义构建在一种不信任的基础之上，并认为这是由精英分子长久以来的抨击和政治家对这种情感的利用所导致的。虽然没有直接解决定义的问题，但是 Alexander Stephan 编, *The Americanization of Europe*: *Culture*, *Diplomacy and Anti-Americanism after 1945* (New York: Berghahn, 2006) 提供了一个有价值的对比性的研究。

2. 新哲学家便是其中之一。他们批评初期的反美主义者以表达对于一直存在的意识教条主义的厌恶。如见 Bernard-Henri Lévy, *L' Idéologie française* (Paris: Éditions Bernard Grasset, 1981), 288—289。

第一章　美国的流行：1980 年代

1. Jérôme Dumoulin 和 Yves Guihannec，"La France est-elle encore une grande puissance?" *L'Express*, 27 January—2 February 1984, 12—19。

2. Pierre Rosanvallon, *L'Etat en France de 1789 à nos jours*（Paris：Éditions du Seuil, 1990），262。

3. Frank 和 Mary Ann, "France est devenue civilisée", *La Croix*, 6 May 1976。

4. 对新社会的评论文献包括：Henri Mendras, *La Seconde Révolution Française, 1965—1984*（Paris：Éditions Gallimard, 1988）；Alain Touraine, "Existe-t-il encore une société française", *Tocqueville Review* II（1990）：143—171；John Ardagh, *France in the 1980s*（London：Secker and Warburg, 1982）。

5. United States Information Agency（此后编写为 USIA），"American Image in France Remains Positive", 28 January 1988, Regular and Special Reports of the Office of Research, 1988—1989, Natioanl Archives, RG 306, box 4, 1988 Research Memoranda。1984 年亲美派和反美派的比例为43：18，1987 年这一比例为44：15。

6. 同上。另见"What the World Thinks of America", *Newsweek*, 11 July 1983, 44—52; Steven Smith and Douglas Wertman, *U. S. -West European Relations during the Reagan Years*（New York：St. Martin's, 1992），110。

7. Société française d'enquêtes par sondages, poll（法国社会的民意调查），October 1988，曾以"Les Français aiment les Etats-Unis, mais..."为名出版，*Le Figaro*, 4 November 1988；此后这一引用简写为 SOFRES/*Le Figaro*, October 1988。比例如下（多选）：实力56，活力32，财富31，自由30，暴力28，种族主义27，不平等25，道德放纵15，帝国主义12，朝气蓬勃11，慷慨7，纯真4。盖洛普国际公司、法美基金会和《快报》的调查结果相似，"France and the United States：A Study in Mutual Image", survey, April 1986，删减版 Sara Pais, "Plus ça change... ça change：A Survey of French-American Attitudes", *France Magazine* 6（1986）：5—8；此后这一引用简写为 Gallup/French American Foundation, 1986。

8. Smith 和 Wertman, *U. S. -West European Relations*, 108。法国和西德在所有方面的调查结果十分相似，但是与意大利和英国存在差异。

9. 1985 年的一项调查中，认为与美国人的价值观不同的法国人占60%，西德人占43%，英国人占38%，而意大利人占42%，见 Smith 和 Wertman, *U. S. -West European Relations*, 105。

10. SOFRES 民意调查，January 1983，报道见于 Elizabeth Hann Hastings 和 Philip Hastings 编, *Index to International Public Opinion, 1983—1984*（New York：Survey Research Con-

sultants International /Greenwood，1985），201—202。

11. 如果想要详细了解反美主义在欧洲国家的对比情况，可查看 Smith 和 Wertman，*U. S. -West European Relations*，94—97，294 注 7。1988 年，22% 的社会党支持者自称为反美主义者，法国民主联盟（UDF）的比例为 8%，保卫共和联盟（RPR）的比例为 4%。相比之下，在西德，社会民主党的比例为 23%，而基督教民主党的比例为 13%。

395

12. 如果算上认为美国影响力不大的人群，认为美国产品不构成威胁的比例情况如下：食品 77，服装/时尚 70，语言 58，广告 53，电影 50，音乐和电视节目差别较大，支持和反对的比例分别为：48：41，46：45。见 SOFRES 民意调查，转引自 Daniel Vernet，"Les Français préfèrent M. Reagan au 'reaganisme'"，*Le Monde*，6 November 1984，1，6；此后这一引用简写为 SOFRES/Le Monde，Novermber 1984。1988 年的另一项调查（SOFRES/*Le Figaro*，October 1988）发现，认为美国文化过于泛滥，认为美国文化影响力不大，和认为不构成威胁的人数比例情况如下：电视节目 67：2：24，电影 53：2：36，音乐 47：2：44，广告 42：1：47，语言 32：4：54，服装 19：2：71，烹饪 10：2：79，文学 3：4：75。《新闻周刊》的调查（"What the World Thinks"）结果类似。

13. 美国新闻署的一项调查使用了四个选项的排列（非常好；比较好；比较差；非常差）比例如下：音乐 62/17/9/12，电影 66/19/9/18，体育运动 71/8/5/16，电视 40/39/9/12（USIA，"American Image"，1988）。

14. USIA，"American Image"，1988。

15. SOFRES 民意调查，June 1987，转引自 Elizabeth Hann Hastings 和 Philip Hastings 编，*Index to International Public Opinion*，*1987—1988*（New York：Survey Research Consultants International/Greenwood，1989）208—209。各个党派中选择友好关系的比例分别是：保卫共和联盟 76，法国民主联盟 66，国民阵线 67，社会党 55，法国共产党（PCF）46。

16. 孩童时代，密特朗的天主教的父母更愿意给他讲美国独立战争，而不是法国大革命，因为后者是反对教权主义的。见 Jacques Attali，*Verbatim*，vol. 1，*Chronique des années 1981—1986*，*première partie*，*1981—1983*（Paris：Éditions Fayard，1995），176。密特朗对美国观点更加正面的评论记录于：Hubert Vedrine，*Les Mondes de François Mitterrand：à l'Elysée 1981—1985*（Paris：Éditions Fayard，1996），163—165。

17. Jean Lacouture，*Mitterrand：une histoire de Français*，vol. 2，*Les Vertiges du sommet*（Paris：Éditions du Seuil，1988），124—125；Attali，*Verbatim*，1：10。

18. Noël-Jean Bergeroux，"Le nouveau venu…"，*Le Monde*，7 November 1980，7；Michel Tatu，"Déclin ou repli?" *Le Monde*，4 November 1980，5。

19. Louis Pauwels，"Lettre au futur président des Etats-Unis，quel qu'il soit"，*Le Figaro Magazine*，31 October 1980，n. p.

20. Jacques Rupnik and Muriel Humbertjean，"Images of the United States in Public Opin-

ion"，载于 *The Rise and Fall of Anti-Americanism*，Denis Lacorne，Jacques Rupnik 和 Marie-France Toinet 编（New York：St. Martin's，1990），86—87。

21. 盖洛普/法美基金会，1986 年。1980 年 4 月，大部分人声称在面临国际危机时，他们不信任卡特总统；SOFRES，*Opinion publique，1985*（Paris：Éditions Gallimard，1986），255。

22.《解放报》1980 年 11 月 6 日。或见 Jean Lefebvre，"Chez Reagan，c'est beau comme un western"，*Le Figaro Magazine*，31 November 1980，66。

23. Nina Sutton，"En attendant Zorro"，*Libération*，6 November 1980，16。

24. Charles Lamborschini，"Un nouvel Eisenhower"，*Le Figaro*，6 November 1980，1—2。

25. Jacques Chirac，引自 "Giscard：des amis de toujours"，*Le Figaro*，6 November 1980，4。

26. Laurent Fabius，转引自 *Le Monde*，7 November 1980，7；Jean-Pierre Chevènement，转引自 "Giscard：des amis de toujours"，4。

27. "Défi à l'Europe?" *Le Monde*，7 November 1980，1。也可见 Michel Tatu，"Deux conceptions"，*Le Monde*，30 October 1980，1；"Déclin ou repli?" *Le Monde*，4 November 1980，5。

28. Smith 和 Wertman，*U. S. -West European Relations*，228—230。从 1982 到 1984 年，大约一半的法国人认为里根政策损害了法国的经济。自 1983 年至 1988 年，与英国、西德和意大利相比，法国人一直都最积极地批评美国在解决经济问题时，缺少与西欧国家的合作。

29. SOFRES 民意调查，November 1982，报道见于 Hastings 和 Hastings 编，*Index to International Public Opinion，1983—1984*，214。

30. Nouvelles Littéraires publimétrie 于 1981 年 10 月进行的调查。报道见于 Elizabeth Hann Hastings 和 Philip Hastings 编，*Index to International Public Opinion，1981—1982*（New York：Survey Research Consultants International/ Greenwood，1983），345。

31. SOFRES/*Le Monde*，1984 年 11 月。当问到是否认为美国"决定了"法国政策时，49% 的受访者在外交政策方面，39% 的受访者在经济政策方面选择"一小部分或者完全不"。

32. 见 Guy Sorman，*La Solution Libérale*（Paris：Éditions Fayard，1984）；Guy Sorman，*The Conservative Revolution in America*，trans. Jane Kaplan（Chicago：Regnery，1985）；也见 Guy Sorman，"La voie libérale"，*Le Point*，5 November 1984，27—28。

33. Sorman，*Conservative Revolution*，196。

34. Gilles Anquetil，"Reagan Yes，Reagan No!" *Le Nouvel Observateur*，14 September 1984，34。

35. Guy Sorman, "Le nouveau libéralism est arrivé", *Le Monde*, 2 August 1983, 2。

36. Ronald Reagan, "Remarks at Eureka College", 6 February 1984, http://www. presidency. ucsb. edu/ws/index. php? pid = 39377&st = remarks + at + eureka + college&st1 = #axzz1GKW1Q400

37. philippe Lefournier, "Pourquoi Reagan a réussi", *L'Expansion*, 19 November 1984, 53—63。

38. Louis Pauwels, "La grande leçon que nous donnent Reagan et son équipe", *Le Figaro Magazine*, 26 January 1985, 56—61。

39. "Quatre ans de reaganisme", *Libération*, 6 November 1984, 2。

40. 书店的调查和引号内的内容可参见 Gilles Anquetil, "La musette du parfait libéral", *Le Nouvel Observateur*, 5 October 1984, 44；也见于 Alain Minc, "L'enfant de la crise et de la puce", *Le Nouvel Observateur*, 5 October 1984, 45。

41. 如见 Jérôme Dumoulin 和 Yves Guihannec, "Reagan: l'incroyable destin", *L'Express*, 2—4 November 1984, 19—22。

42. Lefournier, "Pourquoi Reagan", 63。

43. Sorman, "Le nouveau libéralisme est arrivé", 2。

44. Léo Sauvage, *Les Américains* (Paris: Bibliothèque Mazarine, 1983), 723—745。

45. 如见 Roger Priouret, "La petite différence", *Le Nouvel Observateur*, 14 September 1984, 33；也见于 Serge Christophe Kolm, 转引自 Anquetil, "Reagan Yes, Reagan No!" 33—34。

46. Philippe Bloch, "Avoir 30 ans sous Reagan", *L'Expansion*, 19 October—1 November 1984, 291。

47. Dominik Barouch, "L' Etat de santé de l'économie américaine", *Le Monde*, 15 August 1985, 16；Alain Lebaube, "Les oubliés de l'emploi", *Le Monde*, 19 January 1988, 40。

48. Nicole Bernheim, *Les Années Reagan* (Paris: Éditions Stock, 1984), 115—137, 193—195, 208—212, 228—230。

49. Franz Olivier Giesbert 和 Jacques Mornand, "Pourriez-vous vivre à l'américaine?" *Le Nouvel Observateur*, 14 September 1984, 46—50。

50. Bloch, "Avoir 30 ans", 289；Barouch, "L'Etat de santé", 16。

51. SOFRES 民意调查, November 1982, 报道见于 Hastings 和 Hastings 编, *Index to International Public Opinion*, *1983—1984*, 201。

52. SOFRES polls, march 1984 and November 1985, 报道见于 Elizabeth Hann Hastings 和 Philip Hastings 编, *Index to International Public Opinion*, *1984—1985* (New York: Survey Research Consultants International/Greenwood, 1986), 232；也见于 Elizabeth Hann Hastings 和 Philip Hastings 编, *Index to International Public Opinion*, *1985—1986* (New York: Survey

Research Consultants International/Greenwood, 1987），223。1982 年，法国人对美国在国际事务上持好印象与坏印象以及不表态的人的比例为：30：51：19；1984 年的比例为40：30：22；1985 年的比例为43：27：30。这种比例在另一调查中得到证实：SOFRES/*Le Monde*, November 1984, and Gallup/French American Foundation, 1986。当问题变成好感/反感时，比率上升。1980 年代末，法国的好感与反感的比例为69：23，而西德是79：14，英国是72：24。见 Smith 和 Wertman, *U. S. -West European Relations*, 99。

398

53. 这种态度与吉米・卡特时期相比只增加了一点，从69% 增加到79%，见 SOFRES/*Le Monde*, November 1984。

54. 问题问的是对美国在国际事务上的政策的态度（好印象，坏印象和不表态）。1977 年的比例为46：24：30，1984 年的比例为40：38：22。第二个调查中，保卫共和联盟（65%）和法国民主联盟（51%）分别表示支持。数据来源于 SOFRES/*Le Monde*, November 1984。

55. 对里根针对苏联所持立场的态度比例为：正面（34%），负面（31%），不表态者（35%）。来源：SOFRES/*Le Monde*, November 1984。

56. SOFRES/*Le Monde*, November 1984。

57. CBS/*New York Times* 的民意调查结果，由 E. J. Dionne 报道，"Poll Finds Europeans Divided on U. S. Presidential Candidates", *New York Times*, 31 October 1984, A21。

58. 比例分别为：英国50%，西德38%，法国24%，见 Dionne, "Poll Finds Europeans"。

59. "Un grand-père de rêve", *Le Monde*, 8 November 1984, 5。

60. Michel Colomès, "Le nouveau défi américain", *Le Point*, 5 November *1984*. 26. Alain Besançon 赞扬继"吉米・卡特总统的痛苦方式"之后，里根使"一切步入正轨"。见 Alain Besançon, "Reagan entre deux mandats", *L'Express*, 9—15 November 1984, 30。

61. Vernet, "Les Français Préfèrent M. Reagan au 'reaganisme'"。

62. 只有28% 的法国人希望法国效仿里根经济，而41% 的法国人不希望效仿，31% 的人不表态。喜欢美国模式的少数群体主要来自保卫共和联盟（49%）和法国民主联盟（35%）。SOFRES, *Opinion Publique*, 1985（Paris：Éditions Gallimard, 1986），257, 262。

63. Smith 和 Wertman, *U. S. -West European Relations*, 106。

64. 在各个政党中，里根的投票率为：保卫共和联盟62%，法国民主联盟51%，社会党24%，共产党18%。渴望他的经济和社会政策的比率为：保卫共和联盟49%，法国民主联盟35%，社会党18%，共产党7%。对美国在国际事务的立场的正面反应：保卫共和联盟65%，法国民主联盟51%，社会党28%，共产党18%。数据来源于 SOFRES/*Le Monde*, November 1984。

399

65. "Les réactions françaises au triomphe de Reagan", *Le Figaro*, 8 November 1984, 7。

66. Serge Maffert, "Un test pour l'Amérique", *Le Figaro*, 7 November 1984, 1。

67. 与社会党支持者（36%）和共产党支持者（31%）相比，更多的保卫共和联盟（66%）和法国民主联盟（56%）的支持者表示肯定。数据来源于 SOFRES/*Le Monde*, November 1984。

68. "Les réactions françaises au triomphe de Reagan"。

69. Alain Berger, "Le Pen s'explique", *Le Figaro Magazine*, 23 June 1984, 82—84。

70. "Les réactions françaises au triomphe de Reagan"。

71. Paul Fabra, "Les trois leçons de l'expérience Reagan", *Le Monde*, 1—3 November 1984, 1。

72. SOFRES, January 1984，报道见于 Hastings 和 Hastings 编, *Index to International Public Opinion*, *1984—1985*, 231—232。

73. Diana Pinto, "Le socialism et les intellectuels: le conflit caché", *Le Débat*, January 1982, 5。

74. Vivien A. Schmidt, *From State to Market? The Transformation of French Business and Government* (Cambridge: Cambridge University Press, 1996), 106。

75. Jean-Jacques Salomon, *Le Gaulois, le cow-boy, et le samouraï: la politique française de la technologie* (Éditions Economica, 1986)。

76. Laurent Fabius, 引自 Paul Lewis, "Man in the News: At 37, Captain of France: Laurent Fabius", *New York Times*, 18 July 1984, A6。

77. Schmidt, *From State to Market?* 104。

78. Giesbert 和 Mornand, "Pourriez-vous vivre à l'américaine?" 46。

79. Henri de Kergorlay, "Mitterrand au paradis américain de la libre enterprise", *Le Figaro*, 27 March 1984, 5; Michael Dobbs, "Mitterrand, Silicon Valley Figures Meet", *Washington Post*, 27 March 1984, 27。

80. Jean-Yves Lhomeau, "Le Président de la République a défendu sa politique économique devant les milieux d'affaires de New York", *Le Monde*, 30 March 1984, 3; Henri de Kergorlay 和 Denis Legras, "Mitterrand aux Etats-Unis: un bilan mitigé", *Le Figaro*, 29 March 1984, 3。

81. 此处引语源自 François Mitterrand, "Mitterrand parle", interview with Jean Boissonat, *L'Expansion*, 19 November 1984, 60—67。

82. Jacques Fontaine, "Les Français ont viré leur cuti", *L'Expansion*, 7—20 October 1983, 241—247; Jérôme Jaffré, "Le retournement de l'opinion", *Le Monde*, 1 January 1984, 2。

83. Fontaine, "Les Français", 241。

84. "M. Madelin", *Le Monde*, 5 November 1985, 7。

85. Édouard Balladur, 引自 Jean-Marie Colombani, "L'action avant la gestion", *Le Monde*, 25

400

March 1986, 7。

86. Suzanne Berger，"Liberalism Reborn：The New Liberal Synthesis in France"，载于 *Contemporary France*，ed. Jolyon Howorth 和 George Ross 编（London：Pinter，1987），84—108。本处主要参考 Berger 的文章。但还有另外一个差异比较大的分析，详见 Vivien Schmidt，*From State to Market*? 133—139。若想了解新自由主义的特点，请见 Sorman，*La Solution libérale*；André Fourcans，*Pour un nouveau libéralism*（Paris ：Éditions Albin Michel，1982）；Henri Lepage，*Demain le libéralism*（Paris：Librairie Générale Française，1980）。

87. Berger，"Liberalism Reborn"，100。

88. Ipsos 民意调查，报道见于 "Les Français satisfaits de la cohabitation"，*Le Monde*，25 March 1986，13。

89. *Le Figaro*-SOFRES 进行调查，报道见于 "Entreprises：la liberté avant toute chose,"*Le Figaro*，17 December 1985，11。

90. Jacques Chirac，引自 Marie Guichoux，"Le premier minister sort de la crise et rentre au parlement"，*Libération*，17 July 1986，2；Jacques Chirac，引自 Andrew Knapp，*Gaullism since de Gaulle*（Brookfield VT：Dartmouth Publishing，1994），228。

91. Édouard Balladur，*Le Pouvoir ne se partage pas：conversations avec François Mitterrand*（Paris：Éditions Fayard，2009），33。

92. Pierre Péan，*L'Inconnu de L'Elysée*（Paris：Éditions Fayard，2007），459。

93. Alain Lebaube，"Aux Etats-Unis，l'emploi mobilise la communauté toute entière"，*Le Monde*，23 January 1988，23。

94. Schmidt，*From State to Market*? 157—163。

95. Stanley Hoffmann，"The Odd Couple"，*New York Review of Books*，25 September 1986，71。

96. Gérard Grunberg 和 Etienne Schweisguth，"Libéralisme culturel et libéralism économique"，载于 *L'Electeur français en questions*，ed. Daniel Boy 和 Nonna Mayer（Paris：Presses de Sciences Po，1990），50。

97. Michel Rocard，"Ces 'libertés' qui affament le monde"，*Le Nouvel Observateur*，5 October 1984，39—40。

98. Laurent Fabius，"Qui a peur de l'économie mixte?" *Le Monde*，28 February 1989，1—2。

99. Steve Bastow，"Front National Economic Policy：From Neo-Liberalism to Protectionism"，*Modern and Contemporary France* 5，No. 1（1997）：61—72。

100. 关于莱茵兰模式相对于极端自由主义的美国模式的优越性，请见 Michel Albert，*Capitalisme contre capitalism*（Paris：Éditions du Seuil，1991），由 Paul Haviland 翻译为英文版 *Capitalism vs. Capitalism*（New York：Four Walls Eight Windows，1993）。

401

101. Anne-Marie Casteret, *L'Affaire du sang* (Paris：Éditions la Découverte, 1992), 98。Casteret 是一名医学记者，他带头披露了血液丑闻。另外对此事件具有批判性启发的文献来自于 Jean Sanitas, *Le Sang et le SIDA：une enquête critique sur l'affaire du sang contaminé et le scandale des transfusions sanguine* (Paris：Éditions L'Harmattan, 1994)；Caroline Bettati, *Responsable et coupables：une affaire de sang* (Paris：Éditions du Seuil, 1993)；以及 Mark Hunter, "Blood Money", *Discover*, August 1993, http：//discovermagazine. com/1993/aug/bloodmoney250。更为中庸的评价可见 Olivier Beaud, *Le Sang contaminé：essai critique sur la criminalisation de la responsabilité des gouvernants* (Paris：Presses universitaires de France, 1999)。Beaud 坚持认为此次事件的原因不是个人的行为失误，而是一种机制障碍。

102. Casteret, *L'Affaire*, 115；Beaud, *Le Sang contaminé*, 23 及以下诸页。

103. Rone Tempest. "Transfusions AIDS-Tainted：Doctors on Trial", *Los Angeles Times*, 21 July 1992, 16。

104. Casteret, *L'Affaire*, 136。

105. Bettati, *Responsables*, 70。

106. Sanitas, *Le Sang et le SIDA*, 44—46；Bettati, *Responsables*, 69—70。

107. Casteret, *L'Affaire*, 167。

108. Bettati, *Responsables*, 75，据估计，如果法国 1985 年需要 6000 万单位血液，那么六大供应商中的任何一个——特拉维诺只是其中之一——都可以生产 25 亿个单位。

109. Sanitas, *Le Sang et le SIDA*, 48—49。

110. Casteret, *L'Affaire*, 135；Hunter, "Blood Money"。

111. Bettati, *Responsables*, 59；Casteret, *L'Affaire*, 138。

112. Beaud, *Le Sang contaminé*, 17。

113. 引自 Beaud, *Le Sang contaminé*, 77。

114. Hunter, "Blood Money", 文中指出 1992 年提交给全国输血中心的一份报告计算出"大约 1000 名受害者"，其中不包括随后的被感染者，如夫妻。Casteret, *L'Affaire*, 192, 以 1200 名受害者为例。Beaud, *Le Sang contaminé*, 10, 书中显示的数据要小得多。

115. Lawrence Altman, "French Sue U. S. over Aids Virus Discovery", *New York Times*, 14 December 1985, 1。

116. Lawrence Altman, "Discoverers of AIDS and Cancer Viruses Win Nobel", *New York Times*, 7 October 2008, A8。

117. 比例分别为：约翰·F. 肯尼迪 78%，罗纳德·里根 33%，德怀特·戴维·艾森豪威尔 30%，理查德·尼克松 15%，吉米·卡特 7%，哈里·杜鲁门 6%，林登·约翰逊 1%，杰拉尔德·福特 1%。所有这些以及下面一段的数据均来自 SOFRES/*Le Figaro*, October 1988。

402

118. 排名分别是：密特朗41%，戈尔巴乔夫40%，撒切尔32%，里根26%，赫尔穆特·科尔只占3%。

119. 关于哪个超级大国更加真诚地限制军备竞赛的回答几乎和关于世界和平的回答相同。认为没有差别的比例从1985年的33%上升到39%，而在两者中做出选择的人的选择结果更加平衡：1988年，美国28%，苏联17%，1985年，两国分别是36%和9%。1985年，一半的法国人认为美国比苏联更提倡世界和平，只有四分之一的人认为没有区别。但是1988年，40%的法国人认为里根和戈尔巴乔夫并无区别，而选择美国的比例下降到三分之一。

120. Jan Krauze，"L'héritage en trompe-l'oeil de Ronald Reagan"，*Le Monde*，3 November 1988，1，6。

121. François Hautier，"L'antirêvé américain"，*Le Figaro*，9 November 1988，6。

122. Philippe Lefournier，"Rajeunie mais ruinée"，*L'Expansion*，23 September—6 October 1988，50—53。

123. Jacques Renard，"Les cactus du bureau ovale"，*L'Express*，11 November 1988，44—45。

124. Marie-Claude Descamps，"Une morale à la carte"，*Le Monde*，3 November 1988，6；Saul Landau，"L'administration la plus corrompue"，*Le Monde diplomatique*，December 1988，4—5。

125. Pierre Lellouche，"Le ligne de défense du Président Bush"，*Le Point*，14 November 1988，34—35。Patrick Wajsman，"Bush ou Dukakis?"*Le Figaro*，4 November 1988，2。Christian Menanteau，"A la recherche du social-libéralisme"，*L'Expansion*，23 September—6 October 1988，62—63。文章认为美国人喜欢里根的成就，但是却想要有一个对个人成功少一些怀疑的社会、一个更加关注少数群体和穷人问题的社会。在左派（François Sargent，"Un inconnu dans le fauteuil du Président"，*Libération*，10 November 1988，4），不支持布什的竞选活动，认为是"低劣的"和"煽动性的"，但是却认为布什本人行为得体并且具有丰富的经验，认为他是指挥方面的二把手，很难判断他是否适合做未来的总统。403 文章"La dernière victoire de Ronald Reagan"（*Le Monde*，10 November 1988，1）乐观地认为布什没有里根的"教条主义和救世主情结"。

126. SOFRES/*Le Figaro*，October 1988。

127. 最常用来描述美国的词语是：权力56%，活力32%，财富31%，自由30%。更加轻蔑性的词语包括：暴力28%，种族主义27%，不平等25%，道德败坏15%，和帝国主义12%。见SOFRES/*Le Figaro*，October 1988。

128. 盖洛普/法美基金会，1986年超过一半的法国人表示不太了解美国。

第二章　退却中的反美主义：雅克·朗、文化帝国主义与反反美主义者

1. Philippe Urfalino，"De l'anti-impérialisme américain à la dissolution de la politique cul-

turelle", *Revue française de science politique*, 5 October 1993, 834。

2. David Loosley, *The Politics of Fun*: *Cultural Policy and Debate in Contemporary France* (Oxford: Berg, 1995), 77. 本书中关于朗的政策的资料主要参考了 Loosley 的研究。也可见 Laurent Martin, *Jack Lang*: *une vie entre culture et politique* (Brussels: Éditions Complexe, 2008)。

3. Frédéric Edelmann and Colette Godard, "Un entretien avec M. Jack Lang", *Le Monde*, 5 September 1981, 8。

4. Mark Hunter, *Les Jours les plus Lang* (Paris: Éditions Odile Jacob, 1990), 116。

5. Jack Lang, 引自 "Le discours de Mexico: 'La culture peut être l'une des réponses à la crise'", *Le Monde*, 7 August 1982, 2, 也见 Martin, *Jack Lang*, 243。

6. Lang, 引自 "Le discours de Mexico", 2。

7. Marcel Niedergang, "Les délégués du tiers-monde soutiennent la 'croisade' de M. Lang contre les Etats-Unis", *Le Monde*, 30 July 1981, 5。

8. Marcel Niedergang, "La France veut être un pont entre le Nord et le Sud", *Le Monde*, 23 July 1982, 5; Marcel Niedergang, "M. Fidel Castro compte sur l'aide de la France", *Le Monde*, 28 July 1982, 6。

9. Lang, 引自 "Le discours de Mexico", 2。

10. Tahar Ben Jelloun, 引自 A. Monnerie, *Le Nouvel Observateur. En France aujourd'hui*, *idées arts*, *spectacles* (Paris: CLE International, 1987), 14。

11. Gérard Blain, "Le poison américain", *Le Monde*, 19 September 1981, 23。

12. "Comité pour l'Identité Nationale: cinéma français et cinéma américain", *Le Monde*, 17 September 1981, 10。

13. Hunter, *Les Jours*, 118。

14. Guy Konopnicki, "A des années-lumière", *Le Monde*, 7 August 1982, 2; Guy Konopnicki, "Le poison français", *Le Monde*, 10 October 1981, 2。

15. Alain Finkielkraut, 引自 Monnerie, *Nouvel Observateur*, 15。

16. André Glucksmann, 引自 Philippe Boggio, "Le silence des intellectuels de gauche", *Le Monde*, 27 July 1983, 6。

17. Michel Tournier, 引自 Monnerie, *Nouvel Observateur*, 15。

18. Georges Suffert, *Les Nouveaux Cow-boys*: *essai sur l'anti-américanisme primaire* (Paris: Éditions Olivier Orban, 1984), 9—11; Jean Daniel, "Les mythes américains de la gauche française", 载于 *Le Reflux américain* (Paris: Éditions du Seuil, 1980), 115。

19. Claude-Jean Bertrand, "L'impérialisme culturel américain, un mythe?" *Esprit*, May 1985, 76。

404

20. Jacques Julliard, "Cette souris est-elle dangereuse?" *Le Nouvel Observateur*, 3—9 January 1986, 20—27。

21. Gilles Anquetil 攻击 Moati，见"Les socialistes de 1981...", *Le Nouvel Observateur*, 3—9 January 1986, 21。

22. Julliard, "Cette souris est-elle dangereuse?" 21。

23. Pierre Daix, "Une démission de la France", *Le Nouvel Observateur*, 7 August 1982, 21。

24. Bernard-Henri Lévy, "Anti-américanisme primaire", *Le Matin de Paris*, 3 August 1982, 11。

25. 关于知识界的沉默，请见 Max Gallo, "Les intellectuels, la politique et la modernité", *Le Monde*, 26 July 1983, 7; Philippe Boggio, "Le silence des intellectuels de gauche", *Le Monde*, 23 July 1983, 1, 6, 及 28 July 1983, 6; Jean-Denis Bredin, "Les intellectuels et le pouvoir socialiste", *Le Monde*, 22 December 1981, 1, 5, 12。关于具体分析，请见 Diana Pinto, "The Left, the Intellectuals and Culture", 载于 *The Mitterrand Experiment*, ed. George Ross, Stanley Hoffmann, and Sylvia Malzacher (Oxford: Polity Press, 1987), 217—228。

26. 本段引语来自 Lang, "Ne confondons pas les artistes et les multinationals", 7 August 1982, quoted in Monnerie, *Nouvel Observateur*, 13。另见 Jack Lang, "Jack Lang, 'Je ne suis pas anti-américain'", 与 Richard Liscia, Jean-Vincent Richard 和 Jérôme Garcin 的会谈, *Les Nouvelles Littéraires*, 28 October 1982, 10—12。

27. Samuel Freedman, "French Minister Cites U. S. Cultural Influence", *New York Times*, 16 November 1984, C26。

28. Loosley, *Politics*, 90。

29. Urfalino, "De l'anti-impérialisme américain", 847。

30. Diana Pinto, "Mitterrand, Lang and the Intellectuals", *Conference Group on French Politics and Society Newsletter*, May 1983, 10—12。

31. Raymond Sokolov, "Junket of the Year: 'Les Intellos'", *Wall Street Journal*, 15 February 1983, 32。

32. "Les intellectuels français réspondent", *Le Matin*, 18 February 1983, 3—4。

33. Pinto, "Mitterrand", 12。

34. Loosley, *Politics*, 158。

35. 有关朗和视听产业的信息主要来自于 Loosley, *Politics*, 197—221; Hunter, *Les Jours*, 158—162, 205—214, 290—297; Kerry Segrave, *American Television Abroad: Hollywood's Attempt to Dominate World Television* (Jefferson, NC: McFarland, 1998), 175—211。参考的相关文献还包括 Shaun O'Connell, "Television without Frontiers: The European Union's Continuing Struggle for Cultural Survival", *Case Western Reserve Journal of International*

405

Law 28（1996）: 501—531; C. Anthony Gifford, "Culture versus Commerce: Europe Strives to Keep Hollywood at Bay", 载于 *Kazaam! Splat! Ploof! The American Impact on European Popular Culture since 1945*, Sabrina Ramet 和 Gordana Crnković编（Lanham, MD: Rowman and Littlefield, 2003）, 37—54。

36. Hunter, *Les Jours*, 159。

37. Wendy Pfeffer, "Intellectuals Are More Popular in France: The Case of French and American Game Shows", 载于 *The Americanization of the Global Village*, ed. Roger Rollin（Bowling Green, Ohio: Bowling Green State University Press, 1989）, 29。

38. Cartoon, *Le Monde*, 9—10 August 1987, 11。

39. Jacques Delors, 引自 Philip Schlesinger, "Europe's Contradictory Communicative Space", *Daedalus* 123（1994）: 31。

40. Jack Lang, 引自 Segrave, *American Television*, 208。

41. Max Gallo, 引自 Hunter, *Les Jours*, 292。

42. Peter Riddell, "Fears of 'Fortress Europe' Resurface in U. S. ", *Financial Times*, 18 October 1989, 7。

43. Gifford, "Culture versus Commerce", 48。

44. O'Connell, "Television without Frontiers", 507。

45. Segrave, *American Television*, 200。

46. 数据来源于法国国家电影中心, 报道见于 Jacques Buob, "Culture: l'assaut américain", *L'Experess*, 7—13 October 1993, 73。

47. 有关朗推动流行文化的信息, 请见 Hunter, *Les Jours*, 173, 191—197, 201—204。

48. Sharon Waxman, "Allons Enfants! Le Jour de rock est arrivé!" *Washington Post*, 8 April 1990, G1, G5。

49. 密特朗的顾问雷吉斯·德布雷告诉一位美国记者。详见 Hunter, *Les Jours*, 157。朗承认没有取得权威人士的同意。

50. Freedman, "French Minister Cites U. S. Cultural Influence"。另见 Philippe Gavi, "New Deal audiovisual entre la France et les USA", *Libération*, 21 November 1984, 16。

51. 本段引语来自 Jack Lang, "The Higher the Satellite, the Lower the Culture", *New Perspectives Quarterly*, Fall 1991, 42—44。

52. Suffert, *Les Nouveaux Cow-boys*, 9。

53. 试图描述知识界的文献见 Rémy Rieffel, *La Tribu des clercs: les intellectuels sous La Ve République, 1958—1990*（Paris: Éditions Calmann-Lévy, 1993）。

54. Pierre Grémion, "Ecrivains et intellectuels à Paris", *French Politics and Society* 16

406

（1998）：5。也可见 Pierre Grémion, *Paris-Prague*（Paris：Éditions Julliard, 1985）。

55. 作为主要主题，出现在 Michael Scott Christofferson, *French Intellectuals against the Left*（New York：Berghahn, 2004）。

56. 见 Jean-Philippe Mathy, *Extrême-Occident：French Intellectuals and America*（Chicago：University of Chicago Press, 1993）。

57. 见 *Tel Quel*, nos. 71—73（1977）。

58. "L'Américain Connection, ou un peau-rouge en France", *Le Canard Enchaîné*, 10, 17, 24, 31 August 及 6 September 1977。

59. Diana Pinto, "De l'anti-américanisme à l'américanophilie：l'itinéraire de l'intelligentsia", *French politics and Society 9*（1985）：19—26。虽然对崇拜美国心理的叙述有些夸张，但是这篇文章有利于了解此处。也可见 Diana Pinto, "The French Intelligentsia Rediscovers America", 载于 Lacorne, Rupnikt 和 Toinet 编：*The Rise and Fall of Anti-Americanism*, 97—107；Pinto, "The Left, the Intellectuals, and Culture"。

60. Edgar Morin, *Journal de Californie*（Paris：Éditions du Seuil, 1970）。

61. Jean-François Revel, *Ni Marx, ni Jésus：de la seconde révolution américaine à la seconde révolution mondiale*（Paris：Éditions Robert Laffont, 1970）, translated by J. F. Bernard as *Without Marx or Jesus：The New American Revolution Has Begun*（Garden City, NY：Doubleday, 1971）。30 年后的"9·11"事件之后，勒维尔重新谴责反美主义，见 Jean-François Revel, *L'Obsession anti-américaine*（Paris：Plon, 2002）。

62. Louis Pinot, *L'Intelligence en action：le Nouvel Observateur*（Paris：Éditions A. -M. Métailié, 1984）, 195—199。

63. 若想了解有关美国大学对左派的影响，请见 Jean Daniel, "Les mythes américains de la gauche française", 载于 *Le Reflux américain：décadence ou renouveau des Etats-Unis?*（Paris：Éditions du Seuil, 1980）, 111—113。

64. Michel Crozier, *La Sociéte bloquée*（Paris：Éditions du Seuil, 1970）, 由 Rupert Swyer 翻译为英文版 *The Stalled Society*（New York：Viking, 1973）。虽然他对美国抱有好感，但是 1970 年代末却批评美国自大而狭隘，见 Michel Crozier, *Le Mal américain*（Paris：Éditions Fayard, 1980）, 由 Peter Heinegg 翻译为英文版 *The Trouble with America*（Berkeley and Los Angeles：University of California Press, 1984）。

65. Daniel, "Les mythes américains", 109—110。

66. Jacques Arnault, "Réalités américaines", *L'Humanité*, 18—20, 25—28 January 1972, 2。

67. Jacques Chirac, *Discours pour la France à l'heure du choix：la lueur de l'espérance*（Paris：Livre de Poche, 1981）, 392, 398—401。

68. 作为这种潮流的标志，戴高乐的前部长 Alain Peyrefitte 在 1976 年出版了一本畅销

407

书：*Le Mal français*（Paris：Plon，1976），由 William R. Byron 翻译为英文版 *The Trouble with France*（New York：Knopf，1981）。文中建议实行一个更加开放的社会和在经济教育方面更具有竞争力的实践，这促使很多评论员认为戴高乐主义者正在屈服于美国模式。

69. Jean-Pierre Chevènement，"Pour l'indépendence nationale"，*Le Monde*，11 May 1983，2。

70. Anicet Le Pors，*Marianne à l'encan*（Paris：Éditions Sociales，1980），201。

71. Robert Solé，"M. Jean-Paul Sartre exprime..."，*Le Monde*，24 September 1977，4。

72. Jacques Thibau，*La France colonisée*（Paris：Éditions Flammarion，1980），267。

73. Michel Jobert，*Les Américains*（Paris：Éditions Albin Michel，1987），105。

74. Jobert，*Les Américains*，177。

75. 主要的参考资料包括：Anne-Marie Duranton-Crabol，*Visages de la nouvelle droite：le GRECE et son histoire*（Paris：Presses de Sciences Po，1988）和 Pierre-André Taguieff，*Sur la nouvelle droite：jalons d'une analyse critique*（Paris：Éditions Descartes et Cie，1994）。

76. 当路易士·鲍维尔于1981年后担任《费加罗》杂志主编并且推行里根主义和大西洋主义之后，欧洲文明研究学习联盟和《费加罗》杂志分道扬镳。见 Duranton-Crabol，*Visages*，228—229。

77. Alain de Benoist，引自 Taguieff，*Sur la nouvelle droite*，57。

78. Guillaume Faye，"La culture-gadget"，*Eléments* 46（1983）：11。

79. Quoted by Taguieff，*Sur la nouvelle droite*，303。

80. Cercle Héraclite，"La France de Mickey"，*Eléments* 57—58（1986）：9。

81. Jean-Louis Cartry，"French Culture kaput?" *Le Figaro Magazine*，23 February 1980，85。

82. Cercle Héraclite，"La France de Mickey"，8。

83. 引自 Taguieff，*Sur la nouvelle droite*，302。

84. Alain de Benoist，*Europe，Tiers Monde，même combat*（Paris：Éditions Robert Laffont，1986），219。也可见 Alain de Benoist，转引自 Alain Rollat，"Le GRECE prêche la 'guerre culturelle' contre la civilization 'américanooccidentale'"，*Le Monde*，20 May 1981，10。

85. Alain de Benoist，引自 Duranton-Cabrol，*Visages*，209。

86. Cercle Héraclite，"La France de Mickey"，8。

87. Olivier Dard，"La nouvelle droite et la société de consommation"，*Vingtième Siècle* 91（2006）：127。

88. Faye，"La culture-gadget"，2，5—12。

89. Taguieff，*Sur la nouvelle droite*，302。

90. Henri Gobard，*La Guerre culturelle，logique du désastre*（Paris：Éditions Copernic，1979），83。

91. Jean-Marie Benoist, *Pavane pour une Europe défunte*（Paris：Éditions Halllier, 1976），87—89。

92. 以下鲍德里亚的引语来自美国版本，否则会予以注明：Jean Baudrillard, *America*, Chris Turner 译（London：Verso, 1988）。原著：*Amérique*（Paris：Éditions Bernard Grasset, 1986）。1991 年在纽约大学召开的一次会议上，鲍德里亚重新阐述了自己的观点，见 "L'Amérique, de l'imaginaire au virtuel"，载于 *L'Amérique des Français*, Christine Fauré 编 Tom Bishop 编（Paris：Éditions F. Bourin, 1992），29—36。

93. 见 Robert Hughes, "Patron Saint of Neo Pop", *New York Review of Books*, 1 June 1989, 29—32；也见 Richard Poirier, "America Deserta", *London Review of Books* 11 (1989)：3, 5, 6。

94. Baudrillard, "L'Amérique, de l'imaginaire au virtuel", 33。Jacques Meunier, "Le roi Baudrillard au pays des Yankees", *Le Monde*, 28 February 1986, 13, 嘲讽《美国》自负、陈腐和好说教。

95. Baudrillard, "L'Amérique, de l'imaginaire au virtuel", 34。

96. 同上，35。

97. Julliard, "Cette souris est-elle dangereuse?" 20。激发这种言论的原因是社会党政府宣布迪斯尼公司将会在巴黎郊区建立一个新的主题公园，而虽然他讨厌迪斯尼公园，但是朱利亚对此表示接受，这标志着他与雅克·朗早期政策的决裂。

98. Jacques Julliard, 引自 Régis Debray, "Confessions d'un antiaméricain", 载于 Fauré and Bishop, eds., *L'Amérique des Français*, 199。

99. Guy Scarpetta, "L'Anti-américanisme primaire", *Le Monde*, 5 November 1980, 2。

100. 见 Konopnicki, "A des années-lumière" 和 "Le poison français"。

101. Nicolas Beau, "Les Français de l'oncle Sam", *Le Monde*, 4—5 November 1984, iii—iv。

102. Meunier, "Le roi Baudrillard", 13。

103. Dominique Moïsi, "Le déclin de l'anti-américanisme", *Le Figaro*, 11 November 1984, 14。在所发行的一期有关美国的特刊中（30 June 1986），《观点》呈现了一个以雅皮士为代表的更加宽容、自由和乐观的社会，并包括了对罗纳德·里根的一次访谈。

104. Alain-Gérard Slama, "Anti-américanisme：la fin d'un mythe?", *Politique international* 37 (1987)：26。

105. 如，见 Paul Gagnon, "French Views of Postwar America, 1919—1932"（PhD diss., Harvard University, 1960），在下文中，他做出总结 "French Views of the Second American Revolution", *French Historical Studies* 4 (1962)：431—449；也见 David Strauss, *Menace in the West：The Rise of French Anti-Americanisme in Modern Times*（Westport, CT：

409

Greenwood，1978）。

106. Michel Winock，"'U. S. go Home'：l'antiaméricanisme français"，*L'Histoire* 50（1982）：7—20。Winock 回应了早期对罗纳德·里根的担忧和新右派的产生。

107. 这些研讨会的资料包括：Danis Lacorne，Jacques Rupnik，and Marie-Françe Toinet，eds.，*L'Amérique dans les têtes：un siècle de fascinations et d'aversions*（Paris：Hachette，1986），translated by Gerry Turner as *The Rise and Fall of Anti-Americanism：A Century of French Perception*（New York：St. Martin's，1990）；Fauré 和 Bishop 编，*L'Amérique des Français*。一些近期研究包括：Philippe Roger，*The American Enemy：The History of French Anti-Americanism*，Sharon Bowman 译（Chicago：University of Chicago Press，2005）；Mathy，*Extrême-Occident*；Philippe Roger，*Rêves et cauchemars américains：Les Etats-Unis au miroir de l'opinion publique française，1945—1953*（Villeneuve d'Ascq，France：Presses universitaires du septentrion，1996）；Jacques Portes，*Fascination and Misgivings：The United States in French Opinion，1870—1914*，Elborg Forster 译（Cambridge：Cambridge University Press，2000）；Seth Armus，*French Anti-Americanism，1930—1948*（Lanham，MD：Lexington Books，2007）；Revel，*L'Obsession anti-américaine*；Pierre Rigoulot，*L'Antiaméricanisme：critique d'un prêt-à-penser rétrograde et Chauvin*（Paris：Éditions Robert Laffont，2004）；Richard Kuisel，"The Gallic Rooster Crows Again：The Paradox of French Anti-Americanism"，*French Politics，Culture and Society* 19（2001）：1—16；and Sophie Meunier，"Anti-Americanism in France"，*French Politics，Culture and Society* 23（2005）：126—141。

108. 见 Marie-France Toinet，"Does Anti-Americanism Exist?"，载于 Lacorne，Rupnik 和 Toinet 编，*The Rise and Fall of Anti-Americanism*，219—235；Marie-France Toinet，"French Pique and Piques Françaises"，*Annals of the American Academy of Political and Social Science* 497（1988）：133—141。

109. 使用心理学解释的作品包括：André Kaspi，"By Way of Conclusion"，载于 Lacorne，Rupnik 和 Toinet 编，*The Rise and Fall of Anti-Americanism*，336—343；及 Pierre Guerlain，*Miroirs transatlantiques：La France et les Etats-Unis entre passions et Indifférences*（Paris：Éditions L'Harmattan，1996）。

110. 真正令这些专家感到费解的是，确定美国形象的来源是媒体、教育、知识分子、政治家、人们的日常交流（或其他交流）还有时尚。

111. Kaspi，"By way of Conclusion"，242。

112. Jacques Rupnik 和 Muriel Humbertjean，"Image of the United States in Public Opinion"，载于 Lacorne，Rupnik 和 Toinet 编，*The Rise and Fall of Anti-Americanism*，79。也可见 Jacques Rupnik，"Anti-Americanism and the Modern：The French Image of the United States in French Public Opinion"，载于 *France* 和 *Modernisation*，John Gaffney 编（Aldershot，Eng-

land：Avebury，1988），189—205。室内游戏的参考资料来自于 Pierre Guerlain，"Dead A-gain：Anti-Americanism in France"，*French Cultural Studies* 3（1992）：201。

113. Michel Crozier，"Remarques sur l'antiaméricanisme des Français"，载于 Fauré 和 Bishop 编，*L'Amérique des Français*，197。

114. Franz-Oliver Giesbert 和 Jacques Mornand，"Pourriez-vous vivre à l'américaine?"，*Le Nouvel Observateur*，14 September 1984，46—50。

115. Diana Pinto 对此进行了详细的介绍，请见 "De l'anti-americanisme a l'américano-philie"。

116. Léo Sauvage，*Les Américains：enquête sur un mythe*（Paris：Bibliothèque Mazarine，1983），70。

117. Suffert，*Les Nouveaux Cow-boys*，172。

118. 同上，235。

119. 同上，8。

120. Jean-Jacques Servan-Schreiber，"Défi et autre défi"，*Le Monde*，4—5 November 1984，iv。Servan-Schreiber 支持所谓的美国技术的新形式——尤其是计算机——作为推动法国现代化的方式。

121. Alain Minc，*L'Avenier en face*（Paris：Éditions du Seuil，1984）。

122. Pierre Nora，"Le Fardeau de l'histoire aux Etats-Unis"，载于 *Mélanges Pierre Renouvin：études d'histoire des relations internationals*（Paris：Presses universitaires de France，1966），51—74。关于他在美国的游访，请参见新传记：François Dosse，*Pierre Nora：Homo historicus*（Paris：Éditions Perrin，2011）：93—97。

123. Pierre Nora，"America and the French Intellectuals"，*Daedalus* 107（1978）：334。

124. 同上，325。

125. Pierre Nora，"La fascination de l'Amérique"，*L'Histoire* 91（1986）：5。

126. 同上。

127. Jean-Marie Domenach，"Le monde des intellectuels"，载于 *Société et culture de la France contemporaine*，Georges Santoni 编（Albany：State University of New York Press，1981），331—332。

128. Jean-Marie Domenach，*Le Crépuscule de la culture française?*（Paris：Plon，1995），191。

129. 本段引文来自 Domenach，*Le Crépuscule*，192。

130. 同上，191。

131. 同上，185。

132. Jean-Marie Domenach，"Dieu est moderne"，*L'Expansion*，19 October—1 November

411

1984，261。

133. Jean-Marie Domenach，"Aider plutôt que défendre"，*Le Monde*，10 October 1981，2。

134. Jean-Marie Domenach，*Europe*，*le défi culturel*（Paris：La Découverte，1990）；128—129。

135. Régis Debray，"Confessions d'un antiaméricain"，载于 Fauré 和 Bishop 编，*L'Amérique des Français*；该文还被命名为"Pour en finir avec l'antiaméricanisme"，*L'Evénement du jeudi*，4 July 1991，iii-iv。

第三章 幻影与敌对：密特朗与里根—布什

1. Evan Galbraith，*Ambassador in Paris：The Reagan Years*（Washington，DC：Regnery Gateway，1987），110。

2. Roland Dumas，*Affaires étrangères*，*1981—1988*（Paris：Éditions Fayard，2007），94。Galbraith 在巴黎面向美国观众的讲话中提出法国会想办法在新的社会党总统执政下寻求出路。

3. Renata Fritsch-Bournazel，"France：Attachment to a Nonbinding Relationship"，载于 *The Public and Atlantic Defense*，Gregory Flynn 和 Hans Rattinger 编（Totowa NJ：Rowman and Allanheld，1985），97。

4. 43% 的法国人依赖于电视获取欧美关系的信息，14% 的法国人依赖于报纸，其余的人从收音机、杂志和朋友等途径获取信息。教育水平低的法国人更多地依赖于电视（48%），而不是报纸（12%）；教育水平高的从报纸获取信息（24%），而不是电视（19%）；见 Steven Smith 和 Douglas Wertman，*U. S. -West European Relations during the Reagan Years*（New York：St. Martin's，1992），193—197。

5. Leo Crespi，*Trends in Foreign Perceptions of U. S. Power*，26 March 1981，U. S. International Communications Agency（此后缩写为 USICA）Office of Research，National Archives，RG 306，USIA，Reports of the Office of Research，1964—1982，box 28，1981 reports。

6. Fritsch-Bournazel，"France：Attachment"，74。

7. 同上，93—96。根据 1983 年 2 月的 SOFRES 的民意调查，只有 29% 的法国人相信与美国的军事联盟能够保证国家安全，57% 的法国人更支持中立或者独立于美国的西方联盟。见 Elizabeth Hann Hastings 和 Philip Hastings 编，*Index to International Public Opinion*，*1983—1984*（New York：Survey Research Consultants International/Greenwood，1985），200。

8. Leo Crespi，*Trends in U. S. Standing in West European Public Opinion*，February 1982，USICA Office of Research，National Archives，RG 306，USIA，Reports of the Office of Research，1964—1982，box 29，1982 Reports。

9. Régis Debray，"The Third World：From Kalashnikovs to God and Computers"，采访，

412

New Perspectives Quarterly 3，no. 1（1986）：25—28。也可见 Régis Debray，*Les Empires contre l'Europe*（Paris：Éditions Gallimard，1985）。

10. Natalie La Balme，"L'Influence de l'opinion publique dans la gestion des crises"，载于 *Mitterrand et la sortie de la guerre froide*，Samy Cohen 编（Paris：Presses universitaires de France，1998），409—426。

11. François Mitterrand，*Ici et maintenant*（Paris：Éditions Fayard，1980），242。

12. Socialist Party 和 François Mitterrand，引自 Philip Gordon，*A Certain Idea of France：French Security Policy and the Gaullist Legacy*（Princeton，NJ：Princeton University Press，1993）107。关于安全问题，本书主要参考了 Gordon 的文献。

13. Mitterrand，*Ici et maintenant*，241—242。

14. François Mitterrand，引自 Gordon，*Certain Idea*，131。

15. Hubert Védrine，*Les Mondes de François Mitterrand：à l'Elysée 1981—1985*（Paris：Éditions Fayard，1996），163。

16. Frédéric Bozo 和 Guillaume Parmentier，"France and the United States：Waiting for Regime Changes"，*Survival* 49（2007）：181—198。

17. François Mitterrand，引自 Védrine，*Les Mondes*，184。

18. Galbraith，*Ambassador*，48，113。Galbraith 对社会党的政策感到吃惊，一时间"在法国，成为亲美主义者是一种时尚"。

19. François Mitterrand，"Excerpts from an interview with François Mitterrand"，by James Reston，*New York Times*，4 June 1981，A14。

20. Jacques Attali，*Verbatim*，vol. 1，*Chronique des années 1981—1986，première partie，1981—1983*（Paris：Éditions Fayard，1995），62—66。有关布什对巴黎访问的资料，详见 Vincent Nouzille，*Dans le Secret des présidents：CIA，Maison-Blanche，Elysée，les dossiers confidentiels*，vol. 2，1981—2010（Paris：Éditions Fayard，2010），19—42。

21. Védrine，*Les Mondes*，249。

22. Attali，*Verbatim*，1：86。Attali 并不是一个可靠的信息源，因此此处必须予以谨慎。许多美国官员发现他武断、自大并且是一位反美主义者。关于此次间谍事件，请见 Pierre Favier 和 Michel Martin-Rolland，*La Décennie Mitterrand*，vol. 1，*Les Ruptures，1981—1984*（Paris：Éditions du Seuil，1990），94—96；Franz-Olivier Giesbert，*François Mitterrand，une vie*（Paris：Éditions du Seuil，1996），354—355。

23. Attali，*Verbatim*，1：87。

24. Jean Lacouture，*Mitterrand：une histoire de Français*，vol. 2，*Les Vertiges du sommet*（Paris：Éditions du Seuil，1988），52。

25. Giesbert，*François Mitterrand*，365。

413

26. Lou Cannon, *President Reagan: The Role of a Lifetime* (New York: Public Affairs, 2000), 409。

27. Robert Rudney, "Mitterrand's New Atlanticism: Evolving French Attitudes toward NATO", *Orbis* 28, no.1 (1984): 87; Gordon, *Certain Idea*, 121。

28. Védrine, *Les Mondes*, 256。

29. 若需详细了解法国安全政策的分析，请见 Gordon, *Certain Idea*, 第 5 章和第 6 章。

30. 据一位专家称，国防部长 Hernu "公开承认快速反应部队在欧洲的任何行动即使是在北约规定之外，都将自动听从欧洲盟军最高司令的指挥并由北约提供空军支持与后勤支持"。Rudney, "Mitterrand's New Atlanticism", 90。

31. François Mitterrand, *Réflexions sur la politique exterieure de la France* (Paris: Éditions Fayard, 1986), 9。

32. Claude Cheysson, "French Defense Policy and the U. S. ", *Wall Street Journal*, 25 February 1983, 26。

33. Defense official, 引自 Rudney, "Mitterrand's New Atlanticism", 85。

34. Samuel Wells, "France and NATO under Mitterrand, 1981—1989", 载于 *La France et l'OTAN, 1949—1996, actes du colloque... 1996*, Maurice Vaïsse, Pierre Mélandri 和 Frédéric Bozo 编 (Brussels: Éditions Complexe, 1996), 560; Gordon, *Certain Idea*, 119。

35. Richard Ullman, "The Covert French Connection", *Foreign Policy* 75 (1989): 3—33。

36. Jolyon Howorth, "Renegotiating the Marriage Contract: Franco-American Relations since 1981", 载于 *Coming In from the Cold War*, Sabrina Ramet 和 Christine Ingebritsen 编 (Lanham, MD: Rowman and Littlefield, 2002), 75。

37. "La conférence de presse du Président de la République", *Le Monde*, 11 June 1982, 9。

38. 关于 Chirac 和 Giscard 的采访，详见 Jim Hoaglan, "Gaullist Endorses Reagan on Missiles", *Washington Post*, 14 January 1983, A21; Michael Dobbs, "Giscard Urges Phased Deployment", *Washington Post*, 8 April 1983, A14。一位保卫共和联盟专家甚至建议在和平时期建立一个盟国间的指挥团队以便于在战争开始前能够具有行动能力。"M. Aurillac favorable au déploiement...", *Le Monde*, 10 August 1983, 7, 认为这 "纯粹" 意味着法国与北约重新合作而与戴高乐主义决裂。

39. Michael Harrison, "Mitterrand's France in the Atlantic System: A Foreign Policy of Accommodation", *Political Science Quarterly* 99, no. 2 (1984): 225—226。

40. 关于法国共产党的分歧，见 Rudney, "Mitterrand's New Atlanticism", 95。法国共产党站在苏联的一边，认为核威慑力量应该被列入北约的军火库，而密特朗则坚决反对。

41. 如见 Alain Besançon, "Reagan entre deux mandats", *L'Express*, 9—15 November 1984, 30。

414

42. 关于中程导弹部署和美国领导的意见，见 USICA, *West European Opinion on Security Issues*, October 1981, USICA Office of Research, National Archives, RG 306, USIA, Reports of the Office of Research, 1964—1982, box 29, 1981 Reports；也见 Crespi, *Trends in U. S. Standing*, February 1982, 1982 Reports。根据一项 SOFRES 的调查，对于中程导弹部署的支持/反对/无意见的比例分别为：33：33：34，见 Daniel Vernet, "Les Français préfèrent M. Reagan au 'reaganisme'", *Le Monde*, 6 November 1984, 1, 6。

43. 根据 1983 年 5 月 Louis Harris 的调查，虽然苏联部署的 SS-20s 仍然存在，却有 44% 的法国人反对安装潘兴 II。见 Fritsch-Bournazel, "France: Attachment", 89。

44. Lacouture, *Mitterrand*, 2：132。

45. Gordon, *Certain Idea*, 119。

46. Bernard Guetta 和 Jean-Yves Lhomeau, "Accord franco-américain sur la reprise du dialogue avec l'Union soviétique", *Le Monde*, 24 March 1984, 1, 3。

47. Henri de Kergorlay 和 Denis Legras, "Reagan-Mitterrand: assaut de courtoisie", *Le Figaro*, 23 March 1984, 4。

48. Jean-Yves Lhomeau, "Quarante-huit heures consacrées aux industries de pointe et à la recherché technologique", *Le Monde*, 27 March 1984, 4。

49. "La visite du Président de la République aux Etats-Unis", *Le Monde*, 24 March 1984, 3.

50. "Mitterrand Leaving Problems Behind", *New York Times*, 21 March 1984, A14。

51. De Kergorlay 和 Legras, "Reagan-Mitterrand", 4。

52. Védrine, *Les Mondes*, 250。

53. Frédéric Bozo, "Before the Wall: French Diplomacy and the last Decade of the Cold War, 1979—1989," 载于 *The Last Decade of the Cold War*, ed. Olav Njølstad (London: Frank Cass, 2004), 288—316。

54. 所有引语均来自 Bozo, "Before the Wall", 292—295。一位官员写道："虽然西方的团结（不可或缺）……（大西洋）联盟（不应）成为服务于美国的联盟。"

55. 关于第三世界主义政策，请见 Marie-Claude Smouts, "La France et le Tiers-Monde ou comment gagner le sud sans perdre le nord", *Politique étrangère* 50, no. 2 (1985): 339—357。

56. Dumas, *Affaires étrangères*, 78—79。1981 年密特朗在墨西哥谈到第三世界时称，"如果没有社会公正，就不是也不会有政治稳定性。当一个社会的不平等、不公平和落后的状况越来越严重时，无论原有的秩序如何进行压制，都不会阻止人民的起义。东西方的纠纷不能解释这片'受诅咒的土地'为解放而战，但是却能帮助他们解决斗争。"见 Mitterrand, *Réflexions*, 316。

57. U. S. Department of State, *French Public Opinion on Current Issues*, 2 April 1985, De-

partment of State Office of Research，1983—1987，National Archives，RG 306，box 6，1985 Briefing Papers；Sara Pais，"Plus ça change... ça change：A Survey of French-American Attitudes"，*France Magazine* 6（1986）：7。

58. George Schultz，*Turmoil and Triumph*（New York：Scribner's，1993），300。

59. 关于里根通过"阿波罗计划"阻止密特朗援助桑地诺解放阵线的资料，见 Vincent Jauvert，"Mitterrand dans les dossiers secrets de la Maison-Blanche"，*Le Nouvel Observateur*，22 August 2010，32—35。

60. John Vinocour，"Mitterrand Asks Streamlining of Annual Economic Meeting"，*New York Times*，12 October 1982，A 14。

61. USIA，*French Public Opinion on Economic Summit Issues*，18 April 1984，Office of Research，USIA，National Archives，RG 306，USIA，Research Memorandum，1983—1987，box 3，1984；Smith 和 Wertman，*U. S. -West European Relations*，224—229；L'Institut Français d'Opinion Publique（此后缩写为 IFOP）民意调查，September 1981，转引自 Fritsch-Bournazel，"France：Attachment"，92。1986 年，盖洛普的一次民意调查中问两国最大的分歧是什么，排在第一位的是美元汇率，其后是拉丁美洲的问题、油价和非洲问题。见 Pais，"Plus ça change"，7。

62. SOFRES 民意调查，November 1982，报道见于 Hastings 和 Hastings 编，*Index to International Public Opinion*，*1983—1984*，214。

63. Smith 和 Wertman，*U. S. -West European Relations*，225。

64. Alan Dobson，"The Reagan Administration，Economic Warfare，and Starting to Close Down the Cold War"，*Diplomatic History* 29（2005）：531—556。

65. 见 Antony J. Blinken，*Ally versus Ally：America，Europe，and the Siberian Pipeline Crisis*（New York：Praeger，1987）。

66. USIA，*French Public Opinion on Economic Summit Issues*。针对限制高科技贸易问题，意见不一。

67. 欲了解一位内部人士对峰会犀利的评价，见 Dumas，*Affaires étrangères*，81—95。欲了解欧洲就制裁问题的立场，见 Holly Wyatt-Walter，*The European Community and the Security Dilemma*，*1979—1992*（New York：St. Martin's，1997），76—81。

68. Vedrine，*Les Mondes*，297 及以下诸页。

69. James Goldsborough，"Warfare among the Allies"，*New York Times*，20 July 1982，A23。

70. Claude Julien，"Une diplomatie écartelée"，*Le Monde diplomatique*，August 1982，1，9；Claude Briançon，"Gazoduc"，*Libération*，18 July 1982，9。

71. Schultz，*Turmoil and Triumph*，145。

72. Blinken，*Ally versus Ally*，105。

73. Mauroy 办公室和 Védrine 的引语来自 Védrine, *Les Mondes*, 220—222。

74. Favier and Martin-Roland, *La Décennie Mitterrand*, 1：263。

75. Claude Cheysson, 引自 Védrine, *Les Mondes*, 221。

76. 同上, 225

77. Blinken, *Ally Versus Ally*, 109。

78. IFOP, November 1981, 转引自 Fritsch-Bournazel, "France：Attachment", 90。

79. SOFRES 民意调查, November 1982, 报道见于 Hastings 和 Hastings 编, *Index to International Public Opinion*, *1983—1984*, 201。

80. Louis Harris 民意调查, September 1982, 转引自 Fritsch-Bournazel, "France：Attachment", 97。

81. Attali, *Verbatim*, 1：692。

82. Védrine, *Les Mondes*, 243。

83. Ronald Reagan, *The Reagan Diaries* (New York：HarperCollins, 2007), 156。

84. Attali, *Verbatim*, 1：693。Attali 称他没有告诉密特朗这个威胁, 因为担心法国总统会立刻拒绝谈判, 并导致自 1966 年法国离开北约的综合指挥以来, 法美关系最严重的危机。

85. 官员后来称法国不是日内瓦谈判的参与者, 没有义务负责日本的防御。

86. Favier 和 Martin-Rolland, *La Décennie Mitterrand*, 1：279。

87. Maurice Delarue, "La déclaration de Williamsburg...", *Le Monde*, 31 May 1983, 1, 6。

88. Védrine, *Les Mondes*, 247。

89. 同上, 175, 179。

90. Attali, *Verbatim*, 1：85。

91. 同上, 1：697。

92. USIA, *West European Opinion of the U. S. Remains More Favorable...*, 13 November 1987, USIA, Research Memorandum, National Archives, RG 306, box 7, 1987; Smith 和 Wertman, *U. S. -West European Relations*, 116—118。

93. Smith 和 Wertman, *U. S. -West European Relations*, 116—118。

94. 好印象与坏印象的比例从 1982 年的 30：51 上升到 1984 年 3 月的 40：38, 1985 年 11 月的43：27。SOFRES 民意调查, 报道见于 Elizabeth Hann Hastings 和 Philip Hastings 编, *Index to International Public Opinion*, *1984—1985* (New York：Survey Research Consultants International/Greenwood, 1986), 232; Elizabeth Hann Hastings 和 Philip Hastings 编, *Index to International Public Opinion*, *1985—1986* (New York：Survey Research Consultants International/Greenwood, 1987), 223。

417

95. Smith 和 Wertman，*U. S. -West European Relations*，125。

96. 据报道，法国人支持一次更为有力的铲除卡扎菲的行动，而拒绝"牛刀小试"。欲了解法国强硬的态度，见 Bernard Guetta，"Les grande manoeuvres du Président Reagan"，*Le Monde*，23 April 1986，1—2；及 William Safire，"Vive le Pinprick"*New York Times*，18 April 1986，A 35。欲了解当代对法国政策的详细介绍，见 Michel Colomès，Kosta Christitch 和 Jean Joulin，"Reagan：objectif Kadhafi"，*Le Point*，21 April 1986，27—34。

97. Jacques Chirac，*Mémoires：chaque pas doit être un but*，vol. 1（Paris：NiL Editions，2009），344。

98. Dumas，*Affaires étrangères*，320—321。

99. Judeth Miller，"America's Ire Leaves the French in a Pique"，*New York Times*，1 May 1986，A9。

100. 调查数据来源于"Gallup Poll finds the French Approve of U. S. Raid on Libya"，*New York Times*，20 April 1986，14；以及 Smith 和 Wertman，*U. S. -West European Relations*，205—211。

101. Jérôme Dumoulin，"Libye：la loi de la guerre"，*L'Express*，18—24 April 1986，36。

102. Marc Kravetz，"Autopsie d'une guerre annoncée"，*Libération*，16 April 1986，3；André Fontaine，"Une lutte de longue haleine"，*Le Monde*，16 April 1986，1，3。

103. 有关密特朗对其反对 SDI 原因的解释，见 Mitterrand，*Reflexions*，50—66。也可见 Rachel Utley，*The French Defense Debate：Consensus and Continuity in the Mitterrand Era*（London：Macmillan，2000），118—122。关于欧洲对 SDI 的解释，见 Robert E. Osgood，"The Implications of SDI for U. S. -European Relations"，载于 *SDI and U. S. Foreign Policy*，Robert W. Tucker，George Liska，Robert E. Osgood 和 David P. Calleo 编，SAIS Papers in International Affairs no. 15（Boulder，CO：westview，1987），59—100；也见于 David P. Calleo，"SDI，Europe，and the American Strategic Dilemma"，在同一卷中，101—126。

104. Jacques Isnard，"M. Mitterrand au salon du Bourget"，*Le Monde*，1 June 1985，24。

105. Pierre Favier 和 Michel Martin-Rolland，*La Décennie Mitterrand*，vol. 2，Les Epreuves（Paris：Éditions du Seuil，1991），300。

106. François Mitterrand，引自 Dumas，*Affaires étrangères*，246。

107. Reagan，*Reagan Diaries*，322。

108. Favier 和 Martin-Rolland，*La Décennie Mitterrand*，2：307。

109. Robert Solé，"M. Reagan reliance les recherches..."，*Le Monde*，25 March 1983，1。

110. Védrine，*Les Mondes*，367。

111. USIA，*West Europeans Expect Little from the November Meeting... SDI Research*，21 October 1985，Office of Research，USIA，National Archives，RG 306，USIA，Regular and

418

Special Reports, 1983—1987, box 6, Briefing Papers; Pais, "Plus ça change", 6。

112. USIA, *West European Attitudes on the Eve of Geneva*, 13 November 1985, Office of Research, USIA, National Archives, RG 306, USIA, Regular and Special Reports, 1983—1987, box 6, Briefing Papers。关于继续法国人对于戈尔巴乔夫和苏联的怀疑主义，见 USIA, *West European Opinion of the U. S. Remains More Favorable...*, 13 November 1987, Office of Research, USIA, National Archives, RG 306, USIA, Regular and Special Reports, 1983—1987, box 7, 1987 Research Memoranda。

113. John Morrison, "Chirac Calls on Western Europe...", *International Herald Tribune*, 3 December 1986, 1。

114. Jean-Pierre Joulin, "Reykjavik: la douche islandaise", *Le Point*, 20 October 1986, 35—37; Michel Tatu, "Washington et Moscou...", *Le Monde*, 16 October 1986, 1—3。 419

115. Chirac, *Mémoires*, 367—368。

116. Utley, *French Defense Debate*, 128。前政策规划首脑蒂埃里·蒙布利亚尔警告华盛顿政府不要屈服于戈尔巴乔夫的"完全去核化"的压力，因为莫斯科的目的一直都没有改变。它仍然想加紧对东欧的控制，并且将霸权扩展到整个欧洲大陆。Thierry de Montbrial, "Security Requires Caution", *Foreign Policy* 71 (1988): 87, 98。

117. François Mitterrand, "La stratégie de la France", interview with Jean Daniel, *Le Nouvel Observateur*, 18—24 December 1987, 23—26。

118. 1987 年的一次民意调查显示，更多的民众认为伊朗和利比亚比苏联更危险。参见 USIA, *Western Europeans Worried... Zero-option*, 17 November 1987, Office of Research, USIA, Nationl Archives, RG 306, USIA, Regular and Special Reports, 1983—1997, box 7, 1987 Research Memoranda。

119. "L'effet Gorbachev", *Le Monde*, 25 February 1988, 12。

120. Smith 和 Wertman, *U. S. -West Europen Relations*, 89—90。

121. Mitterrand, "La stratégie de la France", 25。

122. Lacouture, *Mitterrand*, 2:258。

123. Jacques Attali, *Verbatim*, vol. 2, *Chronique des années 1986—1988* (Paris: Éditions Fayard, 1995), 272。

124. Samuel Wells, "From Euromissiles to Maastricht: The Policies of Reagan-Bush and Mitterrand", 载于 *Strategic Tringle: France, Germany and the United Stated in the Shaping of the New Europe*, Helga Haftendorn, Georges-Henri Soutou, Stephen Szabo 和 Sameul Wells 编 (Washington, DC: Woodrow Wilson Center Press, 2006), 299。

125. Jacques Renard, "Quard l'Amérique doute de Reagan", *L'Express*, 14—20 November 1986, 36。

126. François Schlosser，"Reagan dans le guêpier"，*Le Nouvel Observateur*，28 November—4 December 1986，36—37。

127. "Europe faults Reagan Talk"，*New York Times*，15 November 1986，5。

128. Bernard Guetta，"M. Schulz se pronounce contre de nouvelles livraisons..."，*Le Monde*，18 November 1986，2。

129. Smith 和 Wertman，*U. S. -West European Relations*，216—217。

130. 1985—1986 年，里根获得好感的比例在 60% 左右，而 1986 年中这个比例开始下降，1987 年中跌落到 48%。同时，戈尔巴乔夫获得好感的比例自 1985 年开始稳步上升，甚至到 1987 年开始与美国总统持平。见 Brulé Ville Associés poll，March 1987，载于 "Opinion Roundup"，*Public Opinion* 12，No. 1 (1989)：29。

131. Dominique Moïsi，"French Foreign Policy：The Challenge of Adaptation"，*Foreign Affairs* 67，no. 1 (1988)：155。

132. USIA，*Opinion of Soviets in Industrialized Nations...*，15 July 1988，USIA，Research Memorandum，National Archives，RG 306，box 4，1988。法国人支持和反对的比例为 68：18，西德为 65：24，英国为 70：27。

133. USIA，*American Image in France Remains Positive*，28 January 1988，USIA，National Archives，RG 306，USIA，Regular and Special Reports，1988—1989，box 4，1988 Research Memoranda。

134. Richard Burt，转引自 Wells，"From Euromissiles to Maastricht"。可见 Geir Lundestad，*The United States and Western Europe since 1945* (Oxford：Oxford University Press，2003)，231—232。

135. 如，见里根曾经的一位官员的专栏版，Robert Hormats，"A 'Fortress Europe' in 1992"，*New York Times*，22 August 1988。

136. Wells，"From Euromissiles to Maastricht"，303。

137. Jacques Attali，*Verbatim*，vol. 3，*1988—1991* (Paris：Éditions Fayard，1995)，95。

138. George Bush 和 Brent Scowcroft，*A world Transformed* (New York：Alfred A. Knopf，1998)，74—78。

139. Jean-Pierre Chevènement，引自 Anand Menon，*France，NATO and the Limits of Independence，1981—1997* (New York：St. Martin's，2000)，122。

140. Howorth，"Renegotiating"，77。

141. François Hauter，"Accord pour aider l'Europe de l'Est"，*Libération*，17 July 1989，3。

142. 法国人对美国持好感与反感的比例为 69：23，西德为 79：14，英国为 72：24. 在法国，1987—1989 年对美国持好感态度的平均比例为 69%，1981—1982 年为 54%。见 Smith 和 Wertman，*U. S. -West European Relations*，100。

143. 因为研究需要，Frédéric Bozo 拥有法国总统和外交部的档案，见 Frédéric Bozo，*Mitterrand, the End of the Cold War, and German Reunification*（New York：Berghahn，2009），xxii。这是 Susan Emanuel 的翻译版本，原版是 Bozo 的 *Mitterrand, la fin de la guerre froide et l'unification allemande: de Yalta à Maastricht*（Paris：Éditions Odile Jacob，2005）。另外一个基于档案研究的最新研究同样认为密特朗"虽然担心，但却是德国统一的主要推动者，而不是反对者"。见 Mary Elise Sarotte，*1989: The Struggle to Create Post-Cold War Europe*（Princeton，NJ：Princeton University Press，2009），3。而另一份基于档案资料的研究也同样证明法国没有减缓德国的统一。见 Tilo Schabert，*How World Politics Is Made: France and the Reunification of Germany*（Columbia：University of Missouri Press，2009），xi。批评家中包括美国的内部人士：Robert Hutchings，Philip Zelikow，and Condoleezza Rice。就任于国家安全局的 Hatchings 称和玛格丽特·撒切尔相比，法国方面"更加坚定而有效地运用其微不足道的影响力推迟统一进程"。见 Robert Hutchings，*American Diplomacy and the End of the Cold War*（Washington，DC：Woodrow Wilson Center Press，1997），96；Zelikow 和 Rice 拥有别人无法获得的记录和资料，他们强调了法国方面的不情愿和悲观情绪，但是却未像玛格丽特·撒切尔一样阻挠，见 Philip Zelikow 和 Condoleezza Rice，*Germany Unified and Europe Transformed*（Cambridge，MA：Harvard University Press，1995）。其他的专家则缄默不言。Julius Friend 称密特朗直到 1990 年 1 月才接受统一的不可避免性，并认为密特朗对统一大业的笨拙的处理方式使他失去了法国人民的信任。见 Julius Friend，*The Long Presidency: France in the Mitterrand Years*（Boulder，CO：Westview，1998），211—221。Stanley Hoffmann 强调了法国方面对失去束缚后的德国的担忧并认为密特朗直到 1991 年中的政策"有些古怪"。见 Stanley Hoffmann，"French Dilemmas and Strategies in the New Europe"，载于 *After the Cold War*，Rebert Keohane，Joseph Nye 和 Stanley Hoffmann 编（Cambridge，MA：Harvard University Press，1993），130。Howorth，"Renegotiating the Marriage Contract"，73—96，文中称密特朗高估了能力，没有认识到柏林墙倒塌以后，法国对于美国的不可或缺地位的降级。

144. François Mitterrand，引自 Zelikow 和 Rice，*Germany Unified*，98。

145. Bozo，"Before the Wall"，304—310。

146. Marie-Noëlle Cremieux，*Les Français face à la réunification allemande, automne 1989—automne 1990*（Paris：Éditions L'Harmattan，2004）。

147. Bozo，*Mitterrand, the End of the Cold War, and German Reunification*，130—131。

148. Zelikow 和 Rice，*Germany Unified*，206。Brent Scowcroft 担心"法国方面对欧洲做出长期规划时，似乎并没有重视美国。在他们所构想的欧洲里，似乎北约扮演着静止的角色，甚至是消失了。而西欧联盟作为欧共体防御的组成部分将会接手欧洲安全问题"。见 Bush 和 Scowcroft，*World Transformed*，266。

149. Zelikow 和 Rice, *Germany Unified*, 169。

150. Hutchings, *American Diplomacy*, 150。

151. 同上, 157。

152. Bozo, *Mitterrand, the End of the Cold War, and German Reunification*, 246。Zelikow 和 Rice, *Germany Unified*, 169, 文中强调美国军队留在欧洲对保证美国参与欧洲政治至关重要。正如国务院的一位高层领导于 1990 年在国会所说的, 保留北约的原因有：首先, 苏联威胁还没有完全消失；其次, 美国的领导可以控制德国并且防止欧洲回到导致两次世界大战的旧时代；第三, 这使美国在欧洲事务中能够扮演重要角色；第四, 这削弱了美国人民的孤立主义倾向。James Dobbins 证词, 摘自 Frank Costigliola, *France and the United States：The Cold Alliance since World War II*（New York：Twayne, 1992）, 228。

153. Hutchings, *American Diplomacy*, 136。

154. Zelikow 和 Rice, *Germany Unified*, 206。

155. François Mitterrand, 引自 Sarotte, *1989*, 24。

156. George H. W. Bush to François Mitterrand, 引自 Bozo, *Mitterrand, the End of the Cold War, and German Reunification*, 249。

157. Attali, *Verbatim*, 3：460。

158. George H. W. Bush, 引自 Favier 和 Martin-Rolland, *La Décennie Mitterrand*, vol. 3, Les Défis, 1988—1991（Paris：Éditions du Seuil, 1988）, 251。

159. Jacques Lanxade, 引自 Favier 和 Martin-Rolland, *La Décennie Mitterrand*, 3：256。

160. Bozo, *Mitterrand, the End of the Cold War, and German Reunification*, 257。

161. 同上, 282。

162. Zelikow 和 Rice, *Germany Unified*, 324。

163. Frédéric Bozo, "'Winners and Losers'：France, the United States, and the End of the Cold War", *Diplomatic History* 33（2009）：948—949。

164. Bozo, *Mitterrand, the End of the Cold War, and German Reunification*, 356。

165. Hoffmann, "French Dilemmas", 146。

166. Hubert Védrine, 引自 Favier 和 Martin-Rolland, *La Décennie Mitterrand*, 2：290。

167. Schultze, *Turmoil and Triumph*, 356。

168. Dumas, *Affaires étrangères*, 269。戴高乐最初拒绝之后, 后来又认为有必要参加会议。

第四章　米老鼠、麦当劳巨无霸和可口可乐的高卢历险记

1. John George, 引自 "Coke's Never-Ending Journey", *Beverage World*, Fall 1993, 32。

2. Todd Gitlin, "World Leaders：Mickey, et al.", *New York Times*, 3 May 1992, 1。

3. "Coke's Never-Ending Journey", 32。

4. Ray Kroc，引自 Max Boas 和 Steve Chain，*Big Mac*：*The Unauthorized Story of McDonald's*（New York：New American Library，1976），23。

5. Mark Pendergrast，*For God，Country and Coca-Cola*（New York：Scribner's. 1993），93。

6. Alan Bryman，*Disney and His Worlds*（London：Routledge，1995），77。

7. "The Science of Alliance"，*Economist*，4 April 1998，69—70。另见 "Disney Signs Up McDonald's"，*Leisure Week*，31 May 1996，6。

8. 沃尔特·迪斯尼的父亲认为他的家庭来自勃艮第；见 Richard Schickel，*The Disney Version*，3rd ed.（Chicago：Ivan R. Dee，1997），45。迪斯尼还大量借鉴欧洲——如雇佣欧洲动画片绘画者。见 Robin Allan，*Walt Disney and Europe*（Bloomington：Indiana University Press，1999）。

9. 欲了解有关麦当劳复杂变化的专营体系的解释，见 John F. Love，*McDonald's*：*Behind the Arches*（New York：Bantam，1986），48—65。

10. Pendergrast，*For God，Country and Coca-cola*，62 及以下诸页。另外一个关于可口可乐公司的最新研究，见 Allen，*Secret Formula*（New York：Harper Business，1994）。

11. 截止 1994 年，关于欧洲迪斯尼最全面但不具批评性的作品是 Andrew Lainsbury，*Once upon an American Dream*：*the Story of Euro Disneyland*（Lawrence：University of Kansas Press，2000）。

12. "Mickey Hops the Pond"，*Economist*，28 March 1987，75。

13. Tim O'Brien，"Closing，Bankruptcy Fate of Many Ill-Planned French Theme Parks"，*Amusement Business*，9 September 1991，5。

14. Tim O'Brien，"Futuroscope Combines Fun，Education"，*Amusement Business*，11 May 1992，46；Claude Barjonet，"Des milliards pour s'amuser"，*L'Expansion* 16（1986）：134—141。

15. Julie Fingersh，"Disney in Europe：Is It by Invitation or Invasion?"，*Amusement Business*，9 March 1992，3。

16. 关于迪斯尼的建立和险些破产的内容，见 Ron Grover，*The Disney Touch*：*How a Daring Management Team Revived an Entertainment Empire*（Homewood，IL：Business One Irwin，1991），185—198；Joe Flower，*Prince of the Magic Kingdom*：*Michael Eisner and the Remaking of Disney*（New York：Wiley，1991），207—216；Bryman，*Disney and His Worlds*，76—80；Michael Eisner，*Work in Progress*（New York：Random House，1998），270—292；Lainsbury，*Once upon an American Dream*，chaps. 1—3；Tim O'Brein，"Euro Disney：Can They Make It Work?" *Amusement Business*，15 June 1992，18。另见 Roger Cohen，"When You

424

Wish upon a Deficit", *New York Times*, 18 July 1993, sec. 2, pp. 1, 18—19; Roger Cohen, "Euro Disney in Danger of Shutdown", *New York Times*, 23 Deccember 1993, D3; Alan Riding, "Rescue Set for Disney in France", *New York Times*, 15 March 1994, D1—2。

17. Marianne Debouzy, "Does Mickey Mouse Threaten French Culture? The French Debate about Euro Disneyland", 载于 *Kazaam! Splat! Ploof! The American Impact on European Popular Culture since 1945*, Sabrina Ramet 和 Gordana Crnković 编 (Lanham, MD: Rowman and Littlefield, 2003), 16—17。

18. Debouzy, "Does Mickey Mouse Threaten French Culture?", 18—22, 文章详细介绍了劳动纠纷。

19. Shanny Peer, "Marketing Mickey: Disney Goes to France", *Tocqueville Review* 13, no. 2 (1992): 137。

20. Debouzy, "Does Mickey Mouse Threaten French Culture?", 22。

21. *Le Canard Enchaîné*, 19 August 1992, 4, 转引自 Debouzy, "Does Mickey Mouse Threaten French Culture?", 20。

22. Disney employees, 引自 Eisner, *Work in Progress*, 281。Eisner 承认他的公司没能很好地处理媒体传播。

23. Disney Communications manager, 引自 Peer, "Marketing Mickey", 128。

24. Gilles Smadja, *Mickey l'arnaque* (Paris: Messidor, 1988)。

25. Isabelle Lefort, "Mickey ronge tout", *Le Nouvel Observateur*, 12—18 August 1988, 43; Patrick Bonazza, "Disneyland: les dents longues de Mickey", *Le Nouvel Observateur*, 13 March 1987, 7—10; Jacques Julliard, "Cette souris est-elle dangereuse?", *Le Nouvel Observateur*, 3 January 1986, 20。

26. Robert Fitzpatrick, 引自 Steven Greenhouse, "Playing Disney in the Parisian Fields", *New York Times*, 17 February 1991, sec. 3, pp. 1, 6。

27. 见注释 16。

28. Eisner 称酒精饮品政策是"过去的 7 年，每周 7 天，每天讨论的话题。它也许是欧洲迪斯尼的政策中最频繁被讨论的一个"。Micheael Eisner, 引自 O'Brien, "Euro Disney: Can They Make It Work?" 5。他后来解释自己的强硬立场，称即使引入酒精饮品，也不会有太大区别，因为欧洲人和美国人一样，不愿意在公园里消费太多的葡萄酒或者啤酒。Eisner, *Work in Progress*, 283—284。

29. Nathaniel Nash, "Euro Disney Reports Its First Profits", *New York Times*, 26 July 1995, D 3。事实上，欧洲迪斯尼很早就开始盈利，但是巨额的债款使它仍然存在赤字。Lisa Gubernick, "Mickey n'est pa fini", *Forbes*, 14 February 1994, 42—43。

30. Laura Holson, "The Feng Shui Kingdom", *New York Times*, 25 April 2005, C1。

31. "Lost in France", *Independent* (London), 24 February 1994, 23。另见 "Debt Traps and American Mouse in Paris", *Guardian*, 26 February 1994, 33。

32. Eisner, *Work in Proress*, 270。也可见 Lainsbury, *Once upon an American Dream*, 53。

33. Peer, "Marketing Mickey", 134。

34. Jean-Marie Gerbeaux, 引自 Lainsbury, *Once upon an American Dream*, 62。

35. Michael Eisner 称这个改变的主要原因之一是 Bourguignon "真正理解法国文化"。Eisner, *Work in Progress*, 285。

36. Eisner, *Work in Progress*, 292。

37. Peer, "Marketing Mickey", 130—134。

38. Michael Eisner, 引自 Lainsbury, *Once upon an American Dream*, 134。

39. Robert Fitzpatrick, 引自 Martha Zuber, "Mickey-sur-Marne：une culture conquérante?", *French Politics and Society*, 10 (1992)：67。

40. 迪斯尼的管理层一直秉承这种观点。见 Holson, "The Feng Shui Kingdom". Roger Cohen 的文章 "When You Wish upon a Deficit" 展现了法国儿童对于米老鼠和迪斯尼公司的热情。

41. Alain Finkielkraut 和 Jean Cau, 引自 Alan Riding, "Only the French Elite Scorn Mickey's Debut", *New York Times*, 13 April 1992, 1, A13。

42. Jean-Yves Guiomar, "Le conservatoire du néant", *Le Débat*, January-February 1993, 152—161。

43. Pierre-André Taguieff, *Sur la nouvelle droite: jalons d'une analyse critique* (Paris: Éditions Descartes et Cie, 1994), 301。

44. Emmanuel de Roux, "L'ouverture d'Euro Disney", *Le Monde*, 12—13 April 1992, 9。

45. Debouzy, "Does Mickey Mouse Threaten French Culture?", 22—28。

46. Riding, "Only the French Elite Scorn Mickey's Debut"。

47. Robert Fitzpatrick, 引自 de Roux, "L'ouverture d'Euro Disney"。

48. Lang 的观点引自 Roux, "L'ouverture d'Euro Disney"。关于他评价迪斯尼开业的访谈，见 Jacqueline Remy, "Lang：'Une culture n'enmenace pas une autre'", *L'Express*, 27 March 1992, 44—45。

49. Roger Cohen, "Defy Disney? The Unmitigated Gaul!" *New York Times*, 9 April 1992, D1, D5；Riding, "Only the French Elite Scorn Mickey's Debut"；David Lawday, "Where All the Dwarfs Are Grumpy: Euro Disneyland Gives Paris a Run for the Money", *U. S. News and World Report*, 28 May 1990, 50—51。

50. Michel Serres, "La langue française doit faire de la résistance", *Le Point*, 21—27 March 1992, 57；Jean-François Revel, "Culture, ne craignons pas l'Amérique", *Le Point*, 21—27 March

426

1992, 51。

51. André Glucksmann, "American Magic, in an Homage to its Roots", *New York Times*, 9 April 1992, 3。

52. François Reynaert, "Des citrouilles en or", *Le Nouvel Observateur*, 9—15 April 1992, 43。

53. Henri Haget, "Qui a peur de Mickey Mouse?", *L'Express*, 27 March 1992, 32—45。

54. Revel, "Culture, ne craignons pas l'Amérique", 51。

55. Christophe de Chenay, "Disney à la mode de chez nous", *Le Monde*, 12 April 1993, 11。

56. François Forestier, "On fait de l'art, ils font du spectacle", *L'Express*, 27 March 1992, 43。

57. Pierre Guerlain, "Qui diabolise Mickey?", *Esprit*, June 1992, 160—169。

58. 1999 年的一份有 50 名大学生参加的调查表明他们几乎所有人在童年的时候都看过迪斯尼电影或者读过迪斯尼的书,并且称之为很开心的经历。一半的人认为欧洲迪斯尼不是一个威胁,但是只有28%的人真正游览过该景点。见 Jacques Guyot, "France: Disney in the Land of Cultural Exception", 载于 *Dazzled by Disney? The Global Disney Audiences Project*, Janet Wasko, Mark Phillips 和 Eileen Meehan 编 (London: Leicester University Press, 2001), 121—134。

59. Eisner, *Work in Progress*, 399。

60. François Bostnavaron 和 Christophe de Chenay, "Gilles Péllison 'L'idéal serait... le deuxième parc...'", *Le Monde*, 29 January 1999, 16。

61. Capucine Lorai, "La malédiction d'Euro Disney", *Le Point*, 5 August 2004, 56; John Tagliabue, "Thrill Rides for Investors", *New York Times*, 4 July 2007, 1, 6。

62. Oliver de Bosredon, 引自 Time O'Brien, "Parc Astérix Heading in New Direction with New Rides", *Amusement Business*, 18 May 1992, 1。

63. Nicolas Perrard, 引自 John Tagliabue, "Paris Journal: A Comic-Strip Gaul Valiantly Battles Disney", *New York Times*, 15 August, 1995, A4。

64. Nicolas Perrard, 引自 John Tagliabue, "International Business: Step Right Up. Monsieur!", *New York Times*, 23 August 1995, D1。

65. Jean Marie Deroy, "Rentrée tranquille a parc Astérix", *Le Monde*, 14 April 1992, 17。

66. Hervé Bentégeat, "Parcs de Loisirs", *Le Point*, 30 December 1995, 41—43。Tim O'Brien, "With a Variety of Markets Europe Holds Great Potential", *Amusement Business*, 17 August 1998, 16。据统计, 一百多家公园每年吸引 4300 万游客。

67. Steven Greenhouse, "McDonald's Tries Paris, Again", *New York Times*, 12 June, 1988, sec. 3, p. 1; Love, *McDonald's*, 409—411。

68. Economist Intelligence Unit, "Special Report No. 2: Fast Food in France", *Marketing*

427

in Europe: Food, Drink, Tobacco 296 (1987): 37—49; Priscilla Andreiev, "Dayan Prepares O'Kitch", Restaurant Business Magazine, 10 April 1984, 264; Priscilla Andreiev, "Expanding European Markets", *Restaurant Business Magazine*, 1 November 1984, 152。

69. Michael Mueller, "European Fast Food", *Restaurant Business Magazine*, 1 May 1990, 90; "French Fast Food Boom Continues", *Eurofood*, April 1993, 6。

70. Economist Intelligence Unit, "Fast Food in France", 37。

71. 同上, 40。

72. Love, *McDonald's*, 436—437。

73. Steve Barnes, 引自 Love, *McDonald's*, 434。关于麦当劳在全球的经营活动，见 Love, *McDonald's*, 413—456; 及 James L. Watson 编, *Golden Arches East* (Stanford, CA: Stanford University Press, 1997)。

74. Pascale Krémer, "Le hamburger n'a pas encore detrone le jambon-beurre", *Le Monde*, 20 January 1995, 14。

75. Rick Fantasia, "Fast Food in France", *Theory and Society* 24 (1995), 215—229。

76. 1989 年, 快餐店 83% 的消费者年龄在 24 岁以下。数据来源于一份市场调查。见 Fantasia, "Fast Food in France", 217。

77. Hervé Jannic, "Les Français craignent l'envahissement américain", *L'Expansion*, 2— 15 June 1994, 53。

78. Barry James, "Big Macs Watch Out", *International Herald Tribune*, 23 October 1992, 9; Suzanne Daly, "With ABC's of Dining, France Raises Epicures", *New York Times*, 27 October 2001, A4。

79. Jean-Yves Nau, "A l'ecole de bon goût", *Le Monde*, 17 October 1991, 16; Françoise Chirot, "Paris gastronomie l'école des goûts", *Le Monde*, 4 July 1993, 22; Judith Valente, "The Land of Cuisine Sees Taste Besieged by 'le Big Mac'", *Wall Street Journal*, 25 May 1994, A1。

80. Denis Hennequin, Jean-Pierre Petit 和 Philippe Labbé, *McDo se met à table* (Paris: Plon, 2002), 33。

81. Anonymous spokeswoman, 引自 Rone Tempest, "U. S. Firms in France try Counterattack", *Los Angeles Times*, 27 November 1992, A6。

82. "Burger King Bids Adieu to France", *Eurofood*, 14 August 1997, 9。

83. Jean-Michel Normand, "McDonald's, critiqué mais toujours frequenté", *Le Monde*, 24 Septmeber 1999, 29。

84. Laure Belot and François Bostnavaron, "McDonald's doit changer", *Le Monde*, 27 January 1999, 18。

428

85. "McDonald's Steps Up Rate of French Expansion", *Eurofood*, 28 February 1996, 10。

86. Economist Intelligence Unit, "Fast Food in France", 37—49。

87. 此处分析主要参考了 Rick Fantasia 的资料。见 Fantasia, "Fast Food in France"; and Rick Fantasia, "Everything and Nothing: The Meaning of Fast Food and Other American Cultural Goods in France", *Tocqueville Review* 15, No. 2（1994）: 57—88。

88. Love, *McDonald's*, 442—445。

89. Marianne Debouzy, "Working for McDonald's, France: Resistance to the Americanization of Work", *International Labor and Working Class History 70（2006）*: 126—142。

90. 关于麦当劳对欧洲以外其他国家消费者的影响，比如饮食习惯和卫生标准，见 Watson, *Golden Arches East*。

91. Economist Intelligence Unit, "Fast Food in France", 38。也可见 Poule Moreira, "De la Poule-au-pot au tandoori", 载于 *Nourritures*, Fabrice Piault 编（Paris: Autrement, 1989），107—111。

92. Hennequin 等著, *McDo se met à table*, 49。

93. Jean-Luc Volatier, *Le repas traditionnel se porte encore bien*, Report No. 132（Paris: Centre de recherche pour l'etude et l'observation des conditions de vie, 30 January 1999）; Krémer, "Le hamburger n'a pas encore déthroné le jambon-beurre"; Véronique Cauhapé, "Les traditions de la table résistant au fast-food", *Le Monde*, 19 February 1999, 25。

94. Pascale Hébel 和 Gloria Calamassi Tran, *La Restauration hors foyer en 1994*, vol. 2, *Consommations alimentaires*, Collection des rapports no. 154（Paris: Centre de recherche pour l'étude et l'observation des conditions de vie, September 1994），144。

95. MKG Consulting, "*2003: une année morose pour la restauration*", *HTR Magazine*, 2003, http://www.htrmagazine.com/site_web/htr/fr/rubriques.asp? numero_mag = 112&code_depeche = 559。

96. Amanda Friedman, "Let Them Eat Sandwiches", *Nation's Restaurant News*, 11 October 1999, 94。

97. 见 José Bové 和 François Dufour, *Le Monde n'est pas une merchandise: des paysans contre la malbouffe*（Paris: Éditions la Découverte, 2000）; Roger Cohen, "Fearful over the Future, Europe Seizes Food", *New York Times*, 29 August 1999, sec. 4, pp. 1, 3; Charles Trueheart, "A Beef with More than Big Mac", *Washington Post*, 1 July 2000, 1。关于博韦如何成功地将边缘化的农民问题变成对全球化的普遍抵制，见 Sarah Waters, "Globalization, the Confédération paysanne, and Symbolic Power", *French Politics, Culture and Society* 28（2010），96—117。

98. Cohen, "Feaful over the Future"。

429

99. Alain Duhamel, 引自 Cohen, "Fearful over the Future"。

100. Suzanne Daly, "French Turn Vandal into Hero against U. S. ", *New York Times*, 1 July 2000, A1。

101. Debouzy, "Working for McDonald's, France", 128。

102. Christophe Gallaz, "Comment s'est fabriqué l' 'effet Bové'", *Le Monde*, 7 July 2000, 15。

103. Alain Rollat, "Vivre le roquefort libre!", *Le Monde*, 9 September 1999, 32, 引自 Philip Gordon 和 Sophie Meunier, *The French Challenge: Adapting to Globalization* (Washington, DC: Brookings Institution Press, 2001), 53。

104. "Chirac Adds Voice to McDonald's Flap", United Press International, 17 September 1999。

105. John Tagliabue, "McDonald's Gets a Lesson in, Well, the French Fry", *New York Times*, 11 December 1999, 1。

106. Jean-Michel Normand, "Trois questions à Jean-Pierre Petit", *Le Monde*, 24 September 1999, 29。

107. Jack Greenberg, "McAtlas Shrugged", Interview with Moisés Naim, *Foreign Policy*, May-June 2001, 26—37。

108. Normand, "Trois questions à Jean-Pierre Petit"。

109. Jean-Michel Normand, "Un vrai danger pour le fast-food: la 'ringardisation'", *Le Monde*, 24 September 1999, 29。

110. "Burger and Fries à la française", *Economist*, 17 April 2004, 60—61; Carol Matlack and Pallavi Gogoi, "What's This? The French Love McDonald's?", *Business Week*, 13 January 2003, 50。

111. Jennifer Willging, "Of GMOs, McDomination and Foreign Fat: Contemporary Franco-American Food Fights", *French Cultural Studies* 19 (2008): 211。

112. Hennequin 等著, *McDo se met à table*。

113. Marian Burros, "McDonald's France Says Slow Down on the Fast Food", *New York Times*, 30 October 2002, C7。

114. Tony Karon, "Adieu, Ronald McDonald", *Time*, 24 January 2002, http://www.time.com/time/columnist/karon/article/0,9565,196925,00.html。

115. John Tagliabue, "A McDonald's Ally in Pairs", *New York Times*, 20 June 2006, C1, 5。

116. "How a Frenchman is Reviving McDonald's in Europe", *Economist*, 27 January 2007, 82; Julia Werdigier, "McDonald's, but with Flair", *New York Times*, 25 August 2007, 1, 4。

117. MKG Consulting, 2003; "Delicious Irony", *Economist*, 27 April 2002, 65。

430

118. Data from *Le Figaro* 转引自 Anne Swardson, "A Paris Tradition Gets Sacked", *Washington Post*, 12 January 1998, A01。

119. 关于"食品世界主义"理论，见 Claude Fischler, *L'Homnivore：le goût，la cuisine et le corps*（Paris：Éditions Odile Jacob, 1990）, 212—217。

120. 比如 1986 年为保护国家烹饪文化遗产而成立的布里亚·萨瓦兰协会的创始人之一杰拉德·贝利森不仅是一家酒店集团的合伙经理，还拥有汉堡店和甜酥面包店。见 Fantasia, "Fast Food in France", 231。传统饭店和快餐店当然有所不同：令前者苦恼的是税收结构中的附加税，它主要由欧盟收取，而对高档饭店征收的税赋比快餐店多很多。1999 年，1000 名身穿白色围裙、头戴白色帽子的大厨师在国会前游行，试图让政府将两种税赋拉平，但却徒劳无获。见 Charles Trueheart, "French Chefs Shell Police with Eggs", *Washington Post*, 12 October 1999, A13。

121. Robert Belleret, "La bataille du goût contre la 'malbouffe'", *Le Monde*, 14 November 1999, 10。

122. Sophie Laurent, "Le McDo ne détronera pas le pot-au-feu", *La Croix*, 22 October 1996, 7。

123. Richard Kuisel, "Coca-Cola and the Cold War：The French Face of Americanization, 1948—1953", *French Historical Studies* 17（1991）：96—116; Allen, *Secret Formula*, 1—17。

124. "La Société Coca-Coca", *Le Monde*, 30 December 1949, 8。

125. 关于可口可乐公司的扩张，见 David Greising, *I'd Like the World to Buy a Coke：The Life and Leadership of Roberto Goizueta*（New York：Wiley, 1998）, 172—185; Pendergrast, *For God，Country and Coca-Cola*, 391—392; 以及 Roger Cohen, "For Coke, World Is Its Oyster", *New York Times*, 21 November 1991, D1, 5。关于道格拉斯·艾华士存有争议的角色，见 Constance L. Hays, *The Real Thing：Truth and Power at the Cola-Cola Company*（New York：Random House, 2004）。我还要感谢为我提供资料的可口可乐公司的档案管理人菲利普·穆尼。

126. 关于公司对法国的担忧，见 William Reymond, *Coca-Cola，l'enquête interdite*（Paris：Éditions Flammarion, 2006）, 154—156。雷蒙作为一位失意的调查记者决定揭露公司的秘密和传奇故事。

127. Thomas Kamm, "France's Pernod-Ricard to Sell to Coke", *Wall Street Journal*, 26 May 1989, 1。

128. 关于 Hoffman 的市场营销策略，见 William Dawkins, "C'est la Guerre for Coke and Pepsi", *Financial Times*, 18 February 1991, 15; "Coke Makes Monumental Continental Effort", *Beverage World Periscope Edition*, 31 March 1991, 6; 以及 Greising, *I'd like the World*, 184—185。

431

129. Bruce Crumley, "Bordeaux to Coke：'Non' on Machines", *Fortune*, 30 July 1990, 14。

130. Jean-Sébastien Stehli, "Cola a soif de conquête", *Le Point*, 30 May 1992, 39。

131. Gary Hemphill, "Beachhead at Dunkirk", *Beverage Industry*, September 1990, 1—3。

132. "European Soft Drinks Up 6 Percent", *Eurofood*, March 1992。

133. John Georgas, 引自 "Coke's Never-ending Journey", *Beverage World*, Fall 1993, 32。

134. David Buchan, "Orangina Takes Some Fizz out of Coke", *Financial Times*, 30 January 1997, 2；Charles Fleming 和 Nikhil Deogun, "French Unit fines Coke $1.8 Million for Sales Practices", *Wall Street Journal*, 30 January 1997, B12。

135. "Cola-Cola Unit Fined", Bloomberg News, 29 January 1997。

136. Paul Hemp, "French EC Protestors Hope Things Go Better with Coke", *Boston Globe*, 27 November 1992, 89。法国年轻农民协会的一位发言人称"可口可乐公司是美国逐步扩大霸权的最大标志"。引自 "France Admits It Can't Legally Veto Trade Pact", *Atlanta Constitution*, 24 November 1992, A 12。

137. Rone Tempest, "U.S. Firms in France Try Counterattack", *Los Angeles Times*, 27 November 1992, A6。

138. Eduardo Cue, "Sacrébleu! French Youth Prefer Coke", *U.S. News and World Report*, 9 March 1998, 38。

139. "Those Vulgar Markets", *Economist*, 22 January 2005, 48。

140. Hébel 等著, *La Restauration hors foyer en 1994*, 148。学生、职业人士、领导干部和职业员工与农民、商人、工人、技工和退休人员相比更喜欢软饮。

141. Gerard Mermet, co-author of a government report, 引自 Keith Richburg, "In France, Thirst for Wines Is Drying Up", *Washington Post*, 24 April 2001, A14。

142. Véronique Dahm, "Coca-Pepsi, la bataille de France", *L'Expansion*, 14—27 April 1995, 52—54。

143. 同上, 54。

144. "Coca-Cola, soifs de demain", *Le Figaro économie*, 3 July 1995, 3—6。

145. Mickey Gramig, "Coca-Cola Wines, Dines the Paris Masses", *Atlanta Journal-Constitution*, 12 July 1998, C1。

146. "Going for Coke", *Economist*, 14 August 1999, 51—52；"Coke Is Hit Again", *Economist*, 24 July 1999, 60—61；"Cola-Cola's Style Offends European Regulators' Taste", *Financial Times*, 22 July 1999, 2。

147. 这种法国的橙子汽水在十年间成为欧洲第二大热卖商品，并且在 43 个国家出

432

售。见 Michel Fontanes，"Orange You Glad"，*Beverage World*，30 September 1994，14。

148. 譬如，虽然法国饮料先进入战后的越南，但是美国的可乐巨头很快便将其挤出市场。保乐力加选择了"可口可乐的策略"，却没有运用其手段。见 Estelle saget，"Combien de volumes d'Orangina pour sauver le Ricard?"，*L'Expansion*，7—20 December 1995，66。

149. Pascal Galinier，"Pepsi-Cola propose à Orangina une alternative"，*Le Monde*，29 August 1998，17。

150. Hays，*The Real Thing*，194—195。

151. Laure Belot，"Orangina n'a aucun avenir en Europe"，*Le Monde*，30 July 1998，15。

152. Pascal Galinier，"Négotiations à l'arraché..."，*Le Monde*，17 September 1998，16。

153. Laure Belot 和 Pascal Galinier，"M. Strauss-Kahn dit non à Coca-Cola"，*Le Monde*，19 September 1998，1，28。

154. 百事可乐法国公司的首席执行官 Charles Bouaziz 称，"如果审判委员会同意可口可乐的行为，那么百事可乐将从法国市场消失，可口可乐必将完全垄断市场"。引自 Olivier Bruzek 和 Marc Landré，"Orangian，Pepesi secoue Coca"，*Le Point*，1 October 1999，34。有人预测可口可乐控制了国外软饮市场的90%。当可口可乐亚特兰大总部收购吉百利·史威士集团拥有的软饮料时，虽然收购行为只发生在某些国家—不包括法国，艾华士无意间引起了人们对于可口可乐垄断意图的担忧。

155. 审判委员会的规则和引言来自 Betty Liu，"Coke's Orangina Bid Blocked"，*Financial Times*，25 November 1999，25。

433   156. 有关污染问题，见 Hays，*The Real Thing*，263—276；Constance Hays，Alan Cowell 和 Craig Whitney，"A Sputter in the Coke Machine"，*New York Times*，30 June 1999，C1，6。

157. "Bad for you"，*Economist.* 19 June 1999，62—63。

158. "Coca-Cola，New Doug，Old Tricks"，*Economist*，11 December 1999，55。

159. 1999 年，8 盎司装的可口可乐的年人均消耗情况为：比利时 260 瓶，德国 203 瓶，英国 118 瓶，法国 88 瓶，见 "Coke's Crisis"，*Marketing News*，27 September 1999。1999 年可口可乐公司的报告显示：比利时 260 瓶，德国 200 瓶，法国 96 瓶，见 Constance Hays，"Coke Products Ordered Off Shelves"，*New York Times*，16 June 1999，C2。可口可乐公司和百事可乐公司的相对市场份额引自 "The Bubbles Pop"，*Economist*，24 April 1999，64—65。

160. 占用/本土化/同化理论最坚定的支持者包括：Richard Pells，*Not Like Us：How Europeans Have Loved，Hated and Transformed American Culture since World War II*（New York：Basic Books，1997）。其他学者提议"球域化"或者"杂化"作为强调文化谈判的一种方式，见 Jan Nederveen Pieterse，"Globalization as Hybridization"，载于 *Global Modernities*，

Mike Featherstone，Scott Lash 和 Roland Robertson 编（London：Sage，1995），45—68；Roland Robertson，*Globalization*：*Social Theory and Global Culture*（London：Sage Publications，1992）。书中推行"唯一性"方案。本论文衍生出来的另一个符号学解读是 Rob Kroes，*If You've Seen One You've Seen the Mall*：*Europeans and American Mass Culture*（Urbana：University of Illinois Press，1996），及 Rob Kroes，"American Empire and Cultural Imperialism"，Diplomatic History 23（1999）：463—477。关于将美国化作为一种文化互动过程的评论，见 Heide Fehrenbach 和 Uta Poiger，"Introduction：Americanization Reconsidered"载于 *Transactions Transgressions，Transformations*：*American Culture in Western Europe and Japan*，Heide Fehrenbach 和 Uta Poiger 编（New York：Berghahn，2000），208—223；及 Richard Kuisel，"Debating Americanization：The Case of France"，载于 *Global America？The Cultural Consequences of Globalization*，ed. Ulrich Beck，Natan Sznaider 和 Rainer Winter（Liverpool，England：Liverpool University Press，2003），95—113。

161. Thomas Allin，引自 Greenhouse，"McDonald's Tries Paris，Again"，1。

162. Grover，*The Disney Touch*，190—195。

163. Eisner，*Work in Progress*，289。

164. Amy Schwartz，"Good，Clean... Flop？"，*Washington Post*，18 August 1993，A21。

165. Gitlin，"World Leaders：Mickey，et al."。

166. Anonymous Disney official，引自 Bryman，*Disney and His World*，121。

167. Marc Fumaroli，"Le défi américain"，*Le Nouvel Observateur*，9—15 April，1992，43。

168. 关于这种观点，见 Fischler，*L'Hominvore*。根据 Paul Moreira 的观点，1980 年代初期，粟米是法国人第四大流行的饮食，而排在它前面的是牛排和红酒，Moreira，"De la pouleau-pot au tandoori"，107。也可见 Pascale Pynson，"Mangeurs fin de siècle"，载于 Nourritures，Fabrice Piault 编（Paris：Autrement，1989），186—92。James Watson，"Introduction" in *Golden Arches East*，10。书中反对一切认为烹饪变化如此之大以至于已经无法区分"本土生产"和"外来商品"的文化一致的理论。另外一个关于"工业化食品"已经标准化以及全球化烹饪和美食的观点，见 Jack Goody，*Cooking，Cuisine and Class*（Cambridge：Cambridge University Press，1982）。

169. Belleret，"La bataille du goût"。

170. Marlise Simons，"Starved for Customers，the Bistros Die in Droves"，*New York Times*，22 December 1994，A4。

第五章　驯服超超级强国：1990 年代

1. Jacques Chirac，引自 Gilles Delafon and Thomas Sancton，*Dear Jacques，cher Bill*：*Au coeur de l'Elyée et de la Maison Blanche*，*1995—1999*（Paris：Plon，1999），55。

2. 此观点引自 Michael Brenner 和 Guillaume Parmentier, *Reconcilable Differences: U. S. -French Relations in the New Era* (Washington, DC: Brookings Institution Press, 2002), 23。

3. Pierre Favier 和 Michel Martin-Rolland, *La Décennie Mitterrand*, vol. 3, *Les Défis, 1988—1991* (Paris: Éditions du Seuil, 1998), 454。

4. 内阁间的辩论报道见于 Favier 和 Martin-Rolland, *La Décennie Mitterrand*, 3:445ff。

5. 对于海湾战争的分歧，见 Rachel Utley, *The French Defense Debate: Consensus and Continuity in the Mitterrand Era* (London: Macmillan, 2000), 180—185; Anne-Marie Duranton-Crabol, "L'anti-américanisme français face à la guerre du Golfe", *Vingtième Siècle* 59 (1998): 129—139。

6. Elisabeth Dupoirier, "De la crise à la guerre du Golfe: un exemple de mobilization de l'opinion", 载于 *SOFRES-L'Etat de l'opinion, 1992*, Olivier Duhamel 和 Jérôme Jaffré 编 (Paris: TNS/SOFRES, 1992), 127。但是此次调查成为一种异常现象，因为法国人很快就加入了战争。

7. Favier 和 Martin-Rolland, *La Décennie Mitterrand*, 3: 446。

8. 同上, 3: 449。

9. James A. Baker, *The Politics of Diplomacy: Revolution, War, and Peace, 1989—1992* (New York: Putnam's, 1995), 314。

10. François Mitterrand, 引自 Favier 和 Martin-Rolland, *La Décennie Mitterrand*, 3:479。

11. François Mitterrand, 引自 Jacques Attali, *Verbatim*, vol. 3, 1988—1991 (Paris: Éditions Fayard, 1995), 598。

12. François Mitterrand, 引自 Favier 和 Martin-Rolland, *La Décennie Mitterrand*, 3: 482。

13. Baker, *Politics*, 371。

14. Attali, *Verbatim*, 3: 722—724。

15. George Bush 和 Brent Scowcroft, *A World Transformed* (New York: Knopf, 1998), 339。

16. Dupoirier, "De la crise", 130—136。

17. Duranton-Crabal, "L'anti-américanisme", 132。

18. Utley, *The French Defense Debate*, 186—187。

19. Dupoirier, "De la crise", 136。

20. Attali, *Verbatim*, 3: 675—676。

21. François Mitterrand, 引自 Thierry Tardy, *La France et la gestion des conflits yougoslaves 1991—1995* (Brussels: Etablissements Emile Bruylant, 1999), 215。

22. Frédéric Bozo, "France", 载于 *NATO and Collective Security*, Michael Brenner 编

435

（New York：St. Martin's，1998），46—47. Bozo 怀疑美国希望欧洲国家失败，从而借机抓住控制权并且在决定和解方案时，将欧洲排挤于外。

23. Claire Tréan，"M. Juppé reliance l'idée"，*Le Monde*，24 February 1994，6。

24. 见 Klaus Larres，"Bloody as Hell：Bush，Clinton and the Abdication of American Leadership in the Former Yugoslavia"，*Journal of European Integration History 10*（2004）：179—202。

25. Richard Holbrooke，*To End a War*（New York：Modern Library，1999），29。

26. François Mitterrand，引自 Vincent Nouzille，*Dans le Secret des présidents：CIA，Maison-Blanche，Elysée，les dossiers confidentiels*，vol. 2，1981—2010（Paris：Éditions Fayard，2010），250。Taylor Branch，*The Clinton Tapes*（New York：Simon and Schuster，2009），217。Branch 指出克林顿认为法国和英国方面不希望在欧洲有一个独立的穆斯林的波斯尼亚。

27. Unidentified official，引自 Ivo Daalder，*Getting to Dayton：The Making of American's Bosnia Policy*（Washington，DC：Brookings Institution Press，2002），22。

28. Elizabeth Guigou，引自 Roger Cohen，"U. S. -French Relations Turn Icy after Cold War"，*New York Times*，2 July 1992，A10。

29. James Petras 和 Morris Morley，"Contesting Hegemonies：U. S. -French Relations in the 'New World Order'"，*Review of International Studies 26*（2000）：55—56。

30. Alain Juppe，引自 Alan Riding，"French Successfully Bluff Allies on Bosnia"，*New York Times*，13 December 1994，A8。

31. Joyce Kaufman，*NATO and the Former Yugoslavia*（Lanham，MD：Rowman and Littlefield，2002），113—117；Daalder，*Getting to Dayton*，32。

32. 巴拉迪尔得到情报，美国正在向波斯尼亚的穆斯林族输送武器和训练员；见 Édouard Balladur，*Le Pouvoir ne se partage pas：conversations avec François Mitterrand*（Paris：Éditions Fayard，2009），339。

33. Hubert Védrine，引自 Pierre Favier 和 Michel Martin-Rolland，*La Décennie Mitterrand*，vol. 4，*Les Déchirements*，1991—1995（Paris：Éditions du Seuil，1999），512。

34. Bozo，"France"，67；Daalder，*Getting to Dayton*，33。

35. David Halberstam，*War in a Time of Peace*（New York：Scribner's，2001），303—306，316—317。

36. Daalder，*Getting to Dayton*，163—164。

37. Kori Schake，"NATO after the Cold War，1991—1995"，*Contemporary European History 7*（1998）：406。

38. Hubert Védrine，*Les Mondes de François Mitterrand*（Paris：Éditions Fayard，1996），652。

436

39. Richard Holbrooke, 引自 Delafon 和 Sancton, *Dear Jacques*, 131。

40. 同上, 132—133。

41. Paul Gallis, *France: Current Foreign Policy Issues and Relations with the United States*, Library of Congress, Congressional Research Service, CRS Report for Congress, 26 September 1996, 11。

42. Tardy, *La France*, 326。

43. Warren Christopher, 引自 Derek Chollet 和 James Goldgeir, *America between the Wars, from 11/9 to 9/11* (New York: Public Affairs, 2008), 131。

44. Frédéric Bozo, *Mitterrand, the End of the Cold War, and German Unification*, Susan Emanuel 译 (New York: Berghahn, 2009), 249—250。

45. Philip Gordon, *French Security Policy after the Cold War* (Santa Monica, CA: RAND Arroyo Center, 1992), 14—17。

46. Roland Dumas, 引自 "M. Dumas Prône la cohésion des douze face à la crise yougos-lave", *Le Monde*, 6—7 October 1991, 5。

47. Mary Elise Sarotte, *1989 and the Struggle to Create Post-Cold War Europe* (Princeton, NJ: Princeton University Press, 2009), 175。

48. Philip Zelikow 和 Condoleezza Rice, *Germany Unified and Europe Transformed* (Gambridge, MA: Harvard University Press, 1995), 466。

49. Robert Hutchings, *American Diplomacy and the End of the Cold War* (Washington, DC: Woodrow Wilson Center Press, 1997), 136。

50. 关于 1989 年后的安全政策, 见 Pascal Boniface, "Revolution strategique mondiale, continuité et inflexions de la politique française de sécurité", 载于 *Mitterrand et la sortie de la guerre froide*, Samy Cohen 编 (Paris: Presses universitaires de France, 1998), 157—185; Philip Gordon, *A Certain Idea of France* (Princeton, NJ: Princeton University Press, 1993); Gordon, *French Security Policy after the Cold War*。

51. François Mitterrand, 引自 Favier 和 Martin-Rolland, *La Décennie Mitterrand*, 4: 201—202。

52. Pierre Joxe, 引自 Paul Gallis, *France and the United States: New Tensions in an Old Partnership*, Library of Congress, Congressional Research Service, CRS Report for Congress, 9 June 1993, 21。

53. Mark Eyskens, 引自 Craig Whitney, "Gulf Fighting Shatters Europeans' Fragile Unity", *New York Times*, 25 January 1991, A11。

54. Jacques Delors, "European Integration and Security", Alastair Buchan Memorial Lecture, 7 March 1991, *Survival* 33, No. 2 (1991): 107—109。

437

55. Gallis，*France and the United States*，21。

56. Gallis，*France：Current Foreign Policy Issues*，3。布伦特·斯考克罗夫特使韦德里纳确认西欧联盟/欧共体计划"从长远角度来看不会脱离于北约"；Favier 和 Martin-Rolland，*La Décennie Mitterrand*，4：206。

57. Patrick Tyler，"U. S. Strategy Plan Calls for Insuring No Rivals Develop"，*New York Times*，8 March 1992，14。

58. Raymond Seitz，引自 Bozo，*Mitterrand*，336—337。

59. Bozo，*Mitterrand*，344。

60. George H. W. Bush，引自 Hutchings，*American Diplomacy*，281。

61. François Mitterrand，引自 Bozo，*Mitterrand*，346。

62. Holly Wyatt-Walter，*The European Community and the Security Dilemma，1979—1992*（New York：St. Martin's，1997），227。

63. François Mitterrand 致 Helmut Kohl 的话，July 1991，引自 Bozo，*Mitterrand*，321。

64. Unidentified American diplomat，引自 Wyatt-Walter，*European Community*，200。

65. James Baker，引自 Cohen，"U. S. -French Relations Turn Icy"．在回忆录中，贝克 438 称法国在北约内的阻挠促使他抱怨迪马，"只有法国让我们遇到这样的难题，欧洲再没有任何一个国家让我们感到必须应对这种反对"；见 Baker，*Politics of Diplomacy*，170。

66. Gallis，*France and the United States*，27。

67. Robet Hutchings，引自 Samuel Wells，"From Euromissiles to Maastricht：the Politics of Reagan-Bush and Mitterrand"，载于 *The Strategic Triangle：France，Germany，and the United States in the Shaping of the New Europe*，Helga Haftendorn，Georges-Henri Soutou，Stephen Szabo 和 Samuel Wells 编（Washington，DC：Woodrow Wilson Center Press，2006），301。

68. Robert Grant，"France's New Relationship with NATO"，*Survival* 38（1996）：58—80。

69. Michel Rocard，"Europe's Drive to Union is Irreversible"，*International Herald Tribune*，28 July 1992，8。

70. Jacques Chirac，引自 Grant，"France's New Relationship"，63。

71. Alain Juppé，"Quel horizon pour la politique étrangère de la France?"，*Politique étrangère* 50（1995）：251。

72. Jacques Chirac，*Mémoires：chaque pas doit être un but*，vol. 1（Paris NiL Éditions，2009），47—54。

73. Bill Clinton，*My Life*（New York：Knopf，2004），656。

74. Pamela Harriman，引自 Delafon 和 Sancton，*Dear Jacques*，88。

75. Jacques Chirac，"Discours de M. Jacques Chirac，Président de la République devant le Congrès des Etats-Unis d'Amérique，1 February 1996"，http：//www. elysee. fr/français ar-

chives。

76. Alain Frachon 和 Laurent Zeccini，"M. Chirac appelle Washington…"，*Le Monde*，3 February 1996，2。

77. 有关北约改革的比较全面的资料见 Bozo，"France"，39—80；Delafon 和 Sancton，*Dear Jacques*，200 以及下诸页；Brenner 和 Parmentier，*Reconcilable Differences*，38—62；Gallis，*France: Current Foreign Policy Issues*。

78. Gallis，*France: Current Foreign Policy Issues*，7。

79. Jean-Claude Casanova，"Dissuasion concertée"，*L'Express*，28 September 1995，26。

80. Delafon 和 Sancton，*Dear Jacques*，139。

81. Brenner 和 Parmentier，*Reconcilable Differences*，51。

82. John Kornblum，引自 Delafon and Sancton，*Dear Jacques*，157。

439　83. Bill Clinton，引自 Jacques Amalric，"OTAN: comment Washington a coulé Paris"，*Libération*，27 February 1997，9。

84. Pierre Messmer，引自 Hubert Coudurier，*Le Monde selon Chirac*（Paris: Éditions Calmann-Lévy，1998），272。

85. William Drozdiak，"French Snub NATO Tribute to Christopher"，*Washington Post*，12 December 1996，A45。

86. NATO sources，引自"Paris Rift with U. S. Poisons Hopes for a Slimmer NATO"，*Times*（London），10 December 1996，13。

87. Brenner 和 Parmentier，*Reconcilable Differences*，53，书中指出法国军队与爱丽舍宫、外交部和国防部之间存在分歧，前者认为他们有权掌握南方指挥权，而后者更加接受将这个职位欧洲化的提议。

88. Delafon 和 Sancton，*Dear Jacques*，279。

89. Madeleine Albright，引自 Petras 和 Morley，"Contesting Hegemonies"，57。

90. Pascal Boniface，"The NATO Debate in France"，7 October 1997，http://www.nato.int/acad/conf/enlarg97/boniface.htm。

91. 此段希拉克的引言来自 Delafon 和 Sancton，*Dear Jacques*，305—306。

92. 评价摘自 Brenner 和 Parmentier，*Reconcilable Differences*，61。

93. Anand Menon，*France*，*NATO and the Limits of Independence*，*1981—1997*（New York: St. Martin's，2000），53—54。有关联合任务部队的具体资料，见 Hans-Georg Ehrhart，"Change by Rapprochement?"载于 *The France-U. S. Leadership Race*，David Haglund 编（Kingston，ON: Queen's Quarterly，2000），72—77。

94. Paul Quilès，"OTAN: la dérive"，*Le Monde*，11 June 1996，14。

95. Pascal Boniface，"Un triomphe américain en trompe-l'œil"，*Le Monde*，10 July 1997，14。

96. Jean-Yves Haine，"ESDP：An Overview"，European Union Institute for Security Studies，http：//www. iss-eu. org/esdp。

97. 见 Franco-British Summit，*Joint Declaration On European Defense*，http：//www. atlanticcommunity. org/Saint-Malo%20 Declaration%20Text. html。

98. Peter Schmidt，"Where the Boeuf? Policy，Rhetoric and Reality in the EU's Decisions to Develop a Common Security and Defense Policy"，载于 Haglund 编：*France-U. S. Leadership Race*，125—141；Frédéric Bozo，"The U. S. Changing Role and Europe's Transatlantic Dilemmas"，载于 *Just Another Major Crisis? The United States and Europe since 2000*，Geir Lundestad 编（New York：Oxford University Press，2008），102—103。

99. 见 Cologne European Council，*Presidency Conclusions*，http：//www. consilium. europa. eu/uedocs/cmsUpload/Cologne%20European%20Council-Presidency%20conclusions. pdf。

100. 不搞分裂的意思是"欧洲的决策不脱离于"北约；"不抄袭"的意思是复制军事计划和调配决定，最后马德琳·奥尔布赖特希望欧洲不歧视非欧盟成员的北约成员国。见 Madeleine Albright，"The Right Balance Will Secure NATO's Future"，*Financial Times*，7 December 1998，22。也可见 Jolyon Howorth 和 John Keeler，"The EU，NATO，and the Quest for European Autonomy"，载于 *Defending Europe：The EU，NATO and the Quest for European Autonomy*，Jolyon Howorth 和 John Keeler 编（New York：Palgrave Macmillan，2003），3—21。

101. Paul Gallis，*France：Factors Shaping Foreign Policy，and Issues in U. S. -French Relations*，Library of Congress，Congressional Research Service，CRS Report for Congress，4 February 2005，13。

102. Hubert Védrine，引自 Craig Whitney，"NATO at 50"，*New York Times*，15 February 1999，A7。

103. Hubert Védrine 与 Dominique Moïsi 合著，*France in an Age of Globalization*，Philip Gordon 译（Washington，DC：Brookings Institution Press，2001），57。

104. Frédéric Bozo，"France and NATO under Sarkozy：End of the French Exception?" Working Paper，Fondation pour l'innovation politique，March 2008，8—9。

105. Nicolas Sarkozy，引自 "France Rejoins NATO's Integrated Command Structure"，*News from France*，23 April 2009，4。

106. Hutchings，*American Diplomacy*，161。

107. George H. W. Bush，引自 Wells，"From Euromissiles to Maastricht"，303。

108. 关于布什顾问们的观点，见 Kevin Featherstone 和 Roy H. Ginsberg，*The United States and the European Union in the 1990s*（New York：St. Martin's 1996），89—90。

109. Hutchings，*American Diplomacy*，161。

440

110. George H. W. Bush, "Remarks at a Luncheon Hosted by Prime Minister Ruud Lubbers of the Netherlands in the Hague", 9 November 1991, *Administration of George Bush*, Office of the Press Secretary, The White House, 1428。

111. Alan Riding, "French Farms Girdc for War against U. S. ", *New York Times*, 11 November 1992, A11。

112. Pierre Bérégovoy, "L'Amérique, l'Europe, la France", *Le Monde*, 6 January 1993, 8。

113. Elisabeth Guigou, 引自 Gallis, *France and the United States*, 13—14。

114. Pierre Bérégovoy, 引自 William Drozdiak, "France Threatens Global Trade Pact", *Washington Post*, 26 November 1992, A1. 按照规定，法国只能全权否决关税与贸易总协定，不能仅对农业谈判提出否决，但是其他欧盟成员似乎接受对布莱尔协定的否决。

115. Jacques Chirac, 引自 "Les réactions politiques", *Le Monde*, 24 November 1992, 8。

116. Alan Riding, "Europeans Agree with U. S. on Cutting Farm Subsidies", *New York Times*, 21 November 1992, 1, 36; Craig Whitney, "Kohl Silently Avoiding a Conflict with Mitterrand on Trade Accord", *New York Times*, 24 November 1992, A6。

117. 《世界报》反对这种激烈的行为，因为这会让英国人窃喜，让德国人不满。见 Thierry Bréhier, "L'opposition pousse le gouvernement...", *Le Monde*, 20 November 1992, 1, 8。

118. Sophie Meunier, *Trading Voice: The European Union in International Commercial Negotiations* (Princeton, NJ: Princeton University Press, 2005), 109—124。

119. Alain Juppé, 引自 Christian Leblond, "Le dossier agricole dans la phase finale de l'Uruguay Round, 1991—1993: un affrontement franco-américain?" 载于 *Les Relations franco-americaines au XXe siècle*, Pierre Mélandri 和 Serge Ricard 编（Paris: Éditions L'Harmattan, 2003）, 223。

120. Alain Juppé, 引自 Andrew Hill, "Paris to Seek Fresh EC-U. S. Farm Deal," *Financial Times*, 6 April 1993, 5。

121. Anonymous farmer, 引自 Alan Riding, "Pitching GATT's Pluses to a Reluctant France", *New York Times*, 4 December 1993, 49。

122. Gerry van der Kamp-Alons, "Anti-Americanism in French Preference Formation on Trade Liberalization"（未发表论文, Radboud University Nijmegen, 2010）。

123. 民意测验 *Le Point*, November 1992, 报道见于 "French Farmers Reject EC-U. S. Farm Trade Deal", *News from France*, 4 December 1992。

124. Michel Noblecourt, "Le gouvernement continue de s'opposer à un accord agricole sur le GATT", *Le Monde*, 19 November 1992, 1, 21。

125. Christian Jacob, 引自 Leblond, "Le dossier agricole", 221—222。

126. Craig Whitney，"Germans Whisper Softly in Trade Rivals' Ears"，*New York Times*，14 December 1993，D7。

127. Roger Cohen，"Yielding，French Accept Farm Pact"，*New York Times*，9 June 1993 D1。

128. Alan Riding，"Months of Risk，Moments of Isolation，Now Boasts of Triumph"，*New York Times*，15 December 1993，D19。欧盟与美国在最后时刻达成一致，向欧洲尤其是法国的粮食食品出口商做出让步，布莱尔宫协定将削减补助的规定推迟到 6 年后。作为交换条件，美国的许多食品产品获得了大规模的关税减免，为美国出口开辟了道路。Riding，"Pitching GATT's Pluses to a Reluctant France"。

129. Alain Juppé，引自 Leblond，"Le dossier agricole"，225。巴拉迪尔也称赞这次谈判中法国取得的成功。见 Balladur，*Le Pouvoir*，166—167。

130. David Hanley，"France and GATT：the Real Politics of Trade Negotiations"，载于 *France from the Cold War to the New World Order*，Tony Chafer 和 Brian Jenkins 编（New York：St. Martin's，1996），140—149。

131. 有关认为"法国的固执得逞了"的一种相反的解释，见 Brenner 和 Parmentier，*Reconcilable Differences*，77。

132. Hervé de Charette，引自 Petras 和 Morley，"Contesting Hegemonies"，63。

133. Craig Whitney，"Ignoring U. S.，France Signs Accord Protecting Cuba Ties"，*New York Times*，26 April 1997，3。

134. Jacques Chirac，引自 Gallis，*France：Current Foreign Policy Issues*，19。

135. Jacques Chirac，引自 Petras and Morley，"Contesting Hegemonies"，64。

136. Hervé de Charette，引自 Gallis，*France：Current Foreign Policy Issues*，19。

137. Unidentified official，引自 Steven Erlanger and David Sanger，"On World State，Many Lessons for Clinton"，*New York Times*，29 July 1996，A15。

138. Madeleine Albright，引自 Petras and Morley，"Contesting Hegemonies"，64。

139. Roger Cohen，"France Scoffs at U. S. Protest over Iran Deal"，*New York Times*，20 September 1997，A12。

140. Bill Clinton，"Second Inaugural Address of William J. Clinton：January 20，1997"，http：//www. usa-presidents. info/inaugural/clinton-2. html。

141. Bill Clinton，"Address by the President to the Democratic National Convention"，29 August 1996，http：//www. 4president. org/speeches/ clintongore1996convention. htm。

142. 1996 年总统选举前夕，法国的一位高级官员不太友好地向媒体表示，沃伦·克里斯托弗的非洲之行将会使总统赢得非洲裔美国人的选票。见 Coudurier，*Le Monde selon Chirac*，282—283。一向对法国人存有意见的克里斯托弗随后写道，"外部势力将整个语

442

357

系的各个国家皆视为自身私有领土的时代结束了"；见 Warren Christopher, *In the Stream of History* (Stanford, CA: Stanford Univ. Press, 1998), 474。

443　　143. 非洲合作部的前任部长雅克·戈弗雷，引自 Tom Masland, "Fighting for Africa", *Newsweek*, 30 March 1998, 32。

144. 1995 年，非洲事务的助理国务卿赫尔曼·科恩在美非贸易大会上发言时称"非洲市场对所有人开放"，并表示美国"不再接受法国在经济领域坚持其特有的'保留猎区'的决定"；引自 Asterias C. Huliaras, "The 'Anglo-Saxon Conspiracy': French Perceptions of the Great Lakes Crisis", *Journal of Modern African Studies* 36, no. 4 (1998): 603—604。

145. Huliaras, "The 'Anglo-Saxon Conspiracy'", 594。

146. François Ngolet, "African and American Connivance in Congo-Zaire", *Africa Today* 47, no. 1 (2000): 75。

147. Jacque Chirac, 引自 Philip Gordon, *The Transatlantic Allies and the Changing Middle East*, Adelphi Paper 322 (London: International Institute for Strategic Studies, 1998), 21。

148. Gordon, *Transatlantic Allies*, 23—37; Petras 和 Morley, "Contesting Hegemonies", 60—61。

149. Drozdiak, "French Snub NATO Tribute to Christopher"。

150. 本段的引言和数据来源于 Delafon 和 Santon, *Dear Jacques*, 259—260。

151. 在这一事例中，一位外交官的不信任、文化的不安全感以及性格暴躁遇到了另一位外交官有意或无意的刺激。事情是这样的，德沙雷特——希望摒弃前嫌，修补与即将退休的克里斯托弗的关系——在外交部举办了一场晚宴，并且为了表达对这位美国人的尊敬而赠送给他一套用三种颜色的丝带包装的法国的获奖文学作品。然而，众所周知，这位客人并不懂法语。克里斯托弗对法国人语言上的傲慢感到非常生气，他拒绝接受这些书籍，他认为德沙雷特故意用这种"法语平装小说"作为礼物来羞辱他。这位即将退休的外交官认为自己通过忽略这种"居高临下的轻蔑姿态"有力地回击了东道主。见 Warren Christopher, *Chances of a Lifetime* (New York: Scribner, 2001), 28。

152. 本段参考资料见 Philip Gordon, *Transatlantic Allies*, 53—58; Philip Gordon 和 Jeremy Shapiro, *Allies at War: America, Europe and the Crisis over Iraq* (New York: McGraw-Hill, 2004), 39—44, 77—78。

153. Jacques Chirac, "M. Chirac plaide pour la fin des sanctions...", 与 Jean-Marie Colombani, Alain Frachon, Patrick Jarreau 和 Mouna Naim 的会谈, *Le Monde*, 27 February 1998, 2。

444　　154. 俄罗斯方面十分恼火，因为安理会刚刚针对伊拉克事件展开辩论，美国就开始实施袭击。见 Barbara Cossette, "At the UN, Tensions of Cold War Are Renewed", *New York*

Times，18 December 1998，A23。

155. "沙漠风暴行动"之后，克林顿签署拥护政体改革的立法，见 Gordon 和 Shapiro，*Allies at War*，43。

156. Claire Tréan，"Pourquoi la France n'ose pas afficher ses divergences avec les Etats-Unis"，*Le Monde*，20 December 1998，4；也可见 Michel Noblecourt，"Les hommes politiques français critiquent l'intervention armée en Irak"，*Le Monde*，20 December 1998，28。

157. Ivo Daalder 和 Michael O'Hanlon，*Winning Ugly：NATO's War to Save Kosovo*（Washington，DC：Brookings Institution Press，2000），44—45。本书主要借鉴的文献是 Daalder，O'Hanlon 和 Kaufman 的研究，*NATO and the Former Yugoslavia*，149—208。

158. Daalder and O'Hanlon，*Winning Ugly*，75。

159. 希拉克认为布莱尔的建议"即无用又不理性"。见 Jacques Chirac，"Oui，c'est une capitulation"，*Le Figaro*，11 June 1999，B5。

160. Daalder and O'Hanlon，*Winning Ugly*，162—164。

161. 见 Chirac，"Oui，c'est une capitulation"，学者们同意希拉克的观点。见 Frederic Bozo，"The Effects of Kosovo and the Danger of Decoupling"，载于 *Defending Europe：The EU，NATO and Quest for European Autonomy*，Jolyon Howorth 和 John Keeler 编（New York：Palgrave Macmillan，2003），61—77；Brenner 和 Parmentier，*Reconcilable Differences*，62—64。

162. 关于法国人对科索沃战争的反应，见 Michel Fortmann 和 Hélène Viau，"A Model Ally? France and the U. S. during the Kosovo Crisis of 1989—1999"，载于 Haglund 编：*France-U. S. Leadership Race*，87—109；Reneo Lukic，"The Anti-Americanism in France during the War in Kosovo"，载于 *Culture，Politics，and Nationalism in the Age of Globalization*，Reneo Lukic 和 Michael Brint 编（London：Ashgate，2000），145—181；"The Mixed Feelings of Europeans"，*Economist*，17 April 1999，53。

163. Régis Debray，"L'Eruope somnambule"，*Le Monde*，1 April 1999，1，19；Régis Debray，"Lettre d'un voyageur au Président de la République"，*Le Monde*，13 May 1999，1，15。

164. Jean Baudrillard，"Duplicité totale de cette guerre"，*Libération*，29 April 1999，6。

165. André Glucksmann，引自 Thomas Ferenczi，"Les impasses de l'antiaméricanisme"，*Le Monde*，9 June 1999，1，22。

166. Michel Wieviorka，引自 Thomas Ferenczi，"Les impasses de l'antiaméricanisme"，*Le Monde*，9 June 1999，1，22。

167. Pascal Bruckner，"Pourquoi cette rage anti-americaine？" *Le Monde*，7 April 1999，1，21。

168. 此处信息来自 Claire Trean，"La diplomatie européenne aux commandes"，*Le Monde*，

445

5 June 1999，18。

169. Chirac，"Oui，c'est une capitulation"。

170. Fortman 和 Viau，"A Model Ally"，105—106；Daalder 和 O'Hanlon，*Winning Ugly*，161；Cohen，"In Uniting over Kosovo"，A15；文中的一项调查表明，70%的法国人支持北约的干预。

171. CSA-*Libération*，"C'est de plus en plus loin，l'Amérique"，*Libération*，10—11 April 1999。

172. Hubert Védrine，*Face à l'hyperpuissance：textes et discours*，1995—2003（Paris：Éditions Fayard，2003），104。

173. Craig Whitney，"With a 'Don't Be Vexed' Air，Chirac Assesses U. S. "，*New York Times*，17 December 1999，A3。

174. 本段的引言来自 Chollet 和 Goldgeir，*America between the Wars*，232—233，287。

175. Védrine，*France in an Age of Globalization*，46—47，50。访谈最初出现在 *Les Cartes de la France à l'heure de la mondialisation*（Paris：Éditions Fayard，2000），但是美国版本对其进行了扩充。

176. Jacques Andréani，*L'Amérique et nous*（Paris：Éditions Odile Jacob，2000），203，289。安德雷阿尼自 1989 至 1995 年担任大使。

177. Lionel Jospin，引自 Jean-Michel Aphatie，Patrick Jarreau，Laurent Mauduit 和 Michel Noblecourt，"Lionel Jospin trace sa route"，*Le Monde*，7 January 1999，6—7。

178. Andréani，*L'Amérique*，196。

179. Hubert Védrine，引自 Whitney，"With a 'Don't Be Vexed' Air"，A3。

180. Jacques Chirac，引自 Whitney，"With a 'Don't Be Vexed' Air"，A3。

181. 如，见 Pascal Boniface，*La France est-elle encore une grande puissance?* （Paris：Presses de Sciences Po，1998），69—79。

182. Védrine，*Face à l'hyperpuissance*，203。

183. Védrine，*France in an Age of Globalization*，31。

184. Hubert Védrine，引自 Richard Cohen，"France vs. U. S. ：Warring Versions of Capitalism"，*New York Times*，20 October 1997，A10。

185. Védrine，*France in an Age of Globalization*，131。

186. Védrine，引自 Cohen，"France vs. U. S. "。

187. Védrine，*France in an Age of Globalization*，45。社会主义人士的分析家帕斯卡尔·博尼卡斯进一步解释了韦德里纳的观点。他写道，法国不应该继续装作与美国"巨人"作对或者替代欧洲的一极。他认为法国的外交家们应该停止给美国政府制造麻烦；赢得其他欧洲国家和联合国的支持；中肯地而不是歇斯底里地表达不同意见；试图用严

446

肃而认真的理由说服美国人。见 Boniface，*La France*，77—79。

188. Chirac，"M. Chirac plaide pour la fin des sanctions. . . "

189. Jacques Chirac，引自 Craig Whitney，"France Presses for a Power Independent of the U. S."，*New York Times*，7 November 1999，9。希拉克希望美国部署防御导弹，他称，"我强烈谴责美国当前脱离干系……我希望美国能够再一次地在国际事务中承担职责，而且愈快愈好。但实际上是脆弱的，它不会等待。"Jacques Chirac，"La France dans un monde multipolaire"，*Politique étrangère* 4（1999）：806。

190. Jacques Chirac，"L'Europe selon Chirac"，*Libération*，25 March 1996，2。

191. Chirac，"La France dans un monde multipolaire"，804—805。

192. 同上，807。

193. 1990 年代末法国的发出的声音代表了它在 2003 年的立场。希拉克在联合国代表大会上提到美国入侵伊拉克时称，"在开放的世界里，没有人可以孤立自己，没有人可以以所有人的名义单独采取行动，也没有人接受无秩序社会的混乱。没有谁能取代联合国……多边主义是关键性的……它是有效的……是现代的。"在敦促联合国安理会加快改革和巩固自身力量之后，他提出只有安理会能够"决定军事力量的使用。没有人可以单边地或者事先地挪用这种权力"。Jacques Chirac，"Nul ne peut agir seul"，*Le Monde*，24 September 2003，2。

194. Andréani，*L'Amérique*，292。

195. 关于华盛顿官员和评论员对法国人的不信任，见 Simon Serfaty，*La France vue par les Etats-Unis：réflexions sur la francophobie à Washington*（Paris：Institut français des relations internationales，2003）。

第六章　法兰西道路：1990 年代的经济、社会与文化

1. Jacques Chirac，引自 Philippe Lemaitre 和 Laurent Zecchini，"L'Europe ne croit guère aux recettes libérals américaines"，*Le Monde*，24 June 1997，2。

2. Jacques Chirac，引自 Gilles Delafon 和 Thomas Sancton，*Dear Jacques，cher Bill：au coeur de l'Elysée et de la Maison Blanche，1995—1999*（Paris：Plon，1999），300。

3. 如：见 Clarisse Fabre 和 Eric Fassin，*Liberté，égalité，sexualité：actualité politique des questions sexuelles*（Paris：Éditions Belfond/Le Monde，2003）。

4. "Ces fonds de pension qui font peur aux Français"，*Le Monde*，26 October 1999，18。 447

5. Suzanne Berger，"Trade and Identity：The Coming Protectionism?"载于 *Remaking the Hexagon：The New France in the New Europe*，Gregory Flynn 编（Boulder，CO：Westview，1995），195—210。

6. Sophie Pedder，"The Grand Illusion"，*Economist*，5 June 1999，10—11。

7. Timothy Smith, *France in Crisis: Welfare, Inequality and Globalization since 1980* (Cambridge University Press, 2004), 129。

8. Mark Kesselman, "The Triple Exceptionalism of the French Welfare State", 载于 *Diminishing Welfare: A Cross-National Study of Social Protection*, Gertrude Schaffner Goldberg 和 Marguerite Rosenthal 编 (New York: Greenwood, 2001), 201。

9. 2002 年法国的公共开支占国内生产总值的 53%, 高于除瑞典和丹麦外的所有欧盟国家。见 Peter Hall, *The Economic Challenge Facing President Jacques Chirac*, *U. S. -France Analysis Series* (Washington, DC: Brookings Institution, July 2002), 3。

10. Andrew Jack, *The French Exception* (London: Profile Books, 1999), 67。

11. David Ross Cameron, "From Barre to Balladur: Economic Policy in the Era of the EMS", 载于 Flynn 编: *Remaking the Hexagon*, 117—157。

12. Pierre Rosanvallon, *L'Etat en France de 1789 à nos jours* (Paris: Éditions du Seuil, 1990), 262。

13. William James Adams, "France and Global Competition", 载于 Flynn 编, *Remaking the Hexagon*, 88。

14. 若斯潘政府的部长克里斯汀·索泰, 引自 Gunnar Trumbull, *Silicon and the State: French Innovation Policy in the Internet Age* (Washington, DC: Brookings Institution Press, 2004), 6—7。

15. 法国政府计划委员会召开 "2000 年法国将会变成什么样子" 的会议, 由 Emmanuel Le Roy Ladurie 主持, *Entrer dans le XXIe siècle: essai sur l'avenir de l'identité française* (Paris: Éditions la Découverte et la Documentation française, 1990), 156。

16. 同上, 163。

17. Jean Daniel, "L'Amerique ou rien?" *Le Nouvel Observateur*, 26 June—2 July 1997, 22。

18. Serge Marti, "Les dures leçons de l' 'arrogance' américaine", *Le Monde*, 2 September 1997, 111。

19. 见 Jean Heffer, "Il n'y a pas de miracle économique!" *Les Collections de L'Histoire: L'Empire americain 7* (2000): 88—90; Bernard Lalanne, "Voyage dans la job machine américaine", L'Expansion, 3—16 March 1994, 70—77; Jacques Andreani, *L'Amerique et nous* (Paris: Éditions Odile Jacob, 2000), 205—221。

20. Andréani, *L'Amérique*, 81。

21. Daniel, "L'Amérique ou rien?", 23。

22. Jean Daniel, "Modernité de la gauche", *Le Nouvel Observateur*, 29 May—4 June 1997, 19。

23. Jean Daniel, "L'Europe racontée aux enfants", *Le Nouvel Observateur*, 19—25 June

1997，22。

24. 主要争论是法国的福利国家只服务于社会上的一些舒适群体，而牺牲了弱势群体：在"既得社会"的背后，由左翼知识分子和胆小的政客援助的退休群体等巨大的利益集团保护自身的利益，而年轻人、女性、残疾人和移民却没有工作。团结可以被用作美国的社会政策的对立面，但是却只服务于富裕阶层。见 Smith，*France in Crisis*。

25. 让—马里·勒庞希望福利国家的政策仅限于对"法国人"实行。处于对犯罪和移民的担忧，国民阵线试图否定对移民实行平等的社会权利——诸如工作机会和公共住房优先考虑"法国本土人"；为在法国工作的外国人建立单独的医疗福利制度，从而法国人的税款不会用来支付他们的社会保险；停止所有的移民制度。通过其特有的下流而极端的方式，这项计划同样颠覆了法国的模式。

26. Raymond Aron，引自 Thierry Leterre：*La Gauche et la peur libérale*（Paris：Presses de Sciences Po，2000），28。Jack Hayward，*Fragmented France：Two Centuries of Disputed Identity*（New York：Oxford University Press，2007），书中介绍了法国人长久以来对英美自由主义的反感。

27. Viviane Forrester，*L'Horreur economique*（Paris：Éditions Fayard，1996）。这本书抨击了全球化和极端自由主义，但是却没有指明所抨击的对象是美国。然而在随后的另外一本书中，作者则更加明确地责备英美的共同基金通过解雇员工获取利润。见 *Une Etrange Dictature*（Paris：Éditions Fayard，2000）。

28. 71%的美国人、66%的英国人、65%的德国人和59%的意大利人同意这项提议，只有36%的法国人表示同意。见"20 Nation Poll Finds Strong Global Consensus：Support for Free Market System..."，Program on International Policy Attitudes，University of Maryland，11 January 2006，http：//www. worldpublicopinion. org。

29. Alian Duhamel，*Les Peurs française*（Paris：Éditions Falmmarion，1993），43。 449

30. 关于对自由主义思想简洁而全面的评论以及对左派人士变得更加自由化的解释，见 Leterre，*La Gauche*。

31. Jérôme Jaffré，"La Gauche accepte le marché, la droite admet la différence"，*Le Monde*，18 August 1999，5。在1994年6月SOFRES进行的一项调查中，不到三分之一的法国人认为经济自由主义理论存在问题。见 Hervé Jannic，"Les Français craignent l'envahissement américain"，*L'Expansion*，2—15 June 1994，52。1995年的总统大选期间进行的一项调查表明，三分之二的法国人希望政府更多地干预经济，但同时支持自由贸易。"Une majorité de Français souhaitent..."，*Le Monde*，11 April 1995，6。

32. Philip Gordon 和 Sophie Meunier，*The French Challenge：Adapting to Globalizaiton*（Washington，DC：Brookings Institution Press，2001），14。戈登和莫尼耶对秘密全球化的进程做了非常详尽的概括。

33. Erik Izraelewicz, *Le Capitalisme zinzin* (Paris: Éditions Bernard Grasset, 1999)。

34. Gordon and Meunier, *French Challenge*, 31。

35. Trumbull, *Silicon and the State*, 105。

36. Pedder, "The Grand Illusion", 4。

37. Peter Hall, "Introduction: the Politics of Social Change in France", 载于 *Changing France: The Politics that Markets Make*, Pepper Culpepper, Peter Hall 和 Bruno Palier 编 (Basingstoke, England: Palgrave Macmillan, 2008), 21。

38. Jérôme Sainte Marie, "Nos derniers sondages publiés: l'image des Etats-Unis", *Paris-Match*, 20 February 2003。

39. Édouard Ballardur, *Le Pouvoir ne se partage pas: conversations avec François Mitterrand* (Paris: Éditions Fayard, 2009), 426。

40. Édouard Balladur, 引自 "Putting the Brakes On", *Economist*, 4 August 2001, 43。

41. Édouard Balladur, "En réponse à Philippe Seguin Édouard Balladur dêfend sa politique economique", *Le Monde*, 6 June 1993, 7。

42. Édouard Balladur, *Deux Ans a Matignon* (Paris: Plon, 1995), 225。

43. Edouard Balladur, "Édouard Balladur multiline les promesses", *Le Monde*, 2 April 1995, 7。

44. 该计划的第 15 周年纪念日，雅克·希拉克在巴黎大学的演讲，引自 Jacques Michel Tondre, *Jacques Chirac dans le texte* (Paris: Éditions Ramsay, 2000), 105。

45. Jacques Chirac 1997 年演讲，引自 Tondre, *Jacques Chirac*, 114。

46. Jacuqes Chirac, 引自 Serge Marti, "Le G7 s'efforce de concilier mondialisation et cohésion sociale", *Le Monde*, 3 April 1996, 2。

47. Jean-Marie Messier, *J6M. COM: faut-il avoir peur de la nouvelle économie?* (Paris: Hachette, 2000), 73, 131。

48. Jacuqes Chirac, 引自 Roger Cohen, "For France, Sagging Self-Image and Esprit", *New York Times*, 11 February 1997, A1, 8。

49. Jacques Chirac, 引自 John Andrews, "A Divided Self: A Survey of France", *Economist*, 16 November 2002, 18。

50. Jacques Chirac, 引自 Pierre Péan, *L'Inconnu de l'Elysée* (Paris: Éditions Fayard, 2007), 459。

51. A. Chaillot, 引自 Steve Bastow, "Front National Economic Policy: From Neo-Liberalism to Protectionism", *Modern and Contemporary France 5*, no. 1 (1997): 65。

52. Jean-Marie Le Pen, 引自 Christiane Chombeau, "Jean-Marie Le Pen dresse la liste des candidats...", *Le Monde*, 31 May 1997, 10。

450

53. Philippe Bernard 和 Luc Leroux，"La France exige des Etats-Unis le départ de cinq a-gents de la CIA"，*Le Monde*，23 February 1995，1，9。《纽约时报》也在同一天报道了这个事件："France Accuses 5 Americans of Spying"，*New York Times*，23 February 1995，A1，12。CIA 后来承认了拙劣的间谍行为。见 Tim Weiner，"CIA Confirms Blunders during Eco-nomic Spying on France"，*New York Times*，13 March 1996，8。也可见 Jean-François Jacquier and Marc Nexon，"Comment la CIA déstabilise les enterprises francaises"，*L'Expansion*，10—23 July 1995，32—37；Jean Guisnel，*Les Pires Amis du monde*（Paris：Éditions Stock，1999），183—213，289—316。

54. "A Dangerous Skirmish"，*Financial Times*，18 August 1995，13。

55. Alain Juppé，引自 "Crise idéologique"，*Le Monde*，27 August 1995，9。

56. 关于"朱佩计划"，见 Jean-Marie Domenach，Eric Fassin，Pierre Grémion，René Mouriaux，Pascal Perrineau，Michel Wieviorka，Paul Thibaud 和 George Ross，"Debate：the Movements of Autumn-Something New or Déjà Vu"，*French Politics and Society* 14（1996）：1—27。

57. Jacques Chirac，引自 Ibrahim Youssef，"As Strike Intensifies, French Government Stands Firm"，*New York Times*，5 December 1995，A1。

58. 罢工者主要来自于公共部门，只有一小部分私有部门的雇员参与了罢工。见 "Le secteur privé a peu suivi les appels de la CGT et de FO"，*Le Monde*，7 December 1995，12。

59. Pascal Perrineau 和 Michel Wieviorka，"De la nature du mouvement social"，*French Politics and Society 14*（1996）：19。

60. Marc Blondel，引自 Craig Whitney，"French Rail and Other Workers Ending their 3-Week Walkout"，*New York Times*，16 December 1995，7。

61. Alan Riding，"France Questions Its Identity as It Sinks into 'Le Malaise'"，*New York Times*，23 December 1990，1。

62. "在以自由之名推行的损害社会平等的自由主义和以想象中的平等之名推行的扼杀自由的集体主义之间"，他说，"有一种承担责任和推行团结的社会"。Pierre Bérégo-voy，"L'Amérique，l'Europe，la France"，*Le Monde*，6 January 1993，8。

63. Noël Mamère 和 Olivier Warin，*Non merci，Oncle Sam*！（Paris：Éditions Ramsay，1999），187. 另外一位批评美国福特式经济的绿党人士是阿兰·利皮兹（Alain Lipietz）。

64. Lionel Jospin，"Changeons d'avenir，changeons de majorité：nos engagements"，*Le Monde*，3 May 1997，8。

65. 本段的引言引自 Lionel Jospin，"A ceux qui doutent de la gauche..."，与 Edgar Morin，Alain Touraine 和 Jean Daniel 的会谈，*Le Nouvel Observateur*，22—28 May 1997，23—25。也可见他在国会上针对共和主义团结的发言。Lionel Jospin，"Le discours de Lio-

451

nel Jospin", *Le Monde*, 21 June 1997, 8—10。

66. Édouard Balladur, "Nous devons inventer un libéralisme à la française...", *Le Monde*, 28 May 1997, 7。

67. Lionel Jospin, *Modern Socialism*, Fabian Pamphlet 592 (London: Fabian Society, 1999), 1。

68. 同上，10。

69. 同上，8。

70. 同上，10。

71. Lionel Jospin, "Le Discours de Lionel Jospin à Rio", *Le Monde*, 18 April 2001, 16。

72. Jospin, *Modern Socialism*, 6。

73. Gilles Senges, "Création d'emploi: Lionel Jospin tire les leçons de l'expérience américaine", *Les Echos*, 19 June 1998; "Jospin Discovers America", *Economist*, 27 June 1998, 50。

74. Lionel Jospin, 引自 Andrews, "A Divided Self", 14。

75. "Still a Dirty World", *Economist*, 8 June 2002, 48。

76. Pedder, "The Grand Illusion", 11。

77. 匿名顾问。引自 Pedder, "The Grand Illusion", 12。派德还引用了托尼·布莱尔的话，让法国社会党人士感到不悦的是，后者在米兰的一次会议上向法国的社会党宣扬效仿美国的灵活劳动市场的必要："我们不可否认美国的失业率更低，就业增长率更高"，这位首相称，"高失业率不是社会凝聚力的表现。"(12)

78. Dominique Strauss-Kahn, 引自 Pedder, "The Grand Illusion", 11。

79. Lionel Jospin, "Ce monde a besoin de règles", *Le Monde*, 22 September 1999, 3; Lionel Jospin, "Concurrence à gauche pour la formation d'un front 'anti-capitaliste'", *Le Monde*, 23 September 1999, 6。

80. Dominique Strauss-Khan, 引自 Philippe Lemaître 和 Laurent Zecchini, "L'Europe ne croit guère aux recettes libéraux americaines", *Le Monde*, 24 June 1997, 2。

81. Michel Lallement, "New Patterns of Industrial Relations and Political Action since the 1980s", 载于 Culpepper 等编, *Changing France*, 54—60。

82. 关于小型电传和互联网，见 Trumbull, *Silicon and the State*, 60—82。关于公司的迅速发展，见 The World Bank's development indicators。http://www.google.com/publicdata?ds=wb-wdi&met=it_net_user&idim=country:FRA&dl=en&hl=en&q=france+internet+users+statistics。

83. Trumbull, *Silicon and the State*, 2。也可见 Gunnar Trumbull, "From Rents to Risks: France's New Innovation Policy", 此论文在以下会议上被提出："The New Cleavages in

452

France", Princeton University, October 2003。本书中关于信息技术的内容参考了特鲁姆布的研究。

84. Alain Duhamel, "Droite: le handicap Seillière", *Libération*, 20 February 1998, 5; "Ernest-Antoine de Seillière, Boss of France's Bosses", *Economist*, 11 March 2000, 60—61. 关于法国企业运动, 见 Isabelle Mandraud 和 Caroline Monnot, "Kessler égale Tocqueville", *Le Monde*, 25 June 2000, 11。

85. Gérard Desportes, "Un libéralism sans complexe: le MEDEF...", *Libération*, 6 April 2000, 4。

86. Alain Minc, *Www. capitalisme. fr* (Paris: Éditions Bernard Grasset, 2000)。也可见 Messier, *J6M. com*。

87. Patrick Coquidé, "Mais où sont donc passés les libéraux?" *L'Expansion*, 19 May—1 June 1994, 50—52。

88. Gordon and Meunier, *French Challenge*, 24。

89. Michel Goyer, *The Transformation of Corporate Governance in France*, *U. S. -France Analysis Series* (Washington, DC: Brookings Institution, January 2003), 83。

90. Hervé Jannic, "U. S. Corp. in France", *L'Expansion* 专刊, "Comment l'Amérique a changé la France", 2—15 June 1994, 54—58。

91. Joseph Quinlan, *Drifting Apart or Growing Together? The Primacy of the Transatlantic Economy* (Washington, DC: Center for Transatlantic Relations, 2003), 28。

92. Sophie Meunier, "Free-Falling France or Free-Trading France?" *French Politics, Culture and Society* 22 (2004): 102。

93. 除了戈登和莫尼耶的《法国挑战》, 可见 Vivien A. Schmidt, "French Capitalism Transformed, Yet still a Third Variety of Capitalism", *Economy and Society* 32 (2003): 526—554; Pepper Culpepper, "Capitalism, Coordination, and Economic Change: the French Political Economy since 1985", 载于 Culpepper 等编, eds., *Changing France*, 29—49; Cait Murphy, "The Next French Revolution", *Fortune*, 12 June 2000, 157—168。

94. Marc Lassus, 引自 G. Pascal Zachary, "Yanks in Vogue", *Wall Street Journal*, 8 June 1998, 1, 10。

95. Samer Iskandar, "BNP Turns Up Heat in Bank Bid Battle", *Financial Times*, 26 July 1999, 20。

96. "Three Wiser Men", *Financial Times*, 30 August 1999, 13。

97. Samer Iskandar, "Regulators Block BNP's Bid for Société Générale", *Financial Times*, 30 August 1999, 1。

98. François Morin, "Transformation of the French Model of Shareholding and Management",

453

Economy and Society 29, no. 1 (2000)：37。

99. Morin, "Transformation", 45, 49。

100. Jean-Luc Lagardère, 引自 Pedder, "The Grand Illusion", 4。

101. Pierre Briançon, "The Great French Shopping Spree", *France Magazine* 59 (2001)：34。

102. 关于小企业主, 引自 John Ardagh, *France in the New Century* (London：Penguin, 2000), 182。

103. Jean-Pierre Ponssard, *Stock Options and Performance-Based Pay in France*, U.S.-France Analysis Series (Washington, DC：Brookings Institution, March 2001); Jean-Baptiste Jacquin 和 Franck Dedieu, "Stock-Options：la France championne d'Europe", *L'Expansion*, 13 September 2001, 92—97。

104. Goyer, *The Transformation of Corporate Governance*, 2。

105. 同上, 3。

106. 调查显示, 法国公众支持用股票期权回报雇员, 但是国会代表们对这种方法表示担忧。"法国的政治领导者……脱离了法国公众这种倾向于绩效补偿的态度的转变。"见 Trumball, *Silicon and the State*, 27 页注释。

107. 2000—2001 年的调查, 见 Mette Zølner, "French E-Managers：A Generation in the Making", *French Politics, Culture and Society* 20 (2002)：33—51。

108. Jean-Marie Messier, 引自 Martine Orange 和 Jo Johnson, *The Man Who Tried to Buy the World：Jean-Marie Messier and Vivendi Universal* (New York：Portfolio, 2003), xiii。也可见 William Emmanuel, *Le Maître des illusions：l'ascension et la chute de Jean-Marie Messier* (Paris：Éditions Economica, 2002)。

109. Messier, *J6M*, 166。

110. Jean-Marie Messier, 引自 Alan Riding, "Remark by Vivendi Chief Un-nerves French Film Industry", *New York Times*, 24 December 2001, 1。

111. Daniel Toscan du Plantier, 引自 Mark Landler, "In a French Mogul's Fall, A Warning for Globalists", *New York Times*, 7 July 2002, 4。

112. "A French Exception", *Economist*, 6 July 2002, 12—13。

113. Jean-Benoit Nadeau 和 Julie Barlow, *The Story of French* (New York：St. Martin's Griffin, 2006), 381; Jim Hoagland, "Attack of the Deux Raviolis", *Washington Post*, 22 July 1990, C4。

114. Maurice Druon, 引自 Jack, *French Exception*, 27。

115. Maurice Druon, 引自 Paul Cohen, "Of Linguistic Jacobinism and Cultural Balkanizaiton：Contemporary French Linguistic Politics in Historical Context", *French Politics, Culture and Society* 18 (2000)：41, n. 6。

454

116. Édouard Balladur, 引自 Marlise Simons, "Bar English? French Bicker on Barricades", *New York Times*, 15 March 1994, A1。

117. Balladur, *Le Pouvoir*, 196。

118. Lionel Jospin, 引自 Gordon 和 Meunier, *French Challenge*, 58。

119. Hubert Védrine 与 Dominique Moïsi, *France in an Age of Globalization*, *trans. Philip Gordon* (Washington, DC: Brookings Institution Press, 2001), 21—22。

120. Ardagh, *France in the New Century*, 704。

121. Alan Riding, "A bas l'Anglais!" *New York Times*, 11 July 1992, 3。

122. Jacuqes Toubon, 引自 Marcel Machill, "Background to French Language Policy and Its Impact on the Media", *European Journal of Communication* 2 (1997): 494。

123. Yves Berger, "La langue aux abois", *Le Monde des débats*, May 1994, 24; Bernard Cassin, "Parler français ou la 'langue des maîtres'", *Le Monde diplomatique*, April 1994, 32; Bertrand Poirot-Delpech, "Défense et illustration du français", *Le Monde*, 17 April 1994, 22。

124. Simons, "Bar English?" A1。

125. Stella 和 Joel de Rosnay, "Honni soit quit mal y pense", *Liberation*, 4 March 1994, 6。

126. Jack, *French Exception*, 36—37。

127. Jacques Toubon, 引自 "Well, Excuse Moi!" *Wall Street Journal*, 24 February 1994, A12。

128. Jacques Toubon, "Temest in a Demitasse", *New York Times*, 4 April 1994, A15。

129. Lionel Jospin, 引自 Gordon and Meunier, *French Challenge*, 58。

130. "After Babel, a New Common Language", *Economist*, 7 August 2004, 42。

131. Ardagh, *France in the New Century*, 705。

132. 使用英语表达的原因是为了使产品和全球化、先进技术或者美国生活方式相关联，并且吸引注意力或者增加幽默效果。见 Elizabeth Martin, "Cultural Images and Different Varieties of English in French Television Commercials", *English Today* 72 (2002): 8—20。

133. Denis Ager, *Identity*, *Security and Image*: *France and Language* (Clevedon, England: Multilingual Matters, 1999), 110—111。反对美国对语言影响力的法国人在八九十年代稍有增加，但是34%的比例远小于电视和电影等领域的反对的比例。SOFRES and French-American Foundation, *France-Etats-Unis*: *regards croises*, June 2000, 17—18。

134. "Babel Runs Backwards", *Economist*, 1 January 2005, 63。

135. Jack, *French Exception*, 43。

136. 97%的法国人选择英语，见 Sandrine Blanchard 和 Stephanie Le Bars, "L'hégémonie de l'anglais", *Le Monde*, 28 February 2000, 8。

137. "English Is Still on the March", *Economist*, 24 February 2001, 50。

138. 数据由法国电影中心整理，报道见于 Jacques Buob, "Culture: l'assaut américain", *L'Express*, 7—13 October 1993, 73。

139. 数据来源于法国电影中心，见 Patrick Messerlin, "La politique française du cinéma: 'l'arbe, le maire et la médiathèque'", *Commentaire* 71 (1995): 595; and Centre National de la cinématographic, *CNC Info* 276 (May 2000): 5。

140. 见 Issue of *L'Express*, 7—13 October 1993, 70—88; "La guéguerre des étoiles", *Le Nouvel Observateur*, 23—29 September 1993, 62—63。

141. Joseph Hanania, "Fleeing a Fallow France for Greener U. S. Pastures", *New York Times*, 22 October 1995, H14。

142. Vincent Malle, 引自 Paul Chutkow, "Who Will Control the Soul of French Cinema?" *New York Times*, 9 August 1992, 22。

143. Bernard Weintraub, "Directors Battle over GATT's Final Cut and Print", *New York Times*, 12 December 1993, 25。关于电视上美国节目的增长，见 David Looseley, *The Politics of Fun: Cultural Policy and Debate in Contemporary France* (Oxford: Berg, 1997), 204—207。

144. 关于谈判，见 Kerry Segrave, *American Television Abroad: Hollywood's Attempt to Dominate World Television* (Jefferson, NC: McFarland, 1998), 208—211; Laurent Burin des Roziers, *Du cinéma au multimédia: une brève histoire de l'exception culturelle* (Paris: Institut français des relations internationales, 1998); David Puttnam, *The Undeclared War: The Struggle for Control of the World's Film Industry* (London: Harper Collins, 1997), 339—344。

145. Alan Riding, "Paris Seeks to Rally Support", *New York Times*, 19 October 1993, A3。

146. Jacques Toubon, "Laisser respirer nos âmes", *Le Monde*, 1 October 1993, 1—2; Louise Stroud, "France and EU Policy-Making on Visual Culture", 载于 *France in Focus: Film and National Identity*, Elizabeth Ezra 和 Sue Harris 编 (Oxford: Berg, 2000), 61—75。

147. François Mitterrand, 引自 Buob, "Culture: l'assaut américain", 71。也可见 Jean-Pierre Péroncel-Hugoz, "Les créations de l'espirt... de simples marchandises", *Le Monde*, 19 October 1993, 9。

148. Bertrand Tavernier, 引自 Jonathan Buchsbaum, "The *Exception Culturelle* is Dead", *Framework: The Journal of Cinema and Media* 47 (2006): 9; Alain Corneau, 引自 Alan Riding, "French Film Industry Circles the Wagons", *New York Times*, 18 September 1993, 11。

149. Nicolas Seydoux, 引自 Buob, "Culture: l'assaut américain", 74。

150. Frank Price, 引自 Weintraub, "Directors Battle", 25。

151. Jack Valenti, 引自 Keith Bradsher, "Big Cut in Tariffs: Movies, TV...", *New*

456

York Times，15 December 1993，A1。

152. Jack Valenti，引自 Segrave，*American Television*，256。

153. "GATT：images et culture"，*Le Monde*，18 September 1993，1. 也可见 Martin Karmitz，对 Dominique Simmonnet 的采访，*L'Express*，7—13 October 1993，84—85。

154. 见科斯塔—加夫拉斯和米歇尔·艾斯内的辩论，"From Magic Kingdom to Media Empire"，*New Perspectives Quarterly* 12（1995）：4—10。

155. "GATT：images et culture"，1。

156. Jack Lang，引自 "La guéguerre des étoiles"，63。

157. Daniel Toscan du Plantier，引自 Fabienne Pascaud，"Faut-il avoir peur de la culture américaine？" *Télérama*，6 October 1993，14。

158. "Attention au retour de l'anti-américanisem"，*Quotidien de Paris*，19 October 1991，n. p。

159. Mario Vargas-Llosa，"De l'exception culturelle française"，*Libération*，19 October 1993，6。

160. Régis Debray，"Y a-t-il une sortie sur l'autoroute? Réponse à Mario Vargas Llosa"，*El Pais*，4 November 1993，15。

161. Max Gallo，"Sauver l'homme-citoyen"，*Le Monde des débats*，November 1993，8。

162. 这段的对话来自于 Mario Vargas-Llosa，"Cher Régis"，*Libération*，2 December 1993，6；Régis Debray，"Quelles Tribus? Cher Mario"，*Libération*，3 December 1993，3。

163. Jacques Toubon，引自 John Rockwell，"Making a Mark on French Culture"，*New York Times*，8 November 1993，C11。

164. Jack Lang，引自 Alan Riding，"The French Strategy，Months of Risk"，*New York Times*，15 December 1993，C11。

165. Jack Lang，引自 C. Anthony Gifford，"Culture versus Commerce：Europe Strives to Keep Hollywood at Bay"，载于 *Kazaam! Splat! Proof! The American Impact on European Popular Culture since 1945*，Sabrina Ramet 和 Gordana Crnković 编（Lanham，MD：Rowman and Littlefield，2003），46。

166. Harvey Feigenbaum，"Is Technology the Enemy of Culture？" *International Journal of Cultural Policy* 10，no. 3（2004）：251—263。

167. Jack Valenti，"What U. S. Film Makers Really Wanted"，*New York Times*，3 January 1994，A22。

168. Henri de Bresson，"Les occidentaux guerroient sur le statut de l'investissement étranger"，*Le Monde*，18 February 1998，2。美国的一位主要谈判代表大卫·亨德森谴责法国终止了谈话。见 David Henderson，*The MAI Affair：A Story and Its Lessons*（London：Royal In-

457

stitute of International Affairs，1999），4。

169. Gordon 和 Meunier，*French Challenge*，75。

170. 在尼斯，文化例外的原则被公开地加入欧盟法。法国反对赋予欧盟对文化和视听服务贸易的专有权力。

171. 1990 年代末，法国电影占据国内市场的32%，美国电影占据54%。见 http：// www. cnc. fr/CNC_GALLERY_CONTENT/DOCUMENTS/statistiques/par_secteur_EN_pdf/Attendance. pdf。也可见 John Tagliabue，"Now Playing Europe：Invasion of the Multiplex"，*New York Times*，27 January 2000，C1。

172. 数据来源于 Gordon 和 Meunier，*French Challenge*，50。

173. Anne Jäckel，"The Inter/Nationalism of French Film Policy"，*Modern and Contemporary France* 15（2007）：21—36。

174. Burin des Roziers，*Du cinéma*，21。相应数据为：德国（43%：85%），西班牙（62%：77%），英国（60%：82%），意大利（52%：71%）。此样本取自法国电视三台和电视一台。

175. Gordon 和 Meunier，*French Challenge*，49。

176. Laurent Creton，*Economie du cinéma：perspectives stratégiques*（Paris：Éditions Nathan，1994），书中认为政府支持一直以来都是视听产业应对美国竞争力的必然举措。虽然埃里克·德拜认为政府补贴可能会阻断竞争力，但却能帮助视听产业。见 Eric Dubet，*Economie du cinéma européen：de l'interventionnisme à l'action entrepreneuriale*（Paris：Éditions L'Harmattan，2000），也可见 Jonathan Buchsbaum，"After GATT：Has the Revival of French Cinema Ended?" *French Politics，Culture and Society* 23（2005）：42；Jean-Pierre Jeancolas，"From the Blum-Byrnes Agreement to the GATT Affair"，载于 *Hollywood and Europe*，Geoffrey Nowell-Smith 和 Steven Ricci 编（London：British Film Institute，1998），56。关于电视作为电影产业的投资家的重要性，见 Buchsbaum，"*The Exception Culturelle*"。维姆·文德斯和大卫·普特南希望将法国的补贴制度扩展到整个欧洲。

177. Harvey Feigenbaum，"America's Cultural Challenge Abroad"，*Political Science Quarterly*，即出。

178. Martine Danan，"From a 'Prenational' to a 'Postnational' French Cinema"，载于 *The European Cinema Reader*，Catherine Fowler 编（London：Routledge，2002），237—243；Kristin Hohenadell，"European Films Learn to Speak English"，*New York Times*，30 January 2000，15。其他尝试英文电影的导演包括 Louis Malle，Bertrand Tavernier，Jean-Pierre Jeunet 和 Jean-Jacques Annaud。关于好莱坞翻版，见 Lucy Mazdon，*Encore Hollywood：Remaking French Cinema*（London：British Film Institute，2000）。

179. Messerlin，"La politique"，597，本段的大部分评论来自于此文。

458

180. Harvey Feigenbaum，"The Production of Culture in the Postimperial Era：The World Versus Hollywood?" 载于 *Postimperialism in World Politics*，David G. Becker 和 Richard L. Sklar 编（Westport，CT：Praeger，1999），105—124。

181. Alan Riding，"Where Is the Glory That Was France?" *New York Times*，14 January 1996，22。

182. Antoine de Baecque，"Il n'y a pas de cinéma français"，*La Règle du jeu* 12（1994）：234—240。

183. 数据来源于 Messerlin，"La politique"，587。然而，作者强调了自 20 世纪 70 年代以来，法国人对本国电影的兴趣下降。1991—1993 年法国人选择本国电影的比例在 59%，而德国和意大利为 22%。

184. Alan Riding，"French Comic Book Heroes Battle Hollywood's Hordes"，*New York Times*，10 February 1999，E2。

185. Bruno Palier，"The Long Good Bye to Bismarck? Changes in the French Welfare State"，载于 Culpepper 等编，*Changing France*，127。

第七章　上世纪末的矛盾局面：反美主义与美国化

1. Patrick Gofman，*Le cauchemar américain*（Lausanne，Switzerland：Éditions l'Age d'homme，2000）；Noël Mamère 和 Olivier Warin，*Non merci，Oncle Sam*！（Paris：Éditions Ramsay，1999）。

2. Thierry de Monbrial，转引自 Joseph Biden，"Unholy Symbiosis：Isolationism and Anti-Americanism"，*Washington Quarterly* 23（2000）：11。

3. Jane Perlez，"At Democracy's Picnic Paris Supplies Ants"，*New York Times*，27 June 2000，6。

4. 关于投资数据，见 Ambassade de France aux Etats-Unis，*Les Investissements directs français aux Etats-Unis*，December 1999。

5. 数据来源于法国电影中心网，http：//www.cnc.fr/ CNC_GALLERY_CONTENT/ DOCUMENTS/statistiques/par_secteur_FR_pdf/Frequentation. pdf。在这个拥有近 6000 万人口的国家，电影《泰坦尼克号》售出了 2000 万张的电影票。

6. "English Is Still on the March"，*Economist*，24 February 2001，50。

7. 一项调查表明，61% 的法国受访者依靠电视获取国内外信息，报纸杂志和广播分别占据了 18% 和 17%。见 Pew Global Attitudes Project，Views of a Changing World（Washington，DC：Pew Research Center for the People and the Press，2003），T—96。美国国务院调查法国人了解"美国文化"的途径时，发现将近一半（46%）的人表示通过电视机，其余的分散于电影院（14%），报纸杂志（11%），学校（8%），旅美经历（5%）和书

459

籍（3%）等。见 Anna Dean 和 Mary Demeri，U. S. Department of State，Office of Research，*Europeans and Anti-Americanism：Fact vs. Fiction*（Washington，DC：U. S. Department of State，September 2002），A—23。总体上，皮尤研究中心和国务院表示 19/20 的案例中，样本的错误率不超过 4 个百分点。

8. 譬如，2002 年夏的一项调查发现 71% 的法国人表示或者"非常"或者"有点"喜欢美国人。2002 年德国（70%）和意大利（74%）对美国人持好感的比例相似，而英国人的比例要更高，在 83%。Pew Global Attitudes Project，*Views of a Changing World*，T—132—133。

9. CSA-Libération，"C'est de plus en plus loin，l'Amérique"，*Libération*，10—11 April 1999，6。

10. 当被问到更喜欢哪个国家的人时，39% 的法国人选择德国人，20% 的法国人选择美国人，只有 15% 的法国人选择英国人。当被要求在欧洲人与美国人之间做出选择时，几乎没有人选择美国人。Jérôme Sainte Marie，"Nos derniers sondages publiés：l'image des Etats-Unis"，*Paris-Match*，20 February 2003，n. p.。

11. U. S. Department of State，*Key West Europeans Mostly Negative*（Washington，DC：U. S. Department of State，May 2003），fig. 4。2002 年夏，对美国持肯定态度的法国人的比例为 63%，德国的比例为 61%，意大利的比例为 70%，英国的比例为 75%。Pew Research Center，*What the World Thinks in 2002：How Global Publics View Their Lives，Their Countries，the World，America*（Washington，DC：Pew Research Center for the People 和 the Press，2002），53。

12. 法国人中出现了对美国的消极态度的趋势。针对这一问题的调查数据是相互矛盾的，但是法国机构进行的一系列调查表明 1988 年后，情况适度地恶化。问题是："对于美国，你是支持，还是持有反感，或者两者都不?"，在答案被限制的情况下，1988，1994，1996 年做的调查表明："支持"的比例稳步下滑（54%，40%，35%）。相比之下，"反感"的比例从 6% 上升到 11%，继而 17%。而"两者都不"的比例从 38% 上升到 47%。SOFRES 和 French-American Foundation，*France-Etats-Unis：regards croisés*，June 2000，6。2000 年 5 月，在问出同样的问题时，结果却更加乐观：41% 的法国人表示"支持"；10% 的法国人表示"反感"；在剩下的法国人中，48% 表示两者都不。SOFRES 和 French-American Foundation，*France-Etats-Unis*，1。换言之，对美国持有好感的法国人从 1988 年的 54% 下降到 2000 年的 41%，而对美国持反感态度和漠然的比例都有所上升。

13. Sondages CSA，*Les Français et les Etats-Unis à l'approche de l'election présidentielle americaine*，October 2000。

14. SOFRES 和 French-American Foundation，*France-Etats-Unis*，1。

15. 见 U. S. Department of State, *Europeans and Anti-Americanism*, 11—12。问题是："美国是否过多干预法国的国内事务？"

16. 1996 年，《世界报》发现 64% 的受访者认为美国在世界上的影响力"过大"。见 Alain Frachon, "L'image des Etats-Unis ne cesse de se dégrader en France", *Le Monde*, 31 October 1996, 1—3。

17. U. S. Department of State, *Europeans and Anti-Americanism*, A—24。

18. 认为美国影响力过大的比例情况如下：文化（61%），经济（60%），军事（56%）和政治（53%）。CSA-Libération, "L'Amérique", 6。

19. Sondages CSA, *L'Approche de l'election*。乔治·W. 布什上任后，将近四分之三的法国人、德国人和西班牙人认为"美国的观念和习俗"不受欢迎。只有一半的意大利人和英国人有同感（Pew Global Attitudes Project, *Views of a Changing World*, T—136）。

20. U. S. Department of State, *Europeans and Anti-Americanism*, 10, 认为美国不征求其他国家意见的人数比例情况如下：法国（79%），英国（68%），意大利（67%），德国（63%）。The Pew Center, *What the World Thinks*, 58, 调查发现在这 4 个国家中，法国领先于其他国家认为美国不考虑其他国家的利益。

21. SOFRES 和 French-American Foundation, *France-Etats-Unis*, 12。

22. U. S. Department of State, *European and Anti-Americanism*, 11—12。

23. 同上，A—24。92% 的法国人，91% 的意大利人，83% 的英国人和 68% 的德国人认为美国"专横"。

24. Chicago Council on Foreign Relations and the German Marshall Fund of the United States, *Worldview 2002: European Public Opinion and Foreign Policy* 29, http://www.thechicagocouncil.org/UserFiles/File/POS_Topline%20Reports/POS%202002/2002_Europe_Report.pdf。下文将会采用这些机构的缩写 CCFR 和 GMF。

25. U. S. Department of State, Office of Research, *Highlights from the Office of Research: Elite Surveys in France, Germany, Spain, Bulgaria and the Czech Republic* (Washington, DC: U. S. Department of State, 2001), 3。2000 年至 2001 年冬天，布什政府执政期间，又出现了一次高潮（79%）。

26. 虽然大部分法国人赞同全球化，但是在所有富裕国家中，法国持反对意见的少数人的比例却多于其他国家。美国国务院 2000—2001 年的调查发现大部分法国人认为全球化好，但是 33% 的公众和 25% 的精英认为不好。在德国，17% 的公众和 31% 的精英认为全球化不好。见 U. S. Department of State, *Europeans and Anti-Americanism*, 23。十分之一的德国人、十分之二的英国人和意大利人认为全球化对民族文化构成威胁，十分之四的法国人持相同的观点。同前，23—24。

27. 关于将全球化与美国主导地位联系的信息，见 U. S. Department of State, *Europe-*

462

ans and Anti-Americanism, 23。关于得益于全球化的国家的数据，见 SOFRES 和 French A-merican Foundation, *France-Etats-Unis*。

28. 问题是："你对美国负责任地对待国际问题的能力的信心有多大？"回答"有信心"的回答"非常有信心"和"比较有信心"的总和。通常情况下，前者比例较小，只在 10% 左右。从 1981—1988 年（Ronald Reagan），表示"有信心"的平均比例为 45%，1987 年 2 月降至 34%。从 1989 年到 1991 年（George H. W. Bush），表示"有信心"的平均比例在 63%，1991 年 1 月出乎意料地达到 70% 以上。从 1991 到 2000 年（Bill Clinton），截止 1997 年，表示"有信心"的平均比例为 50%，1995 年夏末因波斯尼亚时间出现巨大波动（39% 上升到 62%）。随后从 1998 年到 2000 年，降至平均 46%。详细信息见 A-2 tables in U. S. Department of State, *Europeans and Anti-Americanism*；and in graph form in U. S. Department of State, *Key West Europeans Mostly Negative*, 2, fig. 5。

29. 47% 的比例认为是贸易和经济，美国霸权占 11%。见 U. S. Department of State, Office of Research, Opinion Analysis, *Six in Ten French Elites Value U. S. Leadership*（Washington, DC：U. S. Department of State, 19 March 2001）。

30. CSA-Libération, "L'Amérique"。

31. 同上。

32. SOFRES 和 French American Foundation, *France-Etats-Unis*, 15。对美国动机的选择情况如下：保护和扩大自身利益（63%），将意愿强加给世界（51%），保护和平（28%），推动民主（11%）。

463　　33. 随着 2003 年春天美国的军事干预行动，前一年春天表示喜欢美国的人数减少了一半，对美国持好感的人数从 63% 降至 31%；U. S. Department of State, *Key West Europeans*, 附录，表 2. 同样，美国人的好名声也消退了。战争开始之后，对美国人持"非常"或者"一些"好感的比例陡然下降，反感态度的比例猛增；Pew Global Attitudes Project, *Views of a Changing World*, T—133。但是，总统成为主要目标。2003 年 4—5 月，在对美国持反感态度的受访者中，当被更为具体地问到"主要是因为乔治·W. 布什总统还是整个美国"的问题时，四分之三受访者选择总统，只有不到四分之一的受访者责备美国；Pew Global Attitudes Project, *Views of a Changing World*, T—134。法国人对美国动机的怀疑见 Pew Center, *What the World Thinks*, 3。

34. U. S. Department of State, *Europeans and Anti-Americanism*, 9, 48。在贸易、经济纠纷和环境等问题上，60% 的公众认为（2001 年）两国背道而驰。40% 的人认为两国唯一相同的政策是针对减少国际毒品走私和防止伊拉克研发核武器。

35. CCFR 和 GMF, *Worldviews 2002*, 26。

36. SOFRES 和 French American Foundation, *France-Etats-Unis*, 7。

37. CCFR 和 GMF, *Worldviews 2002*, 15。希望欧盟成为超级力量的比例情况如下：

法国人91%，意大利人76%，波兰63%，荷兰59%，英国56%，德国48%。

38. CSA-Liberation，"L'Amérique"。希望建立一个没有美国参与的欧洲防御的人数比例为43%，希望在北约内部建立防御的比例为45%，希望建立法国独立防御能力的比例为6%。

39. CCFR 和 GMF，*Worldviews 2002*，17。

40. SOFRES 和 French-American Foundation，*France-Etats-Unis*，17—18。1984 年到 2000 年反对美国影响力的比例增长情况如下：电视（45%—65%），电影（36%—57%），食品（9%—26%），语言（28%—34%），衣服（18%—22%），广告（34%—35%）。但是认为音乐影响力过剩的比例从42%下降到37%。

41. U. S. Department of State，*Europeans and Anti-Americanism*，39。1995 年，表示对"音乐、电视和电影等美国流行文化"持反感态度的比例情况如下：法国人57%，德国人50%，英国人39%。2000 年比例情况如下：法国48%，德国38%，意大利33%，和英国30%。

42. U. S. Department of State，*Europeans and Anti-Americanism*，A—29。认为文化构成威胁的比例情况如下：英国27%，德国24%，意大利19%。

43. SOFRES 1994 年 5 月民意调查，报道见于 Hervé Jannic，"Les Français craignent l'envahissement américain"，*L'Expansion*，2—15 June 1994，52—53。

44. 2003 年，一项调查显示三分之二的法国人与其他西欧人一样表示他们"喜欢"，而不是"不喜欢"美国的进口产品。Pew Global Attitudes Project，*Views of a Changing World*，T—139。

45. Pew Center，*What the World Thinks*，63。71%的法国人认为美国观点的传播是有害的，66%的法国人表示喜欢美国的通俗文化。

46. 同上，63，66。

47. Pew Global Attitudes Project，*Views of a Changing World*，T—18。事实上，47%的美国人也认为快餐是一种退化。

48. 1988 年的选择情况如下：实力（56%），活力（32%），财富（31%），自由（30%）。1996 年，选择的情况如下：暴力（59%），实力（57%），不平等（45%），种族主义（39%）。自由的比例降至18%，帝国主义的比例从12%上升到21%。SOFRES 和 French-American Foundation，*France-Etats-Unis*，15。

49. Frachon，"L'image des Etats-Unis"，2。

50. SOFRES 和 French-American Foundation，*France-Etats-Unis*，15。比例情况如下：暴力（67%），实力（66%），不平等（49%），种族主义（42%），帝国主义（23%），自由的比例降至16%，但同时一些正面词汇诸如财富（39%）和活力（34%）等在 1996 年也有所上升。

51. SOFRES 和 French-American Foundation，*France-Etats-Unis*，12，14。

52. Sondages CSA，*L'Approche de l'élection*.

53. 1995/2001 年的调查比例情况如下：专横（90/92），物质主义（88/83），民主（77/68），暴力（74/82），可靠（68/53），种族主义（65/71），有修养（65/59），宗教虔诚（62/69），合作（62/49），孤立主义（54/51）和虚伪（48/53）。U. S. Department of State，*Europeans and Anti-Americanism*，A—24。

54. U. S. Department of State，*Europeans and Anti-Americanism*，A—27。

465 55. 但是这次调查也暴露了法国人的无知，因为将近 40% 的法国人错误地认为美国的失业率高于法国，而事实上法国的失业率为 12%，美国的失业率为 5%。Frachon，"L'image des Etats-Unis"，2。

56. SOFRES 和 French-American Foundation，*France-Etats-Unis*，9—10。

57. U. S. Department of State，*Europeans and Anti-Americanism*，37。

58. 同上，A—27。

59. 同上，26—27。

60. SOFRES 和 French-American French Foundation，*France-Etats-Unis*，9。

61. Pew Global Attitudes Project，*Views of a Changing World*，T—138。对于美国公司的不道德行为的反感以及对市场的保留意见也许导致了这种批评。Pew Center，*What the World Thinks*，68。

62. 前大使菲利克斯·罗哈廷（Felix Rohatyn）在国家记者俱乐部的发言，1999 年 10 月 25 日。

63. Pew Global Attitudes Project，*Views of a Changing World*，109；具体描述见 T—7。

64. 同上，T—53。法国人将失败归咎于个人和归咎于社会的比例为 68：28，美国人的比例为 82：12，德国人的比例为 74：22，意大利人的比例为 57：31。

65. 同上，T—55。87% 的法国人和 90% 的德国人持此观点，而美国只有 73%。

66. 同上，105. 62% 的法国人相信政府对于弱势群体的援助比机会和自由更重要，而只有 34% 的美国人持有此观点。

67. U. S. Department of State，Office of Research，Opinion Analysis，*West Europeans Positive Toward U. S.*（Washington，DC：U. S. Department of State，2 November 2000），5。但是意大利人认为自己的价值观与美国人的价值观差别更大。

68. Pew Global Attitudes Project，*Views of a Changing World*，115。同意遵守道德需要相信上帝的比例情况如下：英国 25%，意大利 27%，德国 33%，美国 58%。

69. 同上，T—142。65% 的法国人认为美国太过于宗教化，德国人有 36%，英国
466 33%，西班牙 18%，意大利 14%。

70. University of Michigan，*World Values Survey*，摘录于"Living with a Superpower"，

Economist, 24 January 2003, 18—20。

71. 关于对精英界的调查方法的详细情况见 U. S. Department of State, *Six in Ten French Elites*, 5。

72. 同上，2. 从 1999 年开始，公众对美国在国际事务上的领导力的接受情况一分为二，而精英分子却更加乐观。U. S. Department of State, *Europeans and Anti-Americanism*, 45。

73. U. S. Department of State, *Europeans and Anti-Americanism*, A—6。

74. U. S. Department of State, *Six in Ten French Elites*, 3。

75. U. S. Department of State, *Europeans and Anti-Americanism*, A—27。

76. 大部分的公众认为两国在"家庭"和"民主"方面观念不一致，而精英中的比例相对较小（"民主"明显指社会平等而不是政治体制）。四分之三的精英和非精英认为两国对"工作"的看法不同。但是与精英相比，更多的非精英认为两国对"道德与伦理"以及"法律与秩序"的观念不同。然而，"生活方式"暴露了法美两国社会的最大不同。见 U. S. Department of State, *Europeans and Anti-Americanism*, A—25。

77. U. S. Department of State, *Europeans and Anti-Americanism*, 39。也可见 U. S. Department of State, *Six in Ten French Elites*, 4。

78. 63% 的共产党人士和 35% 的绿党人士做出了非常反对的选择。关于精英和政治党派的数据来源于 U. S. Department of State, *Highlights from the Office of Research*: *Elite Survey*, 11。

79. 关于亚分类领域的精英的数据来自于 U. S. Department of State, *Six in Ten French Elites*, 5。也可见 U. S. Department of State, *Highlights from the Office of Research*: *Elite Survey*, 11。

80. 比例情况如下：教育家 17%，媒体精英 21%，文化领军人物 24%，宗教领军人物 28%，政治精英 30%。宗教和文化领军人物出现了矛盾，因为他们同时表达了强烈的正面意见和强烈的负面意见。

81. SOFRES 和 French-American French Foundation, *France-Etats-Unis*, 1。

82. Sondages CSA, *L'Approche de l'election*。女性比男性选择"任何事情都是被允许的"的比例要高。

83. CSA-Libération, "L'Amérique"。

84. U. S. Department of State, *Europeans and Anti-Americanism*, 6。

85. Pew Global Attitudes Project, *Views of a Changing World*, 78。在 50 岁及以上的法国人中，89% 的人表示喜欢美国的通俗文化，而 18—29 岁的法国人中，96% 表达了同样的观点。

467

86. SOFRES 和 French-American Foundation, *France-Etats-Unis*, 1。调查发现 44% 的老

年人，37%的年轻人（18—24岁）表达了对美国的好感。BVA研究所进行的调查表明年龄直接与对美国人的好的评价观点相联系。Sainte Marie，"Nos derniers sondages"。

87. Sondages CSA，*L'Approche de l'élection*。

88. CSA-Libération，"L'Amérique"。比如45%的65岁以上的法国人表示对美国人有亲切感，而只有29%的30—49岁的法国人持有相同的观点，30岁以下的法国人持相同观点的比例甚至更低。

89. 2003年，当法美两国针对伊拉克事件出现纠纷时所进行的一项调查发现，只在18—24岁群体中的相当一部分人表达了对美国人的不好的观点。在年轻人中间，对美国人的好与不好的观点的比例为46%：44%。Sainte Marie，"Nos derniers sondages"。

90. CSA- Libération，"L'Amérique"。

91. Zogby International，*The Ten Nation Impressions of America Poll*（Washington，DC：Zogby International，March 23，2002），5。对美国人民持反感态度的全国平均比例为28%，35%的18岁到29岁的人表达了反感的态度。

92. 详细分析了年龄因素的CSA调查报告与国务院以及皮尤研究中心的调查结果一致，年龄不是一个重要的变量，除了更老的人群。Sondages CSA，*L'Approche de l'élection*。

93. 国务院总结道，在观察了法国、英国、德国和意大利的年龄和性别的变量以后，发现"只在党派之间存在明显的连贯的区别"；见 U. S. Department of State，*Europeans and Anti-Americanism*，6。盖洛普更早的调查结果同样证明了政治党派的重要作用；见 Gallup International，France-America Foundation and *L'Express*，*France and the United States：A Survey in Mutual Image*（Washington，DC：Gallup International，1986），8。

94. SOFRES 和 French-American Foundation，*France-Etats-Unis*，1。

95. 66%的右派和49%的左派做出了这样选择。Sainte Marie，"Nos derniers sondages"。CSA-Liberation 的调查结果证实了这个发现：70%的左派和50%的右派表达了对美国人民的亲近感。CSA-Libération，"L'Amérique"。

96. Sondages CSA，*L'Aprroche de l'élection*。

468　　97. Sainte Marie，"Nos derniers sondages"。在右派中，35%表达了正面的评价，但是左派的比例只有19%。

98. Sondages CSA，*L'Aprroche de l'élection*。更多的代表左派的人士比代表右派的人士选择了负面词汇诸如暴力（53/47）、巨大的社会不平等（49/43）以及种族主义（38/27）等。

99. 本段的数据来自于 Sondages CSA，*L'Aprroche de l'élection*。

100. Martin A. Schain，"Immigration, the National Front and Changes in the French Party System"，提交给 the American Political Science Association 的论文，Boston，September 1998。

101. 见 Sondages CSA，*L'Aprroche de l'election*；Frachon，"L'images des Etats-Unis"。国

民阵线的支持者比其他任何政党都更愿意将死刑归因于美国，可能是因为他们希望法国重新实行死刑。在伊拉克危机期间，极右派（66%）比议会右派（46%）或者左派（54%）更支持美国的立场，但是它同时比议会右派和左派更加相信美国和法国当时在主要问题上存在分歧。见 Ipsos, "Que pensent les Francais des Etats-Unis et de la crise irakienne?" 10 March 2003, http：//www. ipsos. fr/ CanalIpsos/ poll/7746. asp。

102. CSA-Libération, "L'Amérique"。

103. Charles Truehart, "A Beef with More Than Big Mac", *Washington Post*, 1 July 2000, A22。

104. 见 Réne Rémond, *Les Etats-Unis devant l'opinion francaise, 1814—1852*（Paris：Éditions Armand Colin, 1962）; Jacques Portes, *Fascination and Misgivings：The United States in French Opinion, 1870—1914*, Elborg Forster 译（Cambridge：Cambridge University Press, 2000）; Philippe Roger, *The American Enemy：The History of French Anti-Americanism*, Sharon Bowman 译（Chicago：University of Chicago Press, 2002）。

105. 见 Roger, *The American Enemy*, 第二部分; Seth Armus, *French Anti-Americanism, 1930—1948*（Lanham, MD：Lexington Books, 2007）。

106. Pierre Bourdieu 和 Loïc Wacquant 抨击美国社会理论在精神上将欧洲殖民化。见 Pierre Bourdieu 和 Loïc Wacquant, "La nouvelle vague planétaire", *Le Monde diplomatique*, May 2002, 6—7; Pierre Bourdieu 和 Loïc Wacquant, "On the Cunnning of Imperialist Reason", *Theory, Culture and Society* 16, no. 1（1999）：41—58。Bourdieu 和 Wacquant 批评美国将它的分析范畴和地位全球化，并为如何进行关于社会、经济和政治的辩论设定日程表。　　469

107. Jacques Chirac, 引自 John Tagliabue, "Resisting Those Ugly Americans", *New York Times*, 9 January, 2000, 10。

108. Mickey Kantor, 引自 David Sanger, "Playing the Trade Card", *New York Times*, 17 February 1997, 43。

109. Felix Rohatyn 写的社论, *Washington Post*, 20 February 2001, A23。

110. Jean- Philippe Mathy, *French Resistance：The French-American Culture Wars*（Minneapolis：University of Minnesota Press, 2000）, 16。

111. Mamère 和 Warin, *Non merci*, 175。

112. Denis Lacorne, "The Barbaric Americans", *Wilson Quarterly* 25（2001）：54。

113. 特载系列文章 "Autour du malaise français", 由 Lucien Karpik, Philippe Raynaud, Michel Wieviorka, Paul Yonnet 和 Brigitte Vial 作, 载于 *Le Débat* 75（1993）：112—148。也可见 Alain Duhamel, *Les Peurs françaises*（Paris：Éditions Flammarion, 1993）; Stéphane Marchand, *French Blues：pourquoi plus ca change, plus c'est la même chose*（Paris：

First Editions，1997）；Jean-Claude Barreau，*La France va-t-elle disparaître*（Paris：Éditions Bernard Grasset，1997）；Stanley Hoffmann，"France，Keeping the Demons at Bay"，*New York Review of Books*，3 March 1994，10—16；Secrétariat d'Etat au Plan，*Entrer dans le XXIe siècle：essai sur l'avenir de l'identité française*（Paris：Éditions la Découverte et la Documentation française，1990）。有关书目索引，见 Edward Knox，"Regarder la France：une réflexion bibliographique"，*French Review* 72（1998）：91—101。也可见 Alan Riding，"The French Funk"，*New York Times Magazine*，21 March 1993，24，51—54；Dominique Moïsi，"The Trouble with France"，*Foreign Affairs* 77，no. 3（1998）：94—104；Jean-Louis Bourlanges，*Le Diable est-il européen?*（Paris：Éditions Stock，1992）。两位英国人的著作对此处的讨论有所帮助：Andrew Jack，*The French Exception：Still So Special?*（London：Profile，1999）；Jonathan Fenby，*France on the Brink：A Great Civilization Faces the New Century*（New York：Arcade，1998）。

114. Hubert Haenel，"La France abîmée"，*Le Figaro*，26 September 1991，2。

115. 有关《记忆的场所》的评论，见 Yves Lequin，"Une rupture épistémologique"，*Magazine littéraire*，February 1993，27—28。皮埃尔·诺拉的原始版本是 *Les Lieux de mémoire*，由 Gallimard 在 1984—1992 年出版。两部卷帙浩繁的英文版本分别是：*Realms of Memory*，Lawrence Kitzman 编，Arthur Goldhammer 译（New York：Columbia University Press，1996—1998）；*Rethinking France*，David Jordan 主译（Chicago：University of Chicago Press，2001—2010）。

116. Unidentified deputy，引自 Alan Riding，"France Questions Its Identity as It Sinks into 'Le Malaise'"，*New York Times*，23 December 1990，8。

117. Pierre Birnbaum，引自 Roger Cohen，"For France，Sagging Self-Image and Esprit"，*New York Times*，11 February 1997，A8。

118. Riding，"France Questions Its Identity"，8。

119. Moïsi，"The Trouble with France"，103。

120. Alec Stone，"Ratifying Maastricht：France Debates European Union"，*French Politics and Society* 11（1993），83—84；Paul Lewis，"Europeans Say French Vote Forces Delay"，*New York Times*，22 September 1992，A1.16。

121. Jacques Lesourne，"Les enjeux du 'oui'"，*Le Monde*，19 September 1992，1。

122. Duhamel，*Les Peurs françaises*，15—16。

123. 关于自 20 世纪 50 年代以来法国农民的转变，见 Annie Moulin，*Peasantry and Society in France since 1789*（Cambridge：University Press，1991），165—199；Henri Mendras，*La Fin des paysans suivi d'une réflexion sur la fin des paysans vingt ans après*（Arles，France：Actes Sud，1984）。关于近代历史，见 Bertrand Hervieu，"Un impossible deuil：à propos de

470

l'agriculture et du monde rural en France", *French Politics and Society* 10 （1992）: 41—59。

124. Hervieu, "Un impossible deuil", 58。

125. Laurence Wylie, "Roussillon, '87; Returning to the Village in the Vaucluse", *French Politics and Society* 7 （1989）: 1—26。

126. Dominique Moïsi, 引自 Roger Cohen, "The French, Disneyed and Jurassick, Fear Erosion", *New York Times*, 21 November 1993, E2。

127. Alan Riding, "French Farmers Gird for War against U. S." *New York Times*, 11 November 1992, A11。

128. 47％的受访者认为两国或者是对手，或者是敌对伙伴关系。同样比例的受访者认为两国是伙伴关系。只有28％的受访者认为美国采取行动的目的是为了维护和平，而11％认为是为了推动民主。SOFRES 和 French-American Foundation, *France-Etats-Unis*, 2。

129. U. S. Department of State, *Six in Ten French Elites*。仅有5％的精英分子做此联系。关于对全球化的观点，见 Philip Gordon and Sophie Meunier, "Globalization and French Cultural Identity", *French Politics, Culture and Society* 10, No. 1 （2001）: 22—41。

130. Hubert Védrine with Dominique Moïsi, *France in an Age of Globalization*, Philip Gordon 译 （Washington, DC: Brookings Institution Press, 2001）, 3。

131. Daniel Vernet, "Les Français préfèrent M. Reagan au 'reaganisme'", *Le Monde*, 6 November 1984, 1, 6。　471

132. 玛丽·诺兰称，在德国，20世纪60年代的"政治反美主义"取代了先前的文化、社会经济和反现代主义的反美主义；见 Mary Nolan, "Anti-Americanism and Americanization in Germany", *Politics and Society* 33 （March 2005）: 88—122。亚历山大·斯蒂芬谈到欧洲传统的反美主义和在情感上对于美国文化及其生活方式的全盘否定让位于针对政治、社会经济和文化体制方面的冲突；Alexander Stephan, "Cold War Alliances and the Emergence of Transatlantic Competition", 载于 *The Americanization of Europe: Culture, Diplomacy and Anti-Americanism after 1945*, Alexander Stephan 编 （New York: Berghahn, 2006）, 5。

133. Sophie Meunier, "The French Exception", *Foreign Affairs* 79, no. 4 （2000）: 104—116。

134. 见 Jean-François Revel, *L'Obsession anti-américaine* （Paris: Plon, 2002）; Guy Sorman, "L'antiaméricanisme se réchauffe", *Le Figaro*, 8 April 2001, 17; Pascal Bruckner, "La France, victime universelle?" *Le Monde*, 2 April 1998, 18。

135. 1991年，《世界外交论衡月刊》认为如果"反美主义最初是拒绝屈服的话"，那么该月刊就是反美主义的。见 Vincent Dollier, "La croisade du *Monde Diplomatique*", *Les Collections de L'Histoire: L'Empire américain* 7 （2000）: 100。

136. Craig Whitney，"Anxious French Mutter"，*New York Times*，2 December 1999，A12。

回 顾

1. Madeleine Albright，*Madam Secretary*（New York：Miramax Books，2003），447。

2. Marc Bloch，*Strange Defeat*，Gerard Hopkins 译（New York：Norton，1999），149。

3. Jean-Marie Colombani，"Un Mode à part"，*Le Monde*，5 November 2004，1。

4. 评估的比例在3.5%到4.4%之间浮动；有些评估认为法国领先，而有些则是美国领先。

索　引

（索引后的页码为英文原书页码，即本书边码）

图书在版编目（CIP）数据

法兰西道路：法国如何拥抱和拒绝美国的价值观与
实力／（美）库索尔著；言予馨，付春光译. — 北京：
商务印书馆，2013

（国际文化版图研究文库）

ISBN 978 - 7 - 100 - 09927 - 1

Ⅰ. ①法… Ⅱ. ①库… ②言… ③付… Ⅲ. ①美国—
政治文化—影响—法国—研究 Ⅳ. ①D756.5②D771.2

中国版本图书馆 CIP 数据核字（2013）第 074170 号

法兰西道路

法国如何拥抱和拒绝美国的价值观与实力

〔美〕理查德·F. 库索尔 著

言予馨 付春光 译

商 务 印 书 馆 出 版
（北京王府井大街36号 邮政编码100710）
商 务 印 书 馆 发 行
北京鑫海达印刷有限公司印刷
ISBN 978 - 7 - 100 - 09927 - 1

2013 年 5 月第 1 版　　开本 700 × 1000 1/16
2013 年 5 月北京第 1 次印刷　印张 26¼

定价：52 元